本书获得浙江省哲学社会科学基金项目"念好'山海经',奔向'共富路'的定海实践与启示建议"(24NDYD015YB)、"龙头景区引领我省县域文旅产业高质量发展的开化实践与启示"(23FNSQ17YB)和"村企互动推动乡村共富的东衡实践与启示"(22ZK145YB)的资助。

乡村文旅促进共同富裕的机理与路径

易开刚 等著

中国社会科学出版社

图书在版编目（CIP）数据

乡村文旅促进共同富裕的机理与路径 / 易开刚等著 .
北京：中国社会科学出版社，2025.4. -- ISBN 978-7
-5227-4802-3

Ⅰ . F592.3；F124.7

中国国家版本馆 CIP 数据核字第 202594FL51 号

出 版 人	赵剑英	
责任编辑	宫京蕾	
责任校对	秦　婵	
责任印制	郝美娜	

出　　版	中国社会科学出版社	
社　　址	北京鼓楼西大街甲 158 号	
邮　　编	100720	
网　　址	http://www.csspw.cn	
发 行 部	010-84083685	
门 市 部	010-84029450	
经　　销	新华书店及其他书店	

印刷装订	北京君升印刷有限公司	
版　　次	2025 年 4 月第 1 版	
印　　次	2025 年 4 月第 1 次印刷	

开　　本	710×1000　1/16	
印　　张	20	
插　　页	2	
字　　数	345 千字	
定　　价	118.00 元	

凡购买中国社会科学出版社图书，如有质量问题请与本社营销中心联系调换
电话：010-84083683
版权所有　侵权必究

序　言

习近平总书记强调，中国特色社会主义是物质文明和精神文明全面发展的社会主义。共同富裕是社会主义的本质要求，是中国式现代化的重要特征。2021年，浙江省被党中央赋予"高质量发展建设共同富裕示范区"的光荣使命，率先扛起乡村共富探路者的大旗，陆续出台《浙江高质量发展建设共同富裕示范区实施方案（2021—2025年）》《浙江省山区26县跨越式高质量发展实施方案（2021—2025年）》，支持山区26县充分发挥生态环境优良、特色文化鲜明、人力资源丰富等优势，凝聚多方力量增强内生发展动力和实力。文化和旅游产业（以下简称"文旅产业"）作为创意引领、创新活跃、人员集聚、带动性强的富民产业，也是服务社会民生、满足人民多样化、多层次、多方面精神文化需求的幸福产业，已逐渐成为浙江省山区26县实现乡村共同富裕的重要抓手。

然而，我们也必须正视，在现阶段乡村文旅促进共同富裕的过程中，仍存在部分乡村盲目跟风开发文旅资源，同质化、无序竞争较为激烈，资金、技术、人才等要素增量不足，外部力量难以融入内生主体，利益共享机制不够科学合理等问题。随着全国各地政府、村集体对乡村文旅产业的认识深度和重视程度逐步提高，他们开始积极寻求乡村文旅产业振兴的有效路径，以及能更好实现文旅促共富的利益分配机制。但目前还缺少能系统指导乡村实现以文旅产业振兴促进共同富裕的模式和路径，以及能科学解释其复杂、深层内在机理的理论框架。

为此，本书以"乡村文旅促进共同富裕的机理与路径"为主题，以浙江省山区26县为研究对象，共设置三部分九章。第一部分是理论基础（包括第一、第二、第三章），主要解答"为什么"问题，通过归纳主要理论视角和核心学术观点，提炼出乡村文旅促进共同富裕的理论机理，打开乡村文旅促共富的黑箱。第二部分是现状分析（包括第四、第五、第六章），主要解答"怎么样"问题，从政策脉络、案例透视、实证研究三大角度，探明乡村文旅促共富的发展现状，并进行问题剖析和经验总结。第三部分是解决理路（包括第七、第八、第九章），主要解答"如何做"问题，从机制提炼和实施路径两个角度分析乡村文旅促共富的可行对策。本书的关键性研究包括以下三个方面：

一是构建乡村文旅促进乡村共富的"3C"理论机理。本书从理论层面分析了资源基础、产业融合、场景创新、社区参与和社会公平等理论与乡村文旅产业振兴、共同富裕的关联，厘清各理论相互关系以及在实践中的具体应用，由此构建了乡村文旅促共富的"融合（Converge）—创造（Create）—升华（Consummate）"（简称"3C"）理论机理，揭示了乡村文旅促进共同富裕的深层逻辑。

二是剖析乡村文旅促进共同富裕的发展现状。本书从政策脉络、案例透视和实证研究三个角度，全面分析了浙江省山区26县乡村文旅促共富的实践现状。从政策脉络角度，测算了浙江省省级和山区26县县级乡村文旅产业政策文本的政策效力；从案例透视角度，剖析了不同类型乡村以文旅促共富的发展历程，从资源禀赋、配套水平、要素增量、制度变量四个方面梳理总结其经验启示，并提炼出乡村文旅促共富的共性规律；从实证研究角度，测度了浙江省山区26县乡村文旅产业发展对共同富裕的组态影响，发现存在七条组态模式对共同富裕水平产生阻碍，七条不同路径对其共同富裕水平产生积极影响。

三是提供乡村文旅促进共同富裕的机制和路径选择。本书从形塑机制、转化机制阐述了乡村文旅促共富的形成机制。从完善政策制定，提升共同富裕的高度；加强数智赋能，提高共同富裕的速度；建强产业基础，夯实共同富裕的深度；加速产业融合，延伸共同富裕的长度；深化乡村运营，把握共同富裕的强度；理顺主体关系，体现共同富裕的温度六个方面，阐述了浙江省山区26县以乡村文旅促共富的实现路径，以期为全国其他重点发展文旅产业的乡村提供路径参考。

本书在写作过程中得到了浙江工商大学杭州商学院副教授厉飞芹，2021级博士研究生刘星宝，2022级博士研究生汤云云、江玲，2023级博士研究生聂冰清、朱轶豪，硕士研究生郎珊珊、蒋卓宏、何子健、王路雨、叶熊、肖坤等的大力协助，他们在收集整理资料、梳理文献、文稿撰写和文字校对等方面做了大量的工作，付出了大量的努力。其中，刘星宝撰写了第一章绪论、第八章案例透视的部分内容（共 2 万余字），汤云云撰写了第二章研究基础、第九章结论与展望的部分内容（共 2 万余字），江玲撰写了第三章深层机理的部分内容（2 万余字），郎珊珊撰写了第四章政策脉络的部分内容（1 万余字），肖坤撰写了第四章政策脉络的部分内容（1 万余字），何子健撰写了第五章案例透视的部分内容（1 万余字），朱轶豪撰写了第六章实证研究的部分内容（1.7 万余字），王路雨撰写了第六章实证研究的部分内容（1 万余字），蒋卓宏撰写了第七章机制提炼的部分内容（1 万余字），叶熊撰写了第七章机制提炼的部分内容（1 万余字），聂冰清撰写了第八章实践路径的部分内容（2 万余字）。同时还要感谢所引用文献的作者，没有他们的研究作为基础，也不可能有本书的成果。此外，由于调研深度与广度的限制，本书在成形过程中尚存在不足，希望未来能针对本书的不足进行更为持续深入的研究。

易开刚

2024.12.1

目　录

第一章　绪论 …………………………………………………………（1）
　第一节　研究背景与意义 ……………………………………………（2）
　　一　研究背景 ………………………………………………………（2）
　　二　研究意义 ………………………………………………………（4）
　第二节　研究思路与方法 ……………………………………………（6）
　　一　研究思路与框架 ………………………………………………（6）
　　二　研究方法 ………………………………………………………（9）
　第三节　研究重点与难点 ……………………………………………（10）
　　一　研究重点 ………………………………………………………（10）
　　二　研究难点 ………………………………………………………（11）
　第四节　研究创新与不足 ……………………………………………（12）
　　一　研究创新 ………………………………………………………（12）
　　二　研究不足 ………………………………………………………（13）
　参考文献 ………………………………………………………………（14）
第二章　乡村文旅促进共同富裕的研究基础 …………………………（16）
　第一节　乡村文旅促进共同富裕的内涵解读 ………………………（16）
　　一　文化产业的概念与内涵 ………………………………………（16）
　　二　旅游产业的概念与内涵 ………………………………………（21）
　　三　乡村文旅融合及文旅产业的概念与内涵 ……………………（28）
　　四　共同富裕的内涵 ………………………………………………（33）
　第二节　乡村文旅促进共同富裕的研究现状 ………………………（35）
　　一　乡村文旅产业发展 ……………………………………………（35）
　　二　乡村共同富裕 …………………………………………………（52）

三　乡村文旅产业发展与乡村共同富裕的关系 …………… (57)
　第三节　研究命题的聚焦提出 ………………………………… (61)
　本章小结 …………………………………………………………… (62)
　参考文献 …………………………………………………………… (63)

第三章　乡村文旅促进共同富裕的深层机理 ……………………… (69)
　第一节　乡村文旅促进共同富裕的理论基础 ………………… (69)
　　一　思想之魂：基于马克思主义的文旅发展的理论逻辑 … (69)
　　二　理论之基：资源基础理论 ………………………………… (77)
　　三　发展之向：产业融合理论 ………………………………… (79)
　　四　运用之方：场景理论 ……………………………………… (81)
　　五　共富之法：社区主导发展理论 …………………………… (82)
　第二节　乡村文旅促进共同富裕的机理构建 ………………… (84)
　　一　乡村文旅产业振兴促进乡村共同富裕：融合之路
　　　　（Converge） ………………………………………………… (85)
　　二　乡村文旅产业振兴促进乡村共同富裕：创造之路
　　　　（Create） …………………………………………………… (87)
　　三　乡村文旅产业振兴促进乡村共同富裕：升华之路
　　　　（Consummate） …………………………………………… (89)
　第三节　乡村文旅促进共同富裕的 3C 机理 …………………… (91)
　　一　资源储量的融合之路：交叉渗透 ………………………… (92)
　　二　要素增量的创造之路：重组驱动 ………………………… (93)
　　三　配套质量的升华之路：多元协同 ………………………… (94)
　　四　政策变量的最终目标：共同富裕 ………………………… (95)
　本章小结 …………………………………………………………… (97)
　参考文献 …………………………………………………………… (98)

第四章　乡村文旅促进共同富裕的政策脉络 …………………… (104)
　第一节　政策文本的总体概况 ………………………………… (104)
　　一　政策背景 …………………………………………………… (104)
　　二　研究设计 …………………………………………………… (112)
　第二节　政策文本的统计特征——基于浙江省的视角 …… (113)
　　一　浙江省乡村文旅产业政策文本阶段划分 ……………… (113)
　　二　浙江省乡村文旅产业政策主体演进分析 ……………… (116)

三　浙江省乡村文旅产业政策目标演进分析 …………… (120)
　　四　浙江省乡村文旅政策工具演进分析 ………………… (125)
 第三节　政策文本的对比特征——基于浙江省山区26县
　　　　的视角 ……………………………………………… (131)
　　一　政策效力的量化评估维度与标准 …………………… (131)
　　二　浙江省山区26县乡村文旅产业政策数量与政策
　　　　效力的演变分析 ……………………………………… (135)
　　三　浙江省山区26县乡村文旅不同政策工具的政策
　　　　效力演变分析 ………………………………………… (138)
　　四　浙江省山区26县乡村文旅产业政策效力空间分布 … (145)
 第四节　浙江省乡村文旅政策的问题凝练 ………………… (157)
　　一　基于宏观视角的问题凝练——以浙江省为例 ……… (157)
　　二　基于微观视角的问题凝练——以浙江省山区26县
　　　　为例 …………………………………………………… (159)
 本章小结 ……………………………………………………… (161)
 参考文献 ……………………………………………………… (162)

第五章　乡村文旅促进共同富裕的案例透视 …………………… (163)
 第一节　乡村文旅促进共同富裕的案例类型划分 ………… (163)
　　一　乡村文旅产业发展类型划分的文献回顾 …………… (163)
　　二　基于资源基础理论的乡村文旅促进共同富裕案例
　　　　类型划分 ……………………………………………… (166)
 第二节　外部力量主导的乡村文旅促进共同富裕多案例
　　　　分析 ………………………………………………… (170)
　　一　基于自然资源的外部力量主导型：东坪村 ………… (170)
　　二　基于人文资源的外部力量主导型：浦山村 ………… (175)
　　三　基于综合资源的外部力量主导型：胡家坪村 ……… (179)
 第三节　内部力量主导的乡村文旅促进共同富裕多案例
　　　　分析 ………………………………………………… (183)
　　一　基于自然资源的内部力量主导型：笕川村 ………… (183)
　　二　基于人文资源的内部力量主导型：余东村 ………… (186)
　　三　基于综合资源的内部力量主导型：下姜村 ………… (192)
 本章小结 ……………………………………………………… (196)

参考文献 …………………………………………………………（197）
第六章　乡村文旅促进共同富裕的实证研究 ………………………（201）
　第一节　研究方法的选择 …………………………………………（201）
　　一　研究方法 ………………………………………………（201）
　　二　选择原因 ………………………………………………（203）
　第二节　相关指标与变量设计 ……………………………………（205）
　　一　条件变量 ………………………………………………（205）
　　二　结果变量 ………………………………………………（207）
　　三　条件变量设计 …………………………………………（207）
　　四　结果变量设计 …………………………………………（207）
　　五　变量说明 ………………………………………………（212）
　第三节　案例的选取和数据的收集 ………………………………（213）
　　一　案例的选取 ……………………………………………（213）
　　二　数据来源与变量说明 …………………………………（213）
　第四节　共同富裕水平评价 ………………………………………（214）
　　一　评价方法 ………………………………………………（214）
　　二　评价结果 ………………………………………………（215）
　第五节　浙江省山区26县共同富裕的影响因素识别 ……………（217）
　　一　模型设定 ………………………………………………（217）
　　二　单位根检验 ……………………………………………（218）
　　三　协整检验结果 …………………………………………（219）
　　四　面板回归结果分析 ……………………………………（219）
　第六节　乡村文旅促进共同富裕组态路径分析 …………………（222）
　　一　fsQCA具体分析过程 …………………………………（222）
　　二　数据校准 ………………………………………………（224）
　　三　单个条件变量必要性分析 ……………………………（225）
　　四　真值表构建 ……………………………………………（226）
　　五　基于QCA的影响要素分析 …………………………（227）
　本章小结 ……………………………………………………………（237）
　参考文献 ……………………………………………………………（238）
第七章　乡村文旅促进共同富裕的机制提炼 ………………………（242）
　第一节　乡村文旅产业振兴机制构建的基础 ……………………（243）

一　多元主体 …………………………………………………… (243)
　　二　内生性资源 ………………………………………………… (246)
　　三　外源性要素 ………………………………………………… (247)
　第二节　乡村文旅产业振兴的形塑机制 …………………………… (248)
　　一　外部力量主导的乡村文旅产业振兴 ……………………… (249)
　　二　内部力量主导的乡村文旅产业振兴 ……………………… (254)
　第三节　乡村文旅促进共同富裕的转化机制 ……………………… (258)
　　一　促进互通，协同机制 ……………………………………… (258)
　　二　促进公平，分配机制 ……………………………………… (261)
　　三　巩固民生，共享机制 ……………………………………… (267)
　本章小结 ………………………………………………………………… (270)
　参考文献 ………………………………………………………………… (271)

第八章　乡村文旅促进共同富裕的实现路径 …………………………… (275)
　第一节　完善政策制定，提升乡村共同富裕的高度 ……………… (276)
　　一　加强政府部门协同参与，提高政策执行效果 …………… (276)
　　二　优化政策制定程序，提高政策前瞻性和预测性 ………… (277)
　　三　发挥政策工具协同作用，形成政策合力 ………………… (278)
　　四　优化政策工具使用布局，提高政策实施的可行性 ……… (278)
　　五　强化部门协作，促进政策发布机构成熟化 ……………… (279)
　　六　构建协同共治体系，重视各利益相关主体协同 ………… (280)
　　七　政策设计优化，提升政策供给的差异性 ………………… (280)
　第二节　建强产业基础，夯实乡村共同富裕的深度 ……………… (281)
　　一　优化乡村文旅产业资源配置 ……………………………… (281)
　　二　开发具有地方特色的文旅产业 …………………………… (282)
　　三　健全乡村文旅基础公共服务产业体系 …………………… (283)
　　四　以乡村农业现代化助力文旅产业振兴 …………………… (283)
　　五　加速产业之间的深度融合 ………………………………… (284)
　第三节　加速产业融合，延伸乡村共同富裕的长度 ……………… (284)
　　一　推进"文旅+康养"产业深度融合发展 ………………… (285)
　　二　推进"文旅+农林"产业深度融合发展 ………………… (286)
　　三　推进"文旅+体育"产业深度融合发展 ………………… (286)
　　四　推进"文旅+艺术"产业深度融合发展 ………………… (287)

第四节 深化乡村运营，把握乡村共同富裕的强度 (288)
  一 大力引进社会资本，促进市场化经营 (288)
  二 做好"确权、赋权和活权"工作，实现可持续运营 (289)
  三 精准选产引产，以乡村运营实现乡村产业兴旺 (290)
  四 激活城乡双边市场，推动城乡深度融合协调发展 (290)

第五节 加强数智赋能，提高乡村共同富裕的速度 (291)
  一 完善乡村文旅产业的数智化基础设施建设 (292)
  二 加快乡村文旅产业资源的数智化转换 (293)
  三 健全乡村文旅数字产品体系 (293)
  四 构建乡村文旅产业数智化治理机制 (294)

第六节 理顺主体关系，体现乡村共同富裕的温度 (294)
  一 厘清文旅产业中各主体定位 (295)
  二 明确各方主体权责利关系 (296)
  三 构建多主体间的利益链接 (297)
  四 完善多主体间利益分配机制 (297)

本章小结 (298)
参考文献 (299)

第九章 研究结论与展望 (301)
第一节 研究结论 (301)
  一 乡村文旅促进共同富裕的"3C"机理 (302)
  二 乡村文旅促进共同富裕的现实样态复杂 (303)
  三 乡村文旅促进共同富裕的实现路径多样 (304)

第二节 研究展望 (306)
  一 在理论研究方面：乡村文旅促进共同富裕的内在机理与成效评价研究需要进一步完善 (306)
  二 在实践研究方面：乡村文旅促进共同富裕的案例范围需要进一步扩大 (307)
  三 在研究方法方面：乡村文旅促进共同富裕的研究方法需要进一步丰富 (309)

第一章

绪　论

习近平总书记指出："共同富裕是全体人民的共同富裕，促进共同富裕，最艰巨最繁重的任务仍然在农村。"① 文化是乡村振兴的根与魂，是旅游活动的重要驱动因素，也是实现乡村共同富裕的重要抓手。一方面，文化和旅游产业作为创意引领、创新活跃、人员集聚、带动性强的新兴产业，是经济高质量发展的重要内容和坚实支撑，对实现物质富裕具有重要的促进作用。另一方面，文化和旅游产业是服务社会民生、满足人民精神文化需求的幸福产业，在精神引领、心灵净化、情感滋润、文明提升等方面具有重要作用，对于满足人民群众多样化、多层次、多方面精神文化需求，促进人民精神共富和全面发展都具有重大意义。然而，当下还存在部分乡村盲目跟风开发文旅资源，同质化、无序竞争较为激烈，资金、技术、人才等要素增量不足，外部力量难以融入内生主体，利益共享机制不够科学合理等问题，导致削弱了文旅产业发展的共富效应。因此，我们有必要审慎思考：在共同富裕目标下，如何推动乡村文旅产业高质量发展？乡村文旅产业又如何助力实现共同富裕目标？本书将紧扣"共同富裕"和"乡村文旅"两个关键主题，科学甄别发展过程中存在的问题并探寻破解之道，充分发挥乡村文旅产业创新发展的关键作用，探求文旅产业如何成为促进共同富裕的重要抓手。本章作为开篇章节，对本书进行了系统性的整体构思，设计并构建了研究的总体框架。

---

① 中华人民共和国政府．习近平：扎实推动共同富裕［EB/OL］．2021-10-15. https://www.gov.cn/xinwen/2021-10-15/content_5642821.htm.

第一节 研究背景与意义

一 研究背景

"乡村文旅促进共同富裕"这一主题的研究背景，主要包括理论背景与现实背景。从理论背景看，共同富裕研究已经成为新热点，学术界对共同富裕的测度、影响因素等都进行了积极探讨与研究，但缺少从乡村文旅产业发展的角度切入，探讨其对共同富裕的影响。从现实背景看，如何以乡村文旅促进共同富裕，亟须更为科学合理的路径选择。

（一）理论背景

乡村文旅促进共同富裕研究，是对乡村从文旅产业振兴到实现共同富裕的实践活动进行系统性研究的过程，其研究内容包括乡村文旅产业振兴的内涵、发展机制、模式业态、成效评估，乡村共同富裕的经验启示、面临挑战、实现路径，以及乡村文旅与乡村共富的关系研究。

纵观现有文献，国内外专家学者对文旅产业发展效益的研究已形成一批丰硕的成果，针对乡村共同富裕的研究，囿于中国的特殊国情与历史背景，国外学者主要从乡村贫困治理的角度探索乡村共同富裕之路，包括实施家庭联产承包责任制（Piazza，1998）[1]、发展外向型经济（Rodrik，2002）[2]、坚持党的领导（Dillon，2018）[3] 等；国内学者主要从发展农村集体经济（谭仲池，1992；陈锡文，2022）[4][5]、发挥农民主体性（张行发，2022）[6]、提升乡村的内生性发展动力（王玉琴，1995）[7] 等角度开展路径研究。也有大量研究表明，乡村文旅产业发展是促进乡村共同富裕的可行

---

[1] Piazza A, Liang E H. Reducing Absolute Poverty in China: Current Status and Issues. *Journal of International Affairs*, 1998, 50 (1): 253-273.

[2] Rodrik D. Globalization for Whom. *Harvard Magazine*, 2002, (6): 29.

[3] Dillon N. *The China questions: Critical insights into a rising power*. Cambridge: Harvard University Press, 2018: 155-162.

[4] 谭仲池：《发展集体经济是走向共同富裕的必由之路》，《湖湘论坛》1992年第4期。

[5] 陈锡文：《充分发挥农村集体经济组织在共同富裕中的作用》，《农业经济问题》2022年第5期。

[6] 张行发、徐虹、王彩彩：《新发展阶段农民农村迈向共同富裕的困境、案例分析及实践启示》，《西南民族大学学报（人文社会科学版）》2022年第7期。

[7] 王玉琴：《对先富带后富逐步达到共同富裕的思考》，《山西农经》1995年第6期。

路径,具有实现乡村人口物质和精神富裕富足的巨大潜力(侯建新,2000;Abebaw,2013;孙九霞等,2023)[1][2][3]。但总体上,现有有关乡村文旅产业和乡村共同富裕的研究相对独立,对乡村文旅产业发展的效应研究大多聚焦于产业转型和乡村振兴,较少直接关注对乡村共同富裕的影响。少量涉及乡村文旅促进共同富裕的研究,也主要着力于宏观描述和案例分析,对将乡村文旅产业转化为共富目标的深层机理分析比较匮乏,尤其缺乏以实证测度的方法探究乡村地区的文旅产业在多大程度上促进乡村共同富裕。因此,有必要在解析文旅产业及新时期共同富裕的概念与内涵的基础上,阐释乡村文旅产业促进乡村共同富裕的作用机理,实证测度并剖析文旅产业促共富的现实困境,进而构建乡村文旅产业促共富的优化路径,为新时期着力加强乡村文旅融合综合研究、切实助力共同富裕战略目标提供科学参考。

(二)现实背景

共同富裕是社会主义的本质要求。党的二十大报告强调:中国式现代化是全体人民共同富裕的现代化。中国特色社会主义进入新时代,社会的主要矛盾已经转化为人民日益增长的美好生活需要和不平衡不充分的发展之间的矛盾,其中城乡发展不平衡、不充分的问题尤为突出。共同富裕的重点和难点在乡村,如何持续推动乡村发展,缩小城乡差距,实现共同富裕目标,成为社会各界关注的焦点。2022年中央全面推进乡村振兴重点工作的意见中指出,持续推进农村一、二、三产业融合发展,鼓励各地拓展农业多种功能、挖掘乡村多元价值。乡村因其良好的生态环境、纯朴的自然景观和独特的传统文化,能够满足当代人对"理想家园"的"乡愁"需要而具备了旅游开发的价值,成为文化和旅游融合发展的天然空间和载体。据统计,2020年,我国乡村旅游模范村达到6000个,休闲农业和农村旅游特色村10万个以上,农家乐300万家,带动5000万个农民参与乡村旅游发展。经历三年疫情蛰伏,2022年的乡村旅游收入较2019年同期已恢复至92%(2012—2019年,全国休闲农业与乡村旅游接待人次从7.2

---

[1] 侯建新:《西欧富裕农民—乡绅阶级形成与农业资本主义的兴起——兼与明清绅衿阶层比较》,《天津社会科学》2000年第3期。

[2] Abebaw D, Haile M G. The impact of cooperatives on agricultural technology adoption: Empirical evidence from Ethiopia. *Food policy*, 2013, 38: 82-91.

[3] 孙九霞、张凌媛、罗意林:《共同富裕目标下中国乡村旅游资源开发:现状、问题与发展路径》,《自然资源学报》2023年第2期。

亿人次增长到32亿人次，年均增长23.7%，占到国内游客总人次的50%以上；旅游收入由2400亿元增长到8500亿元，年均增长19.8%，占到国内旅游总收入的15%）。预计到2025年，全国乡村年接待游客人数超过40亿人次，经营收入超过1.2万亿元，年均复合增速将达到3.8%。① 文旅产业的发展有助于繁荣集体经济、传承乡土文化、促进乡村转型、推动人民致富。文旅产业振兴将继续巩固脱贫攻坚成果、全面推动共同富裕的实现，值得深入探究。

二 研究意义

目前，学术界有关文旅产业与共同富裕之间关系的研究集中于宏观描述性探讨，较少实证测度文旅产业对共同富裕的效应效果。本书在学习借鉴前人研究成果的基础上，聚焦于实现乡村文旅产业振兴和共同富裕过程中的现实问题，着眼于乡村文旅产业发展与共同富裕的内在关联，旨在从理论层面探讨文旅促共富的机理机制，系统补充相关研究的理论体系，通过对文旅促共富全过程、全方位地定性定量分析，为乡村文旅产业发展更好地促进共同富裕的实现提供参考建议。理论和现实意义具体如下：

（一）理论意义

1. 构建乡村文旅促进共同富裕的"3C"理论机理

聚焦"如何以乡村文旅产业促进共同富裕"的黑箱问题，本书从理论层面分析了资源基础、产业融合、场景创新、社区参与和社会公平等理论与乡村文旅产业振兴共同富裕的关联，厘清各理论相互关系以及在实践中的具体应用，由此构建了乡村文旅产业促进乡村共同富裕的"融合（Converge）—创造（Create）—升华（Consummate）"（简称"3C"）理论机理，揭示了文旅产业振兴促进乡村共同富裕的深层机理。

2. 测算乡村文旅促进共同富裕政策文本的政策效力

本书通过内容分析法和政策文本计量法，对59份浙江省省级乡村文旅产业政策文本和315份浙江省山区26县县级乡村文旅产业政策文本进行深入分析，构建了相应的政策效力的量化评估维度与标准，有助于更好地对政策文本的政策效力进行整体和分解测算，对浙江省省本级和浙江省

---

① 中国农业农村部. 全国乡村产业发展规划（2020—2025年）[EB/OL]. （2020-07-09）. https://www.gov.cn/zhengce/zhengceku/2020-07-17/content_5527720.html.

山区 26 县县级部门的乡村文旅产业政策文件制定和发布提供参考借鉴。

3. 深化乡村文旅促进共同富裕的多案例比较研究

本书从乡村文旅资源基础与资源开发利用主体两个维度切入，将乡村文旅促共富的案例类型划分为六大类，并从浙江省山区 26 县中选取对应的典型案例，分别剖析其文旅促进共富过程中历经的初步发展、创新发展和升华发展之路，梳理总结其经验启示，并提炼出乡村文旅促共富的共性规律，也为全国其他地区发展文旅产业的乡村提供了实践指导。

4. 验证乡村文旅产业对共同富裕的影响因素及其组态

本书运用熵权法和层次分析法对浙江省山区 26 县的共同富裕水平进行了测度，并用面板回归模型对文旅产业中可能影响乡村共同富裕水平的影响因素进行了判定，最后运用模糊集定性比较分析（fsQCA）法，收集 2013—2022 年的文旅产业和共同富裕相关指标的统计数据，选取 4 大类别 7 个影响因素为条件变量，以浙江省山区 26 县的共同富裕水平作为结果变量，结合已有文献构建浙江省山区 26 县文旅产业发展对共同富裕的组态影响因素分析理论框架，并以浙江省山区 26 县为样本进行实证研究，这对浙江省共同富裕的实施具有参考价值，并且对中西部等共同富裕发展水平较低地区通过文旅产业振兴促进共同富裕水平提升具有借鉴作用。

（二）现实意义

1. 帮助乡村更好地认识到文旅产业振兴对共同富裕的促进作用

本书深入剖析了资源基础、产业融合、场景创新、社区参与和社会公平等理论与乡村文旅产业振兴共同富裕的关联，厘清各理论相互关系以及在实践中的具体应用，由此搭建形成"融合之路""创造之路"以及"升华之路"，三条线路相辅相成，既有时间上的差序之别，亦可以相互印证、相互融合、互相包含，由此揭示文旅产业振兴促进共同富裕的深层机理，帮助乡村更好地认识到文旅产业振兴对乡村共同富裕的促进作用，从而引起乡村对文旅产业振兴的高度关注。

2. 为乡村更好地实现文旅产业振兴和共同富裕提供政策指引

本书通过内容分析法和政策文本计量法，对浙江省省级乡村文旅产业政策文本和浙江省山区 26 县县级乡村文旅产业政策文本进行了整理与分析，构建了相应的政策效力量化评估维度与标准，并对政策效力进行相应的评估，为浙江省本级和浙江省山区 26 县县级部门的乡村文旅产业政策文件制定和发布提供决策参考。

3. 为全国其他以文旅产业振兴促进共同富裕的乡村提供案例借鉴

本书划分了基于自然资源的外部力量主导型、基于人文资源的外部力量主导型、基于综合资源的外部力量主导型、基于自然资源的内部力量主导型、基于人文资源的内部力量主导型和基于综合资源的内部力量主导型这六大类发展模式，并从山区 26 县中分别选取对应的典型案例进行深度剖析，阐述其具体实践做法，梳理总结它们在文旅促共富过程中的经验启示，为全国其他地区发展文旅产业的乡村提供参考借鉴。

4. 为全国其他以文旅产业振兴促进共同富裕的乡村提供路径参考

本书从完善政策制定，提升共同富裕的高度；建强产业基础，夯实共同富裕的深度；加速产业融合，延伸共同富裕的长度；深化乡村运营，把握共同富裕的强度；加强数智赋能，提高共同富裕的速度；理顺主体关系，体现共同富裕的温度六个方面，阐述了浙江省山区 26 县通过乡村文旅产业发展促进共同富裕的实现路径，为全国其他重点发展文旅产业的乡村提供路径参考。

第二节 研究思路与方法

一 研究思路与框架

如图 1-1 所示，本书围绕"乡村文旅促进共同富裕"的主题进行研究，首先，第一部分是理论基础（包括第一、第二、第三章），主要解答"为什么"的问题，即乡村文旅产业为什么能够促进共同富裕，重在打开文旅促共富的黑箱。通过归纳"乡村文旅促进共同富裕"研究的主要理论视角和核心学术观点，提炼出乡村文旅产业促进共同富裕的理论机理。第二部分是现状分析（包括第四、第五、第六章），主要解答"怎么样"的问题，即"乡村文旅如何促进共同富裕"，重在剖析文旅产业促进共同富裕的现状。分别从政策脉络、案例透视、实证研究三大角度，测量文旅产业发展促进共同富裕的发展现状，并从不同角度对"乡村文旅产业促进共同富裕"进行问题剖析。第三部分是解决理路（包括第七、第八、第九章），主要解答"如何做"的问题，重在提出乡村文旅促进共同富裕的可行路径对策。分别从机制提炼、实施路径两个角度分析，怎么做才能使乡村文旅产业发展更好地促进共同富裕的实现。

第一章为绪论，系统梳理本书的背景与意义、研究内容与框架、研究

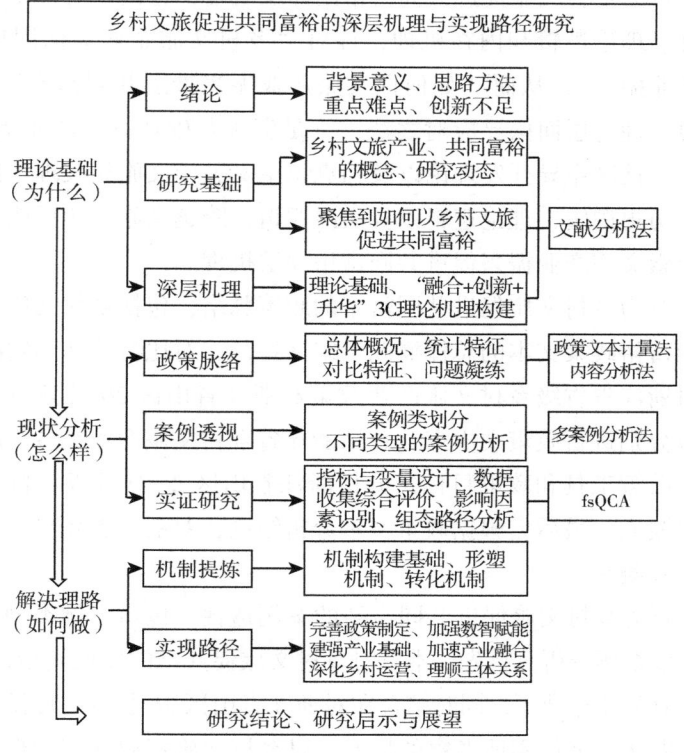

图 1-1 研究框架

思路与方法、研究重点与难点、研究创新与不足,既对本次研究起到了一个统领作用,又对本次研究的总体特点进行了概括性剖析、总结,引出"乡村文旅促进共同富裕"这一新议题,确定研究方向,为本议题的进一步研究奠定基础。本章节对本次研究进行了整体构思和设计脉络的梳理,阐述了研究的总体逻辑框架,是本书的总起部分。

第二章为乡村文旅促进共同富裕的研究基础,包括本质内涵、研究现状、综合述评与聚焦提出。乡村文旅产业是什么?乡村文旅产业振兴能否促进共同富裕,政府、企业、高校等多元主体应该怎样做,重点、难点和问题分别是什么?这一系列问题的解答,需要一定的理论研究作为支撑。本章首先探讨文化与文化产业、旅游与旅游产业、文旅融合、共同富裕等重要概念的内涵定义、基本内容及主要特征;其次,进一步梳理乡村文旅产业促进共同富裕的研究现状,围绕文旅产业、共同富裕及二者之间的关系进行研究综述;最后,基于已有文献述评,聚焦提出了研究命题。

第三章为乡村文旅促进共同富裕的深层机理，包括乡村文旅促共富的理论基础、理论逻辑和内在机理，针对"乡村文旅企业如何因地制宜推进文旅产业振兴"，从而"如何以文旅产业振兴推进共同富裕"等问题，本章主要从理论层面探寻应对之法，立足资源基础理论、产业融合理论、场景理论、社区主导开发理论以及马克思主义关于文旅相关理论出发，深入钻研其历史逻辑、理论逻辑以及实践逻辑，跨越文旅产业赋能乡村振兴鸿沟，探索文旅产业振兴促进共同富裕深层机理。

第四章为乡村文旅促进共同富裕的政策脉络，包括乡村文旅产业振兴促进共同富裕政策文本的总体概况、统计特征、对比特征和问题凝练。主要通过对浙江省省级乡村文旅产业政策和浙江省山区 26 县县级乡村文旅产业政策分别进行政策文本书，总结浙江省乡村文旅产业在各个时期的政策主体、政策工具和政策目标，分析浙江省山区 26 县县级乡村文旅产业政策效力演变，最后，根据政策文本分析结论，对浙江省乡村文旅产业政策进行问题凝练。

第五章为乡村文旅促进共同富裕的案例透视，包括案例类型划分、不同类型的多案例分析。首先，本章对乡村文旅促共富的发展类型进行划分。在参考已有分类标准下，同时结合在对浙江省山区 26 县乡村旅游重点村文旅产业发展状况进行实地考察的情况，以乡村文旅资源基础的形态、乡村文旅资源开发利用主体这两个维度作为划分标准，将乡村文旅产业发展类型划分为 6 种类型。其次，分别从浙江省山区 26 县中选取对应的典型案例进行深度剖析，阐述其具体实践做法，梳理总结它们在文旅促共富过程中的经验启示，为全国其他地区发展文旅产业的乡村提供参考借鉴。

第六章为乡村文旅促进共同富裕的实证研究，包括评价指标与变量设计、综合评价、影响因素识别和组态路径分析。首先，本章运用熵权法和层次分析法对浙江省山区 26 县的共同富裕水平进行了测度，其次，利用面板回归模型对文旅产业中可能影响乡村共同富裕水平的影响因素进行了判定，最后，运用模糊集定性比较分析（fsQCA）法，选取 2013—2022 年共十年的文旅产业和共同富裕相关指标的统计数据，选取 4 大类别 7 个影响因素为条件变量，以浙江省山区 26 县的共同富裕水平作为结果变量，结合已有文献构建浙江省山区 26 县文旅产业发展对共同富裕的组态影响因素分析理论框架，并以浙江省山区 26 县为样本进行实证研究。

第七章为乡村文旅促进共同富裕的机制提炼，包括机制构建基础、形塑机制和转化机制。其中，详细介绍形塑机制中所运用到的多元主体、内生性资源与外源性要素。形塑机制是以多元主体为核心，结合"主体—资源—要素"相协调的模型创造性提出的，分别是外部力量主导的乡村文旅产业振兴机制和内部力量主导的乡村文旅产业振兴机制，并对各个机制的内在逻辑进行了系统梳理。与此同时，本章以从乡村文旅产业振兴作为出发点，探讨其在促进共同富裕方面的独特优势，在前人研究基础上提炼出协同机制、分配机制、共享机制三大转化机制。

第八章为乡村文旅促进共同富裕的实施路径。本章节在已有理念的指导下，积极探索、总结乡村文旅促进共同富裕的实施路径。主要从完善政策制定，提升共同富裕的高度；建强产业基础，夯实共同富裕的深度；加速产业融合，延伸共同富裕的长度；深化乡村运营，把握共同富裕的强度；加强数智赋能，提高共同富裕的速度；理顺主体关系，体现共同富裕的温度六个方面，详细阐述了浙江省山区26县通过乡村文旅产业发展促进共同富裕的实施路径。

第九章为研究结论、研究启示与展望，本章节在整理全文的基础上进行了研究概括与总结。本书旨在进一步完善乡村文旅促进共同富裕的作用机理，为相关乡村的实践提供指导；首先，本章提出了本书的核心研究结论；其次，经过理论与案例研究得出新的启示，提出了以乡村文旅促进共同富裕的实践启示；最后，指出本书的不足，对本课题的进一步研究方向和思路进行了思考与展望。

二 研究方法

本书采用定性研究与定量研究相结合的方法，运用多种现代经济学分析技术，采用多层次的数据（宏观统计数据、微观调查数据以及典型案例资料），借助数据分析工具来分析乡村文旅促进乡村共同富裕的现状，并提出针对性的对策建议。主要应用的研究方法如下：

（一）文献研究法

文献研究法主要应用于第二章乡村文旅促进共同富裕的研究基础、第三章乡村文旅促进共同富裕的深层机理这两个章节。通过图书馆、档案馆、博物馆以及互联网等渠道收集乡村文旅产业振兴促进乡村共同富裕的相关资料，厘清文化与文化产业、旅游与旅游产业、文旅融合、共同富裕等重要概念的内涵定义、基本内容及主要特征；梳理出乡村文旅促进共富的研究现状，以及文旅产业与共同富裕之间的关系，并基于理论分析，构建乡村文旅促进共同富裕的理论机理，为本书提供可靠的理论支撑。

（二）内容分析法和政策文本计量法

内容分析法和政策文本计量法主要应用于第四章乡村文旅促进共同富裕的政策脉络，分析浙江省省级乡村文旅产业相关政策在各个时期的政策主体、政策工具和政策目标。本书以浙江省山区26县为研究样本，对浙江省山区26县的乡村文旅产业相关政策文件进行政策效力分析，由此概括出浙江省乡村文旅产业发展的演进特征与经验，从而为浙江省未来乡村文旅产业发展相关政策的发展方向和趋势提出一些有价值的思考。

（三）多案例分析法

多案例分析法主要应用于第五章乡村文旅促进共同富裕的案例透视，案例研究适合用来回答"为什么"和"怎么样"的问题，本书关注乡村文旅产业促进共同富裕是如何实现的，过程中有哪些关键要素，它们彼此之间如何互动，它们的互动又会创造出怎样的多元价值，这正是一系列的"怎么样"类型的问题。在案例地的选择和数量确定上，本书结合分类标准，以理论饱和为主要依据，分别从浙江省山区26县中选取对应六种发展类型的典型代表乡村案例各一个，阐述其具体文旅产业促进共同富裕的发展历程以及发展成效，并结合实践案例梳理总结这六种乡村文旅产业发展模式下在迈向共同富裕过程中的经验启示。

（四）模糊集定性比较分析法

模糊集定性比较分析（fsQCA）法主要应用于第六章文旅产业发展对县域实现共同富裕的影响因素研究。本书收集2013—2022年共十年的文旅产业和共同富裕相关指标的统计数据，选取4大类别7个影响因素为解释变量，结合已有文献构建浙江省山区26县文旅产业发展对共同富裕的组态影响因素分析理论框架，并以浙江省山区26县为样本进行实证研究，从而为浙江省共同富裕政策的实施提供参考借鉴。

第三节 研究重点与难点

一 研究重点

重点一：提炼乡村文旅促进共同富裕的理论机理，即解答"为什么"

的问题。乡村文旅产业发展有助于发挥文化赋能作用、发挥旅游带动作用,其经济性与文化性相辅相成、缺一不可。文化与旅游融合发展,是一个以文化带动旅游发展、以旅游促进文化发展的过程,是一个优势互补、相得益彰、互惠共赢的过程,推动文化与旅游融合对促进文化产业与旅游产业协同高质量发展、中国式现代化文旅发展以及共同富裕具有十分重要的意义。因此,为跨越文旅产业赋能乡村振兴鸿沟,探索文旅产业促进共同富裕回馈机制,基于赋能理论、系统学理论、融合创新理论、马克思主义理论等多学科理论,努力探索形成文化和旅游高质量发展的有效路径、构建乡村文旅促共富的理论机理,是本书的一大重点。

重点二:测度乡村文旅促进共同富裕的实际效果,即解答"怎么样"的问题。浙江省在我国经济发展水平中处于领先地位,被国家划为第一批创建共同富裕的示范区,但各区域间文旅产业发展仍存在差距。由于各地在旅游资源禀赋、经济发展水平、区位交通条件、基础配套设施等方面存在差异,使得各地区文旅产业发展很不平衡,沿海区域的文旅产业对于共同富裕的促进效应显然强于山区区域。针对这一趋势和特点,本书主要以浙江省所划定的山区26县作为研究对象,探究文旅产业发展对共同富裕的多重影响因素的组合效应,测量乡村文旅产业发展促进共同富裕的实际效果,也是本书的重点。

重点三:明确乡村文旅促进共同富裕的实施路径,即解答"如何做"的问题。在文旅产业振兴促进共同富裕的全过程中,党委政府起到了统筹全局、协调兼顾的重要作用,其制定的政策规划对乡村文旅产业振兴促进共同富裕的实现速度和程度起到关键性影响。然而,本书发现当前文旅产业促进共同富裕在政策层面仍存在多重障碍。要更好地发挥文旅产业振兴促进共同富裕的有效性和持续性,需要从政策层面破解产业基础、分配机制、民生工程、城乡互流等方面的难题,通过采取"一县一策""一业一策"等政策手段,加速文旅产业振兴促进共同富裕的进程。明确具体的实施路径,为全国其他乡村提供文旅促共富的经验借鉴,也是本书的一大重点。

二 研究难点

难点一:难以系统厘清乡村文旅促进共同富裕的深层机理。现有研究对文旅产业振兴如何促进共同富裕的内在机理缺少系统的理论剖析。因此，为跨越文旅产业赋能乡村振兴鸿沟，基于赋能理论、系统学理论、融合创新理论、马克思主义理论等多学科理论，探索文旅产业促进共同富裕的机制，厘清乡村文旅产业促进共同富裕的内在机理，有一定难度。

难点二：难以精准测度乡村文旅促进共同富裕的效果。以往研究中，往往将文化产业和旅游产业作为两个独立分开的系统进行测度，本书针对共同富裕发展水平的测度进行了探索，通过总结学者们研究结果，并结合浙江省当前发展情况，将文旅产业作为一个整体，系统性地构建了浙江省山区26县文旅产业发展水平与共同富裕发展水平的评价指标体系，具有一定挑战性。

难点三：难以全面获取乡村文旅促进共同富裕的完整数据资料。浙江省作为全国共同富裕示范区具有较强的代表性，本书需对乡村文旅产业发展水平和共同富裕水平进行科学测度。由于本书主要通过各地级市以及县域的统计公报和统计年鉴中收集数据，但是有些数据难以查询。因此，准确获取浙江省山区26县范围内乡村文旅促进共同富裕的真实数据资料有一定的难度。

难点四：难以创新提出乡村文旅促进共同富裕的路径选择。在乡村文旅产业振兴促进共富的过程中，文旅产业发展水平不均衡、对其他产业带动能力不够强等问题突出。面临诸多难题，乡村想要找到以文旅促共富的现实可行的路径，针对不同类型乡村作出适当的应对举措，有一定的难度。

第四节 研究创新与不足

一 研究创新

本书以乡村文旅促进共同富裕为主题，重在分析乡村文旅产业促进共同富裕的内在机理、效应测度和实现路径。其创新之处在于：

一是创新构建了"融合—创造—升华"的3C理论机理。本书聚焦乡村振兴和共同富裕的现实问题，选择以乡村文旅产业促进共同富裕为切入点，基于资源基础、产业融合、场景创新、社区参与和社会公平等理论，创新构建了乡村文旅促进共同富裕的"融合（Converge）—创造（Create）—升华（Consummate）"的"3C"理论机理，揭示了文旅产业促进共同富裕的深层机理。

二是创新测算了乡村文旅产业相关政策产生的政策效力。目前少有文献对浙江省省级乡村文旅产业政策和浙江省山区26县县级乡村文旅产业政策进行研究，尤其缺少对政策文本的定量分析，本书通过内容分析法和政策文本计量法，对浙江省省级乡村文旅产业政策文本和浙江省山区26县县级乡村文旅产业政策文本进行了整理与分析，创新构建了相应的政策效力量化评估维度与标准，测算了乡村文旅产业相关政策产生的政策效力，是具有突破性的。

三是创新构建了衡量乡村文旅产业发展的评价指标体系。以往研究中，往往将文化产业和旅游产业作为两个独立分开的系统进行测度，本书创新性地将文旅产业作为一个整体，系统性地构建了文旅产业发展指标体系。从要素禀赋、配套水平、要素增量和政策变量四个维度，选取了旅游资源、文化资源、交通情况、接待设施、政策效力、外资投入、信息化水平共计七项指标，形成了系统性的文旅产业发展评价指标体系。

四是创新测度了县域层面乡村文旅促共富的组态效应。本书运用模糊集定性比较分析方法从多条路径对影响因素进行研究，区别于传统的回归分析，现有探究文旅产业对其他领域影响因素的研究较多运用主成分分析以及灰色关联度分析方法进行研究，本书运用fsQCA法弥补了这一领域的不足。同时，现有研究大多从省、市层面探索共同富裕发展水平的影响路径，本书从县级层面进行探索，是具有突破性的。

二 研究不足

一是3C理论机理有待深化。本书通过重点文献、专家观点、核心理论、相关政策的梳理，在已有研究基础之上，创新建构了"乡村文旅促进共同富裕"的3C理论机理，本书已通过政策分析、案例分析和效应测度，深化了该理论机理，但仍需参考更多文献，研究更多的案例乡村，进一步深化该理论机理。

二是评价指标体系有待完善。本书主要选取了旅游资源、文化资源、交通情况、接待设施、政策效力、外资投入、信息化水平共计七项指标，同时选取指标构成共同富裕发展水平作为结果变量。尽管本书采用的评价指标已综合参考了国内外学者的研究成果，但还有很多其他指标也可用于衡量乡村文旅产业振兴和共同富裕发展水平，限于实际客观因素，本书所选取的评价指标体系有待完善。

三是样本选取范围有待扩大。本书主要以浙江省山区 26 县为研究对象，探究乡村文旅产业振兴对共同富裕的影响。由于不同地域在时间维度上处于不同的发展阶段，在空间维度上区位、资源等有所不同，无法全面揭示"乡村文旅促进共同富裕"的内在机理，研究结果可能会存在一定的局限性，需要在全国乃至更大的范围开展研究。

四是研究结果可靠性有待验证。本书主要通过各地级市以及县域的统计公报和统计年鉴中收集数据，但是有些数据难以查询，部分缺失数据只能通过插值法进行补充。且目前收集到的数据跨越的年份还不够长，还有待进一步验证结果的可靠性。

参考文献

Abebaw D, Haile M G. The impact of cooperatives on agricultural technology adoption: Empirical evidence from Ethiopia. *Food Policy*, 2013, 38: 82-91.

Dillon N. *The China questions: Critical insights into a rising power*. Cambridge: Harvard University Press, 2018: 155-162.

Piazza A, Liang E H. Reducing Absolute Poverty in China: Current Status and Issues. *Journal of International Affairs*, 1998, 50 (1): 253-273.

Rodrik D. Globalization for Whom. *Harvard Magazine*, 2002 (6): 29.

陈锡文：《充分发挥农村集体经济组织在共同富裕中的作用》，《农业经济问题》2022 年第 5 期。

冯川：《日本"一村一品"运动的推动机制与农村社会自主性》，《世界农业》2021 年第 10 期。

侯建新：《西欧富裕农民—乡绅阶级形成与农业资本主义的兴起——兼与明清绅衿阶层比较》，《天津社会科学》2000 年第 3 期。

侯建新：《二十世纪二三十年代中国农村经济调查与研究评述》，《史学月刊》2000 年第 4 期。

黄经南、吴限、彭韬：《"三权分置"背景下的乡村规划策略探究》，《现代城市研究》2021 年第 7 期。

任大鹏、赵鑫：《马恩的合作社思想与当代合作社价值反思》，《中国农业大学学报（社会科学版）》2019 年第 4 期。

孙九霞、王学基：《民族文化"旅游域"多元舞台化建构——以三亚槟榔谷为例》，《思想战线》2015年第1期。

孙九霞、张凌媛、罗意林：《共同富裕目标下中国乡村旅游资源开发：现状、问题与发展路径》，《自然资源学报》2023年第2期。

谭仲池：《发展集体经济是走向共同富裕的必由之路》，《湖湘论坛》1992年第4期。

王玉琴：《对先富带后富逐步达到共同富裕的思考》，《山西农经》1995年第6期。

张丙宣：《政府的技术治理逻辑》，《自然辩证法通讯》2018年第5期。

张行发、徐虹、王彩彩：《新发展阶段农民农村迈向共同富裕的困境、案例分析及实践启示》，《西南民族大学学报（人文社会科学版）》2022年第7期。

第二章

乡村文旅促进共同富裕的研究基础

在共同富裕目标下,文旅产业发展对继续巩固脱贫攻坚成果、全面推动乡村振兴,具有重大战略意义。如何紧扣"乡村文旅产业"和"共同富裕"两个关键主题,科学甄别发展过程中存在的问题并探寻破解之道,充分发挥乡村文旅产业创新发展的关键作用,成为促进共同富裕的重要抓手,是学术界的使命和责任。基于对文旅融合、文旅产业、共同富裕的认识与理解,结合相关政策及实践情况,本章重在通过文献梳理,厘清乡村文旅产业发展与共同富裕之间的关系,主要从概念内涵和国内外相关研究现状展开阐述。具体而言,本章首先探讨文化与文化产业、旅游与旅游产业、文旅融合、共同富裕等重要概念的内涵定义、基本内容及主要特征,在此基础上,围绕文旅产业、共同富裕及二者之间的关系进行研究综述。最后,基于已有文献述评,提出本书的切入点。

第一节 乡村文旅促进共同富裕的内涵解读

为了能够对文旅产业与共同富裕之间的关系有一个全面清晰的认识,本节在国内外权威定义研究的基础上,对文化产业、旅游产业、文旅融合及文旅产业、共同富裕的相关概念进行解读,并得出明晰的界定。

一 文化产业的概念与内涵

(一)文化的概念

文化的科学概念,直到 18 世纪启蒙时代才真正出现,其定义有多种表述,学术界公认最为著名、经典的定义是由英国人类学家 Taylor 提出的,他在 1871 年出版的《原始文化》一书中指出:"文化或文明,就其广泛的民族学意义来讲,是一个复合整体,包括知识、信仰、艺术、道德、法律、习俗以及作为一个社会成员的人所掌握和习得的其他一切能力和习惯的复合体。"该定义强调了文化多样性的统一,这种理解影响了当时和后来的许多社会科学家,被认为是从文化学学科角度定义文化的开始(Tylor,2005)①。英国文化人类学家 Malinowski 在《文化论》中提出,文化包括物质、精神、语言和社会组织四个方面。这一定义奠定了文化内涵的基础。② 我国学术界对文化的定义,一方面借鉴西方学术界的成果,另一方面根据中国社会发展的特殊阶段和现实情况进行界定。《辞海》分别从广义和狭义两方面给出了文化的具体定义:广义是指人类在社会实践过程中所获得的物质、精神的生产能力和创造的物质、精神财富的总和。狭义指精神生产能力和精神产品,包括一切社会意识形态:自然科学、技术科学、社会意识形态。在《文化统计框架—2009》中,联合国教科文组织参考了不同国家对文化的界定,将其定义为"一个社会或团体所拥有的一系列独特的精神、物质、智力和情感特征,除了艺术和文学以外,还包括生活方式、聚居方式、价值体系、传统信仰"。由此可见,文化是一个多重复合系统,具有复杂的层次性、结构性和等级性。学者们从不同的角度对文化进行了不同的划分,主要包括二分法、三分法、四分法。目前普遍使用的是文化结构三分法(Malinowski,1987),即整体文化系统可划分为物质文化、精神文化和制度文化三个层次,其中物质文化是基础和前提,制度文化是保障和规范,精神文化是核心和根本。③

(二) 文化产业的概念与类型

1. 文化产业的概念

关于文化产业的概念辨析需要追溯到 20 世纪初期。那时西方的工业革命使得资本主义生产完成了传统手工业向大机器工业的嬗变,文化也随之被赋予新的表现形式和大工业、批量化的生产形式。法兰克福学派代表学者 Adorno 和 Horkheimer (1990) 在其《启蒙辩证法》中率先提出"文化工业"(Culture Industry) 的概念,即大众文化产品的标准化、齐一化、程式化。大工业机器的引入使得文化失去独特的内容与风格,按照固定的

---

① [英] 爱德华·泰勒:《原始文化》,连树声译,广西师范大学出版社 2005 年版。
② 马林诺夫斯基:《文化论》,费孝通译,中国民间文艺出版社 1987 年版。
③ 马林诺夫斯基:《文化论》,费孝通译,中国民间文艺出版社 1987 年版。

标准、程序批量生产、机械复制。① "程式代替了一切,雷同代替了个性,平庸代替了高雅,低俗代替了崇高。"因此,文化工业曾是以消极激进的特征被提出来的,在批量化复制的过程中,曾经的"所思所表最好之物"——文化的价值被大规模机械化的生产所消解,取而代之的是伪个人化、服务于"上层阶级"的文化产品。然而,文化工业并非一直被学界认作社会发展坏象,即便在法兰克福学派内部依然有学者肯定了文化工业化的发展走向。随着社会与经济发展的不断推进,文化工业逐渐多样化使得业界将 culture industry 改为复数形式的 industries,即"文化产业",负面意涵日渐淡化,更多地用来描述现实生活中关于文化生产的相关产业,并最终成为国民经济统计中的产业分类之一。因此,文化工业可以看成文化产业发展的初级阶段。

由于意识形态以及表现方式不同,何谓文化产业,以及文化产业门类如何划分在当下世界范围内尚未达成共识,就连"文化产业"一词在不同国家的叫法也存在很大差异,各国文化产业根据实际情况被赋予诸多独特的内涵。例如,文化产业在美国谓之为"版权产业",在英国为"创意产业",在日本被称作"娱乐观光产业",在韩国则被称作"文化内容产业"。文化产业融合了当代社会的政治、经济和文化等多个方面,其崛起和发展是信息技术对文化产业改造升级的结果,也是在适应不断扩大的市场需求,日益呈现规模扩大、内涵丰富、外延拓展的发展趋势(荣跃明,2005)②,使得对文化产业的明确定义难以形成统一定论。尽管如此,国际学术界、业界及各国政府都在实践中将文化产业概念分解为三个层面,即学术概念、产业统计与分类概念和业态实践概念。学者们常将文化产业这一概念用作研究文化生产、传播和消费的对象,并将它与其他物质生产活动的区别也纳入研究范围。在学术层面上,世界学术界对这一概念的使用和理解差异不大。产业统计与分类层面上的文化产业概念多被各国政府用来对本国文化产业进行识别和分类,因而带有各国的政策烙印和使用差异。而业态实践层面上的文化产业概念来源于社会经济和文化发展的现实状态,一般包括众多与文化产业具有内在关联的概念集合,如大众文化、大众传媒、知识产权、信息产业、创意产业、内容产业等。联合国教科文

---

① [联邦德国]马克斯·霍克海默、特奥多·威·阿多尔诺:《启蒙辩证法》,洪佩郁、蔺月峰译,重庆出版社1990年版。
② 荣跃明:《文化产业:形态演变、产业基础和时代特征》,《社会科学》2005年第9期。

组织曾把文化产业定义为"一套符合工业流程标准的生成、再生产、储存以及分配的行为"。我国学术界对文化产业的研究始于20世纪80年代，90年代中后期形成研究高潮。2001年3月15日，第九届全国人大四次会议批准了《中华人民共和国国民经济和社会发展第十个五年计划纲要》，首次正式使用了文化产业这一概念，并将其界定为文化部门所管理和指导的从事文化产品生产和提供文化服务的经营性行业。

2. 文化产业的类型

囿于文化产业概念和内涵的不断演化，文化产业的分类亦未形成公认的标准。不同机构或学者依据自身需要，对文化产业的具体内容和基本类型进行了提炼。从创意产业角度看文化产业，可以将其看作一种提供精神产品或服务的产业，包括文学艺术业、新闻出版业、音像制品业、教育信息业等（李冬和陈红兵，2005）[①]。联合国教科文组织《文化统计框架—2009》中用文化领域、相关领域和横向领域的层级模型来体现文化生产和文化活动的类别，其中文化领域包括文化与自然遗产、表演与庆典、视觉艺术与手工艺等；相关领域包括旅游业、体育和娱乐业；而非物质文化遗产、存档和保护、教育和培训、装备和辅助材料等方面的活动与上述所有领域有关联，因此将它们定义为横向领域。

中国文化产业概念的界定经历了三次修改。《文化及相关产业分类》最初在2004年颁布，由国家统计局制定，并分别于2012年、2018年进行了两次修改。2004年颁布的《文化及相关产业分类（2004）》，将文化及相关产业定义为面向公众文化、娱乐产品和服务的活动，以落实党的十六大关于"加快文化事业和文化产业发展"的要求，建立具有科学性、系统性、合理性的文化产业统计体系，与之密切相关的部分项目也被纳入其中。这从某种意义上说，其也将公益性文化事业和经营性文化产业的发展方向作了区分，符合当时经济体制转型过程中社会经济文化的自然发展实际。此次分类将文化及相关产业分为四层。第一层按照文化重要性分为文化服务和相关文化服务两大部分；第二层根据文化管理部门需要和文化活动的特点分为九大类；第三层依照产业链上下层分类关系分为24类，第四层则为80小类。主要分层见图2-1。

然而，在实践过程中，《文化及相关产业分类（2004）》暴露出诸多

[①] 李冬、陈红兵：《文化产业的基本特征及发展动力》，《东北大学学报（社会科学版）》2005年第2期。

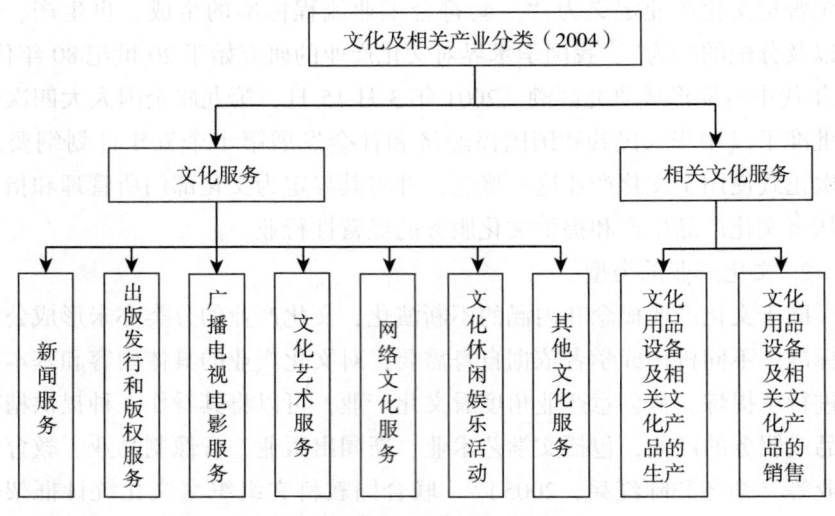

图 2-1 《文化及相关产业分类（2004）》（部分）

问题，例如文化产业增加值统计口径不一；缺乏对文化事业与文化产业的区分；原有分类无法适应新媒体迅速发展带来的行业变化；忽视动漫及游戏行业、知识产权中的"软件服务"等。于是，为了建立科学可行的文化及相关产业统计制度，国家于 2012 年对《文化及相关产业分类》进行二次修订。此次修改根据文化活动的自身特点分为第一层（文化产品的生产、文化相关产品的生产）、第二层（10 大类）、第三层（50 个中类）、第四层（120 个小类）（图 2-2）。

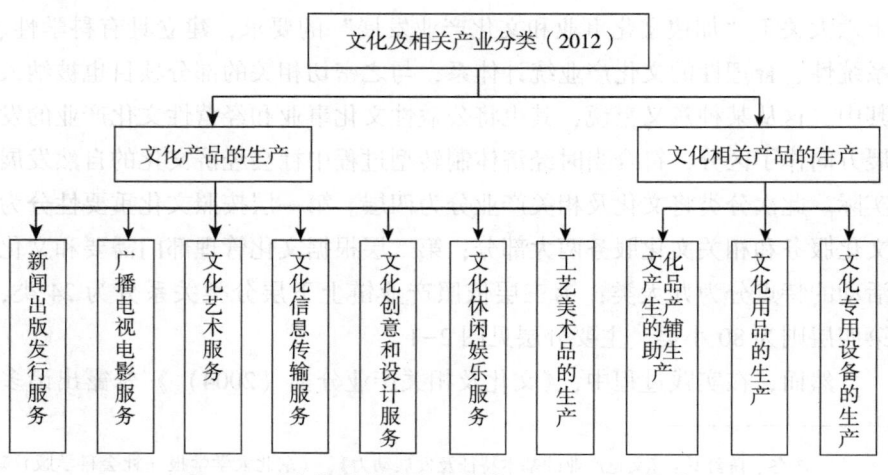

图 2-2 《文化及相关产业分类（2012）》（部分）

2018 年，经过三次修订而形成的《文化及相关产业分类（2018）》进一步深化了文化体制改革，继续推进社会主义文化强国建设。首先，对于定义部分依旧延续了"文化及相关产业是指为社会公众提供文化产品和文化相关产品的生产活动的集合"，具体范围包括"以文化为核心内容，为直接满足人们的精神需要而进行的创作、制造、传播、展示等文化产品（包括货物和服务）的生产活动。为实现文化产品的生产活动所需的文化辅助生产和中介服务、文化装备生产和文化消费终端生产（包括制造和销售）等活动"。在最新的版本中，文化及相关产业被分为了九个大类，在九大类之下还有 43 个中类和 146 个小类（图 2-3）。总体来说，此次分类为反映我国文化及相关产业生产活动提供了标准的分类依据，为文化及相关产业统计提供了一致的定义和范围。

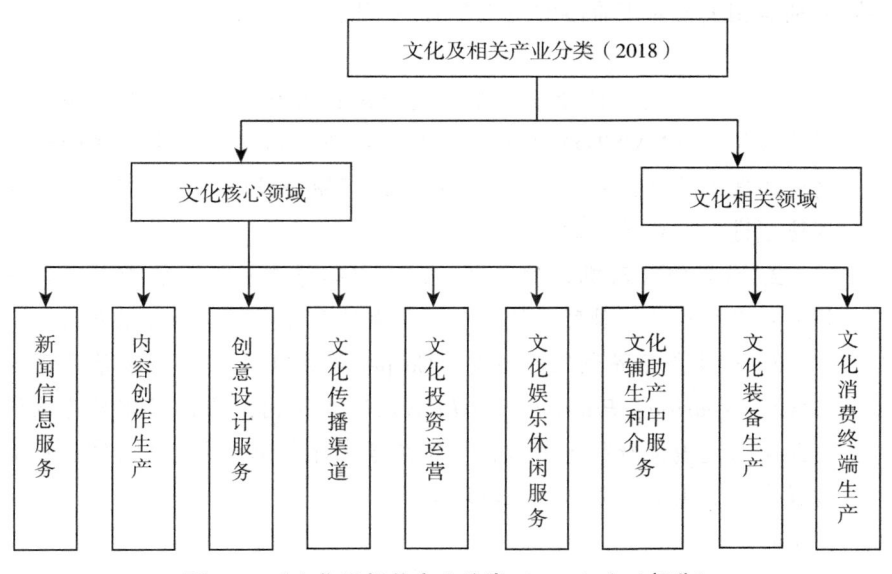

图 2-3 《文化及相关产业分类（2018）》（部分）

二 旅游产业的概念与内涵

（一）旅游的概念

旅游（Tour），是由拉丁语"tornare"和希腊语"tornos"演变而来，指的是一种画圆的工具，或是围绕一个中心点或轴的运动，在某些语境中还表示"循环""往复""重复"等。后缀-ism 通常释义为"一个行动或过程；以及特定行为或特性"，而后缀-ist 则意指"从事特定活动的人"。词根 tour 与后缀-ism 和-ist 相连，可以形容沿着圆周轨道的方向移动，因此旅游就是一个来回的过程，即一个去而复返的活动，这一过程的参与者就被称为旅游者（Tourist）。从词语表面理解，"旅游"包括"旅"和"游"两个部分，"旅"就是"行""出"，即为了达到某个目标而在空间上从一个地方到另一个地方的过程；"游"是游览、观赏，即为实现上述目标而进行的旅程，两者相加就是旅游。所以，旅行侧重于"行"，而旅游在"行"之外，也具备游玩、娱乐的意思。

宽泛意义上的旅游活动在原始社会末期就已开始出现，早期游学、保健、探险、经商等简单的旅游活动发展成为当代的观光、休闲、度假、娱乐、购物、冒险等综合性的旅游活动。由于旅游现象的复杂性和多元化，不同的利益相关方对于旅游的定义都有所不同。比如：

  1. 从时空转换的角度，在《旅游统计国际大会建议书》中，世界旅游组织（UNWTO）把旅游定义为：个人前往其经常居住的地方之外的某个地点，并在该地点有限度地停留一段时间，主要是为了在到访地进行一些无偿的活动。

  2. 从目的（动机）的角度，谢彦君等学者认为，旅游是个体到外地寻求乐趣的一种暂时性体验，具有社会性、休闲性和消费性。

  3. 从社会经济现象的角度，Cooper 等人在专著《旅游学原理与实践》（*Tourism: Principle and Practice*）中提出，旅游可定义为旅游企业、东道地政府和东道地社会等在与旅游者和其他来访游客互动的过程中所产生的一系列现象与联系。

  4. ……

分析以上对于旅游的定义，可以发现不管是侧重于旅游的空间、时间、动机，还是旅游保障系统和服务组织，都是属于旅游现象的范畴，它们都有一个共同的特点，即旅游的活动属性。因此，从马克思主义哲学的概念来看待旅游，其本质是人们在一定的经济基础条件下，由精神需求延伸出来的一种文化活动或行为。

中文"旅游"一词是我国学术界最常用的术语之一，也经常出现在各级政府部门的政策文件及相关组织的规划策划中。这一术语在中文中是一个典型的学科内多义术语,对应着多个概念(史甜甜、保继刚,2015)①(表2-1)。保继刚等(2013)建议研究者在实际使用"旅游"一词时,应尽量避免简写、略写、缩写等含混使用行为,注意突出"旅游"术语所表达的明确含义,以"旅游活动""旅游行为""旅游现象""旅游系统""旅游业"等清晰概念来指代②。

表 2-1　"旅游"对应的多元概念及其解释

术语	对应概念	概念解释	英文表达
旅游	旅游活动	那些暂时的、异地的/非惯常环境下的休闲行为或人们利用余暇时间在异地进行的一种休闲体验活动(谢彦君,2011;王玉海,2010;李天元,2009)。③④⑤	Tour(ing)
	旅游业	提供满足个体各种旅游活动所需要的供给方的集合体或接待系统或作为一种行业来认识(张凌云,2008;申葆嘉,2008)⑥⑦。	Tourism industry
	旅游系统	一种多元系统整合的社会现象,是一种社会事实,市场经济发展的产物,是以非定居的旅行方式和非长期的定居方式而引起的一切现象和关系的总和(张凌云,2008;申葆嘉,2008)。⑧⑨	Tourism system

(二)旅游业的概念与类型

1. 旅游业的概念

旅游是一种跨越传统经济类型的活动,它需要各方面的投入,因此旅游业通常被认为是一个综合性的产业。然而,如果将旅游业界定为产业,

---

① 史甜甜、保继刚:《中文"旅游"一词产生及其对应概念的变迁》,《旅游科学》2015年第6期。
② 保继刚、王宁、马波等:《旅游学纵横:学界五人对话录》,旅游教育出版社2013年版。
③ 谢彦君:《基础旅游学(第三版)》,中国旅游出版社2011年版。
④ 王玉海:《"旅游"概念新探——兼与谢彦君、张凌云两位教授商榷》,《旅游学刊》2010年第12期。
⑤ 李天元:《旅游学概论》,南开大学出版社2009年版。
⑥ 张凌云:《国际上流行的旅游定义和概念综述——兼对旅游本质的再认识》,《旅游学刊》2008年第1期。
⑦ 申葆嘉:《论旅游是市场经济发展产物》,《旅游学刊》2008年第8期。
⑧ 张凌云:《国际上流行的旅游定义和概念综述——兼对旅游本质的再认识》,《旅游学刊》2008年第1期。
⑨ 申葆嘉:《论旅游是市场经济发展产物》,《旅游学刊》2008年第3期。

并将其与农业或工业进行比较，会发现旅游业不具备产业通常具有的生产功能，也没有可衡量的有形产品，更谈不上对其进行有效统计的准确方法。但是在近代人类社会的发展中，旅游活动对人类生活产生了越来越大的影响，特别是在第二次世界大战以后，世界经济快速发展，旅游活动成为人类活动的潮流，国际旅游活动从1950年开始就以年均7.1%的速度增长，国际旅游者从1950年的2 500万人次增长到2022年的95.7亿人次，国际旅游收入也从21亿美元增长到4.6万亿美元，分别恢复至疫情前（2019年）的66.1%和79.6%。据预测，2023年全球国际旅客数量将达到107.8亿人次，全球旅游总收入将达到5.0万亿美元①。而我国的旅游业在改革开放以后也取得了长足的发展。这些现象表明，旅游业作为一个独特的产业已融入人类社会的生活，它是客观存在的，是人类文明不可或缺的部分。

对于旅游业概念的认识，应该看到其与传统产业之间存在着很大的差别。通常，"产业是指其主要业务和产品大体相同的企业类别的总称"，根据这一定义，一个产业是由能生产或提供相同类别产品、服务的一系列企业构成的。从表面上看，旅游业似乎不具备生产或提供相同产品、服务的能力，因为旅游业的产品是由住宿业、旅行社业、餐饮业、交通运输业、旅游商品业、旅游娱乐业等多项产品共同组合而成的。由于旅游产品涉及多个行业，很难保证其产品大体相同。但从另一方面可以看到，旅游业涉及的范围广泛，其界限难以界定，旅游业的产品源自多个行业，这些都是旅游业特点的反映。从旅游业的本质而言，在其涉及的所有行业和产品中，它们都有一个共同特征，那就是通过自身的产品来满足旅游者的需求，为旅游者提供优质的服务，在这一前提下每个分支的旅游产品就形成了整个旅游业的产品，每块分割的与旅游相关的行业组合在一起就构成了整个旅游业。由于国度不同，经济制度不同，看问题的角度不同，人们对旅游业的认识也不同，因此出现了对旅游业概念的多样性界定。1971年，联合国贸易与发展会议将旅游业定义为"向国内外游客提供全部或主要的产品或服务的工业和商业活动的总和"。日本旅游学家土井厚称，"旅游业是指以旅游者为主体，为其提供向导、交流、手续办理等服务，解决旅游者在交通、住宿等方面的问题，并从中获取收入的行业"。美国旅游学者Donald Landberg在其著作《旅游业》中对旅游业下了这样的定义：

---

① 资料来源：中国社会科学院旅游研究中心《世界旅游经济趋势报告（2023）》。

为国内和国外的旅游者提供服务的一系列相关产业，包括旅行方式、餐饮和其他方面。国内学者在国外研究的基础上，结合中国国情和产业发展实际，对旅游业的概念和内涵亦进行过多方探讨。马勇（1998）认为旅游业就是以旅游资源为凭借，以旅游设施为基础，通过提供旅游服务满足旅游消费者各种需要的综合性行业。[①] 李天元（2002）将旅游业理解为以游客为中心，为游客提供所需的产品和服务的产业。原国家旅游局的官方定义是：旅游业是指对旅游活动进行规划、开发和组织安排，提供旅游者在整个旅游活动过程中所需要的直接产品和服务，从而获得经济利益的一系列相关行业的总和[②]。通过以上定义可以发现，不同定义虽各有其侧重，但都呈现旅游业的若干共同点。因此，根据研究需要，本课题将旅游业界定如下：以旅游资源和设施为基础，将旅游市场作为目标，为游客开展活动创造有利环境，并为旅游者提供必要的商品和服务的综合性产业。

旅游业的客观存在和迅猛发展，使其涉及的领域和构成的内容也在不断变化。根据联合国《国际产业划分标准》的研究分析，旅游业由旅行社、交通客运部门和以饭店为代表的住宿业三部分组成。但从地方旅游业发展的角度来看，还应加上游览场所经营部门和各级旅游管理组织，因为对于一个旅游目的地来说，这五部分是不可分割的整体。同时从旅游者的旅游活动所涉及的六要素（食、住、行、游、购、娱）来看，旅游业的构成应包括旅行社业、交通运输业、餐饮住宿业、游览娱乐业、旅游纪念品和销售业。各级旅游管理组织和旅游行业组织虽然不参与旅游业的经营，但它们从事着旅游业的组织和管理，对促进和扩大经营部门的赢利起着重要的作用，也应属于旅游业的组成部分。因此，旅游业还应包括对旅游发展和旅游企业赢利起重要作用的各种管理组织和行业组织。

2. 旅游业的类型

由于对旅游业的概念界定不一致，对于旅游业的构成也有不同的看法。旅游业的类型有狭义和广义之分。从狭义来看，旅游业仅指与旅游活动直接相关的产业类型，包括旅游管理机构、旅行社、旅游涉外饭店、旅游车船公司、旅游商贸服务公司和其他旅游企业。从广义来看，只要和旅游业相关的产业，都应纳入旅游业的范畴，因而这一层面的旅游业应包括直接和间接受到旅游业影响的行业。基于以上分析，目前关于旅游业的分

---

① 马勇：《旅游学概论》，高等教育出版社1998年版。
② 李天元：《旅游学》，高等教育出版社2002年版。

类标准比较普遍的有以下三种。

（1）三大支柱构成说。按照联合国《国际产业划分标准》，对所有经营旅游服务的部门都加以剖析后，指出旅游业主要由旅行社、住宿服务业部门和交通运输部门这三类行业组成。我国也通常将上三类行业作为中国旅游业的三大支柱。

（2）五大部门构成说。这种构成划分方法是以旅游目的地为单位进行划分的。从国家或地区的旅游发展角度来看，旅游业由旅行社业、住宿业、交通运输业、游览场所经营部门和旅游管理组织五大部门组成。

（3）八大方面构成说。这种构成划分比较全面，是从旅游者的旅游需求出发，通过旅游六大要素，即吃、住、行、游、购、娱六方面将旅游业划分为旅行社业、住宿业、餐饮业、交通运输业、游览娱乐行业、旅游用品和旅游纪念品销售业，以及各级旅游管理机构和旅游行业组织八大方面。这种划分方法既包括了直接旅游企业，也包括了间接旅游企业。直接旅游企业是指依赖旅游者的存在而生存的企业，或者说是那些如果没有旅游者便将无法生存的企业，如旅行社、旅游住宿、旅游交通等企业；间接旅游企业是指即使没有旅游者也将继续生存，但营业额会有所缩减的企业，如餐馆、礼品商店以及游览娱乐企业等。

为加快旅游业发展，科学界定旅游及相关产业的统计范围，中国国家统计局于2018年发布《国家旅游及相关产业统计分类》，包括旅游业和旅游相关产业两大部分。旅游业是指直接为游客提供出行、住宿、餐饮、游览、购物、娱乐等服务活动的集合；旅游相关产业是指为游客出行提供旅游辅助服务和政府旅游管理服务等活动的集合。参照分类标准，旅游及其相关产业共分为9个大类、27个中类、65个小类（见表2-2）。

表2-2　　　　　　　　　《旅游及相关产业分类（2018）》

主类	大类	中类	小类
旅游业	旅游出行	旅游铁路运输	铁路旅客运输、客运火车站
		旅游道路运输	城市旅游公共交通服务、公路旅客运输
		旅游水上运输	水上旅客运输、客运港口
		旅游空中运输	航空旅客运输、观光游览航空服务、机场、空中交通管理
		其他旅游出行服务	旅客票务代理、旅游交通设备租赁

续表

主类	大类	中类	小类
旅游业	旅游住宿	一般旅游住宿服务	旅游饭店、一般旅馆、其他旅游住宿服务
		休养旅游住宿服务	休养旅游住宿服务
	旅游餐饮	旅游正餐服务	旅游正餐服务
		旅游快餐服务	旅游快餐服务
		旅游饮料服务	旅游饮料服务
		旅游小吃服务	旅游小吃服务
		旅游餐饮配送服务	旅游餐饮配送服务
	旅游游览	公园景区游览	城市公园管理、游览景区管理、生态旅游游览、游乐园
		其他旅游游览	文物及非物质文化遗产保护、博物馆、宗教活动场所服务、烈士陵园、纪念馆、旅游会展服务、农业观光休闲旅游
	旅游购物	旅游出行工具及燃料购物	旅游出行工具及燃料购物
		旅游商品购物	旅游商品购物
	旅游娱乐	旅游文化娱乐	文艺表演旅游服务、表演场所旅游服务、旅游室内娱乐服务、旅游摄影扩印服务
		旅游健身娱乐	体育场馆旅游服务、旅游健身服务
		旅游休闲娱乐	洗浴旅游服务、保健旅游服务、其他旅游休闲娱乐服务
	旅游综合服务	旅行社及相关服务	旅行社及相关服务
		其他旅游综合服务	旅游活动策划服务、旅游电子平台服务、旅游企业管理服务
旅游相关产业	旅游辅助服务	游客出行辅助服务	游客铁路出行辅助服务、游客道路出行辅助服务、游客水上出行辅助服务、游客航空出行辅助服务、旅游搬运服务
		旅游金融服务	旅游相关银行服务、旅游人身保险服务、旅游财产保险服务、其他旅游金融服务
		旅游教育服务	旅游中等职业教育、旅游高等教育、旅游培训
		其他旅游辅助服务	旅游安保服务、旅游翻译服务、旅游娱乐体育设备出租、旅游日用品出租、旅游广告服务
	政府旅游管理服务	政府旅游事务管理	政府旅游事务管理
		涉外旅游事务管理	涉外旅游事务管理

三 乡村文旅融合及文旅产业的概念与内涵

(一) 文化与旅游的关系

文旅融合的概念始于对文化和旅游关系的讨论。关于文化与旅游的关系，学者们已经进行了大量的研究。文化在早期的西方国家被视为旅游体验的对象（Richards，2001）[1]，进入20世纪后，随着文化和旅游内涵的不断拓展，文化体验不再被视为旅游的目的，二者逐渐由"主体—对象"关系演变成"互为主体"关系（Urry，1990）[2]。文化和旅游的融合发展，使得"文化旅游"和"旅游文化"研究成为旅游学的重要分支领域。Robert Mcintosh在20世纪70年代首次提出了"旅游文化"的概念，实现了文化和旅游在概念上的整合（Mcintosh和Goeldner，1985）[3]。随着文化产业边界日益拓展至居民的日常生活，相关组织如联合国世界旅游组织（UNWTO）和欧洲旅游与休闲教育协会（ATLAS）等不断推进文化旅游，突出强调并利用文化的旅游吸引力。越来越多的研究表明，文化是旅游者出游的重要动机和体验的组成部分（Kim等，2005）[4]。在此基础上，各国亦对文化的旅游化开发利用进行了实践层面的尝试。我国学者对文化和旅游的关系最早可以概括为"文化是旅游资源，旅游是文化生活"（陆立德和郑本法，1985；于光远，1986）[5][6]，并肯定了旅游的经济和文化双重属性（于光远，1986）[7]，由此在学术界又出现了"灵魂载体说""诗与远方说""塑旅彰文说""文旅融合说"等，关于文化和旅游关系的讨论方兴未艾。

基于文化和旅游关系的追溯，研究者认为文化具有旅游吸引物的属性，旅游具有文化属性的身份认同（Desforges，2000；张朝枝，2018）[8][9]，旅游

---

[1] Richards G. *The Development of Cultural Tourism in Europe*. Córdoba：Estudios Turísticos，2001：4-92.

[2] Urry J. *The Tourist Gaze：Leisure and Travel in Contemporary*. London：Societies，1990：4.

[3] Mcintosh R W, Goeldner C R. *Tourism：Principles，Practices，Philosophies*. Shanghai：Shanghai Cultural Press，1985.

[4] Kim S S, Chun H, Petrick J F. Positioning analysis of overseas golf tour destinations by Korean golf tourist. *Tourism Management*，2005，26（6）：905-917.

[5] 陆立德、郑本法：《社会文化是重要的旅游资源》，《社会科学》1985年第6期。

[6] 于光远：《旅游与文化》，《瞭望周刊》1986年第14期。

[7] 于光远：《旅游与文化》，《瞭望周刊》1986年第14期。

[8] Desforges L. Traveling the world：Identity and travel biography. Annals of Tourism Research，2000，27（4）：926-945.

[9] 张朝枝：《文化与旅游何以融合：基于身份认同的视角》，《南京社会科学》2018年第12期。

者需要通过文化旅游消费行为满足个体对于自我身份的建构需求（傅才武，2020）①，使得文化和旅游具有融合发展的可能。虽然学术界对于文旅融合尚未提出统一定义，但"文化旅游"成为国际上公认的与之相对应的另一种表达（Richards, 2007; Richards, 2018）②③。文化旅游是游客出于文化学习、体验、消费的目的而以物质与非物质文化资源为凝视对象的一种特殊的旅游活动或形式。已有研究证明早期的文化旅游诞生于文化资源的开发与运营，在此基础上，文化旅游衍生出遗产旅游（Alberti 和 Giusti, 2012）④、文化创意旅游（Fernandes, 2011）⑤ 等相关概念。与中国的"融合"概念不同，联合国世界旅游组织用"协同"来表述文化产业与旅游机构之间的互动融合，并在 2018 年的 *Tourism and Culture Synergies* 中进行了明文描述（Lu 等, 2022; Cortese 等, 2019）⑥⑦。

（二）乡村文旅融合的内涵

1. 文旅融合

旅游是人们获取对世界更全面的理解并发现自我的一种方式。文化是特定地区人类精神活动和行为的总和，包括物质生产、语言、文字和人际关系（Zhou 等, 2013）⑧。因此，旅游中的文化代表了旅游产品向游客提供的文化内容，以满足其学习和研究需求。这体现为将文化遗产转化为旅

---

① 傅才武：《论文化和旅游融合的内在逻辑》，《武汉大学学报（哲学社会科学版）》2020年第2期。

② Richards G. *Cultural Tourism: Global and Local Perspectives*. Binghampton: Haworth Press, 2007.

③ Richards G. Cultural tourism: A review of recent research and trend. *Journal of Hospitality and Tourism Management*, 2018 (36): 12-21.

④ Alberti F G, Giusti J D. Cultural heritage, tourism and regional competitiveness: The Motor Valley cluster. *City, Culture and Society*, 2012, 3 (4): 261-273.

⑤ Fernandes C. Cultural planning and creative tourism in an emerging tourist destination. *International Journal of Management Cases*, 2011, 13 (3): 629-636.

⑥ Lu F, Ren H, Zhai X. Spatiotemporal evolution and influencing factors of culture and tourism integration efficiency in Shandong Province, China under high-quality development. *PLoS ONE*, 2022, 17 (12): e0277063.

⑦ Cortese F, D'Ambrosio I, Petracca M. A possible synergy between culture and religion for the sustainability of tourism of Pompeii. *Sustainability*, 2019, 11 (8): 2231.

⑧ Zhou Q L, Zhang J, Edelheim J R. Rethinking traditional Chinese culture: A consumer-based model regarding the authenticity of Chinese calligraphic landscape. *Tourism Management*, 2013, 36: 99-112.

游竞争力，并拓宽传播地区文化的渠道（Lee 和 Bai，2016）[1]。文化与旅游的融合涉及相关产业之间要素和产业链的整合（Kumar 和 Dhir，2020；Li，2020）[2][3]。随着供需关系的发展和新技术的进步，原本边界清晰的不同产业，或是同一产业中的各个行业之间，逐步突破产业壁垒，实现交叉、渗透、融合，发展出一种新的产业性质或新的产业形态（Legewie，2000；Falkum 等，2014）[4][5]。文化产业与旅游业虽是两个不同的行业，但二者可以融合的根本原因在于它们各自的产业特性，即文化产业和旅游产业都是具有自组织特性的系统，产业自身对于从无序向有序演化的内在需求使其互相开放与融合（高清明和陈明，2022）[6]。具体而言，旅游具有经济和文化双重属性，其文化效益可以通过产业经济的发展来实现，而文化也可以通过合理的开发和利用实现商业化（Moon 和 Song，2015；Guo 等，2022）[7][8]。可以说，文化产业和旅游业的跨界融合是一种双向互动、共赢共享关系，是由文化和旅游两大基本共生单元在不同界面内按照相互作用或相互结合的方式发展出的共生关系的集合（王秀伟，2021）[9]，它涉及不同尺度、不同要素的相互渗透、交叉汇合、整合重组，是一个动态的复杂巨系统（朱媛媛等，2022）[10]。文化产业和旅游产业逐步突破原

---

[1] Lee S J, Bai B. Influence of popular culture on special interest tourists' destination image. *Tourism Management*，2016，52（2）：161-169.

[2] Kumar S, Dhir A. Associations between travel and tourism competitiveness and culture. *Journal of Destination Marketing & Management*，2020，18：100501.

[3] Li J. Culture and tourism-led peri-urban transformation in China -The case of Shanghai. *Cities*，2020，99：102628.

[4] Legewie J. The political economy of industrial integration in ASEAN：The role of Japanese companies. *Journal of the Asia Pacific Economy*，2000，5（3）：204-233.

[5] Falkum E, Colman H L, Braten M. Industrial relations in merger integration. *Economic and Industrial Democracy*，2014，35（2）：267-287.

[6] 高清明、陈明：《西部地区文旅融合的典型模式和优化路径》，《经济体制改革》2022 年第 4 期。

[7] Moon S, Song R. The roles of cultural elements in international retailing of cultural products：An application to the motion picture industry. *Journal of Retailing*，2015，91（1）：154-170.

[8] Guo Y, Cao Z, Zhu Z. The influence of ICH-narrator/self-congruity on tourist's purchase intention of intangible cultural heritage products in a narrative context. *Journal of Hospitality and Tourism Management*，2022，52：151-160.

[9] 王秀伟：《从交互到共生：文旅融合的结构维度、演进逻辑和发展趋势》，《西南民族大学学报（人文社会科学版）》2021 年第 5 期。

[10] 朱媛媛、周笑琦、顾江等：《长江中游城市群"文—旅"产业融合发展的空间效应及驱动机制研究》，《地理科学进展》2022 年第 5 期。

有产业边界或要素领域，随着产业边界的收缩、模糊或消失，从而形成新的文旅产品业态和产业体系（刘安乐等，2020）[①]。文旅融合不仅包括文化和旅游产业上的融合发展，也包括资源上的融合以及产品上的整合（张朝枝和朱敏敏，2020）[②]。

2. 乡村文旅融合

文化是乡村旅游的灵魂，旅游是乡村文化的保护与传承方式（Fatimah，2015）[③]，能够推动传统村落复兴（Gao 和 Wu，2017）[④]。乡村旅游吸引物包括"村、景、人、物"四大要素，共同组成具有地方特色的乡村景观。具体来说，村是指村落的整体风貌和整体形象，构成"地方感"；景是指村落的环境和景观，讲究田园风情和自然生态；人是指村落的主人和客人（旅游者），包括主人自身的综合素养及其沉淀下来的饮食、居住、服饰等文化、礼仪、习俗、技艺等；物主要是指地方的聚落景观等（刘天曌等，2019）[⑤]。正是乡村要素所具有的乡土感、地方感、特色感、亲切感，成为发展乡村旅游业的基础，也为乡村旅游业融合发展开辟了新的路径。在深度全球化和快速城镇化的背景下，部分乡村文化的发展正面临日渐消亡的困境。在乡村旅游发展过程中，将乡村文化和旅游业结合起来，是增强其竞争力的一项重要措施，也是实现乡村旅游可持续发展的内在需要。

通过上述分析，本书认为对于乡村文旅融合的界定应抓住以下 3 个关键：第一，以独具特色的乡土文化作为旅游资源的核心内容。乡村文旅融合强调旅游行为发生在乡村地域，且以乡村人文风貌、文化传统、自然景观为主要资源依托。第二，乡村文旅融合发展是一个循序渐进的过程，贯穿于整个旅游系统。在乡村地区，文化与旅游之间的有机结合不是一蹴而就的，而是通过逐步推进、逐步实现的方式来达成的。这一过程贯穿了规

[①] 刘安乐、杨承玥、明庆忠等：《中国文化产业与旅游产业协调态势及其驱动力》，《经济地理》2020 年第 6 期。

[②] 张朝枝、朱敏敏：《文化和旅游融合：多层次关系内涵、挑战与践行路径》，《旅游学刊》2020 年第 3 期。

[③] Fatimah T. The impacts of rural tourism initiatives on cultural landscape sustainability in Borobudur area. *Procedia Environmental Sciences*, 2015, 28: 567-577.

[④] Gao J, Wu B. Revitalizing traditional villages through rural tourism: A case study of Yuanjia Village, Shaanxi Province, China. *Tourism Management*, 2017, 63 (12): 223-233.

[⑤] 刘天曌、刘沛林、王良健：《新型城镇化背景下的古村镇保护与旅游发展路径选择——以萱洲古镇为例》，《地理研究》2019 年第 1 期。

划、开发、推广、管理等各个环节。第三，促进乡村优秀文化的存续和旅游的可持续发展。在旅游系统大框架下，文旅融合着力增强乡村文化的活力，以及提高乡村旅游产品与服务的质量。基于上文对文化产业、旅游业要义的理解，以及文化与旅游关系的辨析，本书对于乡村文旅融合形成如下界定：在乡村旅游目的地，旅游与乡村文化在资源、产品、产业等不同维度层面之间的相互延伸、渗透、重组和替代，逐步形成新资源、新产品和新产业的动态过程。出于研究需要，本书中的乡村文旅融合主要指产业维度的融合。

3. 乡村文旅产业

文旅产业是文化和旅游融合在产业业态层面的结果，不是文化产业类别与旅游产业类型的简单相加与拼凑。关于文旅产业的形成目前共有四种看法（见表2-3）。一是内生性产业观。这种观点认为文旅产业等同于文化旅游产业，是内生于旅游产业的一种特殊的产业类型，是以文化旅游为主要形式和吸引力的产业领域，由物质与非物质人文旅游资源所开发出来的旅游产业，是以旅游活动为载体，将资源中的文化要素和特性融入其中，以满足人们的文化旅游消费需求为主要目的的产业。二是交叉性产业观。文化、旅游产业及相关要素之间相互渗透、汇合叠加，逐步突破原有产业边界或要素领域，彼此交融而形成的交叉型文旅产业体系，强调文化产业与旅游产业的融合性特征。这个意义层面的文旅产业是文化产业和旅游产业的交集，它将文化产品和服务与旅游活动相结合，使得文化产业的内容和形式更加具体化和实践化。三是综合性产业观。文旅产业是一种综合性产业形态，是由文化产业与旅游产业合并形成，结合了文化、艺术、传媒、娱乐、体育、旅游等多个领域的要素和资源，具有关联性高、涉及面广、辐射性大、带动性强的特点。四是组合性产业观。文旅产业是旅游产业与文化产业中具有旅游属性的产业形态组合而成的新型产业体系。该观点突出娱乐休闲属性为文旅产业的核心属性，因而将文化产业中部分公益性质、不适宜旅游开发的产业形态排除在文旅产业定义之外。鉴于本书的研究主题和研究需要，下文所讨论的文旅产业皆指涉组合性产业观。

一般而言，文旅产业包括三个层次：第一层次为基础文化业态产生新的附加功能和更强的市场竞争力。如文化馆/博物馆/纪念馆、文化产业示范基地、文创/文化产业园、演艺、影视、古城/村/街文化、名人故居等向旅游功能的延伸，不仅为文化产业的发展提供更广阔的市场空间，同时也能更好地满足旅游者在精神层面的需求。第二层次为产业价值链的重组产生新的业态产品。如通过会展、体育、音乐、传统节日等文化业态与旅游活动的重组，可形成会展旅游、体育旅游、音乐旅游、节庆旅游等业态产品。第三层次为文旅渗透融合一体化创新型产业形态。如虚拟旅游、智慧旅游、文创夜游、文旅演艺、研学旅游等。

表 2-3　　　　　　　　　　文旅产业的形成观

内生性产业观	交叉性产业观	综合性产业观	组合性产业观
文旅产业内生于旅游产业，是由文化旅游发展形成的一种特殊产业类型，是旅游产业的子集。	文旅产业是文化产业与旅游产业融合、交叉、重叠形成的新产业，是文化产业与旅游产业的交集。	文旅产业是文化产业与旅游产业所有要素、业态合并形成的综合性产业形态，是二者的并集。	文旅产业是旅游产业与文化产业中带有旅游属性的产业所组合而成的集合。

乡村文旅产业即在乡村场景中，文化与旅游在融合发展过程中，利用乡村特殊的空间场域和自然生态，以乡土文化、农耕文化、传统历史文化、地域文化、民俗文化等为重要依托，创新性地以旅游的方式加以呈现和打造而形成的产业体系。

四　共同富裕的内涵

共同富裕体现了生产力和生产关系的内在要求。马克思和恩格斯曾对共同富裕进行了具体定义，即"把生产发展到能够满足所有人需要的规模，结束牺牲一些人的利益来满足另一些人需要的状况"，是消除两极分化和贫穷基础上的普遍富裕，是物质生活和精神生活的全面富裕。习近平总书记在党的二十大报告中强调了"坚持多劳多得，鼓励勤劳致富，促进机会公平""物质富足、精神富有是社会主义现代化的根本要求"等重要思想，这些是对共同富裕基本内涵的深刻阐述。2021 年 5 月 20 日，《中共中央国务院关于支持浙江高质量发展建设共同富裕示范区的意见》首次阐释了"共同富裕"的内涵，提出共同富裕具有鲜明的时代特征和中国特色，是全体人民通过辛勤劳动和相互帮助，普遍达到生活富裕富足、精神自信自强、环境宜居宜业、社会和谐和睦、公共服务普及普惠，实现人的全面发展和社会全面进步，共享改革发展成果和幸福美好生活。我国学术界对共同富裕概念的理解经历了一个渐进的发展过程。著名经济学家卫兴华（2013）教授认为，共同富裕是个相对概念和动态概念，共同富裕的水平会不断提高，共同富裕不是均等富裕。① 李军鹏（2021）发现以改革开放为界，人们对于共同富裕的理解趋于理性化，普遍认为共同富裕不是绝对平均地占有财富，而是在实现普遍富裕的基础上存在一定差别的富裕。② 还有学者认为"共同"和"富裕"是辩证统一的。共同的对立面是两极分化，共同是富裕所要实现的范围；富裕的对立面是贫穷，富裕是衡量全体人民生活水平的标准。共同富裕就是消除两极分化和贫穷滞后所达到的普遍富裕（李娟，2007）。③

把握共同富裕的内涵必须从历史唯物主义和当下社会的实际出发。"富裕"是目的，体现效率，以解决发展中不充分的问题为核心，最大限度地高质量扩大社会财富"蛋糕"。"共同"是方式，彰显公平，重点解决地区、城乡、收入差距问题，以实现对社会财富"蛋糕"公平公正的分配，不断化解发展不平衡问题。因此，"共同富裕"是我国现代化的重要特征，具有鲜明的时代特征和中国特色。共同富裕的内涵包括以下几个方面。

（1）共同富裕是"共同"与"富裕"的有机统一。共同富裕首先是富裕，这是前提，也是基础。富裕是以一定的生产力发展为基础，没有生产力的高度发达，就没有社会物质财富的极大丰富和精神财富的不断积累，就无法实现全体人民的共同富裕。"共同"是全体人民对于财富的占有方式，是相对于两极分化而言的；"富裕"是全体人民对于财富的占有程度，是相对于贫穷而言的。"共同"和"富裕"是有机统一的、不可分割的。

（2）共同富裕是共建共享的富裕。共同富裕是全体人民的共同富裕，需要全体人民在辛勤劳动中创造和奋斗，每个人都要投入其中，才能把促

---

① 卫兴华：《共同富裕是中国特色社会主义的根本原则》，《思想理论教育导刊》2013年第7期。
② 李军鹏：《共同富裕：概念辨析、百年探索与现代化目标》，《改革》2021年第10期。
③ 李娟：《全面把握共同富裕的内涵》，《理论探索》2007年第4期。

进经济和社会发展的重任扛起来。共享要建立在共建基础上，没有全体人民的辛勤劳动，也就无法创造更多的物质财富，更没有可供共享的成果。

（3）共同富裕是全民富裕、全面富裕。共同富裕不是少数人的富裕，而是全体人民的共同富裕，要让所有人都能享受到改革发展的成果，让全体人民的生活变得更加美好。共同富裕是全面的富裕，既包括物质上的生活富裕富足，也包括精神上的自信自强，还包括环境宜居宜业、社会和谐和睦、公共服务普及普惠等。

（4）共同富裕不是没有差别的同步富裕。就每个劳动者来说，由于智力、体力等方面的差异，所得到的收益也是不相等的，不可能同步实现共同富裕。而对于不同的地区来看，由于各个区域的经济水平、社会发展基础等存在差异，也不可能同步实现共同富裕。因此，在推进共同富裕的进程中，要允许一些人先行致富，先富带后富、帮后富，最终实现共同富裕的目标。

基于本书的研究内容，我们认为共同富裕是通过辛勤劳动和相互帮助，普遍达到生活富裕富足、精神自信自强、环境宜居宜业、社会和谐和睦、公共服务普及普惠，实现人的全面发展和社会全面进步，达到人人共享的良好局面。

第二节　乡村文旅促进共同富裕的研究现状

学术期刊作为研究的重要载体，对于推动我国乡村文旅相关主题学术研究的繁荣发展起到重要作用。根据对现有乡村文旅产业、乡村共同富裕及二者间关系的相关研究文献的统计分析和述评，关于乡村文旅产业的研究分为产业政策及体制机制、产业发展影响因素、产业发展模式、产业发展效应及质量评价等主题，并对乡村文旅发展与乡村共同富裕之间的关系进行厘清，以期明晰文旅产业发展促进共同富裕的研究现状与不足，找寻本课题研究的切入点。

一　乡村文旅产业发展

（一）数据及期刊来源

外文文献来源于 Web of Science 数据库平台的核心合集（Web of Science Core Collection）。检索步骤为：以"rural tourism"并含"culture"为主题，

文献类型为"论文"进行搜索，检索时间为 2023 年 8 月 19 日，在 Web of Science 核心数据库中共找到文献 993 篇；进一步用"rural"并含"cultural tourism industry"在结果中进行检索；最后将发表时间自 2000 年至 2023 年相关文章收集起来，共有文献 576 篇可进行分类统计；进一步对 2010—2023 年的 Web of Science 核心期刊进行筛选后，一共得到论文 406 篇。

随着文化产业与旅游业在世界范围内产业地位的不断上升，文旅产业发展在全球成为乡村地区经济发展的新亮点。国际上对这一问题的研究热度与产业发展实践有较强的一致性。国际文献的来源期刊发文数量排名前 10 位的期刊是：Sustainability，Journal of Rural Studies，Journal of Sustainable Tourism，Land，Tourism Geographies，International Journal of Contemporary Hospitality Management，Current Issues in Tourism，Journal of Tourism and Cultural Change，European Planning Studies，Journal of Business Research（见表 2-4）。

表 2-4　　　　　　　　　相关论文排名前 10 位来源期刊

排名	来源期刊	发文量
1	Sustainability	100
2	Journal of Rural Studies	20
3	Journal of Sustainable Tourism	13
4	Land	11
5	Tourism Geographies	11
6	International Journal of Contemporary Hospitality Management	9
7	Current Issues in Tourism	7
8	Journal of Tourism and Cultural Change	7
9	European Planning Studies	6
10	Journal of Business Research	6

中文文献首先以"乡村"+"文旅产业"为主题进行检索，共得到 566 篇文献；进一步选取中国知网（CNKI）中的核心期刊、中文社会科学引文索引数据库（CSSCI）、中国科学引文数据库（CSCD）对文献进行精准匹配检索，检索日期截至 2023 年 8 月 19 日，得到 72 条有效检索结果。开展中国乡村文旅产业研究的学科主要是旅游学、农业经济、文化、文化经济、资源科学、建筑科学与工程、社会学及统计学等，成果发表

的期刊涉及 20 余种,重要期刊有《社会科学家》《地域研究与开发》《中国农业资源与区划》《农村经济》《湖北社会科学》《经济地理》《农业经济问题》《南京社会科学》《草业科学》等,并包括反映民族文化特色的期刊,如《贵州民族研究》《云南民族大学学报(哲学社会科学版)》等,反映出中国乡村文旅产业发展研究受到了不同学科和领域的广泛关注。根据搜索结果对文献被引频次的高低进行了排序,其中前 10 名的文章如表 2-5 所示。

表 2-5　　国内乡村文旅产业发展被引量前 10 名文献列表

排名	年份	作者	标题	期刊	被引量(次)
1	2019	李先跃	中国文化产业与旅游产业融合研究进展及趋势——基于 Citespace 计量分析	经济地理	189
2	2021	耿松涛、张伸阳	乡村振兴背景下乡村旅游与文化产业协同发展研究	南京农业大学学报(社会科学版)	154
3	2021	龙井然等	文旅融合导向下的乡村振兴发展机制与模式	经济地理	89
4	2020	孔凯、杨桂华	民族地区乡村文旅融合路径研究	社会科学家	58
5	2018	王韬钦	文化振兴视阈下乡村文化旅游融合发展的内生逻辑及路径选择	科技促进发展	58
6	2020	钟华美	文旅融合背景下乡村旅游产业融合发展理论分析	资源开发与市场	52
7	2021	孙镇、王茜	文旅融合背景下乡村旅游核心竞争力的形成与提升研究	农业经济	47
8	2021	朱鹤等	国土空间优化背景下文旅产业高质量发展:特征、认识与关键问题	经济地理	44
9	2018	吴小霞	推动乡村旅游可持续发展	人民论坛	43
10	2021	吴理财、郭璐	文旅融合的三重耦合性:价值、效能与路径	山西师大学报(社会科学版)	32

(二)研究历程

2000—2023 年,国外和国内乡村文旅产业研究文献数量变动趋势基本一致(图 2-4 和图 2-5)。国际乡村文旅产业研究文献数量呈波动式增长,总体呈上升趋势。通过对获取文献进行数量上的分析,研究可分为 3 个阶段:第一,2000 年之前,探索阶段。21 世纪之初,乡村文化产业和旅游业融合及乡村文旅产业的相关研究成果较少，处于乡村文旅研究的萌芽阶段，该阶段的研究主要关注乡村文化与旅游业产业的融合实践，通过促进文化和旅游融合打开乡村产业发展的新思路。第二，2000—2017年，发展阶段。关于乡村文旅产业发展的研究呈现逐步递增的趋势。尤其是2008—2017年，该领域的研究增长速度加快，乡村文旅产业体现为对乡村传统文化的开发与利用、乡村遗产旅游、乡村美食旅游等细分行业的关注上。在这一阶段，中国政府一系列政策文件的发布和实施，使得该领域出现了众多中国学者以及以中国为场域的研究成果。2009年8月，文化部、国家旅游局发布《关于促进文化与旅游结合发展的指导意见》，提出"文化是旅游的灵魂，旅游是文化的重要载体"，并推出十大举措加强文化和旅游的深度结合。2009年12月，国务院发布《关于加快旅游业发展的意见》，标志着国家从政策层面开始大力推动文化产业和旅游产业的融合。在此背景下，国务院、国家旅游局、国家发展改革委、国土资源部等部门陆续发布或联合发布了一系列政策，从土地、人才、资金、基础设施等各方面保障乡村文旅产业的发展。2005年10月，党的十六届五中全会通过《"十一五"规划纲要建议》，提出按照"生产发展、生活宽裕、乡风文明、村容整洁、管理民主"的要求，扎实推进社会主义新农村建设。旅游业与工业、农业、文化、生态等产业相互渗透，"旅游+"等乡村复合型旅游业态逐渐兴起并迅速发展。同时，由于城镇化、工业化的发展，农村人口大量转移及网络流行文化的普及，原有的乡村文化根基受到冲击，乡村文化的外来特征表现突出，使乡村文旅融合及文旅产业发展受阻。第三，2018年至今，深化阶段。国内外关于乡村文旅融合及文旅产业发展相关问题的研究急剧上升。2018年，联合国世界旅游组织（UNWTO）发布了一份关于《旅游和文化协同》的报告[1]，强调了旅游与文化之间的共生关系以及这两个产业或部门的相互依赖。2018年，随着文化和旅游部的正式组建，我国文化产业和旅游产业融合进入了全面深化时期。该阶段文化与旅游融合作为一种文化消费形式，文化旅游动机、文旅融合的经济效应、旅游与乡村文化遗产之间的关系、创意经济的增长等成为学者们关注的重点。同时在各项国家战略的指导下，文旅融合与当下热点"旅游扶贫""全域旅游""乡村振兴""共同富裕"的关联也引起

---

[1] Tourism and Culture Synergies（《旅游和文化协同》），UNWTO，https：//www.e-unwto.org/doi/epdf/10.18111/9789284418978.

了学者们的重视，乡村文旅产业发展成为文旅融合领域中的一个重要研究分支。

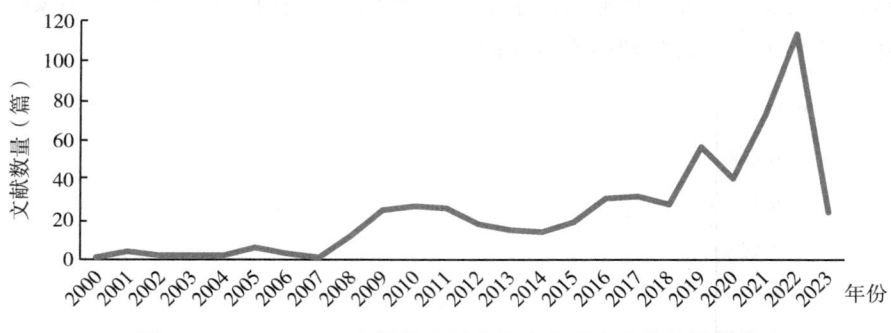

图 2-4　2000—2023 年国外乡村文旅产业研究文献数量趋势

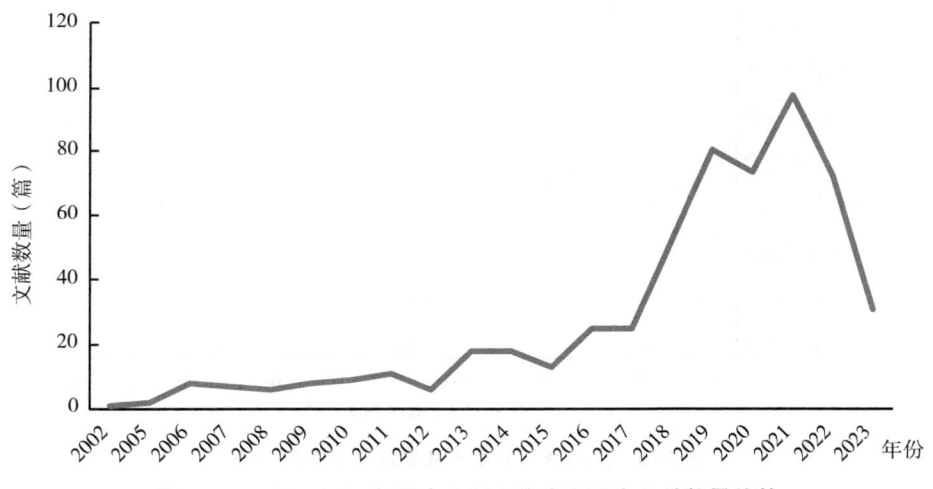

图 2-5　2002—2023 年国内乡村文旅产业研究文献数量趋势

（三）研究热点

1. 国内研究热点

从研究主题来看，基于国家发展战略是中国文旅产业发展的重要研究背景，如"乡村振兴""可持续发展""新农村建设""新型城镇化""城乡统筹""旅游扶贫""共同富裕"等发展战略。"文旅产业"主题发文量最大，达 119 篇，其次为"乡村振兴""文旅融合""乡村旅游""高质量发展""发展路径""乡村振兴战略""乡村文旅""产业融合"等（见图 2-6）。研究热点既有反映乡村文旅生产经营形态，如"休闲农业"

"观光农业""特色小镇""农文旅康养",也有开发对策导向的关键词,如"发展模式""对策""策略"和"路径"。同时,可以注意到民族地区的乡村文旅产业发展亦引起了学者们的关注。国内学者的研究与国家政策密切相关,具有强烈的政策导向。

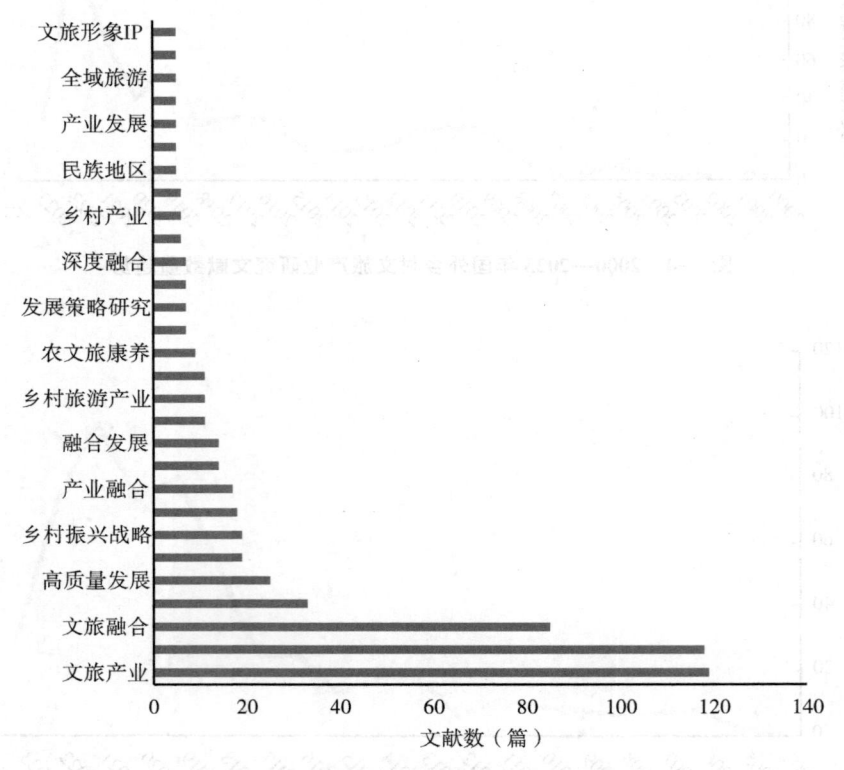

图 2-6 国内乡村文旅产业发展文献主题分布

2. 国外研究热点

国外乡村文旅融合及文旅产业研究涉及的领域范围广泛。从旅游学来看,学者主要围绕"乡村旅游(rural tourism)""生态旅游(eco-tourism)""文化旅游(cultural tourism)""可持续旅游(sustainable tourism)""遗产旅游(heritage tourism)""农业旅游(agritourism)"等旅游形态展开。从产业经济学角度看,研究热点有"统计研究(statistical research)""社会经济影响(socio-economic impact)""产业融合(industry convergency)""产业效率(industrial efficiency)"等。从社会文化学来看,"社区(community)""影响(impact)""文化(culture)""原真性

(authenticity)""认同（identity）""参与（participation）""地方性（place）""创业（entrepreneurship）"等是学者们关注的重点内容。从心理学视角来看，"态度（attitude）""感知（perception）""体验（experience）""动机（motivation）""满意度（satisfaction）""游客行为（tourist behavior）"等传统话题同样被置于乡村文旅产业发展议题中进行探讨。从管理学角度来看，"管理（management）""保护（conservation）""政策（policy）""支持（support）"成为国外学者关注的方向。此外，地理学视角的产业时空分布特征及影响因素也并不鲜见。

（四）研究内容

1. 乡村文旅产业发展的机制机理

对文旅产业发展的机制机理进行剖析，离不开对文旅融合作用机制的探讨。国外几乎没有涉及文旅融合机制的研究。中国学者 Qu（2017）在国际会议上对文旅融合的机制机理进行了解释，认为文旅融合的外部驱动因素包括科技创新、个性化服务、企业合作和政府管制放松；内部驱动因素包括市场需求、产业价值、文化延伸和旅游转型。[①] 从整体上而言，文化旅游融合的动因主要围绕内部和外部动因、供给和需求动因视角，且基本围绕消费需求、资源整合、技术创新和政府规制四个方面展开探讨。

国内较多学者从融合机制出发，从不同视角分析了文旅产业融合机制与不同产业之间的融合机理。文化和旅游的融合是指建立在一定的资源基础和市场环境之上，在内外驱动力的推动下，进行资源优化配置、产业组织再造所形成的内在动力机制和运行体系，从而是兼具旅游和文化双功能的新型产业（张海燕和王忠云，2013）[②]。宋瑞（2019）基于文化对旅游的影响和旅游对文化的影响两个视角理解文化和旅游融合的机理[③]。厉新建和宋昌耀（2022）认为文化和旅游高质量发展需要三大创新机制，即推动

[①] Qu J H. Mechanism and research methods on the integration of cultural industry and tourism industry. 2017 International Conference on Innovation in Economic Management and Social Science（IEMSS 2017），Atlantis Press，2017.

[②] 张海燕、王忠云：《旅游产业与文化产业融合运作模式研究》，《山东社会科学》2013 年第 1 期。

[③] 宋瑞：《如何真正实现文化与旅游的融合发展》，《人民论坛·学术前沿》2019 年第 11 期。

文化和旅游融合的要素供给机制、市场主体建设机制和资源保护机制[①]。整体而言，文化和旅游产业融合机制集中体现在文化旅游内涵、市场发展、体制机制、技术进步等方面。

关于乡村文旅融合及文旅产业发展的机理研究，龙井然等（2021）从乡村振兴和文旅融合发展的视角分析认为，文旅融合沿着"要素—结构—功能"脉络通过资源、产业与功能路径在要素增值机制、结构优化机制与功能提升机制下助推乡村文旅产业发展和乡村振兴。[②] 周雪（2021）针对泸州市董允坝现代农业示范园进行实证研究，提出构建具有稳定、弹性、互补特性的文旅融合榫卯机制，以促进乡村文旅产业提质增效，创造旅游扶贫和生态扶贫的新模式。[③] 耿松涛和张伸阳（2021）认为需要审视文化要素，通过文化符号化与舞台化的主题形象塑造机制，乡村文化品牌化与形象化的产业发展机制，以及乡村产品业态的多样化与精致化的产品供给机制来实现乡村旅游业与文化产业的协同发展。[④] 数字化是助力乡村文旅产业融合创新发展的关键要素，芦人静和余日季（2022）指出数字化通过催生乡村文旅产业新业态、新模式，进而推动文旅产业高质量发展。[⑤] 总结已有研究成果可知，乡村文旅产业发展是以文旅深度融合为前提的企业、旅客、政府、居民、技术等五类主体或要素的互动过程（见图2-7）。企业是乡村文旅产业的市场主体，通过整合乡村自然与文化资源，优化文旅资源配置以实现综合效益最大化。乡村的文旅企业多为小微企业，存在"小、散、弱"等特点，需要加强技术创新、学习能力、经营管理模式和人才储备（林炳坤和吕庆华，2020）等。[⑥] 旅游需求对供给具有决定性作用，是促使乡村旅游企业不断提高管理水平的核心动力。在体验经济时代，旅游已经超出了"走马观花"的认知水平，

[①] 厉新建、宋昌耀：《文化和旅游融合高质量发展：逻辑框架与战略重点》，《华中师范大学学报（自然科学版）》2022年第1期。

[②] 龙井然、杜姗姗、张景秋：《文旅融合导向下的乡村振兴发展机制与模式》，《经济地理》2021年第7期。

[③] 周雪：《泸州董允坝农业示范园乡村旅游与文创产业融合发展机制探究》，《当代旅游》2021年第23期。

[④] 耿松涛、张伸阳：《乡村振兴背景下乡村旅游与文化产业协同发展研究》，《南京农业大学学报（社会科学版）》2021年第2期。

[⑤] 芦人静、余日季：《数字化助力乡村文旅产业融合创新发展的价值意蕴与实践路径》，《南京社会科学》2022年第5期。

[⑥] 林炳坤、吕庆华：《创意农业业态演化机理及其趋势研究》，《技术经济与管理研究》2020年第4期。

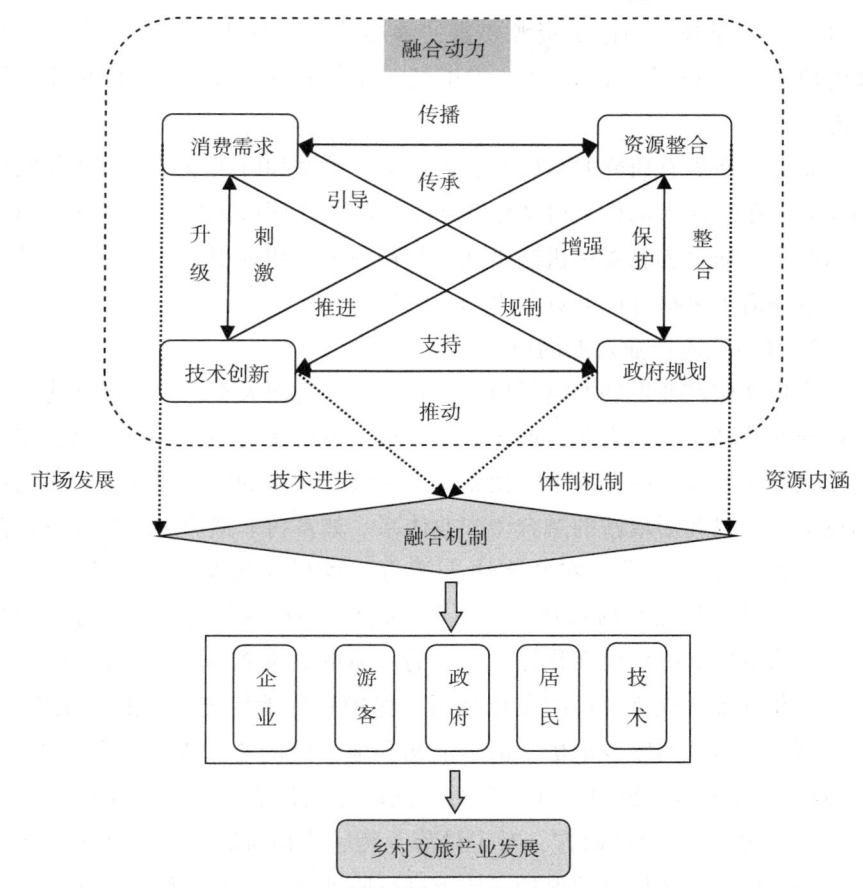

第二章 乡村文旅促进共同富裕的研究基础 43

旅游者更加注重旅游体验。乡村文旅产业能够满足不同属性特征和不同需

图 2-7 乡村文旅产业发展机制

资料来源：系统梳理相关文献由作者绘制。

求类型旅游者的需求。乡村为文化产业和旅游产业的融合发展提供了土壤，文旅产业融合创新是促进乡村文化繁荣和乡村旅游高质量发展的必然要求。因而，政府通过制度支持、政策倾斜、税收优惠等鼓励性政策，让乡村文旅产业投资回报更具吸引力，引导社会优质资源向乡村文旅产业适度倾斜，借此打造丰富有品质的乡村文旅产品体系，满足人们对美好生活的向往与追求。政策作为"政府之手"在中国情境下的乡村文旅产业资源配置中发挥基础性作用。同时，村民作为乡村社区的东道主，是乡村文旅产业发展的资源供给者和业态参与者，也是主要受益者，要实现村民在

乡村文旅发展中获益和乡村文旅产业的可持续发展（耿松涛和张伸阳，2021）。①科学技术加速了资源要素的渗透整合，改变了乡村文旅产业发展的模式，开拓了乡村文化旅游市场，全方位多形式展示了乡村文旅资源。

总之，在现有研究的基础上，需要不断关注和解决乡村文旅产业发展的动力问题，深入剖析乡村文旅产业发展的内在深层机理，实现理论与实践的结合，通过创新发展机制机理，如资源重组和利用、开发创新产品和扩大市场需求来提升产业竞争力和产业活力。

2. 乡村文旅产业发展的模式业态

乡村文旅产业发展的路径模式大致可以归为两大类，一是以文化产业为主导的路径模式。文化产业主导型是指以乡村文化为主要吸引物，将乡村文化与旅游发展融合起来，使旅游产品被赋予新的精神内涵和更多的市场竞争力，以此形成新的融合型产业体系。如乡村非遗旅游、传统古村落旅游、特色小镇旅游、农文旅康养游等。乡村风貌是乡村文化景观的"形"，文化基因是乡村景观的"魂"。文化主体性缺失是经济全球化背景下乡村旅游发展中传统文化保护面临的一项重要挑战（李兴军，2020）②，需要不断挖掘和提炼乡村的文化基因，保护和传承传统村落的文化景观，才能够满足游客对家乡记忆、情感依恋和地方感的心理需求（刘天曌等，2019）③。吕龙等（2020）针对乡村不同的空间形态，提出了不同的文旅产业发展建议④。具体而言，对于村落、民居等相对固定的生活生产类空间形态，依托传统村落的保护式传承进行原址保护或必要修复，丰富文化要素的展示和复现。对于庙宇、墓碑、古码头、古桥、古牌坊等功能象征类空间，通过旅游解说、朝拜仪式、影像记载等方式传承文化记忆。对于人物、历史事件、节庆等社会表征类空间，利用乡村旅游活化乡村文化。二是以旅游产业为主导的产业融合路径模式。旅游产业主导型是指旅游产

---

① 耿松涛、张伸阳：《乡村振兴背景下乡村旅游与文化产业协同发展研究》，《南京农业大学学报（社会科学版）》2021年第2期。

② 李兴军：《文化主体性与创新乡村旅游发展基本理念——基于云南江头曼咪村旅游发展"停滞"现象的调查》，《北方民族大学学报》2020年第3期。

③ 刘天曌、刘沛林、王良健：《新型城镇化背景下的古村镇保护与旅游发展路径选择——以萱洲古镇为例》，《地理研究》2019年第1期。

④ 吕龙、黄震方、李东晔：《乡村文化记忆资源的"文—旅"协同评价模型与应用——以苏州金庭镇为例》，《自然资源学报》2020年第7期。

业主动融合乡村文化产业，基于文化资源平台延伸旅游服务，形成新型旅游文化产品，进而不断衍生出相关旅游产品，延长旅游产业链。在国家有关文件精神的指导下，乡村文旅融合掀起新的热潮，如农业旅游、旅游演艺、旅游电子商务、影视旅游等，二者创新融合发展深度不断加强。桂拉旦和唐唯等（2016）提出在文化和旅游产业融合的背景下，在自然和文化资源丰富的乡村地区可开展乡村旅游精准扶贫发展模式。[①] 值得注意的是，在旅游产业主导型乡村文旅产业发展模式中，旅游相关产品的开发必须以文化产业资源为基础，在餐饮、住宿、旅游商品开发等方面要以乡村文化为要素，从而更好地体现乡村文旅产业特色，更好地满足游客的需求。

乡村文旅融合衍生出了旅游演艺、乡村博物馆旅游、乡村夜游、乡村文创、乡村主题民宿、乡村文化旅游等多种文旅业态类型。具体而言，文化旅游演艺是将文化艺术表演与旅游活动相结合，作为一种旅游吸引物，是塑造地区旅游品牌和营销推广的新范式，是汇集了文化创意、传统文化、节庆、造型艺术、舞台表演等于一体的大型娱乐休闲文化旅游产业（焦世泰，2013）[②]。Santosa（2019）带领团队整合乡村的文化元素，基于蕴含当地历史和文化认同的传说，打造了一场既满足游客原真文化体验需求，又表达乡村社区传统价值观的大型旅游演艺。[③] 王恒（2017）基于旅游者需求分析，提出供给侧结构性改革背景下，旅游演艺是大连市乡村旅游业态升级的重要方向之一。[④] 博物馆旅游是文化和旅游产业深度融合的体现（钱兆悦，2018）[⑤]，是将公共文化服务与旅游产业发展深度结合的体现，是文旅产业高品质发展的趋势。周晓冀（2019）发现乡村博物馆担负着整合广大农村地区各种自然与文化遗存、遗址和遗迹类旅游资源的重任，是乡村遗迹旅游业得以实现的重要途径。[⑥] 在城乡快速变迁的背景

[①] 桂拉旦、唐唯：《文旅融合型乡村旅游精准扶贫模式研究——以广东林寨古村落为例》，《西北人口》2016年第2期。

[②] 焦世泰：《基于因子分析的民族文化旅游演艺产品游客感知评价体系研究——以"印象刘三姐"实景演出为例》，《人文地理》2013年第1期。

[③] Santosa S. Re-creating rural performing arts for tourism in Indonesia. *Journal of Tourism and Cultural Change*, 2019, 17（5）：577-593.

[④] 王恒：《供给侧结构性改革背景下大连乡村旅游业态升级研究》，《江苏农业科学》2017年第19期。

[⑤] 钱兆悦：《文旅融合下的博物馆公众服务：新理念、新方法》，《东南文化》2018年第3期。

[⑥] 周晓冀：《博物馆学视域下乡村遗迹旅游业：保护与开发——以泰安为例》，《自然与文化遗产研究》2019年第8期。

下，以乡村遗产、民风民俗、建筑、生产生活方式为展示内容的乡村博物馆，可以成为游客排遣异化、寄托乡愁的重要场所以及城乡文化、情感双向流动的接触地带（张茜和徐卫民，2022）[①]。夜间旅游是文化和旅游产业融合创新模式（戴斌和杨宏浩，2019）[②]，夜间经济伴随着城镇化和乡村旅游的发展，逐渐延伸至乡村地区。乡村夜游项目开发（刘文慧，2022）[③]、夜游景观规划（张宇和于红霞，2022）[④]、夜游体验（张晗，2022）[⑤] 等引起了诸多学者关注。旅游文创是地域历史、文化、景区等特色以创意方式进行深度加工后形成的，具有商品属性。与一般商品相比，旅游文创产品更能够代表地区文化特色，具有深远的传播意义。秦宗财（2019）基于定位理论，为乡村文创的品牌塑造指明了方向和路径，包括凸显原乡文化基因、原乡文化基因的符号表达和品牌叙事、打造以品牌为引领的乡村文创业态和产业体系。[⑥] 乡村主题民宿是指具有特定文化氛围和提供个性化服务的住宿设施，能够使旅客获得深度文化和知识体验。学者们对乡村民宿的设计（翟健，2016）[⑦]、改造（王轶楠，2017）[⑧]、景观打造（张旭，2016）[⑨] 以及游客的民宿需求（孙明月，2016）[⑩] 等进行了深入探讨，并提供了来自德国、日本、中国台湾地区的经验介绍（陈可石等，2016；吴吟颢和陶玉国，2016）[⑪⑫]。乡村文化旅游是乡村旅游和乡

[①] 张茜、徐卫民：《接触地带：乡村博物馆何以承载乡愁？》，《西南民族大学学报（人文社会科学版）》2022年第8期。

[②] 戴斌、杨宏浩：《夜间旅游引领文化旅游新潮流》，《中国房地产》2019年第14期。

[③] 刘文慧：《基于SWOT分析的南京市乡村夜游项目开发现状调查研究》，《江苏商论》2022年第5期。

[④] 张宇、于红霞：《乡村振兴背景下乡村文旅夜游景观规划设计——以宜良县麦地冲村为例》，《城市建筑》2022年第24期。

[⑤] 张晗：《乡村夜游体验与数字艺术设计的探索》，东华大学，2022年。

[⑥] 秦宗财：《定位理论视角下乡村文创品牌塑造的方向和路径》，《深圳大学学报（人文社会科学版）》2019年第5期。

[⑦] 翟健：《乡建背景下的精品民宿设计研究》，浙江大学，2016年。

[⑧] 王轶楠：《基于村落传统民居保护利用的民宿改造设计策略研究》，重庆大学，2017年。

[⑨] 张旭：《民宿型乡村景观规划与设计研究初探》，中南林业科技大学，2016年。

[⑩] 孙明月：《基于家庭生命周期的游客乡村精品民宿选择动机研究》，上海师范大学，2016年。

[⑪] 陈可石、娄倩、卓想：《德国、日本与我国台湾地区乡村民宿发展及其启示》，《开发研究》2016年第2期。

[⑫] 吴吟颢、陶玉国：《台湾民宿产业的发展及其对大陆乡村旅游业的启示》，《江苏师范大学学报（哲学社会科学版）》2016年第2期。

村文化的有机融合（沈昕和葛惠芳，2022）[①]，乡村文化是乡村旅游的灵魂（黄震方等，2015）[②]，伴随着国家美丽乡村、乡村振兴战略、精准扶贫等提出，乡村文化旅游的研究范围相对较广，涉及产品开发、文化建设、可持续发展等多个方面。

从文献分析可以看出，学者们从不同视角探讨了乡村文旅产业发展的模式及产生的多种业态类型，但是缺少更加具有概括性、一般性、凝练性的模式总结和发展机制。从研究方法来看，关于乡村文旅产业发展模式与路径的研究多为基于理论分析的定性研究，需要加强定量方法的运用。

3. 乡村文旅产业发展的成效评估

文旅产业发展的影响与成效一直以来都是旅游学界的研究热点和重点，相关研究主要集中在文旅产业发展对目的地文化（Richards，2011；Richards，2014）[③④]、经济（Hobikoglu和Cetinkaya，2015）[⑤]、社会（李峰，2014）[⑥]的作用方面，目前学术界对文旅产业的影响持统一的二分法观点，既肯定其积极影响，也不否认其消极作用。

中国乡村地区具有深厚的历史根基和文化内涵，乡村文旅融合发展对乡村文化的保护与传承发挥着重要作用，具体表现在培育新型文化业态、加强文化设施建设、丰富民族文化产品、加强民族文化之间的交流和传播、保护和传承地方文化和非物质文化遗产等方面。一方面，文旅产业的融合发展促进了文化遗产的活化，其旅游资源的新身份使之得以创造性传承和创新性利用（Richards，2014）[⑦]，并有利于乡村传统文化的复兴（杭

---

① 沈昕、葛惠芳：《乡村振兴下乡村文化旅游融合发展的理论逻辑与路径选择——以徽州卖花渔村为例》，《中南林业科技大学学报（社会科学版）》2022年第3期。

② 黄震方、陆林、苏勤等：《新型城镇化背景下的乡村旅游发展——理论反思与困境突破》，《地理研究》2015年第8期。

③ Richards G. Creativity and tourism: The state of the art. *Annals of Tourism Research*, 2011, 38 (4): 1225-1253.

④ Richards G. Creativity and tourism in the city. *Current Issues in Tourism*, 2014, 17 (2): 119-144.

⑤ Hobikoglu E, Cetinkaya M. In innovative entertainment economy framework, economic impacts of culture industries: Turkey and Hollywood samples. *Procedia-Social and Behavioral Sciences*, 2015, 195 (3): 1435-1442.

⑥ 李峰：《文化产业与旅游产业的融合与创新发展研究》，中国环境出版社2014年版。

⑦ Richards G. Creativity and tourism in the city. *Current Issues in Tourism*, 2014, 17 (2): 119-144.

侃，2018）[1]、交流与传播（Canavan，2016）[2]，提升乡村目的地文化持有者的文化自觉与自信（郭山，2007）[3]，文化作为区域发展的竞争性资源，亦有助于提升所在区域的创造性（Chai，2011）[4] 和吸引力（李永乐，2009）[5]，其在旅游开发和城市经济振兴中的作用日益受到地方政府的重视（Idajati，2014）[6]。另一方面，文旅产业发展的负面影响日益引起学术界和业界的警觉，部分学者认为，乡土文化在与旅游业融合发展中被"商品化"（Cheer 等，2013）[7] 和"舞台化"（孙九霞和王学基，2015）[8]，破坏了文化的原真性和传承机制（Larson 等，2013）[9]。孙九霞（2019）则认为在旅游循环凝视下，本地居民利用地方经验，不断更新本土文化，塑造出适应现代社会的乡村新文化，巩固文化自信的内生机制。[10] 旅游人类学家 Cohen（1979）认为文化商品化所产生的新文化形式可以被接受为"真实"并获得新的意义。[11] 需要注意的是，只有将乡村文化景观和非物质文化遗产转化为乡村旅游资源，回归文化主体性，提升在地居民的文化自信和文化自觉，才能使乡村文化与旅游真正形成融合发展（李兴军，2020）[12]。无论如何，文化效应是文旅产业发展最显而易见的结果（吴丽慧等，2017），[13] 文化和旅游的天然属性和内在关联使文旅产业对文化资

---

[1] 杭侃：《文化遗产资源旅游活化与中国文化复兴》，《旅游学刊》2018 年第 9 期。

[2] Canavan B. Tourism culture：Nexus, Characteristics, Context and Sustainability. *Tourism Management*, 2016, 53：229-243.

[3] 郭山：《旅游开发对民族传统文化的本质性影响》，《旅游学刊》2007 年第 4 期。

[4] Chai L T. Culture heritage tourism engineering at Penang：Complete the puzzle of "The Pearl of Orient". *Systems Engineering Procedia*, 2011, 1：358-364.

[5] 李永乐：《非物质文化遗产与中国目的地营销》，《旅游学刊》2009 年第 4 期。

[6] Idajati H. Cultural and tourism planning as tool for city revitalization：The case study of Kalimas River, Surabaya Indonesia. *Procedia-Social and Behavioral Sciences*, 2014, 135 (14)：136-141.

[7] Cheer J M, Reeves K J, Laing J H. Tourism and traditional culture：Land diving in Vanuatu. *Annals of Tourism Research*, 2013, 43：435-455.

[8] 孙九霞、王学基：《民族文化"旅游域"多元舞台化建构——以三亚槟榔谷为例》，《思想战线》2015 年第 1 期。

[9] Larson M, Lundberg C, Lexhagen M. Thirsting for vampire tourism：Developing pop culture destinations. *Journal of Destination Marketing & Management*, 2013, 2 (2)：74-84.

[10] 孙九霞：《旅游循环凝视与乡村文化修复》，《旅游学刊》2019 年第 6 期。

[11] Cohen E. A phenomenology of tourist experiences. *Sociology*, 1979, 13 (2)：179-201.

[12] 李兴军：《文化主体性与创新乡村旅游发展基本理念——基于云南江头曼咪村旅游发展"停滞"现象的调查》，《北方民族大学学报》2020 年第 3 期。

[13] 吴丽慧、马达、王诗龙：《国内外文化旅游研究进展概述及启示》，《当代经济》2017 年第 22 期。

源的开发利用效率明显高于其他二、三产业,创造出独特的文旅 IP,打造了区域特色文化旅游形象。

乡村文旅产业发展的经济效应,指文旅新业态对乡村旅游目的地相关经济要素发生的作用,主要包括对区域整体的经济影响、对目的地相关产业带来的变化以及对居民个人及其家庭所产生的经济上的变化。文旅产业对乡村目的地及所在区域的正向经济影响是目前学术界倡导和业界践行文化和旅游产业融合的最重要原因之一,经济效应是文旅产业发展最直接的体现。具体而言,在产业收入方面,通过对乡村文化性、特色性、多元性的挖掘,将文化创意引入乡村旅游中,使其能够更好地满足乡村游客日趋多样化的审美需求。进一步,旅游者在旅游过程中易生成对乡村的情感共鸣,从而使乡村情感消费成为可能,有利于扩大乡村旅游的消费市场(安玉青,2020)[1]。通过比较分析,发现文化遗产比自然遗产对旅游收入的带动效应更加显著(林玉虾和林璧属,2017)[2]。同时,在农业的经营方式上,由原来经济效益低下、种植方式粗放的农事活动向经营方式高效、集约化生产和体验化模式转变,实现农业文化和旅游资源的有效配置。此外,本地居民可以积极融入乡村创客发展中,有利于引导农民回流并促进新型农民的培养,助力乡村振兴。然而,部分学者指出文旅资源开发活动会对一些正常经济发展所需的活动产生挤出效应,进而阻碍区域经济长期增长,证实了文旅产业发展存在"资源诅咒"现象(李文静和张朝枝,2019)[3],同时在资源开发领域建立起的资本逻辑话语霸权主导了资源地方性规制的演变,一定程度上导致了普遍的社会非正义现象(李鹏和保继刚,2015)[4]。但不可否认的是,文旅产业发展可以为乡村欠发达地区创造就业与投资机会、增加地方财政收入、带动相关产业发展,为地方经济注入活力(马胜清,2021),[5] 并随之带动旅游消费和相关消费的增长,推动高品质、差异化的消费需求。

---

[1] 安玉青:《文化创意视域下市郊乡村旅游业态研究》,《社会科学家》2020 年第 2 期。

[2] 林玉虾、林璧属:《世界遗产的旅游效应及其对遗产保护的影响——来自中国旅游人数和旅游收入的经验证据》,《经济管理》2017 年第 9 期。

[3] 李文静、张朝枝:《基于路径依赖视角的旅游资源诅咒演化模型》,《资源科学》2019 年第 9 期。

[4] 李鹏、保继刚:《自然旅游资源规制中的资本霸权——基于广东南昆山温泉的个案研究》,《地理科学》2015 年第 7 期。

[5] 马胜清:《文化产业与旅游产业融合机理及经济效应》,《社会科学家》2021 年第 5 期。

乡村文旅融合的政治社会效应主要表现为以下两方面：第一，塑造地区形象。在全球化和信息化的时代，地区形象作为软实力资源更加直接、有力地影响着地区的发展。文旅融合，不仅带动经济的繁荣发展，还创新文化传播符号和形象符号。第二，推进新型外交。在国家形象传播方面，经济与文化的融合，成为新型外交形式。在文旅融合大背景下，国际旅游活动被赋予了更深层次的内涵。乡村旅游凸显了政治外交效应，成为宣传国家（地区）形象的重要途径，如世界遗产的申请有利于遗产地旅游形象的塑造与传播（林玉虾和林璧属，2017）。[1] 第三，增进互动交流。社会效应是文旅产业发展的首要目标，通过举办文化活动、庆典、节日等，文旅产业提供了社区居民共享文化体验的机会，促进了社区内外的互动和交流，有助于增强社区的认同感、凝聚力和社会和谐并提高居民素养，同时为城市游客提供了了解和体验当地传统文化、缓解日常生活焦虑的机会，积极助益其传统文化自信自觉以及身心疗愈精神富足（李峰，2014）。[2]

当下文化和旅游的概念范围和产业边界不断延伸，对文旅融合水平的测度与评价提出了新要求。近年来，研究者多采取"选取评价指标—收集二手数据—构建统计模型"的研究进路，来实证测度不同空间尺度下文旅产业发展的质量，常用耦合协调度（Su 等，2019；Li 和 Ju，2020）[3][4]、效率（Parte 和 Alberca，2021；Fan 和 Xue，2020）[5][6] 和竞争力（张春香，2018）[7] 等来表征文旅产业的绩效。Su 等（2019）建立了一个从效率角度综合衡量技术效率、可持续生产力增长和耦合协调度的研

---

[1] 林玉虾、林璧属：《世界遗产的旅游效应及其对遗产保护的影响——来自中国旅游人数和旅游收入的经验证据》，《经济管理》2017 年第 9 期。

[2] 李峰：《文化产业与旅游产业的融合与创新发展研究》，中国环境出版社 2014 年版。

[3] Su Z, Aaron J R, McDowell W C, et al.. Sustainable Synergies between the Cultural and Tourism Industries: An Efficiency Evaluation Perspective. *Sustainability*, 2019, 11 (23): 1–20.

[4] Li C F, Ju P. Coupling coordinative degree analysis of cultural and creative industry and tourism industry under the background of cultural and tourism integration. *Journal of Service Science and Management*, 2020, 13 (1): 97–117.

[5] Parte L, Alberca P. Business Performance and Sustainability in Cultural and Rural Tourism Destinations. *Mathematics*, 2021, 9 (8): 1–23.

[6] Fan T, Xue D Q. Spatial correlation of cultural industry and tourism industry in Shaanxi Province, China: LISA analysis based on coordination model. *Asia Pacific Journal of Tourism Research*, 2020, 25 (9): 967–980.

[7] 张春香：《基于钻石模型的区域文化旅游产业竞争力评价研究》，《管理学报》2018 年第 12 期。

究框架，采用了数据包络分析（DEA）基于松弛度的测度（SBM）模型、全要素生产率（TFP）的马尔奎斯特指数和耦合协调度模型，在由耦合协调度和效率相关指数组成的坐标系中，发现了"U"形和倒"U"形曲线。① 这揭示了文旅产业发展过程中存在磨合效应，文化产业的参与使旅游业的技术效率显著提高，尤其是经济欠发达地区在技术效率方面有机会赶上发达地区，在可持续生产力增长方面表现得更好。Tomal（2021）考察了 2003—2019 年波兰各市镇的地方发展进程，运用耦合协调度（CCD）模型研究地方发展维度的变化过程是否协调，结果显示，波兰绝大多数城市的发展存在严重或轻微的不平衡。② Li 和 Ju（2020）以深圳为研究区域，运用耦合协调模型探讨了 2008—2017 年文旅产业的耦合协调度，发现文化创意产业与旅游产业以互动耦合的方式发展，文化创意产业增强了旅游产业的创造力，旅游产业为文化创意产业提供了平台支撑。③ 张春香（2018）基于波特五力竞争分析，从要素、需求、产业、政府等构建了文化旅游产业竞争力评价体系。④ Shi 和 Zhan（2021）以长江三角洲为案例地，构建了文化旅游发展质量测度指标体系，并指出长江三角洲文化旅游发展质量具有显著的空间溢出效应。国内学者对文旅产业实践进行了充分评估，分别从不同尺度研究了文旅产业的发展绩效，涉及全国 31 个省份，以及单个省、市、区。⑤

总体而言，受限于数据统计行政单位，现有研究多集中于中宏观层面的案例地，鲜见村、县层面的小微案例地。且已有研究中指标来源多样，一般涉及文化和旅游产业的基础要素、人力资本、经营绩效等方面，已构建出的评价体系出现过多与发展质量无直接关系的要素类、环境类、影响

---

① Su Z, Aaron J R, McDowell W C, et al. . Sustainable Synergies between the Cultural and Tourism Industries: An Efficiency Evaluation Perspective. *Sustainability*, 2019, 11 (23): 1–20.

② Tomal M. Evaluation of coupling coordination degree and convergence behaviour of local development: a spatiotemporal analysis of all Polish municipalities over the period 2003–2019. *Sustainable Cities and Society*, 2021 (71): 102992.

③ Li C F, Ju P. Coupling coordinative degree analysis of cultural and creative industry and tourism industry under the background of cultural and tourism integration. *Journal of Service Science and Management*, 2020, 13 (1): 97–117.

④ 张春香：《基于钻石模型的区域文化旅游产业竞争力评价研究》，《管理学报》2018 年第 12 期。

⑤ Shi Y, Zhan G H. Index construction, influencing faltors and Promotiom Strateqies of miqhquality derelopment of cultural tourism industry's integration: Acase study of Jiangsu Province. *Nanjing Journal of Social Sciences*, 2021, (7): 165–172.

因子类指标,因评价指标关联度不高、代表性不足从而影响评价结果说服力。效率视角能够直接观测和分析文化和旅游产业融合的效率和效益问题,能够反馈文化和旅游产业融合的成效问题。但在实际测算过程中,由于统计口径限制,存在数据获取和剥离困难,投入产出法存在观测时序和周期较短问题。同时,耦合协调度测量在本质上仍然将文化和旅游视为两个相互独立的系统,与文旅产业融合的理论内涵与现实初衷不符。区别于耦合协调模型将文化和旅游产业进行分开构建评价指标估算方法,竞争力视角则构建了文化旅游一体化发展的评价指标体系,是基于文化和旅游产业本身较高的产业关联属性出发,体现了文化和旅游产业发展过程中的资源、要素和环境的共享和共有特点,但这一方法同样存在难以观测文旅产业影响效应的问题。

二 乡村共同富裕

学术界有关共同富裕的研究视角十分广泛,并且取得了相当丰硕的研究成果,但在众多文献中,以农民乡村共同富裕为研究视角的成果相对较少。综观现有研究,涉及乡村共同富裕的研究主要集中在以下两点,一是将农民农村共同富裕作为共同富裕的组成部分进行论述;二是以共同富裕为研究背景阐述乡村振兴战略,相关的学术研究视角以及研究成果主要有以下几个方面:

(一) 乡村共同富裕的经验总结

国外学者对我国共同富裕的直接研究较少,主要表现为对我国乡村贫困的治理研究上,总结出四点乡村减贫的经验。一是实施家庭联产承包责任制。1978年改革开放以来的家庭联产承包责任制实现了小农与市场的自由而直接的对接,农民在自给自足的基础上可以参与市场交换,一定程度上缓解了农村的贫困状况(Piazza 和 Liang,1998)[1]。二是发展外向型经济。中国在改革开放后,建立沿海经济特区,吸引外商投资,大力发展出口导向型制造业,为中国农村富余劳动力找到了除农业以外的其他生计机会,数以百万计的农村劳动力进城、进厂成为农民工,增加了农民个人及其家庭的收入,广泛地解决了农村剩余劳动力的就业问题,减少了贫困

---

[1] Piazza A, Liang E H. Reducing Absolute Poverty in China: Current Status and Issues. *Journal of International Affairs*, 1998, 50 (1): 253-273.

(Rodrik，2002)①。三是农业和农村的发展。中国的农业作为小农性质的第一产业，吸纳了绝大多数的农村人口，使其在乡村能够实现低成本的自给自足生活，成为中国快速城镇化和工业化的"稳定器"和"蓄水池"，农业是消除绝对贫困的真正动力，农业生产力水平的快速发展极大地缓解了贫困地区发展不平衡的问题，促进低收入农民增收（Ravallion和Chen，2007）②。四是中国共产党的正确领导。中国反贫困的成功实践离不开中国共产党的正确领导，共产党的执政方针和领导政策均是以中国最广大人民的利益为中心，因而会向贫困人口倾斜（Dillon，2018）。③

国内学术界将乡村共同富裕基本经验总结为如下三点：一是发展农村集体经济。家庭联产承包责任制实施到个体家庭后，作为政府管理"最后一公里"的"守门人"，村集体团结带领全村若干家庭发展壮大农村集体经济是走向共同富裕的必由之路（谭仲池，1992），④ 且有研究证明农村集体经济对缩小城乡收入差距有超过1%的直接贡献（丁忠兵和苑鹏，2022）。⑤ 在此过程中，国家制定的各项农村管理制度和政策，如农村土地制度、宅基地制度、自治制度等，保障了农民生存和发展的基本权利，有效避免了贫富差距扩大和两极分化，对推进乡村共同富裕发挥了重要作用（陈锡文，2022）。⑥ 二是发挥农民主体性。农民作为乡村的主人公，是乡村发展的直接责任人和受益者，坚持农民在乡村发展、共同富裕实践中的主体作用，保障农民的主体利益，是推动乡村实现共同富裕的核心（张行发等，2022）。⑦ 许彩玲（2021）通过梳理党领导的农村反贫困历史，发现发挥农民主体性同样适用于当代共同富裕的实现实践。⑧ 三是强

---

① Rodrik D. Globalization for Whom. *Harvard Magazine*，2002，(6)：29.
② Ravallion M，Chen S H. China's (Uneven) Progress against Poverty. *Journal of Development Economics*，2007，82 (1)：1-42.
③ Dillon N，*The China Questions：Critical Insights into a Rising Power*. Cambridge：Harvard University Press，2018：155-162.
④ 谭仲池：《发展集体经济是走向共同富裕的必由之路》，《湖湘论坛》1992年第4期。
⑤ 丁忠兵、苑鹏：《中国农村集体经济发展对促进共同富裕的贡献研究》，《农村经济》2022年第5期。
⑥ 陈锡文：《充分发挥农村集体经济组织在共同富裕中的作用》，《农业经济问题》2022年第5期。
⑦ 张行发、徐虹、王彩彩：《新发展阶段农民农村迈向共同富裕的困境、案例分析及实践启示》，《西南民族大学学报（人文社会科学版）》2022年第7期。
⑧ 许彩玲：《中国共产党百年农村反贫困：历程、经验与展望》，《当代经济研究》2021年第11期。

调乡村的内生性发展动力。农业是乡村发展的内生动力,乡村实现共同富裕归根结底需要农业的深度开发和产业链的前后延伸(王玉琴,1995)[①],比如三产融合、农旅结合等。施永康(1997)认为乡村的发展必须积极、主动,拒绝等、靠、要,将外部要素与环境转化为内部发展的活力与动力,才能实现先富带后富。[②]

(二)乡村共同富裕面临的挑战

在乡村实现共同富裕的过程中,由于资源、机会不平等造成的收入、发展不平等是不可避免的现实(Goh,2009),[③]因而城与乡之间、乡村内部主体之间存在着不容忽视的共富挑战。有学者建议减少工业和投资补贴,鼓励第三产业发展,促进城乡劳动力自由流动,进而解决城乡发展不平衡的问题,方能有效缩小城乡居民收入差距(Kuijs和Wang,2010)。[④]然而,乡村自身的发展短板才是实现共同富裕的切实障碍。一是乡村人、财、物等发展要素不足。城市是乡村人口获利的主战场,农村人口,特别是中青年劳动力向城市大量转移,导致村落空心化、凋敝化、破败化,究其原因在于乡村缺乏能够让人回得来、留下来"安居乐业""安身立命"的条件。反过来,农村劳动力流失、农村土地制度改革等导致资金下乡存在不确定性,农村产业难以实现高质量发展,仅靠效益低下的农业,不利于农民收入的提高,更无法实现共同富裕(郑瑞强和郭如良,2021;唐亮和杜婵,2022)。[⑤⑥]二是农村集体经济发展不足。农村集体经济普遍存在规模小、效益低的"弱、小、散"状况,难以在市场竞争中持续生存,特别是个体农户能力与市场准入门槛不对等、农村规模经济与市场化生产方式缺失等(李宁和李增元,2022)。[⑦]三是农村公共服

[①] 王玉琴:《对先富带后富逐步达到共同富裕的思考》,《山西农经》1995年第6期。

[②] 施永康:《关于农业、农村、农民问题的若干思考》,《中共福建省委党校学报》1997年第9期。

[③] Goh C C, Luo X B, Zhu N. Income growth, inequality and poverty reduction: A case study of eight provinces in China. *China Economic Review*, 2009 (20): 485-496.

[④] Kuijs L, Wang T. China's pattern of growth: Moving to sustainability and reducing inequality. *China and World Economy*, 2010, 14 (1): 1-14.

[⑤] 郑瑞强、郭如良:《促进农民农村共同富裕:理论逻辑、障碍因子与实现途径》,《农林经济管理学报》2021年第6期。

[⑥] 唐亮、杜婵:《推动农民农村共同富裕:理论依据、现实挑战及实现路径》,《农村经济》2022年第7期。

[⑦] 李宁、李增元:《新型集体经济赋能农民农村共同富裕的机理与路径》,《经济学家》2022年第10期。

务与基础设施存在短板。乡村在教育、医疗、养老、卫生、公共交通等方面服务供给不足，水、电、气、路等方面设施建设落后，难以为农民生活的富裕富足提供保障（芦千文和孔祥荣，2022）。① 四是农民收入结构不合理。相较于城市居民拥有多源且有保障的工资性收入，乡村居民的收入多来源于农业耕作和庭院经济，整体收入水平低，收入结构不合理，特别是在初次分配和再分配中都处于劣势地位（翁贞林等，2022）。②

（三）乡村共同富裕的实现路径

在增加农民收入、带动乡村发展的路径与措施上，日本学者今村奈良臣（1998）提出了农业"六次产业化"理论，即实现农村一、二、三产业的深度融合，不断延伸、拓展、完善农业产业链，提高农产品附加值，以达到增加农民收入的目的。③ 美国的农业发展以规模化的家庭农场为主要特征，这种模式有力地贡献了农产品产量，提高了农业生产力水平（MacDonald 和 Hoppe，2018）。④ 囿于国情、体制、历史的差异，美国的农场化经营对我国农业发展的借鉴意义需要谨慎对待，但不可否认的是，我们认同发达国家在提高乡村福利待遇、缩小城乡差距、公共服务城乡均等化等方面的做法（Pijpers 等，2016）。⑤

新时代推进我国乡村共同富裕，需要走好以下几条路。一是推动城乡融合发展。城市既是乡村发展的要素供给方，也是乡村产品的市场消费者，以城镇带动乡村发展，贯通二者之间要素双向流通渠道，能够实现城乡的互补、互需、互动，从而带动农民农村实现共同富裕（黄祖辉和傅琳琳，2022）。⑥ 在城乡融合发展实践中，需要加快推进城乡要素市场化改革，包括户籍制度改革、资本下乡管理制度改革等，破除城乡二元结构

---

① 芦千文、孔祥荣：《迈向共同富裕的小农户：动态特征、阻碍瓶颈与推进机制》，《当代经济管理》2022年第9期。

② 翁贞林、鄢朝辉、谌洁：《推进农民共同富裕：现实基础、主要困境与路径选择》，《农业现代化研究》2022年第4期。

③ 今村奈良臣：《地域に活力を生む、農業の6次産業化》，21世紀村づくり塾1998年版。

④ MacDonald J M, Hoppe R A. Exqming consolidation in USaqriaulture. *Amber Waves*: *The Economics of Food, Farming, Natural Resourles, and Rural America*, 2018, (2): 1-10.

⑤ Pijpers R, Kam G D, Dorland L. Integratingservices for older people in aging communities in the Netherlands: A comparison of urban and rural approaches. *Journal of Housing for the Elderly*, 2016, 30 (4): 430-449.

⑥ 黄祖辉、傅琳琳：《浙江高质量发展建设共同富裕示范区的实践探索与模式解析》，《改革》2022年第5期。

障碍（刘明月和汪三贵，2022）。① 二是发展农村集体经济。运用现代技术发展现代农业、智慧农业；贩卖乡村自然景观，发展休闲农业、观光农业、乡村旅游；引资下乡，发展农产品加工业，以新型集体经济促进农业提质增效，带动农民创业增收，使其成为更具竞争力的市场主体，实现乡村共同富裕（王博和王亚华，2022）。② 同时，应建立农民合作社，实现与农村集体经济组织的融合发展，提升小农户福利，优化利益分配机制，避免农村内部收入差距扩大（郭晓鸣和张耀文，2022）。③ 三是推动城乡公共服务均等化。采用先进技术提升乡村公共服务效能，提高农村基础教育水平，保障农民享有公平的发展权利和机会（雷琼，2022）。④ 四是实现精神生活共同富裕。蒋永穆和叶紫（2022）认为应当贯彻新发展理念，深入实施乡村振兴战略，加快优质文化传播，丰富农民群众的精神文化生活，实现城乡之间、不同区域农村之间、农民物质文明与精神文明同步发展。⑤

　　国内外关于共同富裕的研究虽然在概念界定上存在差异，但都以减贫、富裕为主要出发点和落脚点。国外学者的研究总结对于我国乡村共同富裕实践具有重要参考和借鉴作用，但由于各国国情不同，农业资源禀赋存在较大差异，在探索我国农民农村共同富裕的路径时，应立足我国农业农村发展现状，有选择地学习国外现代农业生产方式。近年来，国内学者对农民、乡村共同富裕的研究成功较为丰硕，主要集中于经验总结、现实挑战、实施路径等宏观层面的探讨，从具体产业这一微观角度切入的共富研究不多，特别是以乡村旅游作为共富手段和路径的研究还需补充完善，对乡村旅游与共同富裕之间的关系、旅游对共富的作用机制和实现路径仍有待进一步探讨。

---

　　① 刘明月、汪三贵：《以乡村振兴促进共同富裕：破解难点与实现路径》，《贵州社会科学》2022年第1期。
　　② 王博、王亚华：《县域乡村振兴与共同富裕：内在逻辑、驱动机制和路径》，《农业经济问题》2022年第12期。
　　③ 郭晓鸣、张耀文：《农村集体经济组织与农民合作社融合发展的逻辑理路与实现路径》，《中州学刊》2022年第5期。
　　④ 雷琼：《乡村实现共同富裕的现实内涵、困境与制度创新：基于乡村治理视角》，《广东财经大学学报》2022年第4期。
　　⑤ 蒋永穆、叶紫：《推动农民农村共同富裕：时代内涵、难点挑战与实践路径》，《重庆理工大学学报（社会科学）》2022年第10期。

三 乡村文旅产业发展与乡村共同富裕的关系

乡村是共同富裕的最大短板,经过工业革命洗礼的欧美发达国家率先实现了富裕,乡村居民的物质和精神生活得到了充分发展(侯建新,2000)。[1] 然而,由于金融危机、资本主义经济制度的缺陷等客观原因,以及乡村自身的经济劣势和资源不足等主观原因,使得发达国家乡村的富裕之路并非一帆风顺。为复苏乡村经济,各国均从政策层面推动乡村发展,由欧洲、韩国(黄经南和贺耀庭,2021)、[2] 日本(冯川,2021)[3] 等国家或地区的实践可知,支持乡村产业发展是各国政策的核心。为释放乡村产业的增长潜力,须以关爱社区、经济、环境福祉的方式利用乡村资产和资源(OECD,2018),[4] 强化数字技术、社会资本、人力优势在乡村产业发展中的作用(Slee,2005)。[5] 同时,将农民组织起来(任大鹏和赵鑫,2019),[6] 成立产业合作社(Abebaw 和 Haile,2013),[7] 基于人民需求实现对物质资源和人力资本的统筹开发,才能有效提高整个乡村的生产效率。一言以蔽之,乡村振兴和共同富裕归根结底是发展问题,产业兴旺是共富的根本,自下而上的市场化改革和资本下乡能够解决乡村经济、就业、贫困等一系列难题(张丙宜和华逸婕,2018)。[8] 但选择何种具有持续性的产业,仍是摆在众多乡村面前的难题。随着乡村物质财富的不断积累,早期对经济利益最大化的追求也使乡村隐藏的"精神贫瘠"问题愈发凸显,比如认同迷失、文化异化、自我否定、

---

[1] 侯建新:《西欧富裕农民—乡绅阶级形成与农业资本主义的兴起——兼与明清绅衿阶层比较》,《天津社会科学》2000 年第 3 期。

[2] 黄经南、贺耀庭:《面向高质量发展的空间治理——2020/2021 中国城市规划年会暨 2021 中国城市规划学术季成功举办》,《城市规划》2021 年第 11 期。

[3] 冯川:《日本"一村一品"运动的推动机制与农村社会自主性》,《世界农业》2021 年第 10 期。

[4] OECD. Edinburgh policy statement on enhancing rural innovation. The 11th OECD Rural Development Conference. Edinburgh,2018.

[5] Slee R W. From countrysides of production to countrysides of consumption? *The Journal of Agricultural Science*,2005,143(4):255-265.

[6] 任大鹏、赵鑫:《马恩的合作社思想与当代合作社价值反思》,《中国农业大学学报(社会科学版)》2019 年第 4 期。

[7] Abebaw D,Haile M G. The impact of cooperatives on agricultural technology adoption: Empirical evidence from Ethiopia. *Food Policy*,2013,38:82-91.

[8] 张丙宜、华逸婕:《激励结构、内生能力与乡村振兴》,《浙江社会科学》2018 年第 5 期。

精神空虚等。乡村有限的经济发展能力推动乡村人口、资源、要素不断外迁向城市集聚，城市化、工业化和现代化进程塑造高压力、快节奏、内卷式、疲倦化的压抑城市生活。"乡村病"与"城市病"共同作用，亟须解决药方。

城乡民众对生活质量的个体追求和各级政府对乡村发展的集体追求在乡村文旅产业中得以充分契合和高度耦合（孙九霞等，2023）。① 文旅产业作为幸福产业之首，能够兼顾人民对物质增长和精神富足的双重需求，在中国式现代化发展的新阶段，文旅产业成为共同富裕，特别是城乡共富最闪耀的路径之一（孙九霞等，2023）②。共同富裕与乡村文旅高质量发展是相互依托、互为支持的辩证关系，目前研究视角主要包括两个方面：

（一）共同富裕目标下的乡村文旅产业发展

共同富裕约束着乡村文旅产业发展的方向。共同富裕目标下的乡村文旅产业，应聚焦于产业升级与经济发展、文化振兴与文脉延续、生态保护与绿色发展，从强化体制机制改革、科技创意赋能、专业人才培育、"非遗+"模式等方面实现乡村文旅高质量发展，在此过程中，乡旅微企等蕴藏着丰富的经济能量，承担着共同富裕的时代使命（王金伟等，2023）。③ 资源创造性开发与利用是促进共同富裕的重要基础和关键动力，为此《自然资源学报》于2023年第2期特辟专刊探讨了共同富裕目标下乡村旅游资源的开发与利用问题。孙九霞等（2023）按照"乡村旅游资源开发—实现农村农民的共同富裕—实现人民的物质与精神生活富裕"的递进逻辑，识别了乡村旅游资源开发与共同富裕的内在联系，围绕"乡村旅游高质量发展、城乡融合发展、人的全面发展"三个面向，构建出共同富裕目标下中国乡村旅游资源"有效开发、协同开发、可持续开发"的创新路径。④ 共同富裕目标下的乡村旅游，需要实现乡村的"三产"（农业、加工业、服务业）相接共生、"五生"（生产、生活、生态、

---

① 孙九霞、明庆忠、许春晓等：《共同富裕目标下乡村旅游资源创造性传承与开发》，《自然资源学报》2023年第2期。
② 孙九霞、张凌媛、罗意林：《共同富裕目标下中国乡村旅游资源开发：现状、问题与发展路径》，《自然资源学报》2023年第2期。
③ 王金伟、朱竑、宋子千等：《共同富裕视域下乡村旅游高质量发展：科学内涵与理论阐释》，《旅游导刊》2023年第2期。
④ 孙九霞、张凌媛、罗意林：《共同富裕目标下中国乡村旅游资源开发：现状、问题与发展路径》，《自然资源学报》2023年第2期。

生意、生命）协调共进，在理念认知上，推动旅游发展与乡村振兴、城乡融合、共同富裕三大政策目标的协同互构（孙九霞等，2023），① 乡村旅游资源的开发逻辑本质上即是如何使乡村旅游发展顺利延展至库兹涅茨曲线的第二阶段，实现乡村整体福利的帕累托上升（明庆忠等，2023）。②

为了实现共同富裕目标，乡村文旅发展过程中不可避免地存在一系列矛盾与困境。郭峰等（2023）发现 S 镇乡村生态旅游发展模式虽然极具特色，但由于乡镇发展水平有限，资产资源的利用、整体统筹分配能力不足等因素形成了一些漏洞与法律风险，在共同富裕的大背景下，乡村生态旅游应建立健全各环节的配套制度，优化乡村生态旅游价值的实现机制。③ 区域不平衡性问题是共同富裕背景下乡村旅游发展所面临的新挑战，张圆刚等（2023）对此视域下乡村旅游区域不平衡的内涵进行了更新，并初步探索构建了不平衡性的测度指标体系。④ 共富目标下的乡村文旅产业是以共同富裕为基本追求，着力解决如何"做大蛋糕"的问题，乡村文旅如何"分配蛋糕"同样值得学术界和业界的关注。

（二）乡村文旅产业对乡村共同富裕的促进作用

乡村文旅发展是实现更高水平共同富裕的基础，需要在"做大蛋糕"的前提下思考如何合理"分配蛋糕"。相关研究主要体现为两个方面，一是理论探讨，包括文旅促共富的内在机制、现实困境、路径选择等方面。王彩彩等（2023）从共生理论视角探讨乡村旅游开发促进共同富裕的机制，认为旅游共生单元借助共生环境，进行共生能量创造，产生共生作用，引致共生能量分配、共生能量传染，最终促进共生效应。⑤ 具体而言，乡村旅游凭借自身发展条件及蕴含的经济、文化、生态效益，通过旅游发展的涓滴效应、示范效应和竞争效应能够直接提高本地共同富裕水平，并溢出到邻近地区，最终实现物质水平提升、精神生活富足、发展成

---

① 孙九霞、明庆忠、许春晓等：《共同富裕目标下乡村旅游资源创造性传承与开发》，《自然资源学报》2023 年第 2 期。
② 明庆忠、李志飞、徐虹等：《共同富裕目标下中国乡村旅游资源的理论认知与应用创新》，《自然资源学报》2023 年第 2 期。
③ 郭峰、贺贞贞、程峥峥：《共同富裕视域下乡村生态旅游的困境与法治策略——基于陕西省 S 镇的实地调查》，《中南农业科技》2023 年第 4 期。
④ 张圆刚、郝亚梦、郭英之：《共同富裕视域下乡村旅游发展的区域不平衡性：理论内涵、关键问题与指标体系》，《自然资源学报》2023 年第 2 期。
⑤ 王彩彩、裘威、徐虹等：《乡村旅游开发促进共同富裕的机制与路径——基于共生视角的分析》，《自然资源学报》2023 年第 2 期。

果共享、贫富差距缩小（张广海等，2023），[①] 在此过程中，三次分配协同的基础性制度安排是关键（李军明和李军，2023）。[②] 然而在乡村文旅推动共同富裕的实践中，仍面临乡村景观异化、经济效益低下、精神发展滞后、贫富差距加剧和持续动力不足等五方面的现实挑战（孙九霞等，2023）。[③] 旅游驱动型传统村落在推动村落转型发展过程中，面临自然生态系统基体受损、地域空间系统功能混杂、社会文化系统实质受损、多元主体系统关系混杂等现状，导致新时期共同富裕目标系统的基本载体不足、物质支撑匮乏、精神保障不力、内外动力滞后，进而阻碍了旅游驱动型传统村落共同富裕目标的实现进程（李伯华等，2023）。[④] 鉴于此，学者们提出了一系列乡村文旅促共富的优化路径（杨馥端等，2023；郑自立，2022）。[⑤][⑥] 二是实证检验。张广海等（2023）通过实证测度证明了乡村旅游发展对区域共同富裕具有明显的正向影响及空间溢出效应，即乡村旅游发展水平每提升1%，本地共同富裕水平将上升0.258%，邻近省域上升0.126%。[⑦] 黄细嘉等（2023）运用双重差分法对文旅产业和共同富裕之间的作用关系进行了实证评估，结果表明文旅发展能够促进区域内的共同富裕，缩小城乡收入差距。[⑧] 部分学者提醒当文旅产业经济发展到一定水平后，要注重产业结构转型的合理化，避免产业空心化（沈庆琼等，2022），[⑨] 但文旅产业振兴对共同富裕的促进仍然是一

---

① 张广海、刘二恋、董跃蕾：《中国区域共同富裕实践中乡村旅游作用机制》，《自然资源学报》2023年第2期。
② 李军明、李军：《传统村落旅游推动共同富裕的三次分配机制研究》，《西南民族大学学报（人文社会科学版）》2023年第3期。
③ 孙九霞、张凌媛、罗意林：《共同富裕目标下中国乡村旅游资源开发：现状、问题与发展路径》，《自然资源学报》2023年第2期。
④ 李伯华、杨馥端、易韵等：《旅游驱动型传统村落人居环境建设促进共同富裕：内在逻辑、现实困境与优化路径》，《贵州师范大学学报（自然科学版）》2023年第3期。
⑤ 杨馥端、窦银娣、易韵等：《催化视角下旅游驱动型传统村落共同富裕的机制与路径研究——以湖南省板梁村为例》，《自然资源学报》2023年第2期。
⑥ 郑自立：《文旅融合促进共同富裕的作用机理与政策优化研究》，《广西社会科学》2022年第9期。
⑦ 张广海、刘二恋、董跃蕾：《中国区域共同富裕实践中乡村旅游作用机制》，《自然资源学报》2023年第2期。
⑧ 黄细嘉、张科、王红建等：《乡村旅游发展能否缩小城乡收入差距？——来自"全国休闲农业与乡村旅游示范县"的经验证据》，《旅游学刊》2023年第2期。
⑨ 沈庆琼、欧伟强、钟晓燕：《旅游经济发展是否促进了共同富裕——基于中国省际面板数据的实证分析》，《中国生态旅游》2022年第5期。

个黑箱效应（郭为等，2022）。[①]

第三节 研究命题的聚焦提出

纵观国内外现有研究，旅游产业发展受到诸多专家学者的关注，其中关于文旅产业的效应已形成一批成熟的研究成果。目前国外对共同富裕的研究非常有限，这与共同富裕概念诞生的特殊国情与历史背景有关，国内关于共同富裕的研究成果日益丰硕，主要是从政治高度探索中国式共同富裕之路。大量研究表明文旅产业振兴是促进乡村共同富裕的可行路径，具有实现乡村人口物质和精神富裕富足的巨大潜力。既有探索对乡村文旅和共同富裕的研究相对独立，对两者之间的联系大多建立在旅游影响、产业转型及乡村振兴的基础上，较少直接关注共同富裕；主要着力于个案分析和特殊规律探讨，以及乡村文旅促进共同富裕问题的宏观描述，对文旅产业振兴转化为共富目标的一般机理分析比较匮乏；主要着力于共富效应的经验判断和总结，对文旅产业发展，特别是乡村地区的文旅产业如何促进共同富裕的实证测度并不多见；主要着力于基层对策的碎片化探讨，对文旅产业促共富路径的特殊性探讨不够。鉴于此，本课题拟以文旅产业发展与共同富裕目标有机结合为起点，以"阐释内在机理—剖析发展现状—构建优化路径"为脉络，将乡村文旅产业发展置于共同富裕的新时代背景下，在解析文旅产业及新时期共同富裕概念与内涵的基础上，阐释乡村文旅促进共同富裕的深层机理，实证剖析并测度文旅产业促进共同富裕的现实状况，进而构建促进乡村共同富裕的优化路径，为新时期着力加强乡村文旅融合综合研究、切实助力共同富裕战略目标提供科学参考。本课题试图解答如下问题：

一是乡村文旅促进共同富裕的内在机理问题。旨在回答"为什么"，即文旅产业如何实现自身发展振兴？文旅产业振兴后如何能够转化为共同富裕目标？以期打开文旅促共富的黑箱，揭开文旅产业"做大蛋糕"和"分配好蛋糕"的内在机理。

二是乡村文旅促进共同富裕的现状效应问题。旨在回答"怎么样"，即政府视角下，乡村文旅产业及其与共同富裕之间关系的宏观调控现状如

[①] 郭为、王静、李承哲等：《不患寡而患不均乎：发展旅游能促进共同富裕吗？——基于CFPS（2010—2018）数据的分析》，《旅游学刊》2022年第10期。

何？乡村文旅产业发展促进共同富裕的现实实践与模式到底怎样？如何构建文旅产业发展与共同富裕水平的多维度评价指标体系？采取何种方法技术科学测度乡村共同富裕实践过程中文旅产业的作用机制？以期实证测度文旅产业的实际影响力，剖析文旅促共富的现状。

三是乡村文旅促进共同富裕的实现路径问题。旨在回答"如何做"，即文旅产业的创新发展举措为何？何以促进乡村共同富裕？以期探求文旅促共富的可行路径与切实对策。

由此，本书根据三大现实问题和科学问题，通过对资源基础理论、产业融合理论、场景理论、社区主导发展理论、马克思主义理论等多学科理论的深入学习，以及文献研究法、政策研究法、案例分析法、实地调研法、数理统计法的综合运用，开展机理剖析、效应测度和实现路径三个部分的研究，形成本课题的系统研究框架（见图 2-8）。

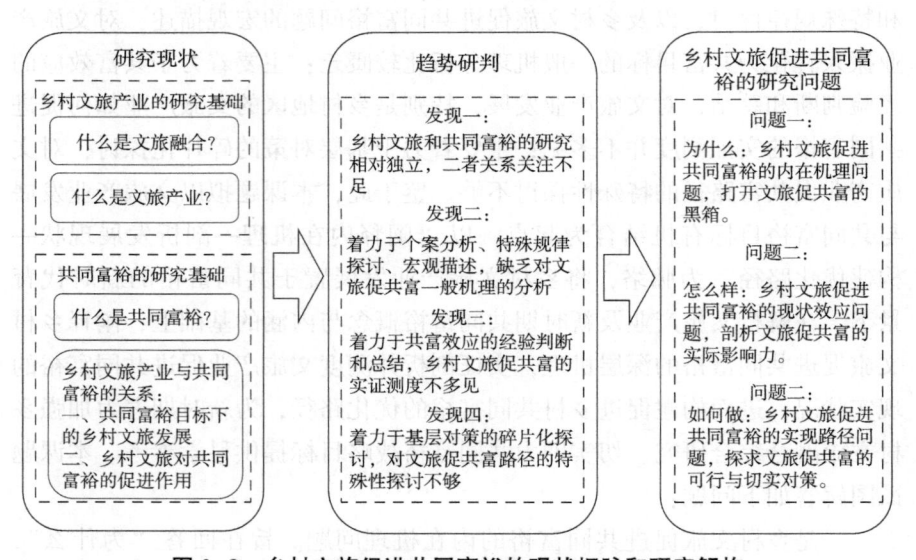

图 2-8　乡村文旅促进共同富裕的现状把脉和研究解构

本章小结

本章通过文献梳理回顾了乡村文旅产业和共同富裕的研究基础。对于乡村文旅产业的相关研究，着重对文化产业、旅游产业、乡村文旅融合及文旅产业的概念和内涵进行了概括和总结，并从机制机理、模式业态、成效评估等方面对乡村文旅产业发展的相关文献进行了整理。对于共同富裕的相关研究，着重对共同富裕的内涵、乡村共同富裕、乡村文旅产业与共同富裕的关系等相关文献进行整理。随后，基于对现有研究中所存在的不足和问题的思考，提出研究命题——"乡村文旅促进共同富裕的机理与路径"。最后，本章对研究命题进行解构，提出在现有乡村文旅产业发展与乡村共同富裕的研究基础上，需要进一步深入探索"乡村文旅促进共同富裕为什么可行、现实怎么样、如何去实现"的问题。

参考文献

Canavan B. Tourism culture: Nexus, Characteristics, Context and Sustainability. *Tourism Management*, 2016, 53: 229-243.

Cheer J M, Reeves K J, Laing J H. Tourism and traditional culture: Land diving in Vanuatu. *Annals of Tourism Research*, 2013, 43: 435-455.

Desforges L. Traveling the world: identity and travel biography. *Annals of Tourism Research*, 2000, 27 (4): 926-945.

Fan T, Xue D Q. Spatial correlation of cultural industry and tourism industry in Shaanxi Province, China: LISA analysis based on coordination model. *Asia Pacific Journal of Tourism Research*, 2020, 25 (9): 967-980.

Fernandes C. Cultural planning and creative tourism in an emerging tourist destination. *International Journal of Management Cases*, 2011, 13 (3): 629-636.

Gao J, Wu B. Revitalizing traditional villages through rural tourism: A case study of Yuanjia Village, Shaanxi Province, China. *Tourism Management*, 2017, 63 (12): 223-233.

Guo Y, Cao Z, Zhu Z. The influence of ICH-narrator/self-congruity on tourist's purchase intention of intangible cultural heritage products in a narrative context. *Journal of Hospitality and Tourism Management*, 2022, 52: 151-160.

Idajati H. Cultural and tourism planning as tool for city revitalization: The case study of Kalimas River, Surabaya Indonesia. *Procedia-Social and Behavioral Sciences*, 2014, 135 (14): 136-141.

Kim S S, Chun H, Petrick J F. Positioning analysis of overseas golf tour destinations by Korean golf tourist. *Tourism Management*, 2005, 26 (6): 905-917.

Kumar S, Dhir A. Associations between travel and tourism competitiveness and culture. *Journal of Destination Marketing & Management*, 2020, 18: 100501.

Larson M, Lundberg C, Lexhagen M. Thirsting for vampire tourism: Developing pop culture destinations. *Journal of Destination Marketing & Management*, 2013, 2 (2): 74-84.

Lee S J, Bai B. Influence of popular culture on special interest tourists' destination image. *Tourism Management*, 2016, 52 (2): 161-169.

Richards G. *Cultural Tourism: Global and local Perspectives*. Binghampton: Haworth Press, 2007.

Richards G. Cultural tourism: A review of recent research and trend. *Journal of Hospitality and Tourism Management*, 2018 (36): 12-21.

Richards G. Creativity and tourism: The state of the art. *Annals of Tourism Research*, 2011, 38 (4): 1225-1253.

Richards G. Creativity and tourism in the city. *Current Issues in Tourism*, 2014, 17 (2): 119-144.

Rodrik D. Globalization for Whom. *Harvard Magazine*, 2002, (6): 29.

Urry J. *The Tourist Gaze: Leisure and Travel in Contemporary*. London: Societies, 1990: 4.

Zhou Q L, Zhang J, Edelheim J R. Rethinking traditional Chinese culture: A consumer-based model regarding the authenticity of Chinese calligraphic landscape. *Tourism Management*, 2013, 36: 99-112.

安玉青：《文化创意视域下市郊乡村旅游业态研究》，《社会科学家》2020年第2期。

保继刚、王宁、马波等：《旅游学纵横：学界五人对话录》，旅游教育出版社2013年版。

傅才武：《论文化和旅游融合的内在逻辑》，《武汉大学学报（哲学社会科学版）》2020年第2期。

郭山：《旅游开发对民族传统文化的本质性影响》，《旅游学刊》2007年第4期。

郭为、王静、李承哲等：《不患寡而患不均乎：发展旅游能促进共同富裕吗？——基于 CFPS（2010—2018）数据的分析》，《旅游学刊》2022年第 10 期。

杭侃：《文化遗产资源旅游活化与中国文化复兴》，《旅游学刊》2018年第 9 期。

黄细嘉、张科、王红建等：《乡村旅游发展能否缩小城乡收入差距？——来自"全国休闲农业与乡村旅游示范县"的经验证据》，《旅游学刊》2023 年第 2 期。

黄震方、陆林、苏勤等：《新型城镇化背景下的乡村旅游发展——理论反思与困境突破》，《地理研究》2015 年第 8 期。

焦世泰：《基于因子分析的民族文化旅游演艺产品游客感知评价体系研究——以"印象刘三姐"实景演出为例》，《人文地理》2013 年第 1 期。

李冬、陈红兵：《文化产业的基本特征及发展动力》，《东北大学学报（社会科学版）》2005 年第 2 期。

李军明、李军：《传统村落旅游推动共同富裕的三次分配机制研究》，《西南民族大学学报（人文社会科学版）》2023 年第 3 期。

李鹏、保继刚：《自然旅游资源规制中的资本霸权——基于广东南昆山温泉的个案研究》，《地理科学》2015 年第 7 期。

李天元：《旅游学》，高等教育出版社 2002 年版。

李天元：《旅游学概论》，南开大学出版社 2009 年版。

李文静、张朝枝：《基于路径依赖视角的旅游资源诅咒演化模型》，《资源科学》2019 年第 9 期。

李永乐：《非物质文化遗产与中国目的地营销》，《旅游学刊》2009 年第 4 期。

厉新建、宋昌耀：《文化和旅游融合高质量发展：逻辑框架与战略重点》，《华中师范大学学报（自然科学版）》2022 年第 1 期。

林玉虾、林璧属：《世界遗产的旅游效应及其对遗产保护的影响——来自中国旅游人数和旅游收入的经验证据》，《经济管理》2017 年第 9 期。

刘安乐、杨承玥、明庆忠等：《中国文化产业与旅游产业协调态势及其驱动力》，《经济地理》2020 年第 6 期。

刘明月、汪三贵：《以乡村振兴促进共同富裕：破解难点与实现路径》,《贵州社会科学》2022年第1期。

刘天曌、刘沛林、王良健:《新型城镇化背景下的古村镇保护与旅游发展路径选择——以萱洲古镇为例》,《地理研究》2019年第1期。

陆立德、郑本法:《社会文化是重要的旅游资源》,《社会科学》1985年第6期。

吕龙、黄震方、李东晔:《乡村文化记忆资源的"文—旅"协同评价模型与应用——以苏州金庭镇为例》,《自然资源学报》2020年第7期。

《马克思恩格斯文集》(第1卷),人民出版社2009年版。

马胜清:《文化产业与旅游产业融合机理及经济效应》,《社会科学家》2021年第5期。

马勇:《旅游学概论》,高等教育出版社1998年版。

明庆忠、李志飞、徐虹等:《共同富裕目标下中国乡村旅游资源的理论认知与应用创新》,《自然资源学报》2023年第2期。

荣跃明:《文化产业:形态演变、产业基础和时代特征》,《社会科学》2005年第9期。

申葆嘉:《论旅游是市场经济发展产物》,《旅游学刊》2008年第8期。

沈庆琼、欧伟强、钟晓燕:《旅游经济发展是否促进了共同富裕——基于中国省际面板数据的实证分析》,《中国生态旅游》2022年第5期。

沈昕、葛惠芳:《乡村振兴下乡村文化旅游融合发展的理论逻辑与路径选择——以徽州卖花渔村为例》,《中南林业科技大学学报(社会科学版)》2022年第3期。

史甜甜、保继刚:《中文"旅游"一词产生及其对应概念的变迁》,《旅游科学》2015年第6期。

宋瑞:《如何真正实现文化与旅游的融合发展》,《人民论坛·学术前沿》2019年第11期。

孙九霞:《旅游循环凝视与乡村文化修复》,《旅游学刊》2019年第6期。

孙九霞、明庆忠、许春晓等:《共同富裕目标下乡村旅游资源创造性传承与开发》,《自然资源学报》2023年第2期。

孙九霞、王淑佳:《新时期乡村旅游推动城乡共同富裕的理论逻辑、现实挑战与研究框架》,《中国生态旅游》2023年第2期。

孙九霞、王学基：《民族文化"旅游域"多元舞台化建构——以三亚槟榔谷为例》，《思想战线》2015年第1期。

孙九霞、张凌媛、罗意林：《共同富裕目标下中国乡村旅游资源开发：现状、问题与发展路径》，《自然资源学报》2023年第2期。

王彩彩、袭威、徐虹等：《乡村旅游开发促进共同富裕的机制与路径——基于共生视角的分析》，《自然资源学报》2023年第2期。

王金伟、朱竑、宋子千等：《共同富裕视域下乡村旅游高质量发展：科学内涵与理论阐释》，《旅游导刊》2023年第2期。

王秀伟：《从交互到共生：文旅融合的结构维度、演进逻辑和发展趋势》，《西南民族大学学报（人文社会科学版）》2021年第5期。

王轶楠：《基于村落传统民居保护利用的民宿改造设计策略研究》，重庆大学，2017年。

王玉海：《"旅游"概念新探——兼与谢彦君、张凌云两位教授商榷》，《旅游学刊》2010年第12期。

谢彦君：《基础旅游学（第三版）》，中国旅游出版社2011年版。

杨馥端、窦银娣、易韵等：《催化视角下旅游驱动型传统村落共同富裕的机制与路径研究——以湖南省板梁村为例》，《自然资源学报》2023年第2期。

于光远：《旅游与文化》，《瞭望周刊》1986年第14期。

张朝枝：《文化与旅游何以融合：基于身份认同的视角》，《南京社会科学》2018年第12期。

张朝枝、朱敏敏：《文化和旅游融合：多层次关系内涵、挑战与践行路径》，《旅游学刊》2020年第3期。

张春香：《基于钻石模型的区域文化旅游产业竞争力评价研究》，《管理学报》2018年第12期。

张广海、刘二恋、董跃蕾：《中国区域共同富裕实践中乡村旅游作用机制》，《自然资源学报》2023年第2期。

张海燕、王忠云：《旅游产业与文化产业融合运作模式研究》，《山东社会科学》2013年第1期。

张凌云：《国际上流行的旅游定义和概念综述——兼对旅游本质的再认识》，《旅游学刊》2008年第1期。

张圆刚、郝亚梦、郭英之：《共同富裕视域下乡村旅游发展的区域不平衡性：理论内涵、关键问题与指标体系》，《自然资源学报》2023年第2期。

周晓冀：《博物馆学视域下乡村遗迹旅游业：保护与开发——以泰安为例》，《自然与文化遗产研究》2019年第8期。

朱媛媛、周笑琦、顾江等：《长江中游城市群"文—旅"产业融合发展的空间效应及驱动机制研究》，《地理科学进展》2022年第5期。

第三章

乡村文旅促进共同富裕的深层机理

第一节 乡村文旅促进共同富裕的理论基础

文旅融合赋能乡村振兴、共同富裕，是将乡村文化与旅游进行双向深度融合，以文化引流促进乡村旅游产业转型升级，以旅游消费助推乡村文化产业优化发展，释放"一业兴、百业旺"的乘数效应，实现乡村高质量发展的新业态、新模式，其有机融合是促进乡村振兴、人民共同富裕的有效手段。但是，其中很重要的问题是"乡村文旅企业如何因地制宜推进文旅产业振兴？"从而"如何以文旅产业振兴推进共同富裕？"为有效揭开这一黑箱问题，从理论层面探寻应对之法，本章立足资源基础理论、产业融合理论、场景理论、社区主导开发理论以及马克思主义关于文旅相关理论，深入钻研其历史逻辑、理论逻辑以及实践逻辑，跨越文旅产业赋能乡村振兴鸿沟，探索乡村文旅促进共同富裕深层机理。

一 思想之魂：基于马克思主义的文旅发展的理论逻辑

（一）从马克思主义经典作家探源文旅产业融合

马克思、恩格斯是伟大的哲学家、思想家和革命家，在其著作中虽没有明确提出乡村文化与旅游建设的概念和理论，但在其思想体系中，存在着大量关于文化作用、文化地位、文化建设乃至于乡村建设的理论内容，因此，本部分着重论述乡村文化建设的相关内容。马克思、恩格斯关于文化思想及其建设路径的理论以历史唯物主义和辩证唯物主义为基石进行不断地探索，进而形成了丰富的理论体系，揭示了人类社会发展规律。他们的文化理论思想是其思想体系的重要组成部分，是其学术思想中的精华，也是其哲学思想中最为核心的部分。列宁在此基础之上，继承和创新了马恩的文化建设理论,他基于俄国经济文化落后的特殊国情以及长期被封建专制压迫的历史条件,提出了诸多关于文化建设的理论,并强调了无产阶级政党把握文化建设领导权的重要性。旅游作为一种带有文化性质的实践活动,一方面可以观赏自然风光,另一方面还可以学习自然地理、人文历史和文化艺术知识。因此,旅游既是一种探索自然奥秘的活动,也是一个认识并了解世界的过程。恩格斯认为,文化在人的全面自由发展中有着非常重要的作用,需要通过社会实践才能体现出人类在精神文化追求中的价值,这一方面是符合人类文化需求的,同时也遵循文化发展规律。恩格斯还将人的需求分为生活资料、享受资料和发展资料。马克思提出,休闲之于人发展的意义就是对人的本质重新占有,在此过程中,丰富的精神财富可以被人享受,并在这种享受中获得精神与肉体上的满足。就休闲消费而言,他认为可以凭借个人兴趣去消费物质资料以及精神文化资料。同时马克思认为:"在所有的人都实行明智分工的条件下,不仅生产的东西可以满足全体社会成员丰裕的消费和造成充足的储备,而且使每个人都有充分的闲暇时间去获得历史上遗留下来的文化——科学、艺术、社交方式等等中一切真正有价值的东西。"据此,不难发现,马克思对文化和旅游实践有着非常深厚的理解,也恰恰因为休闲给人带来了自由发展的契机,让人们都可以享受社会财富,也可以实现自由全面发展。因此,马克思主义经典作家虽然没有关于文旅融合的直接表述,但是,他们有关文化和旅游的重要论述是我国乡村文旅建设的重要的思想基础与理论基础,具有极大的理论意义和实践指导价值。

第一,文化与旅游发展要立足于"现实的个人"。马克思关于文化思想论述的雏形可见于《德谟克利特的自然哲学和伊壁鸠鲁的自然哲学的差别》一文。彼时马克思恩格斯的思想还充斥着青年黑格尔派的特征,正处于由唯心主义向唯物主义转变的阶段。在经历了从书本走向现实、从理论走向实践的社会政治斗争后,面对现实中的经济与社会问题,二人真正地开始对文化进行唯物主义视角的阐述,指出:"现实的个人"是考察一切历史活动的前提,在文化思想领域也不例外。《德意志意识形态》一书中明确指出,此处的个人并非受他人意志支配下的个人,而是独立的、自主的现实生活中的个人,在这一点上,明显区别于黑格尔眼中"思辨的个人"和费尔巴哈所认为的"抽象的个人"。马克思、恩格斯写道:"我们开始要谈的前提不是任意提出的,不是教条,而是一些只有在臆想中才能撇开的现实前提。"① 是现实的个人在物质生产活动中创造的物质生活条件，这种物质生活条件包括已有的和自己所创造出来的。一方面，现实的自然条件会成为限制文化产生的因素；另一方面，来自人的实践活动所产生的现实条件，其中也包括人自身的各种条件，也会对其有所影响。

第二，文化与旅游融合理论应植根于社会生活实践。"实践是人类存在和发展的根本方式"，正是在实践过程中，人们的道德规范、思想观念逐渐发展完善并汇聚成"文化"。马克思、恩格斯认为意识、思想、观念的生产最开始是直接同人们的物质交往、物质活动以及现实生活的语言相交织在一起的，② 其他一切文化创造的实践形式是由物质生产活动所决定的，他们认为物质活动是该活动的基本形式，譬如政治活动、宗教活动、脑力活动等，实际上，这种活动决定着一切其他的活动，③ 而文化的本质就是人类精神活动的产物，随着人类实践活动的发展而不断深入。社会意识由社会存在决定，它作为精神文化的一种表现形式，是人的现实活动过程在精神上的体现，虽然具有明显的相对独立性，但是它的内容是对社会存在的一种反映。马克思恩格斯指出，"不是意识决定生活，而是生活决定意识"，在这里，人们物质行动的直接产物是人们的思维、精神交往、想象，表现在法律、道德、政治等其他领域也同样如此。④

第三，文化与旅游融合具有推动社会进步与经济发展的作用。文化的发展、变化及作用与其所处时代的经济、政治发展密切相关。经济基础虽然对事物进程（这里指文旅融合促进社会进步与经济发展）产生着影响，但是上层建筑的各种因素仍起着至关重要的作用。诚如马克思恩格斯所言："各种法的形式以及所有这些实际斗争在参加者头脑中的反映，政治的、法律的和哲学的理论，宗教的观点以及它们向教义体系的进一步发展。"⑤ 对此，马克思恩格斯通过对科学技术、道德、哲学、文艺和宗教等诸多文化形式展开说明文化之于社会发展的重要意义，并将其社会功能进行辩证分析。譬如就科学技术而言，马克思恩格斯在第一次工业革命时就已窥见其一二，发现"自然科学却通过工业日益在实践上进入人的生

---

① 《马克思恩格斯文集》（第1卷），人民出版社2009年版。
② 《马克思恩格斯文集》（第1卷），人民出版社2009年版。
③ 《马克思恩格斯全集》（第3卷），人民出版社1960年版。
④ 《马克思恩格斯文集》（第1卷），人民出版社2009年版。
⑤ 《马克思恩格斯选集》（第4卷），人民出版社1995年版。

活,改造人的生活,并为人的解放做准备",① 并总结出,"科学是一种在历史上起推动作用的、革命的力量"。② 在这一点上,列宁看到了资产阶级文化中的先进文明成果,认为应取其精华使其作用于社会主义建设。③ 尤其不应该将知识与技术打上阶级的标签,指出要让全体人民(特指工人阶级,我国则是无产阶级、农民)能灵活运用自己的知识、文化将其融合到旅游产业的发展中去,解决自己想要解决的问题,推动一方社会进步与经济发展。

马克思主义理论作为人类优秀思想的结晶,它在批判继承人类思想文化一切优秀成果的基础上,第一次将辩证唯物主义和历史唯物主义作为根本方法,根据人类社会演进与发展而不断变革创新,开启了科学认识世界、改造世界的新进程。用马克思主义理论中关于文旅的相关观点推动乡村文旅融合发展以及乡村文旅促进共同富裕理论具有十分重要的意义。首先,利用马克思主义的"本体论"观点,深入探寻什么是"文旅"。这种探寻不能仅仅在"关系说""时空说""功能说"(周静莉,2018)④ 等初级阶段上进行研究,要在这种基础上作深入的研究,有更加深层次的哲学层面上的思考与机制探索。这个时候,需要合理运用马克思主义的"认识论",所谓认识论就是指坚持从物质到意识的认识路线,坚持认识来源于实践,并且能随着实践的发展而发展,以"文旅"实践为认识原点,探寻文旅活动内在的、本质的矛盾,将其从感性认识上升到理性认识,剖析文旅发展的主要矛盾与矛盾的主要方面,从而使文旅从理性认识到可以能动地带动社会发展与经济发展。同时,将这种理性认识进一步深化为文旅活动的主体,即人的层面,从而在"人的需要"的深层矛盾探析文旅发展的源动力(人的异化理论),这种"人"既指旅游者的相关体验及感受,又指参与文旅建设的从业主体。通过深入探索"人"这一概念,深刻理解文旅活动的本质意蕴,同时总结探索文旅活动的独特特质——非功利性、情景性、共享性、休闲性等。在马克思主义哲学价值论的角度探索文旅价值,不难发现"价值"作为一个关系范畴,是对人的需要与客体

---

① 《马克思恩格斯文集》(第1卷),人民出版社2009年版。
② 《马克思恩格斯文集》(第1卷),人民出版社2009年版。
③ 《苏联共产党代表大会、代表会议和中央全会决议汇编》(第2分册),人民出版社1964年版。
④ 周静莉:《马克思主义哲学视域下旅游的本质内涵探析》,《河北工程大学学报(社会科学版)》2018年第2期。

属性间的关系性质的反映,同时也随着主体、客体以及主客体之间的关系变化而变化。但是由于价值本身就是历史的、变化的,不存在永恒不变的价值标准与价值体系,因此它是多维的、多层次的,是个体、群体与社会之间的相互作用,最终体现的价值体系与标准也是多样的、多元的。由此,引发至"文旅"产业融合发展的价值对于个体、群体与社会之间的反映也是不同的,但在一定历史条件下也是客观的、相对的。从此,延伸至文旅产业融合促进共同富裕的相对概念。

(二)从我国历届领导人探析文旅产业融合

1. 毛泽东关于乡村文旅建设的思想

文化是经济的基础、社会的核心和人民精神世界的重要组成部分,农村更是文化建设的主战场,是我国文化建设的关键领域。毛泽东同志对农村问题的重视贯穿于革命建设的全部过程,他认为,"一定的文化是一定社会的政治和经济在观念形态上的反映",① 应当把社会主义精神文明建设提到一个新的高度来认识。他还指出,"随着经济建设高潮的到来,不可避免地将要出现一个文化建设的高潮"。② 可见,在社会主义建设过程中,经济建设与文化建设是紧密相连、不可分割、相辅相成的。

第一,肯定文化建设的重要价值。毛泽东以马克思主义经典作家的文化建设理论为思想基础,重点论述了文化同政治、经济之间的关系。在《新民主主义论》中,他认为,文化发展状况是政治和经济的现实参照,并反作用于社会的政治、经济发展。通过揭示文化能对政治、经济发挥重要作用这一特质,毛泽东进一步指出,在社会主义国家发展过程中文化建设的独特意义,并直接指出,在革命胜利之后,党和国家的主要任务就是发展文化教育和发展生产,③ 任何社会没有文化就建设不起来。④

第二,强调文化建设中农民的主体地位。毛泽东不仅强调了文化建设的重要性,还说明了文化建设为谁服务的问题,看到了在农村文化建设中农民的关键作用和地位,将农民政治觉悟和思想水平的提高作为建设方向。因此,农民身上潜藏着巨大能量,应牢牢把握农民在农村文化建设中的主体地位,将建设重点放在农村,以农民为文化建设的主要对象,这样

---

① 《毛泽东选集》(第2卷),人民出版社1991年版。
② 《毛泽东著作选读(下)》,人民出版社1986年版。
③ 《毛泽东文艺论集》,中央文献出版社2002年版。
④ 《毛泽东文集》(第3卷),人民出版社1996年版。

才能通过文化建设为革命争取更多的群众参与和支持。在《论联合政府》中，他指出，"农民——这是现阶段中国文化运动的主要对象"。① 此外，毛泽东认为，广大人民群众的生产生活实践，是社会主义社会文化建设的力量源泉，是他们的物质生产实践创造了许多精神文化和艺术形式，因此，优秀的文学作品应来自人民的生活并回到人民日常生活之中，如此才能创造出人民群众所认可的文艺作品，巩固农民的主体地位。

第三，关于繁荣发展文化事业与文化产业的论述。早在新民主主义革命时期，毛泽东就提出，"移风易俗，改造国家"②，新中国要建立有民族主体性的新文化。他说，我们要建立一个新中国，而我们在文化领域中的目的，就是要建立中华民族的新文化。③ 在新民主主义革命取得胜利以后，我们的主要任务发生的变化，重点是"发展生产和发展文化教育"④。毛泽东还提出了"文化福利事业"的概念，认为不讲社会的消费，不讲公共的文化福利事业，只讲个人消费，这是一种片面性。⑤ 他还论述了众多有关文化体制改革、文化创新的问题，其基本理念是改革要和实践相统一，因为万事万物都处在一定的变化发展之中，而实践是发展着的，理论也应是发展着的。⑥

同时毛泽东在历史、地理以及文学方面都有着非常丰富的学识，他在旅游实践活动中，一方面认识到了书本在人类社会中具有非常重要的作用，另一方面认识到旅游实践对于认识世界的积极作用，这在一定程度上促进了他对旅游的认知和热爱。毛主席认为，旅游活动不仅能够帮助人们增长见识、开拓视野，更能够培养人的精神品格，促进社会的和谐发展，他于《讲堂录》中提出："旅游有很大的好处，登祝融之巅峰，一览众山小；泛黄勃之海，启瞬江湖失。马迁览潇湘，泛西湖，历昆仑，周览名山大川，能使人心旷神怡，胸襟宽广。"⑦ 在毛泽东的旅游活动中，他每到一个不同的地方，就会将历史、文化以及个人情感融合起来，从而实现把

---

① 《毛泽东选集》（第3卷），人民出版社1991年版。
② 《建国以来毛泽东文稿》（第6册），中央文献出版社1992年版。
③ 《毛泽东选集》（第2卷），人民出版社1991年版。
④ 《毛泽东文艺论集》，中央文献出版社2002年版。
⑤ 中共中央宣传部、中共中央文献研究室编：《论文化建设——重要论述摘编》，中央文献出版社2012年版。
⑥ 《毛泽东哲学批注集》，中央文献出版社1988年版。
⑦ 《毛泽东早期文稿》，湖南出版社1990年版。

对祖国锦绣山河、中华文明的热爱与战胜敌人自信融为一体,这让他在学习诸多的人文地理知识的同时,对战争的指挥发挥了积极作用。毛泽东的这些文旅融合思想,是在特殊背景下提出的,也是马克思主义中国化的成果之一,是符合我国基本国情的,它既是对马克思主义文化和旅游思想的继承发展,也是中国革命建设过程中发展经济、文化的重要理论基础,为文旅融合发展的研究与实践提供了理论指导。

2. 邓小平、江泽民、胡锦涛关于乡村文旅建设的思想

1978年,中国开启了改革开放的历史征程。邓小平同志指出:"改革首先是从农村做起的。"[①] 1979年10月13日召开的第四次文代会上,他明确指出,在建设物质文明时,也要注重精神文明建设。邓小平肯定文化建设、精神文明建设的重要性,认为"我们要在建设高度物质文明的同时,提高全民族的科学文化水平,发展高尚的丰富多彩的文化生活,建设高度的社会主义精神文明"[②]。在文旅发展方面邓小平有诸多论述,是提出中国旅游产业属性的第一人。1977—1986年,邓小平涉及旅游方面的谈话达32次,这极大地推动了我国文化旅游产业发展。邓小平从经济方面分析了我国的旅游业发展,并指出,发展旅游业要系统地考虑成本和效益。他还提出:"旅游事业大有文章可做,要突出地搞,加快地搞。"[③] 这在很大程度上突破了以前人们对文化旅游发展的认知,明确了旅游业的发展方向,也奠定了文旅融合的基础。

江泽民认为,文旅发展需要坚持"政府主导"。要通过政府的宏观调控作用,促进市场合理发展。因此,在他主政期间,文旅发展一直坚持开放的发展思路,旅游取得了较好的成绩,各项指标也有了较为显著的提升。江泽民还认为,旅游除了在拉动经济增长发挥作用以外,同时具备强大的社会功能和教育功能。1992年10月12日,江泽民在党的十四大报告中提出,"第三产业的兴旺发达,是现代化经济的一个重要特征,……发展我国商业……旅游等第三产业,不仅有利于促进市场发育,方便和丰富人民生活"。他认为,旅游发展需要国家、集体、个人的共同参与。1994年,他亲自为上海中国国际旅行社成立40周年题词,并指出,发展

---

① 《邓小平文选》(第3卷),人民出版社1993年版。
② 《邓小平文选》(第2卷),人民出版社1994年版。
③ 尹婕:《旅游,为幸福中国添彩》,http://politics.people.com.cn/nl/201910925/c1001-31371063.html。

旅游，增进友谊，服务社会，繁荣经济。就文旅融合路径，2001年，他考察安徽黄山时指出，要"扶持体现民族特色和国家水准的重大文化项目和艺术院团，扶持对重要文化遗产和优秀民间艺术的保护工作"。①

进入21世纪，就文旅快速发展的形式，胡锦涛作出了一系列论述，提出了具体的思路和措施，形成了较为完整的思想体系。就发展原则而言，胡锦涛认为要做到四个方面，第一是因地制宜，第二是突出特色，第三是科学规划，第四是坚持人与自然协调科学发展，他尤其强调，不能搞破坏式开发。胡锦涛十分重视和支持乡村旅游发展，他认为，这是一条生态发展之路，是可持续发展的重要举措。乡村旅游发展一方面可以有效改善生态环境，进而在一定程度上提升自然景观生态价值，另一方面，可以让村民在文化旅游发展中加深对得天独厚的乡村自然资源、民俗、传统农耕文化、田园风光的认识程度，进而让农民更加珍惜自然资源，自觉保护和传承其独特的乡土文化，要杜绝推行一窝蜂"城市化"，以免造成自然资源、乡土文化及风土人情被破坏。就打造品牌而言，胡锦涛认为，要系统性地做好品牌打造、推介与保护，他指出，需要依靠自己的核心技术，要打造知名品牌。② 就人才培养而言，胡锦涛提出"导游援藏"的工作思路③，自2003年开始，国家旅游部门每年都会在旅游系统中抽调优秀导游，通过专项培训后进行援藏。这一方面有效缓解了西藏相关人才缺乏的问题，另一方面，也在援藏期间培育了很多优秀的藏族人才，让一部分待业人员加入导游队伍。既促进了西藏的旅游发展，也推动西藏的稳定与繁荣。

3. 习近平关于乡村文旅建设的相关论述

习近平总书记在党的十九大报告中指出，我国主要矛盾已经转化为人民日益增长的美好生活需要和不平衡不充分的发展之间的矛盾。④ 2021年4月，他在广西考察时强调，推进乡村振兴，要立足特色资源，发展乡村旅游、休闲农业等新产业新业态，贯通产加销，融合农文旅，推动乡村产

---

① 《江泽民文选》（第3卷），人民出版社2006年版。
② 《胡锦涛文选》（第3卷），人民出版社2016年版。
③ 《胡锦涛文选》（第3卷），人民出版社2016年版。
④ 习近平：《决胜全面建成小康社会 夺取新时代中国特色社会主义伟大胜利——在中国共产党第十九次全国代表大会上的报告》，https://www.gov.cn/zhuanti/2017-10/27/content_5234876.htm。

业发展壮大,让农民更多分享产业增值收益。① 在此背景下,做好文化旅游融合发展的大文章,是更好满足人民群众美好生活需要的题中应有之义。第一,习近平认为,做好文旅融合发展要充分挖掘和利用各地的优势资源,要整合各地存在的独特的发展潜能,进一步加深加大区域合作,深化各地各部门协调作用,进而推进文旅融合发展。一方面,需要继续扩大对外开放,在开放中加深互相合作,找准发展定位,把握发展趋势,同时也要注意做好自身特色优势研究应用,要以大开放的姿态博采众长,尤其是内地要深入学习借鉴沿海先进地区发展思路和发展方法,进而推动文化旅游高质量融合发展。另一方面,习近平认为,发展文旅融合需要积极融入国家区域协调战略中来。要在研究中明确自己的区位特点和优势,将地方的文旅融合发展融入国家大发展中。同时在推动文旅融合发展过程中,习近平特别强调要坚持人与自然和谐发展的要求,不能对生态环境造成破坏。第二,习近平指出,旅游和文化是相互成就、互相作用的,文化资源是促进发展旅游的基础,旅游经济发展离不开人文资源,文化能够提升旅游品位,因此,文旅融合需要充分挖掘文化内涵。同时,习近平总书记还强调,推动文化旅游融合不能追求千人一面、千篇一律,要注重差异性,要实现"各具特色、异彩纷呈"的效果。习近平总书记高度重视文旅融合发展,深入阐释了文化与旅游产业的内在关联,深刻表述了文旅融合发展的重要价值,同时也对文化和旅游发展提出了要求,这是我们当前和今后一个时期做好乡村文旅融合发展的行动指南和根本遵循。

二 理论之基:资源基础理论

(一)资源基础理论概述

1776年,古典经济学家亚当·斯密在其所著的《国富论》中最早提出了"企业资源基础理论"的概念,并在书中提出"劳动分工理论"。他认为,企业内部的分工程度是企业发展上限的决定因素之一,极大程度影响着企业的规模发展。1920年新古典学派经济学家 Alfred Marshall 根据企业内部成长的实际发展,提出了"企业内在成长论"。在此基础上的《企业成长理论》,从经济学的角度深入分析企业成长的基础,可以着重探讨

---

① 习近平:《解放思想创新求变向海图强开放发展 奋力谱写中国式现代化广西篇章》,《人民日报》2023年12月16日。

企业资源和能力的显著特征和功能。将资源和能力视为企业获取持续竞争优势的源泉,从而突破了仅仅停留在观念层面上对资源基础观的讨论,使其更加实践化,最终提出了"组织不均衡成长理论"(Penrose,1959)。① 但是,这种资源基础观的理论却在实际发展中遭遇了一段时间的冷寂。直到 1984 年 Wernerfelt 的《企业资源基础理论》使得资源基础理论又重新引起学术界的关注。在文中,首次对资源基础理论提出了完整的表达。在这之后,众多学者对资源基础理论展开了深入且持续的研究,并从不同角度对其展开更加透彻的解释。如从战略资源角度出发,企业拥有的信息越多,那么就越容易找到能够匹配自身企业需求的资源(Barney,1986),② 并在后来的《企业资源与持续竞争优势》的相关论述中整合了资源基础观,并给出了相应的理论框架。其中,将战略性的资源进行了重新划分,认为具备可持续发展的战略性资源除了有价值性、稀缺性,更应该包含难以模仿性以及难以替代性,并由此所构建的框架称之为 VRIN 理论框架(Barney,1991)。③

另外,传统的资源基础理论仅仅关注到了物质资源是企业持续竞争的优势所在,却忽视了资源配置者的重要作用,使得两者之间出现了脱节的现象,阻碍了企业的健康发展。而在这之后有学者认为,其异质性的表现是人的异质性(杨春华,2008)。④ 由此,有学者对传统资源基础理论展开了深入的批判与研究,认为在企业资源基础理论发展的基础上,应当有相应的、合理的外延,如企业核心能力观、企业知识观和动态能力观,重视企业组织的发展与积累,保持企业的竞争优势。同时,也有学者认为,资源基础理论内部存在着两种不同的思路(Newbert,2007),以 Barney 为代表的存量分析(也称为"静态分析")思路和以 Peteraf 为代表的流量分析(也称为"动态分析")思路。⑤ 所谓存量分析指的是从一般性的资源概念入手,认为战略性的资源是企业竞争力差异的关键所在;而流

---

① 彭罗斯:《企业成长理论》,赵晓译,上海人民出版社 2007 年版。
② Barney J. B. Strategic Factor Markets: Expectations, Luck, and Business Strategy. *Management Science*, 1986, 32 (10): 1231-1241.
③ Barney. Firm Resource and Sustained Competitive Advantage. *Journal of Management*, 1991, 17 (1): 99-120.
④ 杨春华:《资源概念界定与资源基础理论述评》,《科技管理研究》2008 年第 8 期。
⑤ NEWBERT S L. Empirical Research on the Resource-Based View of the Firm: An Assessment and Suggestions for Future Research. *Strategic Management Journal*, 2007, 28 (2): 121-146.

量分析则认为应该要从企业的资源差异着手,从而引发两种不同分析思路。总之,基于上述理论可知:文旅产业作为一种想要持续发展的产业,是各种资源集合体之上的延续与发展,想要当代乡村文旅产业具备竞争优势,就必须深入挖掘乡村内部具备稀缺性、难以模仿与不可替代的资源,这样才能使乡村文旅产业在众多文旅产业中脱颖而出,长青发展。

(二)资源基础理论在本书中的应用

资源基础理论认为,企业内部异质性资源决定企业的可持续竞争优势,而这种竞争优势来源于将其从外部环境视角转向内部资源条件分析的研究视角。本书立足资源基础理论,着重挖掘乡村内部的文化根脉与旅游资源,突破原有的黑箱假设的外生性理论研究,并且建立乡村文旅企业异质性资源的竞争优势内生性机制,对乡村原有资源进行彻底的摸排,围绕乡村优势资源分析、定位与有机整合,形成基于乡村内部的资源优势和外部环境机会的竞争优势的理论分析框架。因此本章认为,推进乡村文旅融合以及文旅产业发展促进共同富裕首先在于明确乡村优势文旅资源,充分利用自身特色旅游资源,以淳厚的民族文化底蕴和丰富多彩的自然旅游资源招揽游客,确保依靠其异质性发展成为独一无二、无可代替的旅游目的地,为游客带来深度体验感、参与感。

三 发展之向:产业融合理论

(一)产业融合理论概述

随着技术的发展与市场需求的不断变化,社会分工愈加明确,在工场手工业以及机器大工业时期,就有学者认识到产业边缘的不断模糊与交融。如马克思在《资本论》中所描述的那样,不同的工场手工业不停地交融、结合成为一个总的工场手工业,并在空间上逐渐演化成为各个不同分工又相互依赖的职能部门。[1] 他不仅剖析了社会分工带来的多种不同的独立行业,也深入剖析了在分工基础上所呈现的产业融合的现象,这是产业融合思想的重要启蒙。[2] 随着分工的不断发展,不断延伸出新的产业,产业数目进一步增多,产业发展过程中出现了新的需求与特征,当产业相互融合形成了新的产业。国内于刃刚教授最早对产业融合进行研究,他

---

[1] 马克思:《资本论》(第1卷),人民出版社2004年版。
[2] 马克思:《资本论》(第1卷),人民出版社2004年版。

1997年在《三次产业分类与产业融合趋势》一文中,首次对产业融合现象予以关注(于刃刚,1997)。[①] 学者周振华针对产业融合的现象和本质进行研究,将产业融合定义为伴随数字融合的发展,为适应产业增长而发生的产业边界模糊或消失。厉无畏等进一步明确产业融合的概念,认为其是指不同产业或同一产业内的不同行业之间相互交叉、相互渗透,最终逐步形成新产业的动态发展过程(厉无畏,2002)。[②] 因此,本部分沿用已有学者对产业融合理论的相关定义:由于技术发展与市场需要,发生在产业边缘的技术的融入,在经过不同产业或行业不同资源相互交融发展,原有产品与市场需求改变了相应的特征而导致的产业或行业内部之间相互关系发生的改变,从而使得产业边界模糊或者外延。

(二)产业融合理论在本书中的应用

乡村文旅产业融合并不是浅层次地将文化与旅游相关产业进行简单的拼凑、整合,而是对乡村文化与旅游相关环节进行再挖掘与重塑,在传统旅游业的基础上缔造出新产业、新业态,赋予原有产业新的活力与意义。所谓"重塑"即链条的重构、价值的提升、价值构成更新(李娟,2022)。[③] "链条的重构"是为了实现文旅产业价值链与利益链相融的目标,能够在旅游环节的加深与流通中不断实现价值链效益与文化增值,最终实现文旅的乘数效应。利益链相融是指传统旅游行业与其他产业生产环节在新产业、新业态中实现交叉结合,在结合的过程中,各个产业相关环节的利益链相互串联,形成系统的利益联结机制,在这种利益联结机制下,必须推进资金的顺利流通以及利益的合理分配,从而进一步形成各种产业,本书指文旅产业链条之间的相融效应。同样地,文旅产业的融合可以实现文化与旅游两大产业以及文旅交融产业"价值的提升"。文旅产业在相交相融的过程中,往往会不自觉地在价值链上探索共同利益与更优的产业结构,从而形成更加合理且科学的产业形态与模式,进而使得文旅产业链条产品更加多元、多彩,以提升更高的附加值,实现各方利益的最大化。在当前互联网发展的背景下,"创意创新、社会化服务、文化旅游"的现代化乡村产业发展理念下,积极推动科学技术手段融于乡村文旅产业发展过程中,协助乡村文旅产业以更大价值

---

① 于刃刚:《三次产业分类与产业融合趋势》,《经济研究参考》1997年第1期。
② 厉无畏、王惠敏:《产业发展的趋势研判与理性思考》,《中国工业经济》2002年第4期。
③ 李娟:《乡村产业融合发展中的城乡要素共生研究》,博士学位论文,江苏大学,2020年。

及附加值带动当地群众增收,达成"价值构成的更新"。而所谓的"价值构成的更新"则是指乡村文旅产业融合在传统观念上的能够融合多种新要素而产生的新业态,是技术、内容、需求等多种因素共同驱动、共生融合后重塑出的新产业形态。

四 运用之方:场景理论

(一) 场景理论概述

场景理论中"场景"一词源于英文"Scenes"的翻译,原意为景色、背景、情景等。在电影拍摄中,场景则是指电影所希望的能够通过演员之间的对白、场地的搭建、服化道的配合等相互协作所传递给观众的视觉体验与感觉享受。在构建内容中,各个元素相互作用、联系,共同连接成一个整体。其中,同类型元素的布局之间会出现必然的联系,相反,不同类型的元素表达着矛盾的思想,具体指人与周围景物的关系总和,其核心是场所与景物等硬要素,以及空间与氛围等软要素(郜书锴,2015)。[①] 20世纪80年代,随着后工业社会的逐步发展,城市中心逐渐去工业化、制造化,反而逐步转向高新技术、金融服务、休闲娱乐等第三产业,城市功能也逐渐由生产型供给城市转变为服务型消费城市。随着城市功能的逐渐转变,亟须一套以消费为导向的学术语法体系代替传统的以生产为导向的社会理论以方便对后工业城市的发展进行诠释。在此背景下,由新芝加哥学派 Terry Nichols Clark 和 Daniel Aaron Silver 提出的场景理论(The Theory of Scenes)打破了传统的空间生产研究范式(傅才武和王昇凡,2021),[②] 它以消费为生产导向,使用一些生活化的娱乐设施为载体,将本土文化融入其中作为对外的表现形式,推动着新一轮的消费方式转变与经济模式发展,重塑了后工业时期城市的发展方向。

(二) 场景理论在本书中的应用

不同类型的文化设施与生活设施汇聚一起,相互联系构成了场景,在这其中,不同条件、不同环境、不同组合以及不同区域,都会形成千差万

[①] 郜书锴:《场景理论的内容框架与困境对策》,《当代传播》2015年第4期。
[②] 傅才武、王昇凡:《场景视阈下城市夜间文旅消费空间研究——基于长沙超级文和友文化场景的透视》,《武汉大学学报(哲学社会科学版)》2021年第6期。

别的文化场景。因此,需要一套分析框架从多维度来解释复杂而又多元的场景,而文化场景理论内含的基于主观性认知的场景多维分析框架恰好能够满足该需求。这一框架主要是由"真实性""戏剧性"和"合法性"三个维度组成。在乡村文旅发展及乡村文旅促共富中,"真实性"是指对文旅场景中个体身份内涵与意义的认识,也就是普遍意义中对"真场景"的认知。在本书中则是指乡村文旅发展真实的资源储量、乡村文旅体验的真实空间以及乡村文旅发展的建设主体等。"戏剧性"指乡村文旅发展的体验感,即对"新行为"的认识,具体指游客、居民以及人才等多元主体的行为感知,分别是对乡村文旅的文化体验与消费感受、乡村文旅产业发展过程中居民的投入、产出及享受,以及人才在乡村文旅场景中的动力作用。"合法性"体现了对善的感觉,即"新价值"的感知,分别指加强乡村文化叙事能力,推动乡村文化传承与活化;强化乡村文化体验的内涵,加强游客深度感受;最后指强化游客的认同感,推动游客的"再享受"(见图3-1),最终,形成人与空间的相互作用,赋予场景以文化与价值观念,产生文化认同感、身份归属感。

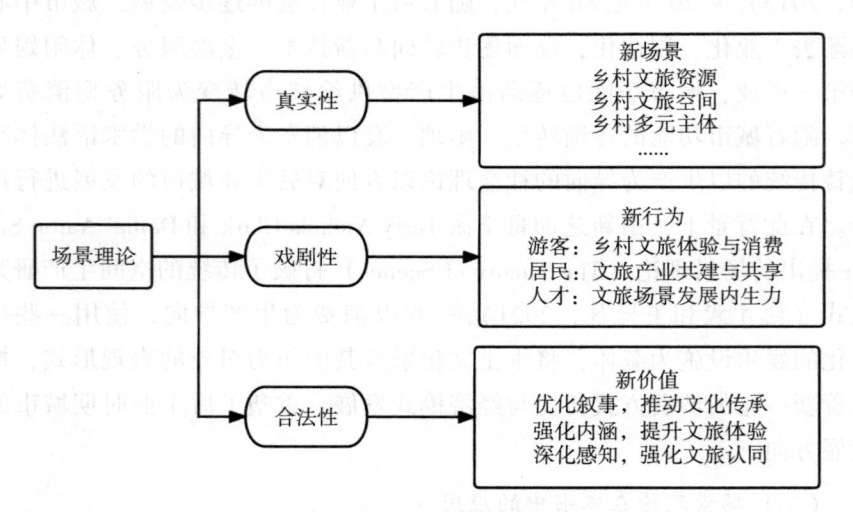

图 3-1 文旅融合中场景理论的应用

五 共富之法:社区主导发展理论

(一)社区主导发展理论概述

社区主导发展(Community-Driven Development,以下简称

"CDD")是早在20世纪70年代萌芽并逐步发展起来的一种经济社会发展模式。这种模式也可称之为社区自主型发展或社区推动型发展。其核心要义是在推动经济发展的过程中让民众自己当家作主,将决策权赋予民众,让其自主决定发展的项目以及资金的具体使用。这种模式在以世界银行为代表的国际金融机构的国际发展得到了广泛应用,推动了反贫困理念和方式的发展与落实,对欠发达地区的反贫困事业与发展方式产生了积极作用(孙同全和孙贝贝,2013)。① 随着社区发展理论的不断完善,世界银行将其定义为:社区众多成员掌握着社区发展的决策权与资源使用的控制权,并且能与外部提供需求的组织如地方政府、非政府组织等建立良好的合作关系(Philippe,2002)。② 第二次世界大战后,一大批殖民地国家陆续独立,但是历史遗留问题与现实发展之困,导致这些国家的农村的确较为贫困,区域贫困也严重阻碍了这些国家的快速发展。因此,这些国家为突破发展瓶颈,立足实际情况,将改善农村地区发展和消除贫困作为国家发展的首要基本目标。20世纪50年代,社区发展先驱Akhter Hamid Khan提出了分权与参与的思想,这是社区主导发展的思想起源,他认为社区的发展应该与地方乃至国家的发展共同推进,政府部门应该要与社区建立良好的合作关系,并且积极推进公民、社区、政府三方共同管理(Hans Peter Binswanger,2009)。③ 这种方法就是由地方政府和社区负责发展计划并掌握管理权,政府、技术部门以及社会组织等发挥保障作用,提供后勤保障与必要支持。社区主导发展理论常被理解为是来源于西方的舶来品,但事实并非如此。早在20世纪初,毛泽东就提出了"从群众中来到群众中去"的群众路线思想,倡导要广泛听取群众意见,整理内化为系统意见,并针对这些意见采取相应的措施服务群众,在具体实践过程中发现真理并检验真理,做到依靠群众、群众参与、群众共享。这与社区主导发展的内在思想,即社区成员自我管理、自我约束、自我发展如出一辙。因此,社区主导发展理论在我国也有深厚的思想基础。

(二)社区主导开发理论在本书的应用

社区主导发展通过让社区成员掌握更多的自主权,使其可以根据自己

---

① 孙同全、孙贝贝:《社区主导发展理论与实践述评》,《中国农村观察》2013年第4期。
② PHILIPPE Dongier, VAN DOMELEN Julie, OSTROMElinor. *A Sourcebook for Poverty Reduction Strategies*: *Chapter 9 Community Driven Development*. WordBank Publications, 2002.
③ [南非]汉斯·彼得·宾斯万格:《社区主导型发展的责任、资金流量和融资:全球经验》,社区主导型发展与农村扶贫开发国际研讨会,2009年。

的实际需要，合理地使用与配置资源，并能够自主选择发展方式，在全过程中均能体现群众思维与意识，最终实现社区成员能力提升与福祉享受。其发展目标与反贫困目标具有很高的契合度。因此将社区主导发展理论与乡村文旅产业发展促进共同富裕的开展提供有益借鉴。在乡村文旅发展过程中，项目对于村一级文旅发展必不可少，因此对于村级项目的筛选，相关单位利用社区主导理论，采取公开投票的方式，村民持有项目投票权，并且会根据自身需求以及当前问题解决的迫切程度进行公开投票，投票结束后，按照投票数目的多少进行排序。相关文旅部门可以根据投票情况进行项目最终的抉择。这种方式的好处是极大程度上满足了村民自身发展的需要，使得最终投票结果贴近最需要解决的问题，对症下药，既提升了文旅项目与乡村需求之间的精准度，也在文旅资源匹配的过程中省略了中间过程的资源浪费。社区主导发展项目从制度安排到权力保障采取了一系列行动，保证从项目决策、实施、管理到监督评估都由村民自己做主，在很大程度上提高了村民的拥有感和责任感，调动了乡村文旅发展的内生动力。与此同时，社区主导发展理论侧重村民能力建设，认为村民能力提升对乡村文旅高质量发展总目标的实现具有深刻而又持久的影响。因此，将能力建设纳入乡村文化和旅游产业发展的重要一环，让农民可以在实践中锤炼能力和本领，为文旅发展目标的达成提供了群众智慧，在组织内部形成积极的上进心和行动力，在互帮互助中，实现共同富裕、共同振兴。同样，社区主导发展理论也可以将这种可持续发展的模式融入文旅项目的全过程中，使得部分地区的文旅发展褪去外界帮助后仍能够平稳运行，提升当地的文旅产业发展的自我"造血"能力，打造可持续发展的制度与组织建设，保障乡村文旅发展的行稳致远。

第二节 乡村文旅促进共同富裕的机理构建

乡村地区拥有丰富的自然资源、人文景观和传统文化等独特资源。通过开发乡村文旅产业，能够有效整合和利用这些资源，提升乡村地区的综合竞争力和吸引力，实现资源优势向经济优势的转化。总之，发展乡村文旅产业，既有助于带动当地产业链的发展和经济的增长，提供就业机会，增加居民收入，还能吸引外部投资和游客消费，推动地区经济的繁荣。尤其对欠发达地区而言，可以为其提供就业机会和创业平台，帮助农民增加收入，实现共同富裕，乡村振兴。同时，文旅产业的兴盛，可以有效促进传统文化的传承、保护和创新，激发乡村地区的文化自信和民族特色，提升居民的幸福感和获得感。加强城乡交流与合作，优化乡村基础设施和公共服务，打造宜居宜业环境，实现城乡之间资源要素的有效流动和优势互补，推动共同富裕的实现。

一　乡村文旅产业振兴促进乡村共同富裕：融合之路（Converge）

随着社会经济的快速发展，人们的生活水平不断提高，人们在追求高物质生活的同时对旅游产品提出了更高的要求，希望通过旅游能够感受到大自然的魅力，让心灵、身体得到放松。此时，文旅融合产业的出现可以更好地满足大众旅游的需求，农村地区在发展农旅产业时，为旅游业提供特色农产品、高水平技术，同时旅游业将文化融入其中，两者的有效融合更好地满足了游客的个性化旅游需求，从而促生出新型文旅服务业。旅游业与文化产业虽然不属于同一体系，但在其发展过程中存在较强的产业关联性，旅游业在自我发展的同时也推动了其他行业的发展（毛彧博，2022）。[①] 在文旅融合发展过程中，旅游产业发展为文化发展提供载体与平台，推进"以文塑旅、以旅彰文"，最终实现资源的优化配置。随之而来的就是周边休闲娱乐等衍生行业的发展，为延伸文旅产业链奠定了基础。除此之外，一些生活在城市中的人群，他们更渴望大自然，对大自然充满向往之情。在喧嚣城市居住的人，通过逃离城市获取短暂的愉悦后，重新回到城市工作，这也是文旅融合的耦合性之一。

（一）集体记忆与身份认同：建强"文旅+"融合吸引力

由于某种客观属性，文化总是对人具有强大的吸引力，而人为建造的一些符号、场景等则使得文化更具有魅力与可触摸性。这种人为建造的过程就是旅游吸引物建构的过程，同时也是旅游吸引物具象化与符号化的过程（陈淑文，2010）。[②] 不同文化被打造成为不同的旅游吸引物（产品）时，其所蕴含的文化意义会满足不同游客的身份认同。因此，建构乡村文旅吸引力的关键是强化乡村文化的身份意义。在强化集体记忆中，个体会建构和强化自身区别于其他人的边界与限制，同时也会产生一种需

[①] 毛彧博：《新安县沟域农旅产业融合发展机制研究》，硕士学位论文，河南科技大学，2022年。

[②] 陈淑文：《旅游吸引物》，《当代旅游（学术版）》2010年第5期。

要巩固和维护自身群体所需要的认同感,增强国家认同、民族团结等(张朝枝和朱敏敏,2020),[①] 因此,增强集体记忆有助于维护文化所能带来的身份认同,满足旅游者在群体间的认同感与归属感,这也可以说是乡村的文化吸引转化为旅游吸引的重要手段之一,由此文旅融合发展得以生发。

(二)文化展示与文化参观：增强"文旅+"融合体验性

当文化被打造为旅游吸引物后,如何让文化与旅游关系更加紧密,关键在于如何使得文化更具"参观性",或者说怎样让旅游者获得更好的体验。在现今文旅融合发展过程中往往存在以下四种模式（张朝枝和朱敏敏,2020）：（1）博物馆模式,该模式以物质遗产展示为核心。（2）节庆或演艺展示模式,该模式侧重于非物质遗产展示。（3）历史古镇与主题街区模式,该模式重视生活文化展示。（4）创造性主题展示模式,该模式主要依靠技术手段。[②] 这四种模式均借助媒介使得文化具有可参观性与体验性,也正是由于这种"可参观性"的介质,使得旅游产品能够真正与文化相互融合,使得文化的展示更为集中、具体与实感,最终使得旅游吸引物的建构得以完成,增强了乡村文旅产品的体验性与触摸性。

(三)文化产业与旅游产业：延伸"文旅+"融合链条

当文化转变为旅游吸引物时,会吸引越来越多的游客,原有的产业链不能满足日益增长的服务需求,因此催生了更多的相关产业供应链。在产业融合理论的支持下,文化产业与旅游产业的边界逐渐模糊并融合形成了新的文旅产业,从根本上改变了原有的产业经营模式。因此,面对新需求,要求必须要有新的价值主张、业务体系以及盈利方式,以满足不断发展的行业趋势（李美云和黄斌,2014）,[③] 相对应的文化与旅游业的结合也需要从这三方面作出转变,从传统的参观式的旅游产品提供,转变为体验式、参与式的旅游产品,以充分展示文旅融合的精髓,在更大限度内满足顾客的文化需求,实现文旅的价值创新,除此之外,业务体系方面的创

---

① 张朝枝、朱敏敏：《文化和旅游融合：多层次关系内涵、挑战与践行路径》,《旅游学刊》2020年第3期。
② 张朝枝、朱敏敏：《文化和旅游融合：多层次关系内涵、挑战与践行路径》,《旅游学刊》2020年第3期。
③ 李美云、黄斌：《文化与旅游产业融合下的商业模式创新路径研究》,《广东行政学院学报》2014年第3期。

新,需要有资源基础理论充分厘清当前乡村文旅发展的资源储量与发展方向,明确不同利益主体之间的相互关系,需求利益分配最佳平衡点。另外,传统的旅游模式往往依据门票或者产品销售等获取初级收入,盈利渠道较为单一,灵活性较低,门槛性较高(部分游客可能根据门票情况选择消费),这就更要求新兴的文旅产业发展模式愈加凸显文化价值,降低硬性消费指标,拓展多元化的消费需求点,带来多元的价值增长点。因此,所谓文化产业与旅游产业地融合并不是各产业价值链条的简单拼接与联通,而是来自不同产业多种增值因素的相互共生而形成的产业融合发展模式,是基于原有价值链的优化重构。

二 乡村文旅产业振兴促进乡村共同富裕：创造之路（Create）

随着经济社会的不断发展、物质的不断富裕,人们对精神生活的需求在不断提高,有关文旅产品供给方的研究日益丰富,他们通过多样化的创意与创新提供具有独特魅力和竞争力的文化旅游产品和体验,以吸引游客、促进消费和提升地区的知名度和形象,来推动乡村地区产业发展和经济增长。在当今社会,文化和旅游已经成为人们日常生活中不可或缺的一部分。文旅创造的目标是在传承和保护优秀传统文化的基础上,创造出富有时代特色和创意的文化旅游产品和服务,实现经济效益和社会价值的双重增长。

（一）基于文化意象创造旅游产品

创造包括两个方面,一方面是原创,指的是首创一种新的事物;另一方面是创新,指在原有基础上改造成一种新的事物。因此,文旅创造首先要强调创意和创新的重要性。通过注入创意和创新元素,开发新颖有趣的文化旅游产品和服务,满足游客的需求,打造独特的体验和品牌。例如,结合数字技术和虚拟现实技术,设计沉浸式的历史文化体验项目,让游客能够身临其境地感受历史事件的精彩瞬间;利用现代艺术手法创作公共艺术品,丰富城市景观,提升文化氛围。除此之外,用文化创意与创造来引领旅游商品发展显得至关重要,融入地方特色的文化创意将使旅游产品表现出独特性和不可复制性,从而获得更大的市场份额（钟晟,2013）。[①] 如果没有文化创意,旅游产品将失去其内涵与灵魂。因此要将

[①] 钟晟：《基于文化意象的旅游产业与文化产业融合发展研究——以武当山为例》,博士学位论文,武汉大学,2013年。

文化资源与旅游业有效融合，充分利用地域特色、历史遗产、文化艺术等旅游资源，打造富有个性和独特魅力的旅游目的地。例如，在传统村落发展旅游业时，保护原汁原味的建筑风貌，并通过引入手工艺制品、民俗表演等元素，使游客能够沉浸在浓厚的乡村文化氛围中，体验真实的农村生活。而今，旅游产业发展升级已逐步由技术创新驱动转变为文化创意驱动。文化和旅游的叠加创造，将不断注重持续创造价值，赋予旅游活动以教育和启迪的功能。因此，提高文旅产品的品质和竞争力，实现可持续发展，将给当地经济和社会带来长期的收益和效益。这就更加要求技术手段的加入及人文情怀的填充，整合相关资源，在一定的区域范围内通过价值链条形成紧密的产业关联，形成文化旅游产业集群，打造区域经济新的增长极，实现区域增长方式转型和可持续发展。

（二）基于旅游产业创造文化需求

随着社会的不断发展，国民的生活水平越来越高，游客的服务需求也在不断升级，不再满足于单一参观游览的旅游形式和同质化严重的旅游内容。游客的消费偏好逐渐向本土化过渡，如具有乡村特色的民俗表演，具有本土属性的红色旅游、历史文化遗产项目，以及当地特有的文创基地、展会等可以在旅游享受中得到知识积累、开阔眼界的旅游项目及景点备受追捧。在这种消费热情的驱动下，要将文化内嵌于旅游项目，实现文化的创造性转化与创新性发展，以文化的消费需求带动相关人员对文化资源的挖掘与阐释，激发全民族的文化自信与文化自觉。

1. 文化旅游项目为文化消费需求提供了载体

文旅消费与旅游景区的发展建设相辅相成。文旅消费是一种享受型与发展型的消费模式，这就要求旅游景区需要不断开发与打造新的文化消费项目来适应当前游客不断增长与发展的文旅消费需求，这也为文化消费提供了消费的空间与载体。所以，人们进行文化消费的基础是文化旅游项目的搭建（郭玉洁，2019）。[①] 因此，需要将现代居民的旅游消费需求与文旅融合的现实要求相结合，打造创意十足的高质量文旅项目和服务引领消费。

2. 文旅项目有利于激发人们产生新的消费需求

当前，旅游在一定程度上可以说属于一定的文化活动，旅游消费中天

---

① 郭玉洁：《文化旅游项目创造文化消费需求的机制与路径研究——以河北省为例》，硕士学位论文，河北经贸大学，2019年。

然包含一定的文化消费，如各种文创产品的消费。精品文旅项目不仅能够让人在旅游中感受自然风光，得到享受与放松，还能够在旅游的过程中充分感受文化魅力，经历多种文化体验，增长自身的见识，满足自身的文化消费需求。此外，精品文旅项目还可以催生新的文化消费，促使人们的内在需求外化为现实需求，推进文化消费的增长。如当一个从未见过而又富有创意的文旅项目产生时，往往会激发有着相应文化需求的消费者持有探索心与好奇心一探究竟，又在消费者的良好反馈中得到广泛传播，进而提升当地消费。这种良好的项目催生方式，也会对外地文旅项目的打造起着示范带动效应，从而促使更多的项目拔地而起、更多的消费者进行文化消费。

三　乡村文旅产业振兴促进乡村共同富裕：升华之路（Consummate）

通过创造性的方式将传统文化与旅游活动深度融合，以提升文化内涵和旅游体验，使其超越娱乐和消费的层面，达到更深层次的心灵交流、价值传递和认知提升。当前，大多数人单纯的旅游活动往往只停留在观光消费的层面，缺乏对于文化价值的深入理解和体验，不能给人留下深刻的印象和感受。而文旅升华的目标就是通过创新手段和思维，让传统文化焕发新的生命力，带动一方产业发展，促进共同富裕，同时使旅游活动成为一种具有教育、启迪和参与性质的体验。

（一）以旅为体，延伸旅游产业链

旅游作为一种产业的润滑剂，是产业发展到一定程度的衍生品，在产业发展过程中也塑造着产业的新未来与新业态。由于旅游业这种关联性与产业边界模糊的特点，可以将其看作一个类似互联网一般的集成平台，并在这个平台上延伸原有产业链。首先就要明确产业与旅游的关系，抓住"产"业，立起旅游"业"，打造"+旅游"产业链条。"+旅游"是一种以旅游为导向，关联养老、养生、体育、亲子、研学、餐饮、住宿、购物、娱乐等多产业实现"1+N"模式的多方面、多范围的产业重塑与再造。"+旅游"激活了自然生态、气候条件、传统文化、产业要素、消费享受、创意发展等各类要素，使得各类传统认知观念中不相关的要素得以在"旅游"这个平台上重塑与再造，形成以一产为基础、二产为支撑、三产为亮点的三大产业相互融合、相互支撑的产业发展体系。

（二）以文为魂，焕发文化生命力

旅游业的可持续发展离不开文化创意，它也是旅游业转型升级的核心所在。文化作为旅游业发展的灵魂所在，一直都是旅游发展最为核心、鲜活的体现，是旅游业发展的动力。一直以来，我国都十分重视文化创意价值，最早可追溯到2500多年前，贤圣孔子阐述的"无文不远"，强调的"文质彬彬，然后君子"就体现这一观点。中华民族历朝历代的文人，大多寄情山水，致力于发掘自然之美、山水之乐，将诗歌创作与山水田园结合，为大自然赋予了人为的文化魅力与历尽千年仍不褪色的鲜活生命力，同时也为当前文旅产业发展留下一笔丰厚的精神文化资源。因此，打破当前旅游市场存在的活动表面化、体验浅层化的问题，用好市场优势和商业能力，把承载五千年文明的优秀传统文化、传承红色基因的革命文化和社会主义核心价值观为支撑的先进文化，转化为广大游客喜闻乐见的旅游项目（戴斌，2018）。[①] 通过丰富多样而有意义的文化参与，让游客在旅游过程中产生情感共鸣、思想启迪和人文关怀，在讲好中国故事的同时，持续提升旅游项目、旅游产品和旅游服务的品质感，不断增加旅游产业的竞争力。如，结合传统非物质文化遗产展示的旅游项目，通过学习、体验、亲自参与手工制作等方式，让游客深入了解传统技艺的内涵，并感受其中蕴含的智慧和美好，为旅游目的地留下最鲜明的特征，既能赋予目的地别开生面、流连忘返的文旅体验，又能使文化在旅游过程中重新焕发活力，扩大优秀文化的影响力。

（三）以人为本，推进文旅主客共享

贯彻以人民为中心的发展理念，合理配置各类资源，提高基本公共服务共建共享水平，加强公共文化服务保障，扩大优质文化旅游产品供给，满足人民群众多元化文化旅游消费需求，让人民群众享受到更加充实的、更加丰富的和更高品质的精神文化生活。文旅发展需要的不仅仅是经济效应，更应该注重人文价值、教育宣导。在旅游活动中融入教育、宣传和启发的元素，可以通过解读文化遗产、历史事件、艺术作品等来引导游客对于文化价值的理解和反思。比如策划专题巡回展览，利用多媒体和互动装置展示地方文化，将历史、人物、故事进行生动呈现，以此提升游客对文

---

① 戴斌：《创新旅游推广机制，讲好中国故事》，http://jjckb.xinhuant.com/2018-05/22/c_137197606.htm。

化的认知度和兴趣，同时也加深对当地地域特色的认同感。此时，游客不再只是被动地接受旅游服务，而是通过与景区、社区、当地居民等进行互动，成为文化和旅游的共同创作者。参与性旅游活动让游客深入了解当地风俗习惯、民间传说等独特文化，感受文化的魅力。与此同时，文旅发展创造，更应该承担起社会责任。注重可持续发展和社会利益，在文旅活动中承担起推广文化、保护生态环境、促进地方经济发展等方面的社会责任。大力培育科技、教育、文创、法律、公关、游说等新时代文旅发展的全新动能，积极探索与国家和地区、社区居民等多元主体相协调，强化法治和契约精神，共商共建共享文旅发展的未来，积极发挥文旅新作用，带动乡村共同富裕。

第三节 乡村文旅促进共同富裕的3C机理

乡村文旅产业发展有助于推进文化铸魂、发挥文化赋能作用，推进旅游为民、发挥旅游带动作用，其经济性与文化性相辅相成、缺一不可。文化与旅游融合发展，是一个以文化带动旅游发展、以旅游促进文化发展的过程，是一个优势互补、相得益彰、互惠共赢的过程，推动文化与旅游融合对促进文化产业与旅游产业协同高质量发展、中国式现代化文旅发展以及共同富裕具有十分重要的意义。一是乡村文旅产业发展的背景和必然性，乡村是国家经济社会发展的基础和关键环节，是推进中国式现代化不可或缺的重要一环。然而，长期以来，农村发展滞后、振兴问题突出，成为影响全面小康社会建设的短板。为了改变这种状况，乡村文旅产业的振兴成为必然选择，这是农村产业结构的调整。随着城市化进程和现代农业发展的推进，传统农业面临着产能过剩和附加值不高的问题，需要转变发展方式。乡村文旅产业的发展，通过提供新的就业机会和增加农村居民收入等途径，有效促进农村产业结构的升级和优化。二是城乡差距的缩小。城乡发展差距是一个长期存在的问题，乡村文旅产业的兴起为缩小这一差距提供了新的思路和路径。通过开发乡村旅游资源、打造特色农民旅馆等，可以吸引城市人口流向农村，促进资源、人口和资金的流动，推动城乡融合发展。三是农村文化传承的需要。乡村文旅产业振兴不仅仅是经济发展的问题，更是一种文化传承与保护的需要。乡村承载了丰富的历史文化资源和乡土特色，通过发展乡村文旅产业，可以更好地保护和传承农村文化，增加农民对自身传统文化的认同和自豪感。因此，为推进城乡一体化、乡村现代化建设、赓续乡村文脉，必须跨越文旅产业赋能乡村振兴鸿沟，探索文旅产业促进共同富裕回馈机制，基于资源基础理论、产业融合理论、场景理论、社区主导开发理论、马克思主义理论等多学科理论，通过提升"政策变量、资源储量、要素增量以及配套质量"四大量，助力乡村文旅产业走向"融合之路""创造之路""升华之路"，创新构建乡村文旅促进共同富裕的机理实践，努力探索形成文化和旅游高质量发展的有效路径、促进共同富裕的"3C"机理路径（如图3-2）。

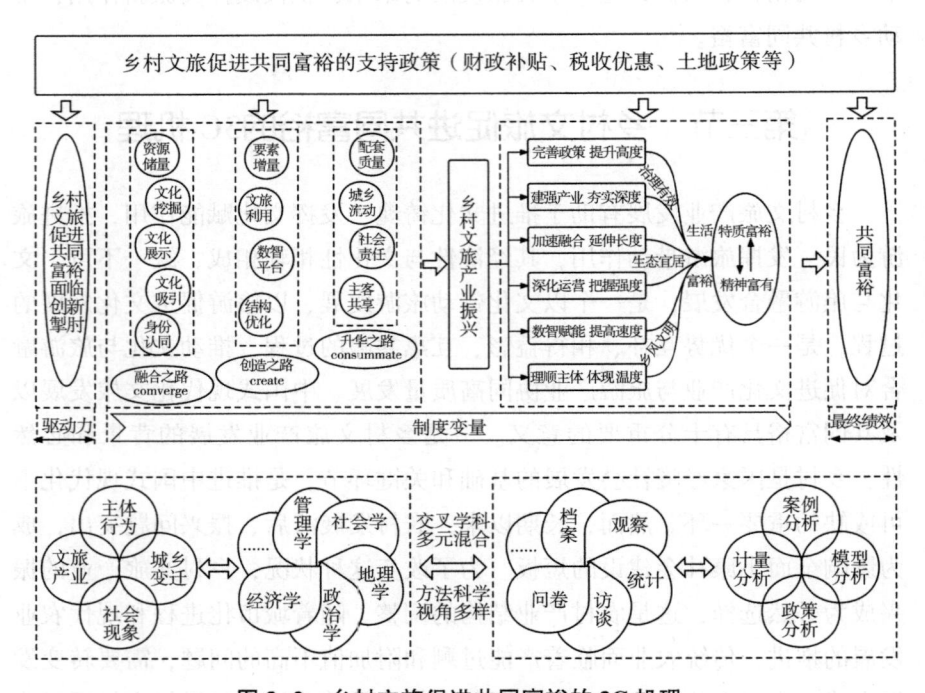

图 3-2　乡村文旅促进共同富裕的 3C 机理

一　资源储量的融合之路：交叉渗透

乡村振兴需要着眼于农村和农民，着力于生态、生产和生活，以"文旅"产业为抓手，积极推动旅游与乡村的自然资源、文化价值、生态环境、特色村落嫁接，打造乡村振兴的"新引擎"。旅游作为一种创意经济、审美经济以及体验经济（赵华和于静，2015），[①] 文化底色是乡村文旅可持续发展的有力保障。因此，乡村文旅发展依托的是富有特色的、突出特点的乡村原色展示。通过深入挖掘乡村原有的"资源储量"，所谓"资源储量"包含乡村传统习俗资源、生态环境资源、人文风情资源、文化古迹资源、土地资源等，同样也包含乡村意象资源（熊凯，1999）。[②] 让乡村特色与现代文明以及城市发展交叉渗透、共享共融，打造具备乡村特色的旅游产品。第一，将乡村散点文化资源整合归纳，进行旅游文化资源的总体形象定位，提炼乡村旅游文化主题（李巧玲，2003），[③] 塑建乡村文旅开发灵魂。第二，将鲜明文化"物化"，实现文化资源内涵显化为文化产品。通过文旅资源空间整合、项目优化以及设施和服务等的协调，提升文化吸引力，增强文化产品的文化氛围、文化感受，使游客在文化展示过程中，加强身份认同感。第三，化散为整，交叉渗透，让各种资源在以文化为明暗线的牵引下，共同汇集成为乡村文旅建设的资源总库。因此，本环节探清资源储量，进行文化挖掘，展现乡村文化脉络与文化特色，积极推进乡村文旅极致化与生态化，以组合优势延伸产业链、拓展功能链、放大价值链，提升文化及其产品附加值，激发消费市场，打造"以文塑旅、以旅彰文"的乡村振兴新模式。

二 要素增量的创造之路：重组驱动

促进文旅融合，资源动态化地创新融合是关键（张祝平，2021）。[④] 本环节立足场景理论以及融合创新理论，以上一环节深入挖掘传统文化习俗资源、生态环境资源、人文风情资源、文化古迹资源等乡村资源优势为基础，以文化精神满足与文化资源价值创造性转化为原动力与价值引领，以"要素增量"为协同原点（如图3-3），通过在乡村"真实性"维度挖掘，活化利用好乡村文化资源，即乡村文旅单体要素，注重乡村文旅空间的打造及文旅氛围的塑造；通过"戏剧性"维度注重空间与内容的创新融合，丰富文旅场景内容，即乡村文旅景观要素；通过

[①] 赵华、于静：《新常态下乡村旅游与文化创意产业融合发展研究》，《经济问题》2015年第4期。

[②] 熊凯：《乡村意象与乡村旅游开发刍议》，《地域研究与开发》1999年第3期。

[③] 李巧玲：《文化旅游及其资源开发刍议》，《湛江师范学院学报》2003年第2期。

[④] 张祝平：《以文旅融合理念推动乡村旅游高质量发展：形成逻辑与路径选择》，《南京社会科学》2021年第7期。

"合法性"维度注重多元主体的协调互动,打造新场景,促发新行为,强化新价值(邵明华和杨甜甜,2022),① 提升乡村文旅文化消费要素,基于要素禀赋、技术禀赋与市场禀赋推动文化和旅游产业的融合创新发展(赵嫚和王如忠,2022)。② 同时,加强城乡居民互动,通过城乡居民丰富多彩的文化生活极大丰富旅游目的地文旅资源和产品体系,使游客在主客共享的生活场景中通过深度体验,建构个体与远方的共鸣与连接,构建集体记忆(张朝枝和朱敏敏,2020;傅才武和程玉梅,2022),③④ 产生身份认同,逐步突破原有的文化和旅游产业边界或要素领域,推动其相关要素之间相互渗透、汇合、跨界链接或整合重组构建新的共生体,最终实现文化和旅游两大产业转型升级、提质增效以及文旅的创新性融合,构建具备中国特色的文化旅游产业体系。基于此,以要素增量为原点,构建一个"新场景—新行为—新价值"的资源优化配置的场景再利用以及文化资源与旅游资源创新融合的效益最大化理论机制,以期实现文化与旅游的融合创新。

三 配套质量的升华之路:多元协同

随着国家文化强国战略、乡村振兴战略以及中国式现代化的持续推进,城市工作者出于自身放松需求及时间限制,城市附近乡村游成为当前旅游市场的快速增长点(蒋丽霞,2022),⑤ 在文旅推进过程中充分推进城乡信息、人才等要素流动,不断提升乡村以及乡村文旅配套质量。具体展现为:一是乡村文旅高速发展体现在乡村基础配套设施的不断完善、升华,逐步从传统乡村建设过渡到美丽乡村。二是乡村传统文化与当代审美相结合,推陈出新,传统公共文化服务思维发生转变,建强乡村文化服务的数字化共享机制,提升数字化配套水平,推动乡村逐步进入"云时

---

① 邵明华、杨甜甜:《场景赋能红色文化旅游发展的理论逻辑与多维路径》,《兰州大学学报(社会科学版)》2022年第6期。
② 赵嫚、王如忠:《文旅产业融合对民族地区经济增长的影响研究——基于2000—2019年数据的计量分析》,《青海民族研究》2022年第2期。
③ 张朝枝、朱敏敏:《文化和旅游融合:多层次关系内涵、挑战与践行路径》,《旅游学刊》2020年第3期。
④ 傅才武、程玉梅:《"文化长江"超级IP的文化旅游建构逻辑——基于长江国家文化公园的视角》,《福建论坛(人文社会科学版)》2022年第8期。
⑤ 蒋丽霞:《"非遗+"文旅融合促进农村"物质和精神共富"的实现路径研究》,《安徽农业科学》2022年第20期。

代",VR3D建设、大数据资源库、自助服务机器人(刘玉堂和高睿霞,2020)。[①] 加快建设中国式现代化美丽乡村,建设乡村群众的美好生活。三是在乡村这一文化场景中,游客能自然感受与体验乡村所承载与表达的极富自然气息以及传统农耕信息,游客通过乡村符号所传达的文化信息、表层意象与内涵意义,使得自身与自然、历史、情感、民族国家等方面沟通链接,转化更为深层次的认同与接受,自觉承担一定的社会责任(包括在地村民、建设者与外来者),从而完成乡村文旅从文化价值到旅游商业价值与社会价值的转换(傅才武和程玉梅,2021),[②] 继而释放磁吸效应,实现配套质量提升,形成以文塑旅、以旅彰文、文旅结合、城乡互动的乡村旅游发展新格局。以现代化思维发展乡村旅游,致力形成"环境因乡村旅游更美丽、产业因乡村旅游更兴旺、百姓因乡村文旅更富裕"的发展态势,以"文"促发展,以"旅"期未来。

四 政策变量的最终目标:共同富裕

2018年3月,随着文化和旅游部的组建,文旅融合迅速成为我国文化与旅游政策领域的热点,从政策角度看,文旅融合及其在乡村领域中的推行必须以具体、恰当的政策体系及运行机制为支撑,并以政策为国家强制力约束文旅所带来的巨大收益以及合理的分配。一方面,从乡村文旅开发融合的起始来看,乡村旅游是现代旅游业向传统乡村的触碰,也是市场经济规则向乡村社会的嵌入(陈建,2021)。[③] 但是由于乡村处于体制机制、监管、行业自律等尚未健全的阶段,所以需要具备强制力的各类政策驱动、保障。另一方面,乡村处于具备大量文旅元素开发资源但尚未完全具备开发条件的状态,开发人才、开发资本、开发设施等亟待建设,这就更要求政策给予的条件与保障,在城市虹吸效应下,借助强制力收拢一批具备开发条件的人、财、物。同时,由于乡村各类条件均不相同,异质性较强,更要求有"一村一策"这样的政策条件出台,推进政策细化、精化,使得乡村文旅健康持续发展。除此之外,乡村作为一个"人"的社

---

① 刘玉堂、高睿霞:《文旅融合视域下乡村旅游核心竞争力研究》,《理论月刊》2020年第1期。

② 傅才武、程玉梅:《文旅融合在乡村振兴中的作用机制与政策路径:一个宏观框架》,《华中师范大学学报(人文社会科学版)》2021年第6期。

③ 陈建:《契合中的差距:乡村振兴中的文旅融合政策论析》,《长白学刊》2021年第3期。

会，为了使人更多更公平地享受乡村文旅发展带来的成果，实现共同富裕，就要从初次分配、再分配和三次分配方面着手，进一步缩小城乡、地区和收入之间的差距（李实，2021），[1] 通过完善财政转移支付体系（唐高洁等，2023）、[2] 改革个人所得税制度、开征财产税（岳希明等，2021）[3] 等进行调节，并以国家公信力、权威力的政策等辅助开展、保障实施，共同推动乡村文旅消费政策的集成化落地和乡村文旅消费行为的集中化开展，优化乡村文旅消费环境，拓展乡村文旅消费领域，提高乡村文旅消费便捷程度（郇志杰和张金山，2023），[4] 促进乡村文旅成果惠及更多群众。

文化旅游业是创意引领、创新活跃、人员集聚、带动性强的大消费、新消费产业，是生活性服务业的重要组成部分，是经济高质量发展的重要内容和坚实支撑。从社会属性和社会效益看，文化旅游业是服务社会民生、满足人民精神文化需求的重要保障。在精神引领、心灵净化、情感滋润、文明提升等方面具有重要作用，对于满足人民群众多样化、多层次、多方面精神文化需求，促进人民精神生活共同富裕和全面发展都具有重大意义；从实践属性与实践效益看，文化旅游业是促进乡村振兴和城市高质量发展的有效路径。文旅产业对宜居生活环境营造、乡村活力激发有着重要作用，本身乡村文旅就拥有"造血"与"输血"的内外力量，成为推动乡村高质量发展的战略性举措，文化惠民、旅游为民、全域主客共享为乡村带来无限活力与魅力，为乡村提供更多新的就业机会（赵宏中和雷春燕，2019），[5] 带来更多的增收致富机会（王春蕾，2022），[6] 加强民生设施建设，提升居民生活质量、幸福度与精神满足（朱海艳等，2018），[7] 强

---

[1] 李实：《共同富裕的目标和实现路径选择》，《经济研究》2021年第11期。
[2] 唐高洁、闫东艺、冯帅章：《走向共同富裕：再分配政策对收入分布的影响分析》，《经济研究》2023年第3期。
[3] 岳希明、周慧、徐静：《政府对居民转移支付的再分配效率研究》，《经济研究》2021年第9期。
[4] 郇志杰、张金山：《旅游促进共同富裕的作用机理及对策》，《企业经济》2023年第11期。
[5] 赵宏中、雷春燕：《旅游发展、城市化对城乡收入差距的影响——基于1996—2015年省级面板数据空间计量研究》，《北京邮电大学学报（社会科学版）》2019年第1期。
[6] 王春蕾：《旅游助推共同富裕的内在逻辑与实践旨归》，《经济论坛》2022年第6期。
[7] 朱海艳、孙根年、杨亚丽：《旅游恩格尔系数对我国城乡居民生活质量和幸福度的跟踪试验》，《社会科学家》2018年第2期。

化乡村民众社会性价值感的获得（郑自立，2022），[①] 实现社会性幸福感提升（马勇和张瑞，2023），[②] 等等。此外，乡村空间作为乡村文旅的目的地，既是城乡融合的重要区域也是城乡居民交流互动的重点平台。同时，产业作为乡村文旅重要表现形式，是多重资源在城乡地理空间中的"投入—产出"流动循环反应。因此，文旅产业与乡村空间作为文旅产业促进乡村共同富裕的重要场域（孙九霞和王淑佳，2023），[③] 共同协作于乡村物质富裕与精神富有，达成共同富裕的最终目标。基于此，在当前国家政策激励的背景下，从乡村文旅产业促进共同富裕的创新掣肘出发，通过文化挖掘、文化展示、文化吸引以期达到身份认同的"融合之路"（Converge），搭建乡村空间与文旅产业相互协作、相互促进的乡村文旅融合空间，由此通过对文化要素的利用结合、现代技术的创新运用以及市场的感知探索，推动文旅融合进一步创造性升级为"创造之路"（Create），在实现创新的基础上与社会链接，发挥文旅企业承担社会责任的乘数效应，做大、延长文旅链条，推进主客共享与城乡流动，实现文旅产业的"升华之路"（Consummate）。在实现乡村文旅产业兴旺的基础上，推动实现初次分配富民，并以"产业兴旺"为牵引，通过分配机制、民生工程、社会保障等再分配手段推进文旅惠民，实现乡村治理有效、生态宜居、乡风文明，从而推动实现生活富裕，并最终实现以"物质富裕与精神富有"为归宿的文旅产业促进共同富裕的创新机理。通过循环建立起乡村旅游产业推动共同富裕的创新融合轴线，厘清场域内的研究重点及其相互关系，充分发挥文旅产业的协同效应与带动效应，进而实现物质富裕与精神富有，最终实现乡村振兴与共同富裕。

本章小结

本章通过重点剖析资源基础理论、产业融合理论、场景理论、社区主导开发理论以及马克思主义中关于文旅发展的相关理论，深入挖掘各大理

[①] 郑自立：《文旅融合促进共同富裕的作用机理与政策优化研究》，《广西社会科学》2022年第9期。

[②] 马勇、张瑞：《旅游业高质量发展与国民幸福水平提升》，《旅游学刊》2023年第6期。

[③] 孙九霞、王淑佳：《基于超循环理论的乡村振兴推动共同富裕路径解构》，《自然资源学报》2023年第8期。

论与本书之间的内部联系以及在本书中的应用关系，在明确理论与实践的相互作用基础上，揭示乡村文旅产业振兴促进共同富裕的深层机理。资源基础理论强调乡村地区拥有丰富的自然、人文和历史文化资源。通过对资源的整合与开发，可以提供多样化的旅游产品和服务，带动经济增长和就业机会，从而实现共同富裕。产业融合理论认为将旅游业与农业、手工业等传统产业融合发展，形成乡村一、二、三产业的有机结合，可以实现资源共享、产业升级和效益提升，推动共同富裕的目标。场景理论关注文旅产业的创新发展以及体验经济的引导。通过打造具有独特场景和文化内涵的乡村旅游景点和活动，吸引游客，激发消费需求，为当地居民带来收入增长和就业机会。社区主导开发理论倡导通过社会参与和群众组织，推动乡村文旅产业的发展。培育和发挥当地居民的主体性，使其成为文旅项目的参与者、管理者和受益者，从而实现共同富裕。马克思主义文旅发展理论关注社会公平和可持续发展。通过平衡利益关系、强化乡村文旅的公共属性，构建良好的社会秩序和生态环境，保障广大人民群众共享发展成果，实现共同富裕。本书在理论层面分析了资源基础、产业融合、场景创新、社区参与和社会公平等理论与乡村文旅产业振兴共同富裕的关联，厘清各理论相互关系以及在实践中的具体应用，由此搭建形成"融合之路""创造之路"以及"升华之路"，三条线路相辅相成，既有时间上的差序之别，亦可以相互印证、相互融合、互相包含，由此揭示文旅产业振兴发展促进共同富裕的深层机理，为揭开"乡村文旅企业如何因地制宜推进文旅产业振兴"，从而"如何以文旅产业振兴推进共同富裕"，这一黑箱问题奠定理论基础。

参考文献

Barney J. B. *Gaining and Sustaining Competitive Advantage*. (2nd Ed.). New York: Pearson Education, Inc. 2002.

Barney J. B. Strategic Factor Markets: Expectations, Luck, and Business Strategy. *Management* Science, 1986, 32 (10): 1231-1241.

Barney. Firm Resource and Sustained Competitive Advantage. *Journal of Management*, 1991, 17 (1): 99-120.

Eisenhardt K. M., Martin J. A. Dynamic Capabilities: What Are They.

Strategic Management Journal, 2000 (21): 1105-1121.

NEWBERT S L. Empirical Research on the Resource-Based View of the Firm: An Assessment and Suggestions for Future Research. *Strategic Management Journal*, 2007, 28 (2): 121-146.

PHILIPPE Dongier, VAN DOMELEN Julie, OSTROMElinor. *A Sourcebook for Poverty Reduction Strategies: Chapter 9 Community Driven Development*. WordBank Publications, 2002.

Rumelt R. P., Schendel D., Teece D. J. Strategic Management and Economic. *Strategic Management Journal*, 1991 (12): 5-29.

Teece D. J., Pisano G., Shuen A. Dynamic Capabilities and Strategic Management. *Strategic Management Journal*, 1997, 18 (7): 509-533.

Yoffie D B. *Introduction: CHESS and Competing in the Age of Digital Convergence*. In: Yoffie, DB (ed.). Competing in the age of digital convergence. Boston, 1997: 1-35.

陈建:《契合中的差距:乡村振兴中的文旅融合政策论析》,《长白学刊》2021年第3期。

《邓小平文选》(第3卷),人民出版社1993年版。

《邓小平文选》(第2卷),人民出版社1994年版。

方向明、金吴文浩:《政府转移支付对居民收入再分配效应的研究——基于相对贫困和地区差异的视角》,《财经理论与实践》2023年第5期。

傅才武、程玉梅:《"文化长江"超级IP的文化旅游建构逻辑——基于长江国家文化公园的视角》,《福建论坛(人文社会科学版)》2022年第8期。

傅才武、程玉梅:《文旅融合在乡村振兴中的作用机制与政策路径:一个宏观框架》,《华中师范大学学报(人文社会科学版)》2021年第6期。

傅才武、王昪凡:《场景视阈下城市夜间文旅消费空间研究——基于长沙超级文和友文化场景的透视》,《武汉大学学报(哲学社会科学版)》2021年第6期。

郜书锴:《场景理论的内容框架与困境对策》,《当代传播》2015年第4期。

桂拉旦、唐唯：《文旅融合型乡村旅游精准扶贫模式研究——以广东林寨古村落为例》，《西北人口》2016年第2期。

郭玉洁：《文化旅游项目创造文化消费需求的机制与路径研究——以河北省为例》，硕士学位论文，河北经贸大学，2019年。

[南非] 汉斯·彼得·宾斯万格：《社区主导型发展的责任、资金流量和融资：全球经验》，社区主导型发展与农村扶贫开发国际研讨会，2009年。

侯雪言：《文化场景视域下乡村公共文化空间优化研究》，博士学位论文，武汉大学，2019年。

胡金星：《企业多元化战略与产业融合》，《中国科技产业》2007年第7期。

胡树华、张冀新：《基于产业融合的企业战略创新》，《科技进步与对策》2008年第8期。

胡永佳：《产业融合的思想源流：马克思与马歇尔》，《中共中央党校学报》2008年第2期。

郇志杰、张金山：《旅游促进共同富裕的作用机理及对策》，《企业经济》2023年第11期。

黄永林：《文旅融合发展的文化阐释与旅游实践》，《人民论坛·学术前沿》2019年第11期。

《建国以来毛泽东文稿》（第6册），中央文献出版社1992年版。

《江泽民文选》（第1卷），人民出版社2006年版。

蒋丽霞：《"非遗+"文旅融合促进农村"物质和精神共富"的实现路径研究》，《安徽农业科学》2022年第20期。

李娟：《乡村产业融合发展中的城乡要素共生研究》，博士学位论文，江苏大学，2020年。

李巧玲：《文化旅游及其资源开发刍议》，《湛江师范学院学报》2003年第2期。

李任：《深度融合与协同发展：文旅融合的理论逻辑与实践路径》，《理论月刊》2022年第1期。

李实：《共同富裕的目标和实现路径选择》，《经济研究》2021年第11期。

厉无畏、王惠敏：《产业发展的趋势研判与理性思考》，《中国工业经济》2002 年第 4 期。

刘玉堂、高睿霞：《文旅融合视域下乡村旅游核心竞争力研究》，《理论月刊》2020 年第 1 期。

《马克思恩格斯文集》（第 1 卷），人民出版社 2009 年版。

《马克思恩格斯全集》（第 3 卷），人民出版社 1960 年版。

《马克思恩格斯选集》（第 4 卷），人民出版社 1995 年版。

马克思：《资本论》（第 1 卷），人民出版社 2004 年版。

马勇、张瑞：《旅游业高质量发展与国民幸福水平提升》，《旅游学刊》2023 年第 6 期。

《毛泽东文艺论集》，中央文献出版社 2002 年版。

《毛泽东选集》（第 2 卷），人民出版社 1991 年版。

《毛泽东选集》（第 3 卷），人民出版社 1991 年版。

《毛泽东哲学批注集》，中央文献出版社 1988 年版。

毛彧博：《新安县沟域农旅产业融合发展机制研究》，硕士学位论文，河南科技大学，2022 年。

秦宗财、高璞真：《新时代乡村文旅产业与科技融合路径研究——基于生产要素的视角》，《经济与社会发展》2022 年第 6 期。

曲海燕、张斌、吴国宝：《社区动力的激发对精准扶贫的启示——基于社区主导发展理论的概述、演变与争议》，《理论月刊》2018 年第 9 期。

邵明华、杨甜甜：《场景赋能红色文化旅游发展的理论逻辑与多维路径》，《兰州大学学报（社会科学版）》2022 年第 6 期。

《十五大以来重要文献选编（上）》，人民出版社 2000 年版。

《十六大以来重要文献选编（下）》，中央文献出版社 2008 年版。

《苏联共产党代表大会、代表会议和中央全会决议汇编》（第 2 分册），人民出版社 1964 年版。

孙九霞、王淑佳：《基于超循环理论的乡村振兴推动共同富裕路径解构》，《自然资源学报》2023 年第 8 期。

孙同全、孙贝贝：《社区主导发展理论与实践述评》，《中国农村观察》2013 年第 4 期。

唐高洁、闫东艺、冯帅章：《走向共同富裕：再分配政策对收入分布的影响分析》，《经济研究》2023 年第 3 期。

王春蕾：《旅游助推共同富裕的内在逻辑与实践旨归》，《经济论坛》

2022年第6期。

吴迪：《基于场景理论的我国城市择居行为及房价空间差异问题研究》，经济管理出版社2013年版。

熊凯：《乡村意象与乡村旅游开发刍议》，《地域研究与开发》1999年第3期。

徐翠蓉、赵玉宗：《文旅融合：建构旅游者国家认同的新路径》，《旅游学刊》2020年第11期。

杨春华：《资源概念界定与资源基础理论述评》，《科技管理研究》2008年第8期。

杨强：《体育旅游产业融合发展的动力与路径机制》，《体育学刊》2016年第4期。

杨乔、范周：《文旅融合推动乡村文化振兴的作用机理和实施路径》，《出版广角》2021年第19期。

于刃刚：《三次产业分类与产业融合趋势》，《经济研究参考》1997年第1期。

岳希明、周慧、徐静：《政府对居民转移支付的再分配效率研究》，《经济研究》2021年第9期。

张朝枝、朱敏敏：《文化和旅游融合：多层次关系内涵、挑战与践行路径》，《旅游学刊》2020年第3期。

张建刚、王新华、段治平：《产业融合理论研究述评》，《山东科技大学学报（社会科学版）》2010年第1期。

张赞：《"文创+"时代文旅新场景如何助力乡村振兴》，《人民论坛》2019年第26期。

张祝平：《以文旅融合理念推动乡村旅游高质量发展：形成逻辑与路径选择》，《南京社会科学》2021年第7期。

赵宏中、雷春燕：《旅游发展、城市化对城乡收入差距的影响——基于1996—2015年省级面板数据空间计量研究》，《北京邮电大学学报（社会科学版）》2019年第1期。

赵华、于静：《新常态下乡村旅游与文化创意产业融合发展研究》，《经济问题》2015年第4期。

赵嫚、王如忠：《文旅产业融合对民族地区经济增长的影响研究——基于2000—2019年数据的计量分析》，《青海民族研究》2022年第2期。

赵水涵、代刚、李刚：《乡村振兴背景下特色旅游的开发要素与多元体文旅消费带动策略》，《商业经济研究》2022年第2期。

郑自立：《文旅融合促进共同富裕的作用机理与政策优化研究》，《广西社会科学》2022年第9期。

中共中央党史和文献研究院编：《习近平关于"三农"工作论述摘编》，中央文献出版社2019年版。

中共中央宣传部、中共中央文献研究室编：《论文化建设——重要论述摘编》，中央文献出版社2012年版。

钟华美：《文旅融合背景下乡村旅游产业融合发展理论分析》，《资源开发与市场》2020年第4期。

钟晟：《基于文化意象的旅游产业与文化产业融合发展研究——以武当山为例》，博士学位论文，武汉大学，2013年。

周静莉：《马克思主义哲学视域下旅游的本质内涵探析》，《河北工程大学学报（社会科学版）》2018年第2期。

周振华：《信息化进程中的产业融合研究》，《经济学动态》2002年第6期。

朱海艳、孙根年、杨亚丽：《旅游恩格尔系数对我国城乡居民生活质量和幸福度的跟踪试验》，《社会科学家》2018年第2期。

第四章

乡村文旅促进共同富裕的政策脉络

第一节 政策文本的总体概况

一 政策背景

随着我国经济社会的快速发展，人们的消费水平和能力逐渐上升，消费观念也在快速变化，单一的传统旅游产品已经难以对游客产生较强的吸引力。因此，文化与旅游融合的理念，成为中国旅游业未来一段时间的重要发展趋势。文化与旅游融合的理念最初在2009年发布的《文化部、国家旅游局关于促进文化与旅游结合发展的指导意见》中提出，文件中明确指出各地要从构建社会主义和谐社会的高度，采取积极措施加强文化与旅游结合，切实推动社会主义文化大发展大繁荣。此后若干年里，我国发布了众多与文旅产业相关的政策文件，如表4-1所示，充分说明党和国家对文旅工作的重视。随着2018年国家文化部和旅游局的合并，我国文旅产业迈入新的发展阶段，遵循"宜融则融，能融尽融，以文促旅，以旅彰文"的政策指导意见，朝着高质量发展的方向迈进。

其中，乡村文旅融合发展作为文旅融合的重要途径，已成为推动乡村振兴、促进共同富裕、满足人民美好生活需要的重要力量。在新的时代背景下，乡村文旅产业发展将有别于传统旅游模式，更加注重乡村旅游的文化功能、休闲康养和教育功能，注重旅游体验向更丰富的方向发展。邓爱民和卢俊阳（2020）将2014—2018年看作我国乡村旅游发展的转型升级阶段，认为多元化、多层次旅游产品将更好地满足现代游客的需求。[①] 这

---

① 邓爱民、卢俊阳：《文旅融合中的乡村旅游可持续发展研究》，中国财政经济出版社2020年版。

正如表4-1所示，在2014年之后，乡村文旅产业发展也更多地出现在国家重要文旅融合政策文件当中，为乡村文旅产业提供政策指引、确定发展方向，这对带动贫困地区脱贫致富，促进乡村繁荣稳定，具有重要意义。

表4-1　2009—2023年国家重要乡村文旅产业政策文件（部分）

名称	时间	内容示例
《文化部、国家旅游局关于促进文化与旅游结合发展的指导意见》[1]	2009年8月31日	各地要从构建社会主义和谐社会的高度，以"树形象、提品质、增效益"为目标，采取积极措施加强文化与旅游结合，切实推动社会主义文化大发展大繁荣
《国务院关于加快发展旅游业的意见》[2]	2009年12月1日	以大型国际展会、重要文化活动和体育赛事为平台，培育新的旅游消费热点
《关于进一步加快发展旅游业促进社会主义文化大发展大繁荣的指导意见》[3]	2011年11月16日	继续引导、支持和规范文化旅游名街、名镇发展，加快推进文化旅游实验区、示范区建设，探索建设文化旅游特色产业聚集区
《关于推动文化创意和设计服务与相关产业融合发展的若干意见》[4]	2014年2月26日	支持开发康体、养生、运动、娱乐、体验等多样化、综合性旅游休闲产品，建设一批休闲街区、特色村镇、旅游度假区，打造便捷、舒适、健康的休闲空间
《国务院关于促进旅游业改革发展的若干意见》[5]	2014年8月4日	大力发展乡村旅游。依托当地区位条件、资源特色和市场需求，挖掘文化内涵，发挥生态优势，突出乡村特点，开发一批形式多样、特色鲜明的乡村旅游产品
《国务院办公厅关于进一步促进旅游投资和消费的若干意见》[6]	2015年8月11日	立足当地资源特色和生态环境优势，突出乡村生活生产生态特点，深入挖掘乡村文化内涵，开发建设形式多样、特色鲜明、个性突出的乡村旅游产品，举办具有地方特色的节庆活动

---

[1] 中华人民共和国文化和旅游部．文化部、国家旅游局关于促进文化与旅游结合发展的指导意见［EB/OL］（2023-06-03）．https：//zwgk.mct.gov.cn/zfxxgkml/scgl/202012/t20201206_918160.html．

[2] 中华人民共和国中央人民政府．国务院关于加快发展旅游业的意见［EB/OL］（2023-06-03）．https：www.gov.cn/zhengce/zhengceku/2009-12/03/content_3983.htm．

[3] 中华人民共和国中央人民政府．关于进一步加快发展旅游业促进社会主义文化大发展大繁荣的指导意见［EB/OL］（2023-06-23）．https：//www.gov.cn/gzdt/2011-11-30/cintent_2007093.htm．

[4] 中华人民共和国中央人民政府．关于推动文化创意和设计服务与相关产业融合发展的若干意见［EB/OL］（2023-03-24）．https：//www.gov.cn/gongbao/content/2014/content_2644807.htm．

[5] 中华人民共和国中央人民政府．国务院关于促进旅游业改革发展的若干意见［EB/OL］（2023-06-23）．https：//www.gov.cn/gorgbao/content/2004/content_2745924.html．

[6] 中华人民共和国中央人民政府．国务院办公厅关于进一步促进投资和消费的若干意见［DB/OL］（2023-06-23）．https：//www.gov.cn/gongbao/content/2015/content_2916958.htm．

续表

名称	时间	内容示例
《关于推动文化文物单位文化创意产品开发若干意见的通知》①	2016年5月11日	支持文化资源与创意设计、旅游等相关产业跨界融合,提升文化旅游产品和服务的设计水平,开发具有地域特色、民族风情、文化品位的旅游商品和纪念品
《关于促进全域旅游发展的指导意见》②	2018年3月22日	深入挖掘历史文化、地域特色文化、民族民俗文化、传统农耕文化等,实施中国传统工艺振兴计划,提升传统工艺产品品质和旅游产品文化含量
《国务院办公厅关于进一步激发文化和旅游消费潜力的意见》③	2019年8月23日	积极发展休闲农业,大力发展乡村旅游,实施休闲农业和乡村旅游精品工程,培育一批美丽休闲乡村,推出一批休闲农业示范县和乡村旅游重点村
《关于深化"互联网+旅游"推动旅游业高质量发展的意见》④	2020年11月30日	推进乡村旅游资源和产品数字化建设,打造一批全国智慧旅游示范村镇。支持旅游景区运用数字技术充分展示特色文化内涵,积极打造数字博物馆、数字展览馆等,提升旅游体验
《关于加强县域商业体系建设促进农村消费的意见》⑤	2021年6月11日	鼓励文旅、民俗等资源丰富的乡镇推动商旅文娱体等融合发展,吸引城市居民下乡消费
《关于推动文化产业赋能乡村振兴的意见》⑥	2022年3月21日	坚持以文塑旅、以旅彰文,推动创意设计、演出、节庆会展等业态与乡村旅游深度融合,促进文化消费与旅游消费有机结合,培育文旅融合新业态新模式

---

① 中华人民共和国中央人民政府.关于推动文化文物单位文化创意产品开发若干意见的通知［DB/OL］(2023 – 06 – 03). https：//www.gov.cn/zhongce/zhengceku/2016 – 05/16/content – 0573722.htm.

② 中华人民共和国中央人民政府.关于促进全域旅游发展的指导意见［DB/OL］(2023 – 06 – 23). https：//www.gov.cn/zhengce/zhengceku/2018 – 03/22/content – 5276447.htm.

③ 中华人民共和国中央人民政府.国务院办公厅关于进一步激发文化和旅游消费潜力的意见［DB/OL］(2023 – 06 – 03). https：//zwgk.mct.gov.cn/zfxxgkml/cyfz/202012/t20201213_919359.html.

④ 中华人民共和国中央人民政府.关于深化"互联网+旅游"推动旅游业高质量发展的意见［DB/OL］(2023 – 06 – 03). https：//www.gov.cn/zhengce/zhengceku/2020 – 11/30/content_5566046.htm.

⑤ 中华人民共和国商务部.关于加强县域商业体系建设促进农村消费的意见［EB/OL］(2023 – 06 – 03). https：//www.mofcom.gov.cn/2cfb/zgdwjjmywg/art/2021/art_278546336d8a4cf19194edoob48dc600.html.

⑥ 中华人民共和国中央人民政府.关于推动文化产业赋能乡村振兴的意见［DB/OL］(2023-06-03). https：//www.gov.cn/gongbao/content/2022/content_5705845.htm.

续表

名称	时间	内容示例
《关于推动非物质文化遗产与旅游深度融合发展的通知》①	2023年2月17日	支持将非物质文化遗产与乡村旅游、红色旅游、冰雪旅游、康养旅游、体育旅游等结合，举办"非遗购物节""非遗美食节"等活动，发展非物质文化遗产旅游

发展乡村旅游是实现乡村振兴的重要抓手，通过在乡村旅游开发的过程中融入文化之"魂"，能够实现乡村文旅产品的多元化和特色化，培育游客消费热点，助推当地产业振兴。我国乡村文旅长久以来大多是依靠政府主导模式获得快速发展（银元和李晓琴，2018）②，地方政府在乡村文旅产业发展中起到推动、引导和监管的作用，能够参与到乡村旅游发展的各个阶段，是推动乡村文旅产业高质量发展的主要力量。目前，学术界对于乡村文旅产业政策的研究已有不少，但大多聚集于国家层面，而国家政策要依靠地方政府这一关键主体来聚焦落实，因此，研究地方性乡村文旅产业政策的变化十分必要（张素敏，2022）。③

浙江省是全国最早开始实践乡村振兴战略的省份之一，文旅产业作为乡村振兴的重要战略之一也受到了浙江省政府的重视。仅从数据来看，截至2023年，浙江拥有全国乡村旅游重点村镇54家，民宿1.98万家，就业人数超15万，2022年度实现经营总收入514.6亿元，全省农民收入中旅游贡献率为11.5%，且休闲农业和乡村旅游产业规模超千亿元，这都离不开政府的支持。浙江省乡村文旅产业融合意识萌芽较早，早在2003年就作出了实施"千村示范、万村整治"工程的重大决策，不断提升乡村的环境、设施和服务，为浙江省乡村文旅产业发展打下坚实基础。浙江省的政策文件中也广泛涉及乡村旅游和文化相融合，如表4-2所示，颁布《关于印发浙江省诗路文化带发展规划的通知》《关于推进文化和旅游产业深度融合高质量发展的实施意见》等重要文件，坚持"以文塑旅、以旅彰文"，注重文旅融合在乡村的实践路径，提出"一户一景、一村一

---

① 中华人民共和国文化和旅游部. 关于推动非物质文化遗产与旅游深度融合发展的通知［DB/OL］.（2023-06-03）. https：//zwgk.mct.gov.cn/zfxxgkml/fwzwhyc/202302/t20230222_939255.html.

② 银元、李晓琴：《乡村振兴战略背景下乡村旅游的发展逻辑与路径选择》，《国家行政学院学报》2018年第5期。

③ 张素敏：《地方政府在促进科技成果转化过程中的注意力配置——基于15个省域政策文本的NVivo分析》，《河南师范大学学报（自然科学版）》2022年第3期。

画、一镇一特色、一域一天地"的发展目标,为浙江乡村振兴战略实施和乡村文旅产业发展提供良好的政策环境。

表4-2　　2007—2023年浙江省重要乡村文旅产业政策文件(部分)

名称	时间	内容示例
《浙江省文化事业发展"十一五"规划》[1]	2007年3月1日	在加强保护的同时,创新思路和工作方法,把民族民间艺术的开发利用与旅游业相结合,挖掘民族民间艺术的文化内涵,提升旅游景点的文化含量
《浙江省文化服务业"十二五"发展规划》[2]	2011年8月14日	依托浙江丰富的自然生态人文旅游资源,推进文化与旅游产业的融合发展,大力发展民俗文化、水乡古镇、生态文化、海洋文化、畲族风情等文化旅游,打响"诗画江南、山水浙江"的文化旅游品牌
《浙江省人民政府关于印发浙江省旅游业发展"十二五"规划的通知》[3]	2012年7月14日	以旅游强镇和旅游特色村为基础,重点培育一批乡土气息浓郁、文化特色鲜明、综合品质优良的精品乡村旅游目的地
《浙江省旅游条例》[4]	2015年9月25日	鼓励创新村集体经营管理模式,建设具有乡村特点、民族特色、历史记忆的特色村落,鼓励城乡居民利用自有住宅或者其他条件兴办民宿和农家乐
《浙江省旅游业发展"十三五"规划》[5]	2016年12月5日	因地制宜促进红色旅游与生态旅游、海洋旅游、乡村旅游等的有机结合,丰富红色旅游产品业态,增强红色旅游的综合功能
《关于贯彻落实中国传统工艺振兴计划的实施意见的通知》[6]	2017年12月13日	充分发挥非遗主题小镇和民俗文化旅游村在传统工艺振兴中的带动作用,助力经济社会发展,使当地民众受益
《关于印发之江文化产业带建设规划的通知》[7]	2018年6月11日	打造以艺术家村落、手工匠人村落等为特色,集乡村旅游、文化创意、民俗体验、运动休闲、养生健身等功能于一体的创客村落

---

[1] 浙江省文化广电和旅游厅. 浙江省文化事业发展"十一五"规划[EB/OL] (2023-06-03). https://ct.zj.gov.cn/art/2007/3/1/art_ 1229678764_ 4984128.html.

[2] 浙江省文化广电和旅游厅. 浙江省文化服务业"十二五"发展规划[EB/OL] (2023-06-03). https://ct.zj.gov.cn/art/2011/3/8/14/art_ 1229678764_ 4984155.html.

[3] 浙江省人民政府. 浙江省人民政府关于印发浙江省旅游业发展"十二五"规划的通知[EB/OL] (2023-06-03). https://www.zj.gov.cn/art/2012/7/14/art_ 1229019364_ 63408.html.

[4] 浙江省文化广电和旅游厅. 浙江省旅游条例[EB/OL] (2023-06-03). https://www.ct.zj.gov.cn/art/2015/9/25/art_ 122967855_ 2422713.html.

[5] 浙江省人民政府. 浙江省旅游业发展"十三五"规划[EB/OL] (2023-06-03). https://www.zj.gov.cn/art/2017/1/5/art_ 1229019365_ 61554.html.

[6] 浙江省文化广电和旅游厅. 关于贯彻落实中国传统工艺振兴计划的实施意见的通知[EB/OL] (2023-06-03). https://ct.zj.gov.cn/art/2018/1/2/art_ 1229678763_ 4983354.html.

[7] 浙江省人民政府. 浙江省人民政府关于印发之江文化产业带建设规划的通知[EB/OL] (2023-06-23). https://zheng.zj.gov.cn/policyweb/httpservice/showinfo.clo? infoid = 444670c55efc49c6b31fo123be16730b.

续表

名称	时间	内容示例
《浙江省人民政府关于印发浙江省诗路文化带发展规划的通知》①	2019年10月1日	重塑历史文化村落的传统脉络。挖掘和保护一批文化底蕴丰厚的诗路文化古村，开发一批农业特色村落，以特色农业渔业+观光旅游，打造"一村一名人、一村一首诗"的诗路名村品牌体系
《浙江省人民政府关于推进乡村产业高质量发展的若干意见》②	2020年8月28日	依托乡村景观、历史文化等资源，大力发展果蔬采摘、农事体验等休闲农业，做大农家乐和民宿经济，建设森林康养、生态旅游基地
《浙江省消费升级"十四五"规划》③	2021年3月31日	加大古城、古镇、古村保护开发力度，实施文化和旅游融合发展"金名片"工程，推动演艺、非物质文化遗产和文物资源等与旅游产业融合发展
《浙江省旅游业发展"十四五"规划》④	2021年5月20日	全面提升乡村旅游。坚持乡村旅游与未来乡村生活相适应、与乡村振兴相融合，探索未来乡村旅游模式
《浙江省人民政府关于推进文化和旅游产业深度融合高质量发展的实施意见》⑤	2022年11月19日	打造乡村休闲旅游首选地。深化"村景区化"工程，深入挖掘农耕文化，推进农文旅融合，优化乡村运营模式，探索发展未来乡村旅游
《浙江省乡村旅游促进办法》⑥	2023年2月17日	鼓励对历史文化名村、历史建筑、不可移动文物等进行保护性利用，通过民间艺术表演、民风民俗呈现、非物质文化遗产展示体验、文化创意产品开发等形式，促进文化与乡村旅游产业的融合

山区作为浙江省的重点发展对象，得到了省政府和相关市政府的全力政策支持。2003年以来，浙江坚定不移沿着"八八战略"指引的路子，"进一步发挥浙江的山海资源优势，大力发展海洋经济，推动欠发达地区跨越式发展，努力使海洋经济和欠发达地区的发展成为我省经济新的增长点"，山海协作工程持续推进，沿海发达地区与欠发达山区积极开展全方

---

① 浙江省人民政府. 浙江省人民政府关于印发浙江省诗路文化带发展规划的通知 [EB/OL] (2023-06-03). https://www.zj.gov.cn/art/2019/10/9/art_ 1229620706_ 23932229.html.

② 浙江省人民政府. 浙江省人民政府关于推进乡村产业高质量发展的若干意见 [EB/OL] (2023-06-03). https://www.zj.gov.cn/art/2020/8/28/art_ 1229017138_ 1271743.html.

③ 浙江省人民政府. 浙江省消费升级"十四五"规划 [EB/OL] (2023-06-03). https://www.zj.gov.cn/art/2021/5/25/art_ 1229505857_ 229982.html.

④ 浙江省人民政府. 浙江省旅游业发展"十四五"规划 [EB/OL] (2023-06-03). https://www.zj.gov.cn/art/2021/5/27/art_ 122903592_ 2299981.html.

⑤ 浙江省人民政府. 浙江省人民政府关于推进文化和旅游产业深度融合高质量发展的实施意见 [EB/OL] (2023-06-03). https://www.zj.gov.cn/art/2022/11/30/art_ 1229019364_ 2449032.html.

⑥ 浙江省人民政府. 浙江省乡村旅游促进办法 [EB/OL] (2023-06-03). https://www.zj.gov.cn/art/2023/2/27/art_ 1229604638_ 2459354.html.

位、多层次的交流合作，浙江省山区 26 县在乡村文旅产业发展方面得到了快速发展。相关市政府找准发展契机，陆海统筹，协作互补，出台了大量针对当地乡村文旅产业的政策，如表 4-3 所示，推动浙江省山区 26 县跨越式高质量发展，加快缩小地区发展差距。截至 2021 年 12 月，全省山区 26 县县域乡村文旅产业发展远超全国平均水平，休闲农业和乡村旅游产业规模超千亿元，勾勒出从先行先富到带动后富再到共享共富的致富图景。

表 4-3　浙江省山区 26 县近年乡村文旅产业政策文件（部分）

市域	县域	时间	名称
杭州市	淳安县	2023 年 4 月 7 日	《淳安县全域旅游发展与空间布局规划》
金华市	武义县	2023 年 3 月 17 日	《武义县人民政府关于全面推进旅游业高质量发展的若干意见》
	磐安县	2023 年 7 月 25 日	《磐安县人民政府关于公布第七批县级文物保护单位的通知》
丽水市	莲都区	2022 年 8 月 8 日	《莲都区文旅体领域经济稳进提质十条措施》
	龙泉市	2023 年 7 月 10 日	《龙泉市文化和广电旅游体育局关于公布第二批市级文化示范户、乡村文化能人名单的通知》
	青田县	2023 年 7 月 12 日	《关于下达 2020 年度第三批青田县美丽乡村示范村（精品村）创建项目资金的通知》
	云和县	2022 年 9 月 28 日	《关于下达云和县实施乡村振兴战略之产业兴旺政策 26 条政策兑现补助资金（2021 年度第四批、2022 年度第一批农事节庆活动）的通知》
	庆元县	2023 年 4 月 6 日	《庆元县加快提升县城承载能力和深化"千村示范、万村整治"工程实施方案（2023—2027 年）》
	缙云县	2022 年 10 月 24 日	《缙云县文化和广电旅游体育局关于印发〈"浙文惠享"省民生实事工程"15 分钟品质文化生活圈"、城市书房、文化驿站、乡村博物馆建设认定及管理办法〉的通知》
	遂昌县	2023 年 7 月 25 日	《遂昌县农业农村局+遂昌县财政局关于下达第三批未来乡村建设项目实施计划的通知》
	松阳县	2023 年 5 月 29 日	《松阳县人民政府办公室关于印发松阳县文旅深度融合工程实施方案（2023—2027 年）的通知》
	景宁畲族自治县	2023 年 9 月 27 日	《关于印发〈景宁畲族自治县畲家民宿农家乐发展 2023 年度实施方案〉的通知》

续表

市域	县域	时间	名称
衢州市	龙游县	2023年6月21日	《关于促进龙游县文旅融合高质量发展的若干政策意见》
	柯城区	2023年4月25日	《柯城区全面推进文旅融合高质量发展若干政策意见》
	衢江区	2019年12月3日	《关于改善节假日旅游出行环境促进旅游消费的实施意见》
	江山市	2022年1月24日	《江山市加快文化旅游体育高质量发展的若干政策意见》
	常山县	2021年10月25日	《常山县文化和广电旅游体育局关于做好2021年"常山漫居"民宿验收准备工作的通知》
	开化县	2023年5月15日	《开化县文旅深度融合工程实施方案（2023—2027年）》
台州市	三门县	2022年9月20日	《关于印发三门县乡村振兴产业扶持政策实施意见（试行）的通知》
	天台县	2020年10月29日	《天台县省级休闲乡村和省级农家乐集聚村创建实施细则》
	仙居县	2023年3月10日	《仙居县人民政府关于印发〈仙居县推进全域旅游高质量发展实施意见〉的通知》
温州市	永嘉县	2022年5月12日	《永嘉县人民政府办公室关于印发永嘉县促进全域旅游发展扶持办法的通知》
	平阳县	2023年6月16日	《关于印发平阳县文旅深度融合工程实施方案（2023—2027年）的通知》
	苍南县	2023年8月12日	《关于开展2023年度星级农家乐申报与审核工作的通知》
	文成县	2022年5月10日	《文成县促进全域旅游发展扶持奖励办法》
	泰顺县	2022年12月30日	《关于印发泰顺县财政衔接推进乡村振兴补助资金和项目管理实施细则的通知》

通过对浙江省乡村文旅产业政策的初步梳理，可以发现乡村文旅产业在政策中出现的频次在提升，地位也在提高，其演进过程有迹可循，具备一定的典型性和研究价值。因此，本章将以浙江省出台的与乡村文

旅产业发展相关的政策文本为研究对象，采用内容分析法，对浙江省省级乡村文旅产业相关政策在各个时期的政策主体、政策工具和政策目标进行分析，采用政策文本计量法对浙江省山区 26 县的乡村文旅产业相关政策文件进行政策效力分析，由此概括出浙江省乡村文旅产业发展的演进特征与经验，为未来浙江省乡村文旅产业相关政策的发展提出一些有价值的思考。

二 研究设计

（一）数据来源

本章以浙江省人民政府、浙江省文化和旅游厅、浙江省山区 26 县人民政府等网站为数据源，以"乡村文化""乡村旅游""乡村文旅"等与乡村文旅产业有关的词汇为关键词，分别对浙江省级和山区 26 县的法规文件政策文本进行全文检索，检索时间范围为 1949 年 7 月 29 日（浙江省人民政府成立）至 2023 年 6 月。选取标准如下：（1）发文单位为浙江省人民政府和浙江省山区 26 县人民政府组成部门，包括浙江省人民政府办公厅、浙江省发改委、浙江省文化和旅游厅、浙江省山区 26 县人民政府办公室、浙江省山区 26 县文化和旅游局等发布的政策文件；（2）政策内容与乡村文旅产业直接相关，剔除研究意义不大的文本，如批复、函、名单公示、会议通知等；（3）政策类型主要选择通知、意见、规划等类型文件；（4）已失效文件不予选取，对于乡村旅游示范项目创建活动等具有连续性的政策文件，只计入一次。最终共获取浙江省省级乡村文旅产业相关政策文本共 59 份，浙江省山区 26 县县级乡村文旅产业相关政策文本共 315 份。

（二）分析框架

本章采用内容分析法和政策文本计量法对浙江省省级乡村文旅产业政策文本、浙江省山区 26 县县级乡村文旅产业政策文本进行分析，通过政策编码、内容分析、词频统计等，从政策数量、主题、工具、颁布主体、目标、效力和空间分布等角度量化分析浙江省乡村文旅产业政策文本。最后，结合浙江省乡村文旅产业政策的演进态势，剖析现状与问题，提出建议。具体研究框架见图 4-1。

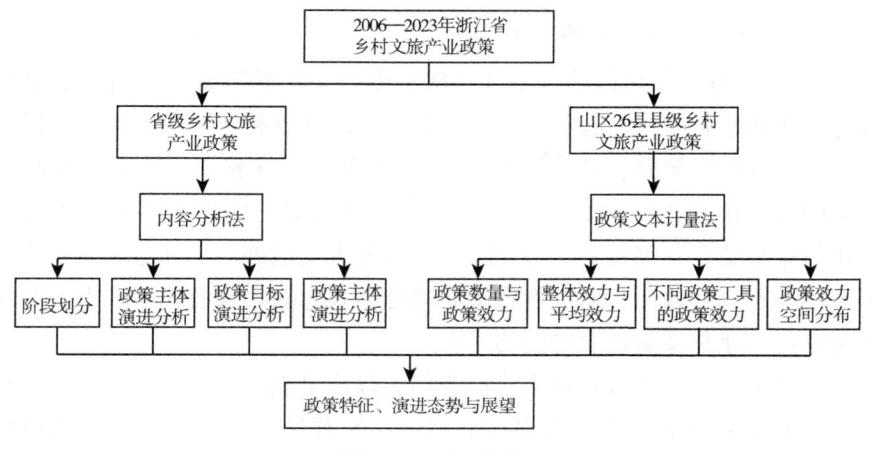

第四章　乡村文旅促进共同富裕的政策脉络　113

图 4-1　研究框架

第二节　政策文本的统计特征——基于浙江省的视角

一　浙江省乡村文旅产业政策文本阶段划分

浙江省有关乡村文旅产业政策年度发文数量增长趋势见图 4-2。从图中可以看出，浙江省在 2006 年就出台了有关乡村文旅产业的政策，政策文本发布数量多、时间跨度大。根据政策发布数量的变化情况和特征，本章将浙江省乡村文旅产业政策文本的演进阶段划分为 2006—2013 年、2014—2018 年和 2019 年至今三个阶段。

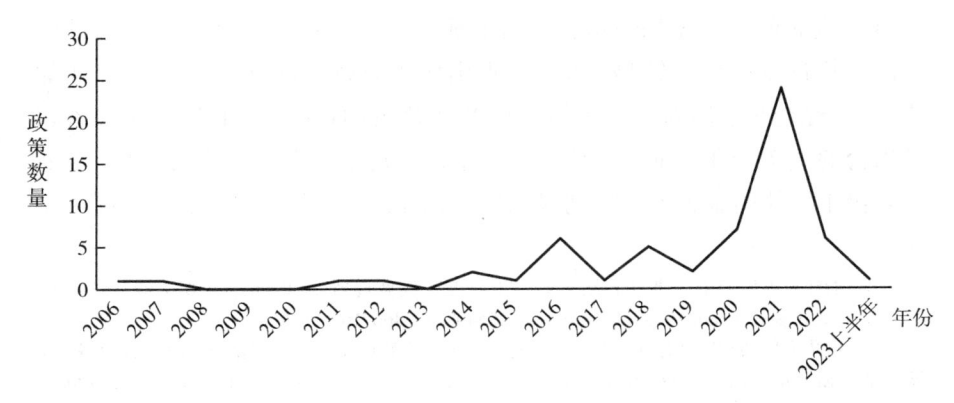

图 4-2　浙江省乡村文旅产业政策发布数量时间分布

资料来源：根据本书整理得到浙江省乡村文旅产业政策库。

（一）第一阶段：2006—2013年

浙江省2006年出台的《浙江省旅游业"十一五"发展规划》最早同时将文化和旅游放在一起赋能乡村产业，强调可以利用当地浓郁的民俗风情适度开发生态旅游、乡村休闲产品[①]。自此，浙江省文旅产业相关政策制定的进程正式开始。2009年国家发布《文化部 国家旅游局关于促进文化与旅游结合发展的指导意见》，首次提出文旅融合的观念[②]。为了与国家政策保持一致性，浙江省将文旅融合的观念融入政府规划当中，并关注到乡村产业与文旅产业之间的联系。

在该阶段，浙江省乡村文旅产业相关政策呈现出以下特点：一是乡村文旅产业相关政策文本多出现在战略性、宏观性、综合性的中长期规划中，如《浙江省旅游业"十一五"发展规划》《浙江省文化事业发展"十一五"规划》《浙江省旅游业发展"十二五"规划》等，为乡村文旅产业发展提出引领性建议。二是乡村文旅产业涉及内容较少、较浅，多以概述性语句出现在报告当中，与其他文旅产业相关的内容融合在一起，并未形成单独的条例、事项。

该阶段文件并未明确提出文旅融合概念，但文化与旅游活动相结合的思想已经蕴含在其中，乡村文旅产业的发展也得到一定关注。

（二）第二阶段：2014—2018年

经过多年的发展，乡村文旅产业有了显著成效，逐步进入大众的视野。2014年，农业部公布了我国第一批美丽乡村示范名单，这极大地增强了各地区对于建立美丽乡村的信心，并陆续出台针对性文件。浙江省2014年发布的《关于加快培育旅游业成为万亿产业的实施意见》文件中提出"推进乡村旅游转型升级""把山区生态优势转化成为旅游产业优势"，已经初步显露浙江省乡村文旅产业政策的概念[③]。此后，浙江省相继出台的《关于印发浙江省旅游风情小镇创建工作实施办法的通知》《浙江省慢生活休闲旅游示范村创建工作实施办法》《浙江省农业农村厅关于

---

① 浙江省人民政府.浙江省旅游业"十一五"发展规划[EB/OL].(2023-06-03). https://www.zj.gov.cn/art/2023/11/18/art_1229540824_4667162.html.
② 中华人民共和国文化和旅游部.文化部 国家旅游局关于促进文化与旅游结合发展的指导意见[EB/OL].(2023-06-03). https://zwgk.mct.gov.cn/zfxxgkml/scgl/202012/t20201206_g18160.html.
③ 浙江省文化广电和旅游厅.关于加快培育旅游业成为万亿产业的实施意见[EB/OL].(2023-06-03). https://ct.zj.gov.cn/art/2014/11/10/art_1229678759_2422243.html.

保障农村一二三产业融合发展用地促进乡村振兴的指导意见》等文件正式将乡村文旅产业的概念提升到一个新的高度，多次强调乡村文旅产业的带动作用，鼓励各区域大力发展乡村文旅。

在该阶段，浙江省有关乡村文旅产业的政策数量正在上升，主要呈现以下特点：一是乡村文旅产业开始以单独文件、单独条例的形式出现在政策文件当中，例如《浙江省人民政府办公厅关于印发浙江省旅游业发展"十三五"规划的通知》[①] 将"在精准施策中做强乡村旅游"作为一个单独的板块，提出要充分利用当地文化推进乡村旅游品质提升；二是有关乡村文旅产业政策内容的具体性、实际性和可操作性提升，例如"建设旅游风情小镇""充分利用历史文化村落""充分利用公共文化场所和文化产业平台"等指向性明确的措施在该阶段政策中出现频率增加。

相较于第一阶段，第二阶段浙江省颁布有关乡村文旅产业政策的步伐加快，颁布周期减短，其表现形式也逐渐多样化，内容丰富度多有增强，乡村文旅产业在更多方面得到了体现。

(三) 第三阶段：2019 年至今

2018 年 10 月，浙江省整合省文化厅、省旅游局的职责，组建省文化和旅游厅，浙江省乡村文旅产业政策进入新的发展时期，相继出台的《浙江省人民政府关于推进乡村产业高质量发展的若干意见》[②]《浙江省乡村旅游促进办法》[③] 等文件均重点提出乡村文旅产业在促进共同富裕中起到的重要作用，乡村文旅产业发展获得的政策支持力度空前。

在该阶段，浙江省每年相关政策文件出台量大大增加，政策发布数量上升趋势明显，整体处于高频率发文状态，主要呈现以下特点：一是更加注重乡村文旅产业的内核提升，多次提出"促进农村一、二、三产业融合发展""加快数字乡村发展""富民行动"等，政策内容更加细致，落脚点更加明确；二是区域特色更加鲜明，出台的《浙江省人民政府关于

[①] 浙江省人民政府. 浙江省人民政府办公厅关于印发浙江省旅游业发展"十三五"规划的通知 [EB/OL] (2023 - 06 - 03). https://www.zj.gov.cn/art/2017/1/5/art_ 1229019365_ 61554.html.

[②] 浙江省人民政府. 浙江省人民政府关于推进乡村产业高质量发展的若干意见 [EB/OL] (2023-06-03). https://www.zj.gov.cn/art/2020/8/28/art_ 1229017138_ 1271743.html.

[③] 浙江省人民政府. 浙江省乡村旅游促进办法 [EB/OL] (2023-06-03). https: www.zj.gov.cn/art/2023/5/5/art_ 1229728322_ 2476023.html.

印发浙江省诗路文化带发展规划的通知》①《浙江省人民政府办公厅关于印发浙江省生态海岸带建设方案的通知》② 等文件中都有涉及乡村文旅产业的开发，是更具浙江特色的乡村文旅发展路径；三是乡村文旅产业出现在各个产业的规划当中，例如除了《浙江省旅游业发展"十四五"规划》《浙江省文化改革发展"十四五"规划》之外，《浙江省自然资源发展"十四五"规划》《浙江省数字经济发展"十四五"规划》《浙江省社会发展"十四五"规划》《浙江省消费升级"十四五"规划》等政策文件中均提及了乡村文旅产业，为乡村文旅产业的发展提供强大的政策支持，并督促乡村文旅产业规范发展。

总体来说，该阶段的乡村文旅产业政策呈现出以下特点：首先，政策数量多，涵盖多个乡村文旅相关领域和方面；其次，内容涉及范围广泛，包括但不限于乡村文旅的产业发展、文化传承、要素投入、环境保护等多个层面；最后，政策针对性强、区域性强、更加具有操作性，能精准高效地发挥政策作用，将浙江省乡村文旅产业推向更高的发展高度。

二 浙江省乡村文旅产业政策主体演进分析

在所检索、筛选、收录到本书研究政策库的相关政策文件中，从2006年至今，浙江省共有25个政府机构参与乡村文旅产业相关政策的发文（如表4-4所示），其中，浙江省发改委、浙江省人民政府和浙江省人民政府办公厅占据主要地位，在全部59份政策文件中，单个机构独立发文的乡村文旅产业政策共46份，多个机构联合发文共13份。

阶段一（2006—2013年），在这一阶段，国家相关法规政策对于文化和旅游两者之间的融合尚且初现苗头，浙江省对于乡村文化和乡村旅游产业的发展尚处在探索阶段，对乡村文旅产业发展的重要性还不够重视。故而，在这一时期，多是在浙江省发改委所发布的五年规划文件中提及乡村旅游和乡村文化产业发展，局限于宏观层面上的整体规划。其他的相关机构，如2009年挂牌成立的浙江省文化厅和浙江省旅游局，在这一时期就没有发布与乡村文旅产业相关的政策法规。在这一阶段，有关乡村文旅

---

① 浙江省人民政府. 浙江省人民政府关于印发浙江省诗路文化带发展规划的通知 [EB/OL]. (2023-06-03). https：//www.zj.gov.cn/art/2019/10/9/art_ 1229019364_ 55443. html.
② 浙江省人民政府. 浙江省人民政府办公厅关于印发浙江省生态海岸带建设方案的通知 [EB/OL] (2023-06-03). https：//www.zj.gov.cn/art/2020/7/2/art_ 1229019365_ 1216123. html.

产业的政策文件都是单个政策主体独立发文,并没有出现多主体联合发文的情况,说明当时的浙江省乡村文旅产业发展尚不成熟,机构间的协同行动较少,距离形成联合发文网络还有很大差距。在这八年中,浙江省省级层面上所发布的政策法规对于乡村文旅发展趋势的关注不高,体现在相关政策法规文件中提及乡村文化、乡村旅游等相关内容的篇幅较少。这一时期,中央对于乡村旅游产业的发展作了宏观布局,针对乡村旅游、乡村文化的发展出台了《加快发展我国休闲农业和乡村旅游的若干建议》《中共中央办公厅、国务院办公厅关于进一步加强农村文化建设的意见》等一些政策文件,但是在省级层面上,聚焦于乡村旅游和乡村文化的政策法规还未出现,尚未与国家层面上的法规文件相结合从而构建一个全方位的政策支持体系。说明在该阶段,浙江省地方政府在政策细化方面稍显滞后,乡村文旅产业在地方产业中的地位还不高。

表 4-4　　2006 年至今浙江省各政府机构发文情况分布(部分)

发文机构	发文次数	独立发文次数	联合发文次数
浙江省发改委	25	14	11
浙江省人民政府	15	15	0
浙江省人民政府办公厅	11	11	0
浙江省文化和旅游厅	6	4	2
浙江省自然资源厅	3	0	3
浙江省财政厅	3	0	3
浙江省商务厅	3	0	3
浙江省旅游局	2	1	1
浙江省住房和城乡建设厅	2	0	2
浙江省人民代表大会常务委员会	1	1	0
浙江省交通运输厅	1	0	1
浙江省经济和信息化委员会	1	0	1
浙江省经济和信息化厅	1	0	1
浙江省林业局	1	0	1
浙江省农业农村厅	1	0	1
浙江省市场监督管理局	1	0	1
浙江省文化厅	1	0	1

续表

发文机构	发文次数	独立发文次数	联合发文次数
浙江省公安厅	1	0	1
浙江省乡村振兴局	1	0	1

资料来源：根据本书整理得到浙江省乡村文旅产业政策库。

阶段二（2014—2017年），随着国家开始制定有关文化和旅游产业相融合的相关政策，浙江省部分政府机构开始关注乡村文化和乡村旅游产业，如浙江省旅游局、浙江省文化厅、浙江省财政厅、浙江省人民代表大会常务委员会等，但浙江省人民政府和浙江省人民政府办公厅依旧处于主导地位。这一阶段所发布的政策文件，相较于上一阶段的宏观发展规划，开始出现创建旅游风情小镇、旅游示范村以及保障农村三产融合等相关政策，将目光从整体的文化产业和旅游产业发展放到具体的乡村文化和乡村旅游上。在这一时期中，开始出现机构间的联合发文，但是数量较少，仅有两份合作发文政策文件，说明此时浙江省政府机构间的联合发文网络尚不成熟，机构之间的相互协同效应还不明显。

阶段三（2019年至今），2018年，国家文化和旅游部正式挂牌成立，同年10月25日，将原浙江省旅游局、浙江省文化厅职责整合之后，浙江省文化和旅游厅正式挂牌。之后，文化和旅游部等十七部门联合印发了《关于促进乡村旅游可持续发展的指导意见》（孟凡丽等，2023）[①]，深刻影响了该阶段的乡村文旅产业相关政策发展，基本构建了我国乡村旅游政策体系。在国家政策的指导下，浙江省结合地方实际情况发布大量有关发展乡村文旅产业的政策文件，与前两个阶段相比，内容更加全面、聚焦，涵盖了从宏观的发展规划到具体的措施各个层面的政策文件。这些政策文件的发文主体仍以浙江省发改委、浙江省人民政府、浙江省人民政府办公厅三大机构为主，但是在这一阶段，越来越多的机构参与到乡村文旅产业政策的制定之中，如浙江省商务厅、浙江省农业农村厅、浙江省住房和城乡建设厅、浙江省自然资源厅等多达20个机构与浙江省发改委、浙江省文化和旅游厅等机构开展联合发文，联合发文数量显著增加。在这一阶段的全部45份政策文件中，机构间联合发文的政策文件多达11份。

---

① 孟凡丽、芦雲峰、高霞霞：《政策工具视角下我国乡村旅游政策研究——基于国家政策文本的量化分析》，《贵州民族研究》2023年第1期。

为了更直观地分析这一阶段政策主体之间的联合发文情况，本章使用ROSTCM6软件中内嵌的社会网络分析功能绘制如下网络图。

在图4-3中，方块之间的连线表示两个发文机构之间有联合发文行为，连线上的数字表示联合发文次数，连线粗细与联合发文次数有关。在这一阶段，虽然浙江省人民政府和浙江省人民政府办公厅的发文频次高，但是并没有与其他机构进行联合发文，故而在图4-3中并无体现。由图直观得知，2019年至今，浙江省各政府发文主体之间已经形成了以浙江省发改委为核心的联合发文网络，说明浙江省将乡村文旅产业发展纳入地方经济和社会发展规划之中，浙江省对乡村文旅产业的重视程度不断提高。从联合发文的频次来看，浙江省商务厅、浙江省自然资源厅与浙江省发改委之间就乡村文旅这一主题所发布政策的联合发文次数最多，说明这一阶段的乡村文旅产业政策较多涉及浙江省的自然生态和经济发展层面。除此之外，浙江省住房和城乡建设厅、浙江省农业农村厅等也曾与浙江省发改委、浙江省文旅厅联合发文。

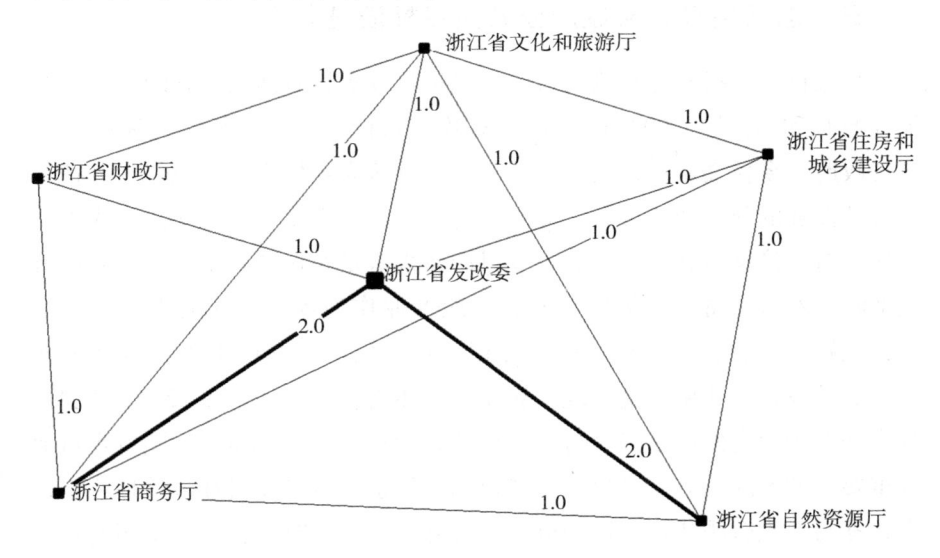

图4-3 2018年至今乡村文旅政策主体联合发文社会网络

资料来源：根据本书整理得到浙江省乡村文旅产业政策库。

乡村文旅产业的发展需要多元主体的参与，政策的制定也体现出越来越明显的联合特征，在政策制定的过程中各个部门机构得以充分发挥自身优势，使得政策更加具有针对性和科学性，更加促进各个部门在发展乡村文旅产业发展过程中的协同配合。同时，多政策主体联合发文为政策制定提供了多元视角，使得制定的政策文件能够覆盖到乡村文旅产业发展的各个方面，扩大了政策的影响范围，有效地促进了乡村文旅产业的全面发展，也与这一阶段所发布的政策文件更加实际、更加聚焦、覆盖面更广的特点相呼应，这种联合发文方式为浙江省乡村文旅产业的全面繁荣提供了有力支持，也体现出浙江省在政策细化上所做的努力，对于乡村文旅产业的发展更加重视。

综上所述，浙江省的乡村文旅产业政策主体演进呈现以下趋势：以浙江省发改委、浙江省人民政府、浙江省人民政府办公厅为主要发文主体，浙江省文化和旅游厅的发文次数快速增加，参与政策制定的主体越来越多，各个机构之间的联合发文意识逐渐增强，反映出浙江省乡村文旅产业政策的针对性越来越强、精准性越来越高、更加具有可行性和科学性。但是，目前在联合发文网络中核心还是浙江省发改委，浙江省文旅厅在乡村文旅产业政策的联合发文行为上还有待加强。

三　浙江省乡村文旅产业政策目标演进分析

政策目标既指制定政策的目的，也指政策实施后预期达到的目标和效果（赵媛和胡怡婷，2021）[①]，通过对政策目标的深入剖析，能够把握浙江省政府对乡村文旅工作的关注核心。本章认为乡村文旅产业作为一种关联带动性强的新型产业形态，兼具经济、社会、文化、生态功能，成为新时代农村经济发展新的增长点。乡村产业兴盛是农村高质量发展、农民就业增收、农村可持续发展的基石，文旅产业作为乡村产业的重要组成部分，能够带动餐饮、住宿、加工等相关行业发展，并衍生出各种新型业态，驱动乡村产业由传统向现代转变（辛本禄和刘莉莉，2022）[②]。同时，社会和谐的稳定发展是提升村民获得感和幸福感的重要路径，随着乡村治理重要性的不断提升，乡村文旅产业的开发也将赋能乡村社区治理，强化多元参与，契合现代社会治理诉求。此外，进入新时代，生态文明的建设和乡村文化的交流也成了新时代乡村文旅产业发展的重要战略目标，能够满足人民群众对乡村美好生活的物质与精神双需求，实现从休闲体验与文

[①] 赵媛、胡怡婷：《面向〈公共图书馆服务规范〉修订的中英公共图书馆服务标准比较研究》，《国家图书馆学刊》2021年第1期。

[②] 辛本禄、刘莉莉：《乡村旅游赋能乡村振兴的作用机制研究》，《学习与探索》2022年第1期。

化认同的双提升。据此，本章将浙江省乡村文旅产业政策目标分为产业兴盛、社会和谐、文化繁荣、生态文明四大类。

（一）政策文本编码分类与统计

在本章中，对59份政策文本中与乡村文旅产业目标相关的内容进行了系统抽取，为了更好地分析这些信息，按"政策文件编码—内容单元序号"的方式进行编码。例如，第一份政策文本中与乡村文旅产业政策目标相关的第一个内容单元编码为G01-1，具体编码结果和内容分析单元编码结果如表4-5所示，最终共整理出内容单元220个。本章在参考其他学者对政策目标的子分类的情况下，对现有内容单元进行归纳概括，并根据乡村文旅产业的特定语境，对子分类进行完善，最终共提炼概括出12个子分类，如表4-6所示。

表4-5　浙江省乡村文旅产业政策文本政策目标分类部分示例

政策名称	出台时间	内容分析单元	编码	所属政策目标	子类目
《浙江省旅游业"十一五"发展规划》	2006年11月	适度开发生态旅游、乡村休闲产品	G01-1	产业兴盛	产品丰富
		以保护和改善生态环境，挖掘乡土文化为重点，提升乡村旅游品位	G01-2	产业兴盛	产业发展
		加强全省旅游标准化工作，加快制定和实施乡村旅游、生态旅游和旅游信息化的地方标准	G01-3	产业兴盛	发展规范
……					
《浙江省人民政府关于推进乡村产业高质量发展的若干意见》	2020年8月	乡村新产业新业态加快发展，"互联网+""旅游+""康养+"等产业融合势头更加强劲	G24-1	产业兴盛	产业发展
		深挖农村非物质文化遗产资源，加强传统工艺保护与传承	G24-2	文化繁荣	文化传承
		依托乡村景观、历史文化等资源，大力发展果蔬采摘、农事体验等休闲农业	G24-3	产业兴盛	产品丰富
		强化传统非物质文化遗产工艺与产品创意开发，做好古镇古村古建筑修缮保护与开发利用	G24-4	文化繁荣	文化传承
……					

资料来源：根据本书整理得到浙江省乡村文旅产业政策库。

表 4-6　　　　　　　浙江省乡村文旅产业政策目标分类框架

政策目标	细分维度	内涵解释
产业兴盛	产业发展	基于资金、人才、技术（数字化）、用地等要素的支持保障，各种旅游基地、示范区、平台的建设，促进乡村文旅产业的高质量发展，进而促进共同富裕
	产品丰富	开发具有地方特色的文旅产品，开展文旅活动，推动形成种类丰富的产品体系；应用新兴技术创新产品等
	发展规范	制定行业标准、指标体系；完善各项相关制度；实施监督管理；助推乡村文旅产业的规范化高质量发展
	结构优化	通过文旅产业的发展带动相关产业联动发展，推动一、二、三产业的融合发展，推动产业结构升级；促进文化和旅游的深度融合，推动多产业之间融合发展，积极发展新产业新业态；引导乡村旅游形成产业集群，创建和运营文旅品牌等
	市场培育	通过宣传推广、拓展客源市场等方式，扩大市场影响力和品牌知名度；推动实现乡村文旅产业开放发展
社会和谐	乡村建设	通过乡村道路、旅游专线等基础设施与乡村公共服务体系的建设，塑造美丽乡村的风貌；乡村旅游社区的治理转型；发展全域旅游、乡村旅游，助推乡村文旅产业发展，实现共同富裕
	富民增收	通过发展乡村文旅，拓宽致富渠道，为农民提供就业机会，助力富民增收；缩小收入差距，推动区域协调发展，强调分配过程中的效率和公平问题；畅通向上渠道，鼓励农民积极参与乡村旅游建设，创造更多致富机会；通过旅游扶贫工作，带动贫困地区群众脱贫致富，共享乡村文旅发展收益
	城乡融合	强调城乡的协调发展，通过发展乡村文旅，推动城乡要素平等交换和公共资源合理配置，促进城乡双向流动开放，促进城乡融合发展
文化繁荣	文化传承	充分挖掘乡村的文化资源，对其进行保护利用并能进行创造性的转化，促进传统文化的传承与活态发展
	文明乡风	通过开展文化工程，培养乡村旅游人才队伍（文化保护人才队伍），完善乡村文化服务体系，提升乡村文化体验，塑造乡村文明风尚，培育乡村现代文明，促进村民文化素养提升，增强村民的文化自信，丰富村民的精神生活，实现乡风文明
生态文明	环境友好	在乡村旅游建设过程中协同推进绿色建设和生态建设，开发绿色生态的旅游产品，提倡绿色新兴技术，规范旅游开发行为。实现生态和资源的代际分配公平，走乡村旅游可持续发展道路
	美丽宜居	完善乡村基础设施，开展环境治理工作，优化乡村居住环境，建设美丽乡村，促进乡村生态宜居

（二）总体分析

通过对浙江省乡村文旅产业政策文本的政策目标整体情况进行统计，如表 4-6 所示，可知浙江省乡村文旅产业政策中兼顾了产业兴盛、社会和谐、文化繁荣、生态文明四大类政策目标，具备多样的表现形式和显著的特点与趋势，主要表现在以下几个方面：

一是产业兴盛的政策目标占据主导地位。浙江省乡村文旅产业兴盛的政策目标占比50%以上，远远大于其他三类政策目标。这说明浙江省对乡村文旅发展促进产业兴盛的重视，强调乡村文旅产业在经济发展中的重要性，关注乡村文旅产业与其他产业之间的耦合性，表现了浙江省政府希望通过发展乡村文旅实现文旅产业结构多元化、产品丰富化、发展规范化的愿景。

二是文化繁荣、生态文明的政策目标占比较低。浙江省乡村文旅产业政策目标中，文化繁荣和生态文明的占比不足20%，这说明浙江省乡村文旅产业的发展还是以开发和利用为主，对于后续的可持续发展考虑较少，更多地聚焦在乡村文旅产业的振兴作用上，还未充分发挥文化和生态在乡村文旅产业发展中的重要作用。

三是不同政策目标内部也存在明显的倾向性。产业兴盛政策目标中以产业发展、产品丰富、结构优化为主，说明浙江省十分重视乡村文旅产业的经济带动作用。社会和谐政策目标中以乡村建设为主，说明浙江省乡村建设还是处于需要完善的阶段，政府大力支持乡村基础设施的建设，为乡村文旅产业的发展奠定坚实的基础。文化繁荣政策目标中以文化传承为主，说明政府在文化方面较为注重文化的开发、传播和传承，认可文化在乡村文旅产业发展中的引领作用。

(三) 演进分析

由统计和分析可得，浙江省乡村文旅产业的政策目标在各个阶段具备明显的演进趋势：

在第一阶段（2006—2013年），整体上有关乡村文旅产业政策较少，因此所体现的政策目标也较少，多集中在产业兴盛类。该阶段浙江省乡村文旅产业还处于起步阶段，政府开始认识到乡村文旅在产业兴盛方面的促进作用，但并未特别注意乡村文旅产业在社会和谐、文化繁荣、生态文明方面的作用，浙江省对于乡村文旅产业的认知还是比较局限与单一。

在第二阶段（2014—2018年），整体来看，政策目标出现频率有了大幅度的上升，仍然以产业兴盛类的政策目标为主，社会和谐类的政策目标数量也有明显的增长，而生态文明类的政策目标依旧出现较少。在该阶段，产业兴盛类政策目标中新出现了市场培育，说明浙江省开始注重政府在乡村文旅中起到的角色作用；社会和谐类政策目标中开始出现富民增收、城乡融合，说明浙江省将乡村文旅产业发展纳入乡村共富、城乡融合的发展战略当中，丰富了乡村振兴的方式与路径；文化繁荣类政策目标数量有所增加，浙江省对于文旅融合下的乡村文旅产业发展有了更深的理解，开始注重乡村文旅产业在精神层面的建设；生态文明类政策目标与上一阶段差别不大，该阶段浙江省对于乡村文旅产业生态方面的监管和责任承担、机制还未健全。

在第三阶段（2019年至今），相较于前两个阶段，各类政策目标的数量都显著增长，类型也更加多样，产业兴盛类的政策目标依旧占据主导地位，社会和谐类和文化繁荣类政策目标的出现频次也增多，生态文明类政策目标开始出现。在该阶段，政府在重视文旅产业发展和产品丰富的同时，对市场培育、优化和监管的支持力度也在增加，文旅产业发展的重心依旧在产业兴盛的目标上；社会和谐类的政策目标中，乡村建设的比例大幅增加，且更多地加入了"全域""数字化""智慧化"等内容，说明政府在乡村建设方面的与时俱进，同时也更加注重共同富裕背景下的乡村产业建设；文化繁荣类政策目标中出现文明乡风的目标，说明浙江省开始重视村民、乡村人才的素质培养，推动乡村文旅产业硬件和软件的"双提升"；生态文明类政策目标的出现，体现了浙江省对于实现生态与经济双赢的坚定目标，政府对生态环境保护和美丽宜居乡村打造的意识逐渐增强。此外，该阶段政策所体现的政策目标综合性增强，相互关联，相互交织，使得有关乡村文旅产业的政策完整性和有效性提高。

总之，从2006年至今，浙江省乡村文旅产业的政策目标呈现从单一性向多样性转变、从低关联向高关联转变的趋势，政府对乡村文旅产业的理解不断深化，认知也更加清晰与明确。

表4-7　　　　　　浙江省乡村文旅产业政策目标情况总览

政策目标	子类目	历年总数量（个）	总占比（%）	数量（个）第一阶段（2006—2013年）	数量（个）第二阶段（2014—2018年）	数量（个）第三阶段（2019年至今）
产业兴盛	产业发展	52	23.6	1	11	40
	产品丰富	26	11.8	1	5	20
	发展规范	17	7.7	1	0	16
	结构优化	23	10.5	2	3	18
	市场培育	8	3.6	0	1	7

续表

政策目标	子类目	历年总数量（个）	总占比（%）	数量（个） 第一阶段（2006—2013年）	第二阶段（2014—2018年）	第三阶段（2019年至今）
产业兴盛类总计		126	57.3	5	20	101
社会和谐	乡村建设	28	12.7	1	3	24
	富民增收	17	7.7	0	6	11
	城乡融合	6	2.7	0	1	5
社会和谐类总计		51	23.2	1	10	40
文化繁荣	文化传承	31	14.1	1	5	25
	文明乡风	7	3.2	0	0	7
文化繁荣类总计		38	17.3	1	5	32
生态文明	环境友好	3	1.4	0	0	3
	美丽宜居	2	0.9	0	0	2
生态文明类总计		5	2.3	0	0	5

资料来源：根据本书整理得到浙江省乡村文旅产业政策库。

四 浙江省乡村文旅政策工具演进分析

通过对浙江省所发布的乡村文旅产业相关政策文件中的政策工具分析，能够帮助我们更好地把握政策的倾向，发现政策之中的不足之处。在本章中，政策工具的分类借鉴国内外政策文件演进分析中常用的分类标准（Rothwell 和 Zegveld，1985）[1]，将政策工具分为供给型、环境型、需求型三大类型。

以检索、整理、入库的全部浙江省省级乡村文旅产业相关政策文件文本为原始资料，运用扎根理论对原始政策资料的内容分析单元（即政策文本中与乡村文旅产业相关的文本内容）进行分析，依次对文本内容进行编码，对文本内容进行归纳分析，同时参考了黄锐、谢朝武等人在对中国文旅产业政策演进分析中的研究分类（黄锐等，2021）[2]。最终，在三大政策

---

[1] Rothwell R, Zegveld W. *Reindusdalization and Technology*. London：Logman Group Limited，1985：83-104.
[2] 黄锐、谢朝武、李勇泉：《中国文化旅游产业政策演进及有效性分析——基于2009—2018年政策样本的实证研究》，《旅游学刊》2021年第1期。

工具类型之下，从原始政策资料中总结出 13 个政策工具子目类（如表 4-8 所示），使得整体的政策工具类型划分与本章内容和主题更加适配。

表 4-8　　　　　　　　　　政策工具内涵解释

政策类型	细分维度	内涵解释
供给型	基础设施	包括道路、水电、厕所、垃圾等基础设施以及发展乡村文旅产业所必需的餐饮、住宿、购物、消费等配套设施的规划、建设和改造等
	人才支持	通过人才培训、人才引育等方式为乡村文旅产业发展提供人才保障
	资金投入	政府直接以财政投入、政策补贴等形式支持乡村文旅产业的高质量发展
	用地支持	通过给予用地指标、放宽用地限制、鼓励土地资源活化利用等方式促进乡村文旅产业的发展
	数字技术	利用信息数字技术，推进乡村数字化治理、建立乡村旅游资源信息库、搭建数字化平台，以促进对乡村文旅产业发展的监测运营，推进数字化乡村的建设、智慧文旅乡村的建设等
	公共服务	通过建立公共服务平台，提供旅游公共服务，提高乡村的公共服务能力等方式，为乡村文旅产业的发展提供支撑和保障
环境型	策略性措施	通过实施乡村文旅精品工程、建设乡村旅游示范区、共同富裕示范区，挖掘整理乡村文旅资源、完善相关体制等措施，以尽快实现政策目标
	目标规划	结合乡村文旅产业发展现状与社会环境，制定乡村文旅产业发展的相关目标与规划
	法规监管	为了规范乡村文旅的发展，制定各种法规条例、指标标准体系等，以规范乡村文旅产业在开发、经营和管理过程中的行为
	金融支持	为乡村文旅企业、乡村旅游经营者、农户等提供信贷支持，鼓励和支持保险机构开发符合乡村旅游特点和市场需求的保险产品和服务等
需求型	市场培育	通过品牌推广、宣传促销等方式培育消费市场，开拓乡村文旅市场
	社会参与	鼓励农民、企业和社会组织等力量参与到乡村文旅产业中
	政府购买	政府部门直接或间接购买乡村文旅产品，以此促进乡村文旅产业的发展

其中，供给型政策工具是指政府从乡村文旅产业发展的供给侧出发，以提供基础设施、人才、资金、技术、用地支持等多种要素支持，促进乡村文旅企业等多元主体参与到乡村文旅产业中，并在政策文本中体现这一理念；环境型政策工具多是政府通过制定政策目标和具体策略、给予金融支持和法规监管等措施，为乡村文旅产业发展创造良好的环境，间接推动

乡村文旅产业发展；需求型政策工具则是通过培育文旅需求市场、鼓励各个主体积极参与、政府直接采购等方式，从需求侧拉动乡村文旅产业发展。

（一）政策文本编码及统计

对纳入本章政策库的全部 59 份政策文本中与乡村文旅产业发展相关的具体内容进行提取，并按照"文件编号—内容序号"的格式进行编码，其中，政策文件编号按照时间顺序从过去到现在依次编号，内容序号按照在文件中出现的先后顺序进行编号；例如，第一份政策文件中，第一次出现与乡村文旅产业发展相关的内容分析单元，编码为 T01-01，以此标准对全部内容分析单元进行编码，最终共整理出 220 个内容分析单元，部分内容分析单元编码情况如表 4-9 所示。

表 4-9　　　　　　　政策工具内容分析单元编码部分示例

政策名称	出台时间	内容分析单元	编码	工具类型	政策工具
		……			
《浙江省人民政府关于印发浙江省旅游业发展"十二五"规划的通知》	2012年7月14日	积极支持革命老区发展旅游业……拓展提升国家级和省级红色旅游经典景区，促进红色旅游与乡村生态旅游、休闲度假旅游的融合发展	T03-01	环境型	策略性措施
		以旅游强镇和旅游特色村为基础，重点培育一批乡土气息浓郁、文化特色鲜明、综合品质优良的精品乡村旅游目的地	T03-02	环境型	策略性措施
《浙江省旅游业"十一五"发展规划》	2013年11月18日	用当地浓郁的民俗风情、良好的生态环境，适度开发生态旅游、乡村休闲产品	T04-01	环境型	目标规划
		以保护和改善生态环境，挖掘乡土文化为重点，提升乡村旅游品位，加快建设 100 个旅游特色乡镇和 1000 个特色旅游村	T04-02	环境型	策略性措施
		加强全省旅游标准化工作，加快制定和实施乡村旅游、生态旅游和旅游信息化的地方标准	T04-03	环境型	法规监管
		……			

续表

政策名称	出台时间	内容分析单元	编码	工具类型	政策工具
《浙江省乡村旅游促进办法》	2023年2月17日	村民委员会应当引导农民保护和合理利用乡村旅游资源，协助有关部门和乡镇人民政府做好乡村旅游服务管理、纠纷处理等工作	T59-03	供给型	公共服务
		……			
		农村集体经济组织可以在符合规划和用途管制的前提下，依法以集体经营性建设用地使用权入股、联营等方式与其他单位、个人共同开办乡村旅游企业	T59-12	需求型	社会参与
		……			
		鼓励金融机构通过提高贷款额度、延长贷款期限等方式，为符合条件的乡村旅游经营者提供多渠道的信贷支持	T59-26	环境型	金融支持
		……			

资料来源：根据本书整理得到浙江省乡村文旅产业政策库。

（二）整体分析

本章对浙江省乡村文旅产业发展政策工具的整体使用情况进行统计分析，结果如表4-10所示。浙江省的乡村文旅产业发展相关政策中，兼具供给型、环境型、需求型三大类型的政策工具，政策工具子目类别也比较丰富，基本上涵盖了乡村文旅产业发展的各个维度。但是通过分析可知，在政策工具的具体使用情况上，不同政策工具的使用是存在差异的，甚至会出现使用失衡的情况，其中主要体现在以下两个方面：

一是在三大类政策工具中，环境型政策工具占据主导地位。由表4-10可知，在本章全部220个内容分析单元中，使用了环境型政策工具的就有152个，占全部内容分析单元的69.1%，远远超过对供给型和需求型政策工具的使用。由此说明，浙江省倾向于为乡村文旅产业的发展创造良好的发展环境，以此推动乡村文旅产业发展，相比之下，在对乡村文旅企业等主体提供政策支持、创造市场需求等方面则有所欠缺。

二是在不同类型的政策工具内部，子工具的使用也存在较为明显的使用倾向。例如，在环境型政策工具中，策略性措施和目标规划两个子目类占比分别为59.87%和26.32%，这说明浙江省十分重视对乡村文旅产业发展宏观层面的提前规划部署，在制定发展目标的同时，提出了诸多策略性措施；在供给型政策工具中，浙江省主要关注基础设施建设及数字技术支持等方面，但是相较于环境型政策工具中存在明显倾向的情况，供给型政策工具中各子工具的使用偏好并不是特别明显，人才、资金、用地和公共服务等维度在内容分析单元中都有较多体现，说明浙江省对于乡村文旅产业发展的供给侧政策支持较为全面；在需求型政策工具中，鼓励农民、企业和社会组织等力量参与到乡村文旅产业发展中的社会参与政策工具使用占需求型工具的 53.85%，说明浙江省非常重视提高各市场主体参与到乡村文旅产业发展的积极性，同时也重视对于需求市场的培育。

（三）演进分析

通过上述分析可知，在横向整体维度上政策工具的使用存在差异化，以下将从纵向维度上对不同阶段的政策工具使用进行分析，如表 4-10 所示，在各个阶段的政策工具使用情况也具有显著差异性，且演进态势较为明显。

第一阶段（2006—2013 年），在这一阶段，浙江省关于乡村文旅产业发展的相关政策较少，直接导致内容分析单元数量少，同时政策工具的使用不多且类型单一。该阶段中，浙江省仅使用了环境型政策工具，其中以策略性措施和目标规划为主，这说明在该阶段浙江省政府的目光主要聚焦在行业发展的宏观层面，倾向于对乡村文旅产业发展的未来做规划、提措施。由于环境型政策工具难以在短期内发挥出作用，故而在这一时期，浙江省乡村文旅产业发展的政策推动因素较为单一，产生的拉力微弱，对于乡村文旅产业发展的促进作用并不突出。

第二阶段（2014—2018 年），虽然开始出现供给型和需求型政策工具，但是依旧以环境型为主导。在这一阶段，共 42 个内容分析单元中有 24 个使用了环境型的策略性措施政策工具，使用频次最高，与第一阶段不同的是，这一时期的策略性措施中，开始出现较多的示范项目建立等相关内容，说明浙江省开始注意到示范区、示范项目对于乡村文旅产业发展的引领和榜样作用。值得关注的是，在新出现的政策工具中，供给型政策工具中的基础设施和数字技术、需求型政策工具中的社会参与使用频次也较高，说明浙江省开始注意到乡村旅游配套基础设施的建设和在乡村文旅发展过程中数字技术的应用，同时也力求通过政策支持，促进农民、企业等市场主体积极参与到文化和旅游产业发展之中，推动乡村文旅产业高质量发展。总的来说，相较于上一阶段，该阶段的政策工具使用类型更加丰富，开始使用供给型和需求型政策工具，从单一类型到涵盖全部三种政策类型，政策对于乡村文旅产业发展的拉力作用开始大幅增强。

第三阶段（2019年至今），与之前的两个阶段相比较，这一阶段由于发文数量急剧上升，故而三种类型的政策工具使用频次都得到大幅提升，比上一阶段同比增长300%左右，浙江省对于供给型和需求型政策工具的关注得到大幅提升，二者之间的使用差异较上一阶段有所扩大，这一阶段供给型政策工具使用频次是需求型的4.8倍，上一阶段仅为2.3倍。在对政策工具子工具的使用情况上，这一阶段出现了新的政策工具，如人才支持、政府购买。虽然这一阶段中环境型政策工具依旧占据主体地位，但是与上一阶段相比，这一阶段的供给型政策工具使用占比明显提高，从上一阶段的16%提高至28%，说明政府从设施、人才、资金等方面增强了对乡村文旅产业的供给，在促进乡村文旅产业的要素投入方面加大了政策力度，政策对乡村文旅产业繁荣的直接推动力度得到加强。同时，在环境型政策工具中，法规监管的使用频次大幅提高，说明浙江省开始重视对行业发展的规范，以规范乡村文旅产业在开发、经营和管理中的行为，更好地推动乡村文旅产业发展。综上所述，在这一时期，环境型政策工具仍然是浙江省主要的政策工具，并同时与创造供给的供给型政策推动力、创造需求的需求型政策拉动力相配合，使得这一阶段的政策更加有力，更全面地推动乡村文旅产业发展，政策推动产业发展的有效性大幅提升。

综上所述，浙江省乡村文旅产业发展政策工具演进呈现出类型逐渐丰富、使用逐渐平衡的总趋势，政策有效性也随之逐渐增强。然而，环境型政策工具一直以来都占据着主导地位，政策主要通过支持产业发展环境来促进乡村文旅产业发展，相较之下，供给型和需求型政策工具使用较为有限，政策对乡村文旅产业发展的推动力尚不足，仍有提升的空间。

表4-10　　　　　　　浙江省乡村文旅产业政策工具情况总览

政策类型	政策工具	历年总数量（个）	总占比（%）	数量（个） 第一阶段（2006—2013年）	第二阶段（2014—2018年）	第三阶段（2019年至今）
供给型	基础设施	13	5.91	0	2	11
	人才支持	8	3.64	0	0	8
	资金投入	4	1.82	0	1	3
	用地支持	9	4.09	0	1	8
	数字技术	14	6.36	0	2	12
	公共服务	7	3.18	0	1	6

续表

政策类型	政策工具	历年总数量（个）	总占比（%）	数量（个）		
				第一阶段（2006—2013年）	第二阶段（2014—2018年）	第三阶段（2019年至今）
供给型总计		55	25.00	0	7	48
环境型	策略性措施	91	41.36	4	24	63
	目标规划	40	18.18	2	6	32
	法规监管	15	6.82	1	0	14
	金融支持	6	2.73	0	2	4
环境型总计		152	69.09	7	32	113
需求型	市场培育	5	2.27	0	1	4
	社会参与	7	3.18	0	2	5
	政府购买	1	0.45	0	0	1
需求型总计		13	5.91	0	3	10

资料来源：根据本书整理得到浙江省乡村文旅产业政策库。

第三节　政策文本的对比特征
——基于浙江省山区26县的视角

一　政策效力的量化评估维度与标准

政策效力是政策影响力的重要体现。彭纪生等（2008）[1] 在技术创新政策的文本量化研究中，构建了包含政策力度、政策措施和政策目标的三维度政策文本量化评估模型，得到了国内学者的广泛认同。例如黄锐等（2021）[2] 就以该模型为基础建立了中国文化旅游产业政策力度评估模型并进行了量化分析。该模型中，政策力度的大小主要取决于政策的制定、发布机构，而对政策目标的评分主要考虑其内容的主体性和明确性，因此政策力度与政策目标的相互影响能够比较精准地反映出浙江省山区26县乡村文旅产业相关政策的实际影响。政策目标的清晰度和可量化性至关重

---

[1] 彭纪生、仲为国、孙文祥：《政策测量、政策协同演变与经济绩效：基于创新政策的实证研究》，《管理世界》2008年第9期。

[2] 黄锐、谢朝武、李勇泉：《中国文化旅游产业政策演进及有效性分析——基于2009—2018年政策样本的实证研究》，《旅游学刊》2021年第1期。

要，政策目标的实现程度与目标的可量化程度有关（Harmelink 等，2008）。[①] 故而在政策量化研究中，通常要考虑政策目标是否是可量化的，是否可以在政策实施过程中有效地通过具体指标来考察政策实施成效。Cools 等（2012）[②] 在交通政策研究中将政策措施分为强硬型和温和型，并探究了两种政策措施对政策效力的作用机理的区别。因此，我们在对政策效力进行量化评估分析的过程中，也需要考虑到不同的政策措施是如何影响政策效力的，并对其中的作用机理进行探索性研究（芈凌云和杨洁，2017）[③]。

在上述研究的基础上，为了全面地评估浙江省山区 26 县乡村文旅产业的政策效力，本章政策效力量化研究中所用研究模型主要涵盖政策力度、政策目标和政策措施三个方面，并基于此模型对浙江省山区 26 县乡村文旅产业政策的效力进行量化研究。

政策力度（Policy Power）：用于衡量政策的力度和影响力，本章依据政策发布机构和政策公文的级别来评估各政策文件的力度，政策发布机构的级别和影响力越大，通常意味着政府更加积极地推动政策的实施，政策文件也可能产生更大的影响力。

政策目标（Policy Goal）：指政府（政策制定者）所设定的政策预期目标，在本章研究中用于描述政策文本预期目标的准确性、清晰程度和可度量程度。在政策量化评估中，目标的具体性和可度量程度往往会影响政策的执行效果，目标越清晰具体，政策执行效果就越容易得到反馈和监督，因而政策目标的得分也就越高。

政策措施（Policy Method）：指政府为实现政策预期目标所采用的具体方法和手段（芈凌云和杨洁，2017）[④]。不同政策措施选择的使用方式会直接影响政策的效果和实现政策目标的可能性。

政策力度（Power）的评估根据政策类型和政策颁布的机构级别来进行，本章参照彭纪生等的政策力度评价手册，将其应用于浙江省山区 26

[①] Harmelink M, Nilsson L, Harmsen R. Theory- based policy evaluation of 20 energy efficiency instruments. *Energy Efficiency*, 2008, 1 (2): 131-148.

[②] Cools M, Brijs K, Tormans H, et al. Optimizing the implementation of policy measures through social acceptance segmentation. *Transport Policy*, 2012, 22 (3): 80-88.

[③] 芈凌云、杨洁：《中国居民生活节能引导政策的效力与效果评估——基于中国 1996—2015 年政策文本的量化分析》，《资源科学》2017 年第 4 期。

[④] 芈凌云、杨洁：《中国居民生活节能引导政策的效力与效果评估——基于中国 1996—2015 年政策文本的量化分析》，《资源科学》2017 年第 4 期。

县县级政策，分别赋予 1—5 的分值。政策目标（Goal）考察政策中对目标描述的准确程度和可度量程度，分别赋值 1—5。浙江省山区 26 县促进乡村文旅产业发展的政策措施（Method）多种多样，鉴于各政策措施的关注点和作用机理的差异，我们根据这些措施的共性，参考了 OECD 对政策工具的分类，从措施的具体性和可操作性两个角度综合考量，赋值 1—5，并将其归纳为四种政策工具：命令控制型政策工具（Command-and-control Policy）、经济激励型政策工具（Economic-incentives Policy）、信息引导型政策工具（Informational Policy）和自愿参与型政策工具（Volunteering Policy）。各个维度的赋值标准见表 4-11。

表 4-11　　　　　　　政策效力评价指标及其评分标准

维度	得分	评价详细标准
政策力度	5	浙江省山区 26 县政府办公室发布的与乡村文旅相关的发展规划（如"十四五"规划等）
	4	浙江省山区 26 县文化和旅游局发布的政策文件、县政府办公室发布的其他与乡村文旅相关的政策文件
	3	浙江省山区 26 县文旅相关部门发布的相关政策文件
	2	浙江省山区 26 县其他部门发布的相关政策文件
	1	通知、公告
政策目标	5	政策目标清晰明确且可量化，指出了发展乡村文旅的具体对象、预完成内容、发展项目、方针、原则、计划、完成期限、预期成果等
	3	政策目标清晰，但没有量化的标准
	1	仅仅宏观层面表达发展乡村文旅的愿景和期望
政策措施	命令控制型 5	制定强制执行的准入条件和详细的乡村文旅建设的相关条件、门槛、规范、标准；制定与乡村文旅相关的考核、考察和监督检查办法；制定专门促进乡村文旅的强制性管理办法等
	命令控制型 3	明确要求制定准入条件、门槛、标准；明确要求实施乡村文旅考核、监督检查；明确要求制定推动乡村文旅的相关政策或制度；但均未制定相关方案
	命令控制型 1	政策对乡村文旅的控制和监管宽松，只提及命令控制型政策工具 5 分和 3 分评价标准中的相关内容
	经济激励型 5	在财政预算、补贴、补助、贴息、奖励上给予大力的支持，并提出了财政补助、补贴、投入、奖励的额度或支持办法；从价格、费用、计量等方面大力推进乡村文旅；制定了通过市场培育、政府购买来促进乡村文旅发展的办法或方案
	经济激励型 3	明确提出在财政方面大力支持乡村文旅，但均未提出相关支持额度、制定相关办法或目录；明确提出要通过市场培育、政府购买来促进乡村文旅发展，但均未制定相关实施办法或措施
	经济激励型 1	仅提及或涉及经济激励型政策工具 5 分和 3 分评价标准中的相关内容

续表

维度		得分	评价详细标准
政策措施	信息引导型	5	大力引导乡村重视文旅建设，指出了乡村文旅发展的具体目标与方向，制定相关的发展规划、实施意见，给予充分的发展信息，制定了具体实施办法或方案；制定了详细的产品、消费推荐目录和引导体系等措施
		3	提出要宣传、促进乡村文旅建设，给予一定的发展信息，要求加强对乡村文旅实施标识管理，并要制定产品消费推荐目录，但均未制定相关实施办法或制定相关目录
		1	仅提及或涉及信息引导型政策工具5分和3分评价标准中的相关内容
	自愿参与型	5	制定与乡村文旅发展有关的具体推广活动及推广方式，并要求各乡村具体落实实施；制定了加大乡村文旅发展的实施方案，制定村民参与监督或评价的具体办法等
		3	明确要求要推广乡村文旅，鼓励村民参与，但未制定相关方案
		1	仅提及或涉及自愿参与型政策工具5分和3分评价标准中的相关内容

为了确保本章研究结果的科学性，共邀请了6位高校乡村文旅产业专家根据表4-11中的评分标准，从政策力度、政策目标和政策措施三个维度对政策进行打分（若是一份政策文件中同时使用了多种政策措施，则分别打分计算）。先由各位专家进行背对背独立打分，通过对这些独立评分的比较和分析，寻找各位专家打分差异出现的原因，再共同讨论存在较大差异的具体政策，由此对制定的量化标准表进行逐次修改与优化，并设定差异的阈值范围。经过多轮修改，专家小组最终将打分结果存在的差异控制在合理范围内。在本章政策量化评估中，公式（1）用于计算单一年度政策的整体效力，公式（2）用于计算单一年度政策的平均效力。

$$PMG_i = \sum_{j=1}^{N}(m_j+b_j)p_j \qquad i=[2006，2023] \qquad (1)$$

$$APMG_i = \frac{\sum_{j=1}^{N}(m_j+b_j)p_j}{N} \qquad i=[2006，2023] \qquad (2)$$

鉴于政策颁布和实施之间可能存在一定的时间差异，且政策的实际效果通常在执行过程中才能明确显现，我们需要充分考虑这一时延因素。公式中，i代表政策开始生效执行的年份；N代表第i年开始执行的政策数量；j为第i年开始执行的第j项政策；(m_j+b_j)表示第j项政策的政策措施和政策目标的得分之和；p_j表示第j条政策的政策力度得分；PMG_i是第i年浙江省山区26县乡村文旅产业相关政策的整体效力；$APMG_i$为第i年浙江省山区 26 县乡村文旅产业相关政策的平均效力。

二 浙江省山区 26 县乡村文旅产业政策数量与政策效力的演变分析

（一）政策数量与政策效力的演变和关系分析

2006—2023 年，浙江省山区 26 县所发布的乡村文旅产业政策的政策文件数量、政策整体效力和政策平均效力的演进关系如图 4-4 所示。

浙江省山区 26 县各年的政策数量变化与年政策整体效力的变化基本同步，也就是说，二者呈现相似的演变态势。具体而言，在 2006—2023 年，浙江省山区 26 县乡村文旅产业政策文件数量出现了 4 次增幅峰值，与政策效力的峰值出现时间相同，分别发生在 2008 年、2011 年、2016 年和 2022 年。在 2007 年，国家旅游局确定了首批 66 家 5A 级景区，这不仅是对这些景区的认可，更是对中国旅游业的一次深刻影响，这一举措不仅确立了它们作为中国旅游精品产品的典范，同时还在一定程度上推动了中国旅游产业的升级和优化，激发了广泛的投资和关注，促进了旅游资源更好地开发利用，也为中国的文化传承和推广等提供了重要平台。因此受其影响，2008 年迎来了第一个政策小高峰，各个区县发布的有关文件逐渐增多，例如丽水市景宁畲族自治县发布《进一步加强农村文化建设推动畲乡文化大发展大繁荣的实施意见》、温州市苍南县发布《民族民间艺术资源普查工作方案》、衢州市常山县发布《加快精品旅游发展若干扶持政策》等，均对乡村文旅产业发展有了新的认识，树立了新的开发理念。2011 年与 2016 年是"十二五"规划和"十三五"规划的起始年，浙江省山区 26 县各县都在积极出台规划文件，其中也有相关乡村文旅产业的规划文件，如旅游业、文化体育事业、新农村等发展规划中都将乡村文旅产业发展放在了重要战略地位。在疫情好转的背景下，各项"十四五"规划的出台为县市乡村文旅产业发展提供了方向指引，各县市根据自身实际情况制定适宜的具体实施细则与措施，内容以"文旅纾困、防控优化、规划引领"为核心主旨，并将责任落实到相关部门，保障政策的落地性与有效性，如台州市仙居县发布《仙居县服务业纾困帮扶政策》、温州市永嘉县发布《永嘉县跨越式高质量发展五年行动计划（2021—2025 年）》、丽水市莲都区发布《莲都区文旅体领域经济稳进提质十条措施》等。其中，2012—2019 年浙江省山区 26 县乡村文旅产业政策文件数量整体呈现上升趋势，但在 2018—2019 年政策文件的整体效力变化趋势略小于政策文件数量，这反映了该时期浙江省山区 26 县颁布了大量政策文件，但是政策效力较低，发布的文件在政策力度、政策目标和政策措施上存在一定缺失。在政策平均效力方面，2006—2009 年浙江省山区 26 县的年平均效力呈现明显的上升趋势，之后则与政策文件数量波动趋势相似，但起伏较小，整体长期呈现较为平稳的趋势，分数在 25 分左右。

总体而言，政策整体效力、政策平均效力与政策数量的变化表明：浙江省山区 26 县乡村文旅产业的政策效力很大程度上取决于政策文件数量；政策平均效力有所提升，但提升幅度并不明显；政策质量对政策整体效力提升的贡献尚未充分发挥，表明相关政策质量仍有待进一步完善与提高。

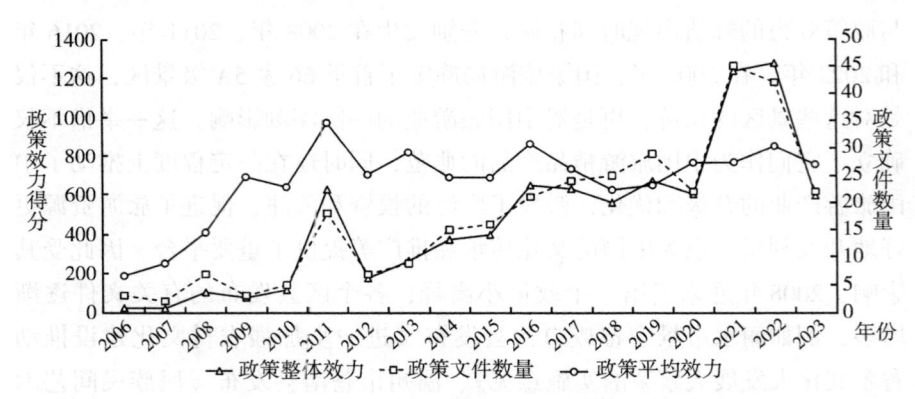

图 4-4　2006—2023 年山区 26 县乡村文旅产业政策数量、年整体效力与年平均效力演变

资料来源：根据本书整理得到浙江省山区 26 县乡村文旅政策库。

（二）政策力度、政策目标和政策措施的分解分析

政策力度、政策目标、政策措施都是影响浙江省山区 26 县政策效力得分的重要因素，因此有必要对这三个维度的得分情况进行分解分析，如图 4-5 所示。

政策力度是影响政策年效力得分的重要因素。政策颁布机构和政策文件的级别通过影响政策力度进而影响政策整体效力，三者之间呈正相关。在 2006—2011 年，浙江省山区 26 县的平均政策力度呈显著上升趋势，主要区别在于早期有关政策多为通知和公告，后来逐渐转为由政策部门提出的意见、规划、方案等，政策力度得到增强。平均政策力度的演变趋势与政策年均效力的趋势相契合，说明浙江省山区 26 县政策效力得分在很大

程度上受到政策力度的影响。具体而言，各县市乡村文旅政策的发文主体主要集中在县政府办公室，县文旅局及其相关部门发文数量相对较少，虽然年均政策力度在上升，但由于发文主体单一，政策效力得分还有较大的提升空间。

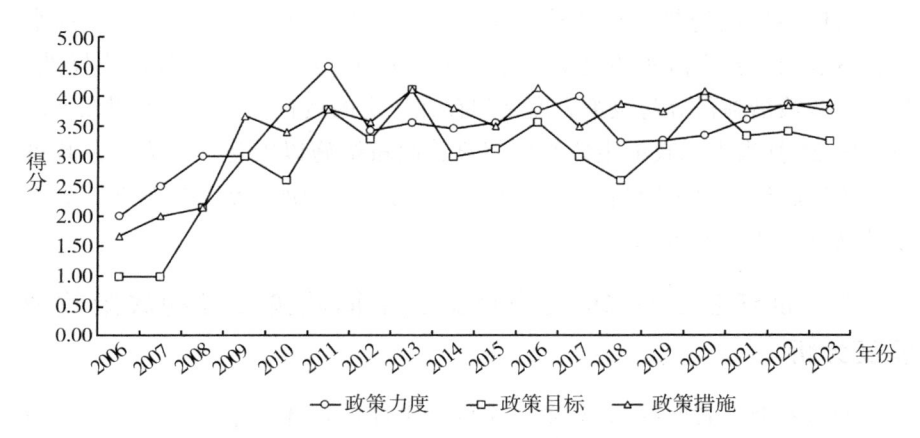

图 4-5　2006—2023 年浙江省山区 26 县乡村文旅产业政策力度、目标、措施平均得分演变

资料来源：根据本书整理得到浙江省山区 26 县乡村文旅产业政策库。

政策目标的准确性、清晰度和可量化程度是影响政策目标得分的主要因素，进而影响政策整体效力（兰梓睿，2021）[①]。相对政策力度和政策措施而言，浙江省山区 26 县乡村文旅的政策目标得分在波动的同时，整体上能够稳定在相同水平范围内，得分较低。尽管政府对于政策内容有详细规定，但很多政策仅在宏观层面表达了对乡村文旅发展的期望，政策目标不够清晰明了，在政策执行过程中很难对其执行效果和政策反馈进行度量和监督，导致政策在执行过程中有关部门和主体缺乏积极性和紧迫感，同时还不利于激发多方主体参与乡村文旅产业发展的能动性，也导致了政策效力相对较低。因此，在政策制定过程中，应该充分考虑政策目标的清晰和可量化程度，以提高政策执行过程中的政策监督和反馈水平，还能吸引多方相关主体充分重视政策内容，在政策执行过程中最大限度地发挥政策应有的效果和影响，从而提高乡村文旅政策的整体效力。

---

① 兰梓睿：《中国可再生能源政策效力、效果与协同度评估——基于 1995—2018 年政策文本的量化分析》，《大连理工大学学报（社会科学版）》2021 年第 5 期。

政策措施得分与政策力度、政策目标有关，宏观性指导性文件的政策措施往往也会更加抽象，原因是政府对于政策实施的具体内容有较为明确的规定，而对于政策落实的具体措施未能给予足够重视。浙江省山区26县乡村文旅政策措施得分在2006—2009年呈现增长趋势，2010—2023年保持长期的稳定趋势，同时相比政策力度、政策目标，得分处于较高水平，这表明各县市落实的政策措施具体，可行性高，具备更强的实操性。另外，政策措施得分与政策力度之间存在一定的负相关关系，说明在浙江省山区26县当中，政策主体级别越高，政策措施以宏观指导为主；政策主体级别越低，政策措施的内容丰富度、可行性增加，更加容易落实到乡镇的文旅产业发展当中。

三 浙江省山区26县乡村文旅不同政策工具的政策效力演变分析

通过对浙江省山区26县乡村文旅政策库的构建，本章将对不同政策工具的政策效力演进进行分析。本书中采用内容分析法和政策文本量化分析，对315份政策文件中所使用的政策工具进行政策效力演变分析。

（一）浙江省山区26县政策工具使用频次分析

如图4-6所示，2006—2015年，四种政策工具的使用频次都较低，但整体来看呈现小幅度上升趋势。2015—2023年，四种政策工具的使用频次呈明显上涨趋势，其中，2018—2019年，随着省文旅厅的成立，乡村文旅产业相关政策文件的发布数量增多，直接导致四种政策工具的使用频次上涨。2019年末开始，受新冠疫情影响，2020年浙江省山区26县乡村文旅产业相关政策文件的发文数量大幅减少，经济激励型、信息引导型和自愿参与型政策工具的使用频次也迎来低谷期，在这一阶段，命令控制型的政策工具使用频次依旧呈现上升趋势，具体分析其文本内容发现，这一时期的命令控制型政策工具多为产业发展的方案实施细则、资金管理具体办法、促进消费的具体实施意见等。在疫情好转后，2022年除命令控制型政策工具之外，其他三种政策工具的使用频次都在攀升，旨在通过经济激励、信息引导等方式加快乡村文旅产业的复苏，促进乡村文旅产业发展。

通过上述分析，并结合图4-6浙江省山区26县的政策工具逐年频次分布情况，得出以下结论：

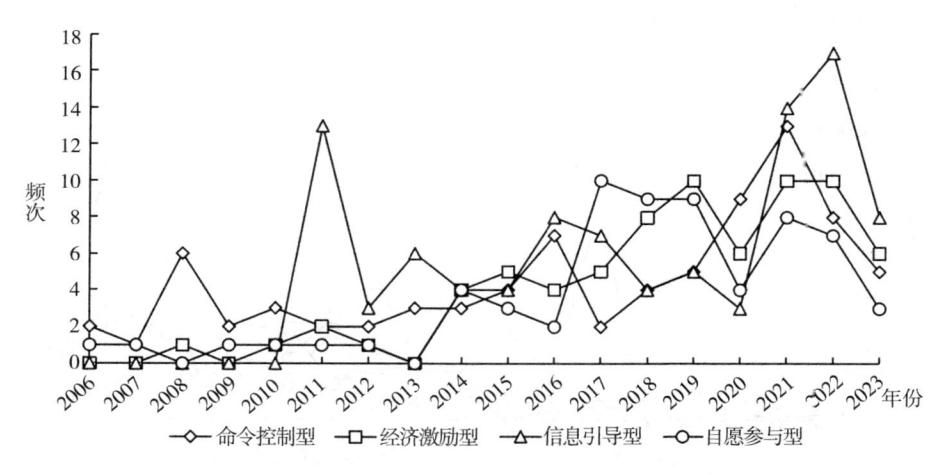

图 4-6 2006—2023 年浙江省山区 26 县政策工具频次分布

资料来源：根据本书整理得到浙江省山区 26 县乡村文旅产业政策库。

第一，政策工具的使用全面，四种政策工具在浙江省山区 26 县所发布的政策文件中均有使用，其中命令控制型是山区 26 县政府从 2006 年至今每年都在使用的政策工具；信息引导型政策工具是山区 26 县政府最为青睐的，其使用频次高达 100 次，占比达 29.4%；命令控制型与自愿参与型政策工具占比分别为 24.4% 和 24.1%；经济激励型政策工具的使用占比最低，仅为 22.1%。

第二，政策工具的使用逐渐多样化，具体表现为：一是四种政策工具的使用频次都呈现上升趋势，二是在 2014 年之后四种工具都在同时使用，三是随着乡村文旅产业发展，在同一份政策文件中常常同时使用多种政策工具。

第三，政策工具的使用存在差异化，主要体现为：信息引导型政策工具出现时间较迟，但在四类政策工具中是综合使用频次最高的；命令控制型政策工具虽然自 2006 年以来每年都有出现，但在县级层面上的使用并不突出；经济激励型政策工具多体现在县级政府部门制定的乡村文旅产业相关政策中，当地政府将经济激励作为主要的手段，以激发公众对乡村文旅产业发展的激情和热情。

（二）浙江省山区 26 县政策工具政策效力演进分析

通过公式（1）和公式（2）计算不同政策工具的年整体政策效力（PMG_i）和年平均政策效力（$APMG_i$），并分别对四类政策工具的年平均政策效力演进情况进行分析（如图 4-7 至图 4-16 所示）得出以下结论：

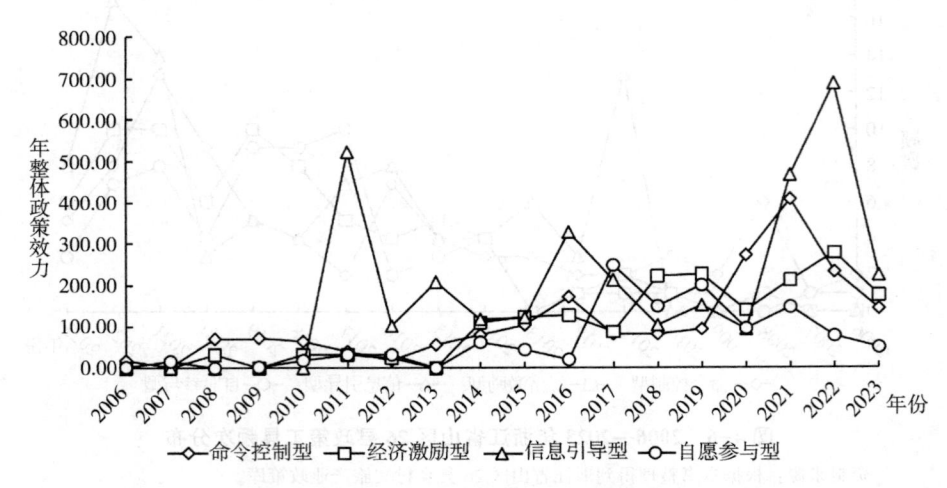

图 4-7　2006—2023 年浙江省山区 26 县政策工具年整体政策效力

资料来源：根据本书整理得到浙江省山区 26 县乡村文旅产业政策库。

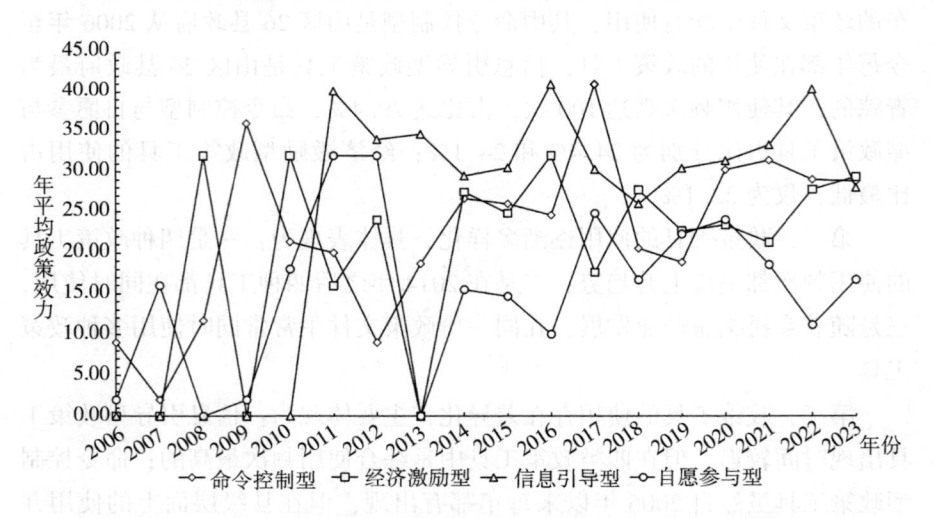

图 4-8　2006—2023 年浙江省山区 26 县政策工具年平均政策效力

第一，政策效力呈现上升态势。如图 4-7 所示，2006 年至今，浙江省山区 26 县的乡村文旅产业发展相关政策中，四种政策工具的年整体政策效力（PMG_i）都呈显著上升趋势，且其变化趋势与政策工具使用频次基本上是同步变化的。这表明浙江省山区 26 县政府对于乡村文旅的发展日益重视。

第二，政策效力波动大、不稳定。由图 4-9、图 4-11、图 4-13、图 4-15 可知，四种政策工具类型的年平均政策效力在 2006—2010 年这一期间波动极大；在 2011—2019 年，命令控制型和经济激励型政策工具整体上有小幅上升，信息引导型和自愿参与型政策工具的年平均政策效力整体上有小幅度的下降，且波动较大；在 2020—2023 年这一时期中，除 2022 年自愿参与型的数据偏低之外，四种政策工具的年平均政策效力都大于 2006—2023 年这 18 年的整体平均效力值，整体呈现上升趋势。

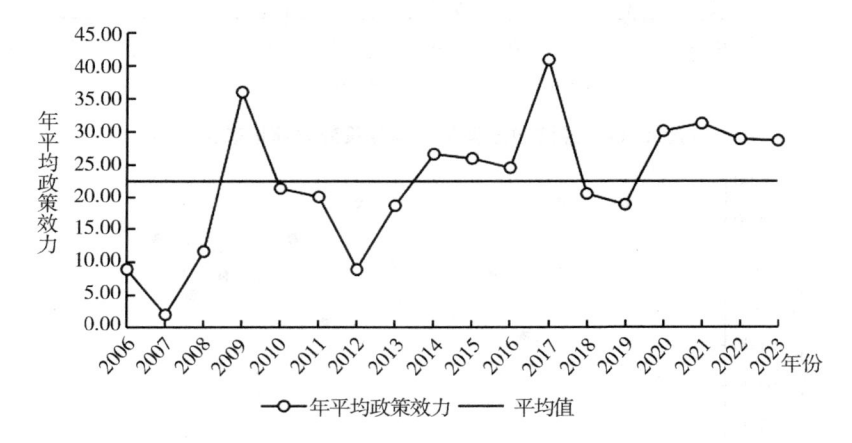

图 4-9　命令控制型年平均政策效力演进态势折线

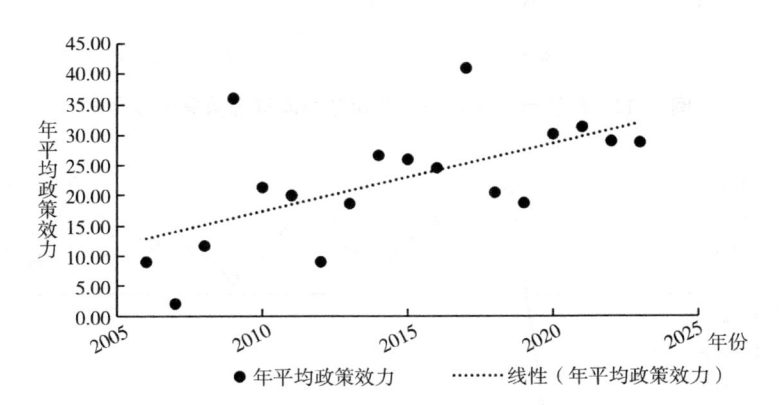

图 4-10　命令控制型年平均政策效力演进态势曲线拟合

第三，年平均政策效力呈现阶段性特征。由图 4-8 可知，浙江省山区 26 县政策工具年平均政策效力大致可以分为三个阶段：第一阶段（2006—2010 年），这一阶段中没有使用信息引导型政策工具，其他三种政策工具的平均效力波动较大；第二阶段（2011—2018 年），四种政策工具的平均效力

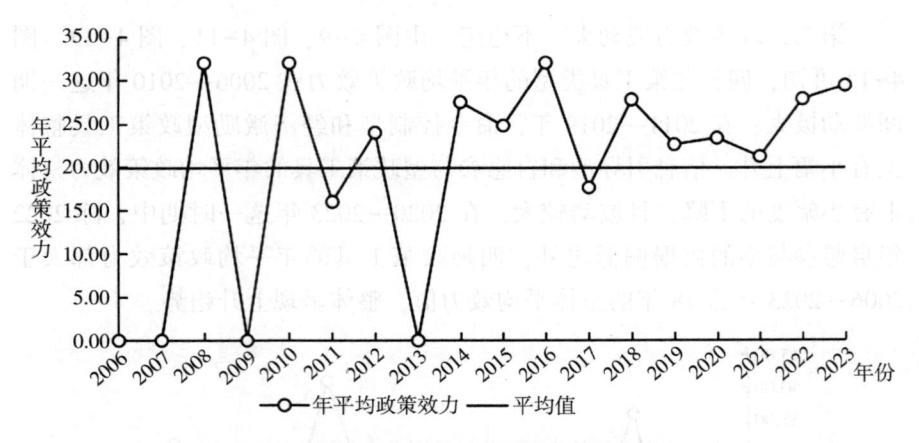

图 4-11　经济激励型年平均政策效力演进态势折线

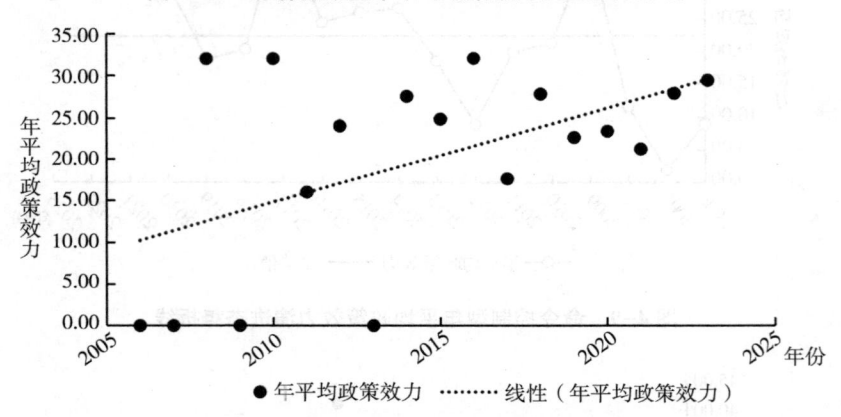

图 4-12　经济激励型年平均政策效力演进态势曲线拟合图

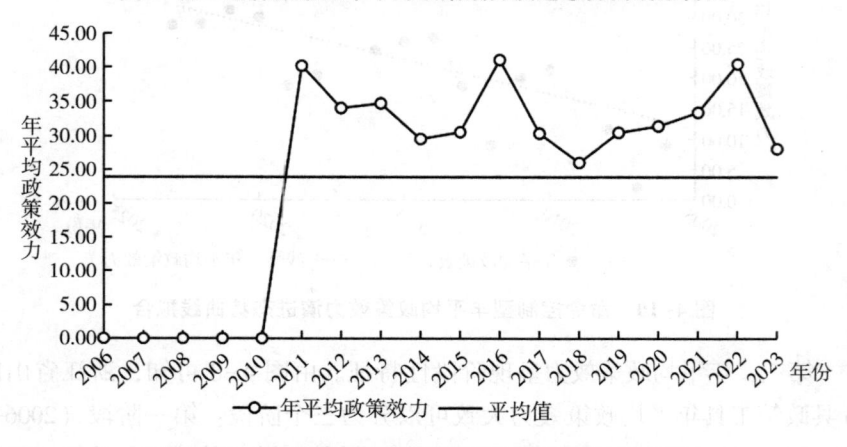

图 4-13　信息引导型年平均政策效力演进态势折线

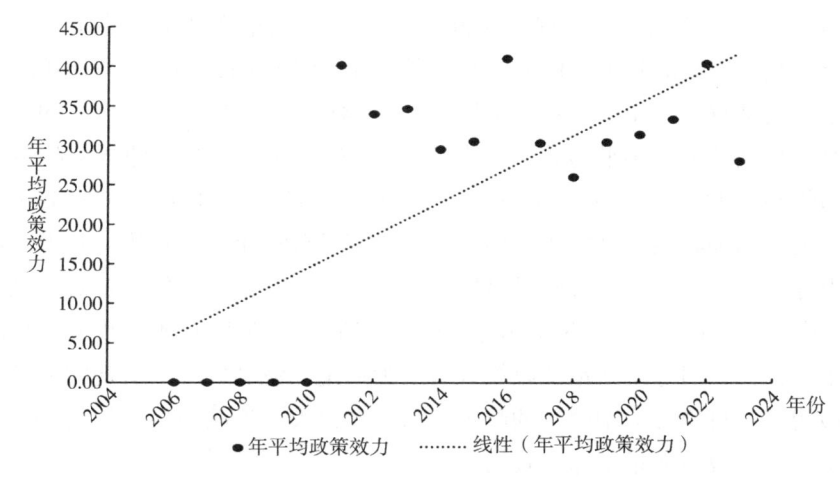

图 4-14　信息引导型年平均政策效力演进态势曲线拟合

波动都较大，命令控制型和经济激励型政策工具整体上有小幅上升，信息引导型和自愿参与型政策工具的年平均政策效力小幅下降；第三阶段（2019—2022 年），除信息引导型政策的年平均政策效力保持稳定上升外，其余三种政策工具都呈现先升后降的态势。主要原因在于：（1）2006—2011 年，浙江省山区 26 县所发布的乡村文旅产业相关政策文件数量较少，对政策工具的使用还不够成熟（有些年份仅使用部分政策工具），导致政策效力的变化受到某些政策文件的影响较大，从而导致这一阶段的政策效力波动大；（2）2012—2018 年，随着政府对乡村文旅产业发展的重视程度上升，这一期间发布的相关政策文件数量增多，发文的政策主体政策力度强，所以整体上呈现上升趋势，但是由于这一时期的政策工具使用尚不成系统，工具之间的使用比较分散，故而部分政策工具的政策效力不稳定；（3）2019—2022 年，由于文化和旅游在机构上的融合，文旅产业的发展迎来了新的阶段，政府对于乡村文旅产业的重视程度得到了空前提高，与乡村文旅产业相关的政策文件数量大幅度上升，同时由于政府在前期已经有了充足的经验，这一阶段的政策文件中对政策工具的使用更加成熟，量化程度更高，故而政策的整体效力得到大幅度上升，政策平均效力呈现稳定上升趋势，而由于疫情原因，2020—2021 年，乡村文旅产业发展受到严重冲击，政府机构对于乡村文旅产业的关注多为对民众的信息引导，故而仅有信息引导型政策工具呈现显著上升趋势。

第四，不同政策工具的政策效力与质量存在明显差异。在 2006—

2023 年这一时期内，浙江省山区 26 县所发布的政策文件中，使用了信息引导型政策工具的政策文件的年平均效力平均值最高，为 23.86，其次是命令控制型政策，年平均效力平均值为 22.48，经济激励型政策为 19.88，自愿参与型政策的年平均效力均值仅为 15.34。而通过对四种类型政策工具的年平均政策效力进行曲线拟合，结果表明，在 2006—2023 年这一时期内，四种政策工具的年平均政策效力都呈现逐年上升趋势。其中，信息引导型政策工具的拟合效果最好，自愿参与型政策工具的拟合效果最差（如图 4-10、图 4-12、图 4-14、图 4-16 所示）。说明在四种政策工具的使用中，信息引导型政策的政策效力最为稳定，波动较小，呈现的上升趋势最明显；自愿参与型政策的政策效力波动最大，说明使用这一政策工具政策文件在政策质量上差异较大。

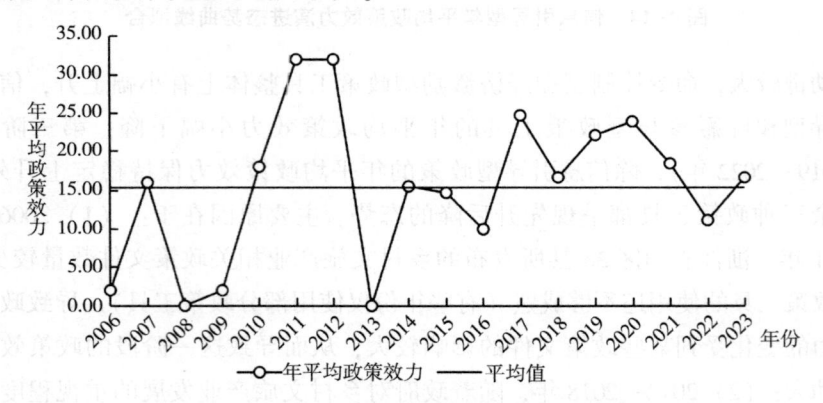

图 4-15 自愿参与型年平均政策效力演进态势折线

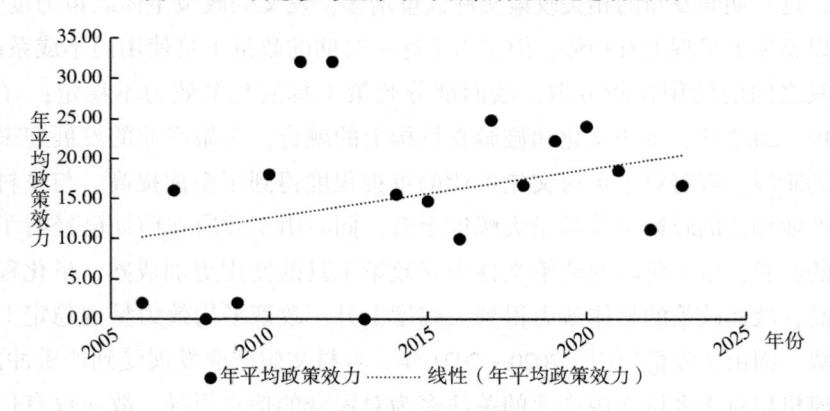

图 4-16 自愿参与型年平均政策效力演进态势曲线拟合

资料来源：根据本书整理得到浙江省山区 26 县乡村文旅产业政策库。

四 浙江省山区 26 县乡村文旅产业政策效力空间分布

（一）市域分析

本章通过绘制 2006—2023 年浙江省山区 26 县所属各市总政策效力图（见图 4-17）、逐年累计效力值图（见图 4-18）和浙江省山区 26 县所属各市政策效力平均值及政策数量表（见表 4-12），对浙江省山区 26 县涉及的 6 个市进行分析，得出以下结论：

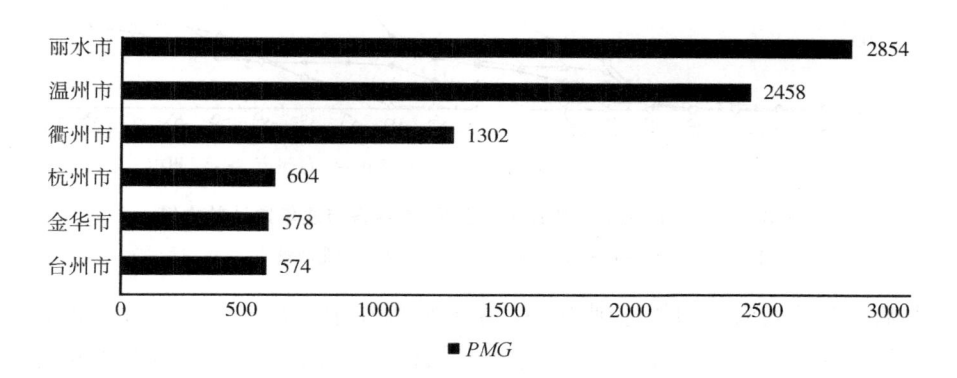

市	PMG
丽水市	2854
温州市	2458
衢州市	1302
杭州市	604
金华市	578
台州市	574

图 4-17 浙江省山区 26 县所属各市 2006—2023 年总政策效力示意图
资料来源：根据本书整理得到浙江省山区 26 县乡村文旅产业政策库。

从整体效力来看，在 6 个市中，温州市辖区内的浙江省山区 26 县的县级政府机构在 2006—2023 年，每年都有乡村文旅产业发展相关的政策出台，2006—2023 年的总政策效力值仅次于丽水市，为 2458，其中，泰顺县是在所有浙江省山区 26 县中总政策效力值最高的，其累加政策效力值为 682。整体来看，属于温州市的浙江省山区 26 县县级政府机构对乡村文旅产业的发展的重视程度高，相关的政策工具应用成熟，政策目标较为清晰准确。台州市辖区内的三门县、天台县和仙居县三个县，在 2006—2023 年的总政策效力值最低（为 574），且在 2015 年之前，并没有发布乡村文旅产业相关的政策文件，这说明在乡村文旅产业相关的政策制定和发布上，台州县政府机构还可以在明确政策目标、综合使用政策工具、细化政策措施等方面着手提升政策的整体效力，以更好地促进其乡村文旅产业的发展。

从平均效力来看，杭州市的平均力度最高，达到 33.6，金华市紧随

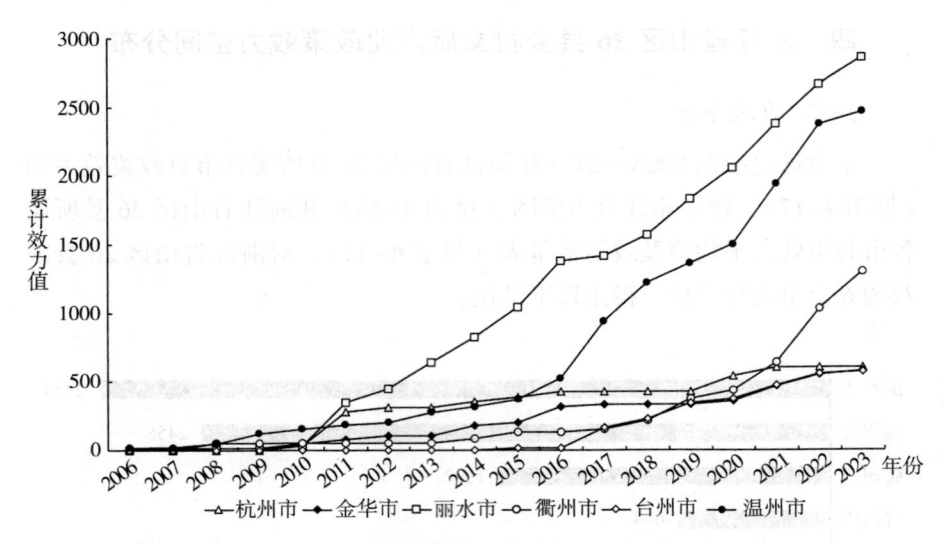

图 4-18　2006—2023 年浙江省山区 26 县各市逐年累计效力值

资料来源：根据本书整理得到浙江省山区 26 县乡村文旅产业政策库。

其后，政策效力平均值达到 28.9，主要原因在于杭州市和金华市发布的政策更加全面，政策可行性、完整性和执行性更高，例如，淳安县发布的《淳安县千岛湖旅游度假区"十二五"规划》①《关于进一步推进全域旅游发展的若干意见》② 等政策都对当地的乡村文旅产业发展起到了很好的引领作用。而衢州市和丽水市的政策效力平均值较低，分别为 25 和 25.7，主要原因在于衢州市和丽水市在山区 26 县中涉及的区县较多，容易出现政策主体复杂、政策目标不清晰和政策措施可行性差的问题，导致政策效力平均值偏低。

从发布时间来看，温州市是浙江省山区 26 县中最早颁布与乡村文旅产业有关政策的，例如，温州市平阳县早在 2006 年就出台了《平阳县历史文化遗产保护管理委员会职能及工作制度》《平阳县风景旅游管理局创建文明风景旅游区活动实施意见》等政策，在乡村文旅产业政策发展中走在前沿，且在 2006—2023 年每年都有与乡村文旅产业有关的政策发布，体现了温州市各县政府对乡村文旅产业发展的重视。台州市则直至 2015

---

① 淳安县人民政府. 关于转发淳安县千岛湖旅游度假区"十二五"规划的通知 [EB/OL]. (2023-06-03). https://www.qdh.gov.cn/art/2011/5/31/art_1229630613_4026975.html.

② 淳安县人民政府. 淳安县人民政府关于进一步推进全域旅游发展的若干意见 [EB/OL]. (2023-06-03). https://www.qdh.gov.cn/art/2020/11/30/art_1229266642_1706111.html.

年才发布第一份有关乡村文旅产业的政策，是浙江省山区26县中最迟颁布相关政策的，但自2015年之后，台州市的乡村文旅产业政策数量就在稳步增长，逐渐跟上其他市区的步伐，同时更是将"打造中国山海文化旅游重要目的地"作为台州市乡村文旅产业发展的重要目标，出台了《创建国家全域旅游示范区工作考核办法（天台县）》《仙居县推进全域旅游高质量发展若干意见》《三门县建设"六美三门"乡村行动实施方案》等重要乡村文旅产业政策。另外，杭州市、金华市、丽水市、衢州市所涉及的山区26县在2007—2010年陆续发布了第一份有关乡村文旅产业的政策，其中丽水市的政策发布数量最为稳定，其余三市都出现较多政策空白的年份。

从政策趋势来看，丽水市和温州市的逐年累计效力呈现明显的爆发式增长，如图4-18所示。丽水市自2011年开始，每年的乡村文旅产业政策数量基本不低于5份，年均数量达到了6份，说明了丽水市十分关注乡村文旅产业政策能够带来的效应，同时也注重政策的全面性，例如发布了与规划有关的《松阳县文化名县建设暨文化发展"十三五"规划（2016—2030年）》、与旅游经济有关的《莲都区文旅体领域经济稳进提质十条措施》、与共同富裕有关的《2023年莲都区加快跨越式高质量发展建设共同富裕示范区工作要点》等，全方面助推丽水市乡村文旅产业发展。而杭州市、金华市和台州市的政策发展趋势则较为平缓，这也和其所涉及的山区26县数量有关。

表4-12　　　　　　2006—2023年浙江省山区26县所属
各市政策效力平均值及政策数量

数值 年份	杭州市		金华市		丽水市		衢州市		台州市		温州市	
	$APMG_i$	n	$APMG_i$	n	$APMG_i$	n	$APMG_i$	n	$APMG_i$	n	$APMG_i$	n
2006	0	0	0	0	0	0	0	0	0	0	6.7	3
2007	0	0	16.0	1	0	0	0	0	0	0	2.0	1
2008	0	0	0	0	18.0	1	28.0	2	0	0	7.0	4
2009	0	0	0	0	0	0	0	0	0	0	24.7	3
2010	32.0	1	32.0	1	18.0	1	0	0	0	0	16.0	2
2011	35.7	7	32.0	1	34.0	8	0	0	0	0	16.0	2
2012	32.0	1	13.0	2	34.0	3	0	0	0	0	16.0	1

续表

数值 年份	杭州市 APMG$_i$	n	金华市 APMG$_i$	n	丽水市 APMG$_i$	n	衢州市 APMG$_i$	n	台州市 APMG$_i$	n	温州市 APMG$_i$	n
2013	0	0	0	0	32.0	6	0	0	0	0	24.0	3
2014	40.0	1	37.0	2	20.4	9	32.0	1	0	0	20.0	2
2015	32.0	1	24.0	1	24.0	9	24.0	2	18.0	1	28.0	2
2016	40.0	1	38.0	3	34.0	11	0	0	0	0	25.7	6
2017	0	0	16.0	1	12.0	3	16.0	1	36.5	4	27.7	15
2018	0	0	0	0	21.7	7	21.3	4	32.0	2	21.4	13
2019	0	0	0	0	21.2	12	22.9	7	29.0	4	23.7	6
2020	29.5	4	24.0	1	23.0	10	32.0	2	30.0	1	34.0	4
2021	30.0	2	28.5	4	22.9	14	22.7	9	25.5	4	36.2	12
2022	0	0	41.0	2	25.8	11	26.0	15	27.3	7	35.1	11
2023	0	0	24.0	1	32.7	6	26.8	10	16.0	1	22.5	4
均值	33.6	1.0	28.9	1.1	25.7	6.2	25.0	2.9	28.7	1.1	26.1	5.2

资料来源：根据本书整理得到浙江省山区 26 县乡村文旅产业政策库。

（二）县域分析

本章分别计算浙江省山区 26 县 2006—2023 年的总政策效力值以及所发布政策文件的数量，并对各个县的年整体政策效力作演变分析，具体分析如下：

1. 杭州市

从图 4-19 可知，杭州市淳安县乡村文旅产业政策发布起始时间较晚，在 2011 年 "十二五" 规划时期才有相关乡村文旅产业政策文件提出。2011 年是杭州市淳安县乡村文旅产业有关政策发布的高峰期，主要表现在各类 "十二五" 规划中，例如《淳安县 "十二五" 旅游业发展规划》《淳安县千岛湖旅游度假区 "十二五" 规划》《淳安县 "十二五" 林业发展规划》等，规划重心明显，主要集中在千岛湖文旅产业的打造上，因此提出的政策目标与政策措施更加具体与可行。之后的一些政策主要集中在淳安县小镇和乡村的打造上，例如《关于加快旅游风情小镇培育建设的实施意见》①《淳安县新时代美丽乡村升级版三年行动方案（2020—2022年）》②等，将"一镇一主题，一村一特色""千村示范、万村整治"等作为发展方针，聚焦"产业兴旺、生态宜居、乡风文明、治理有效、生活富裕"等要求，因地制宜，引导产业发展，壮大乡村文旅产业市场。

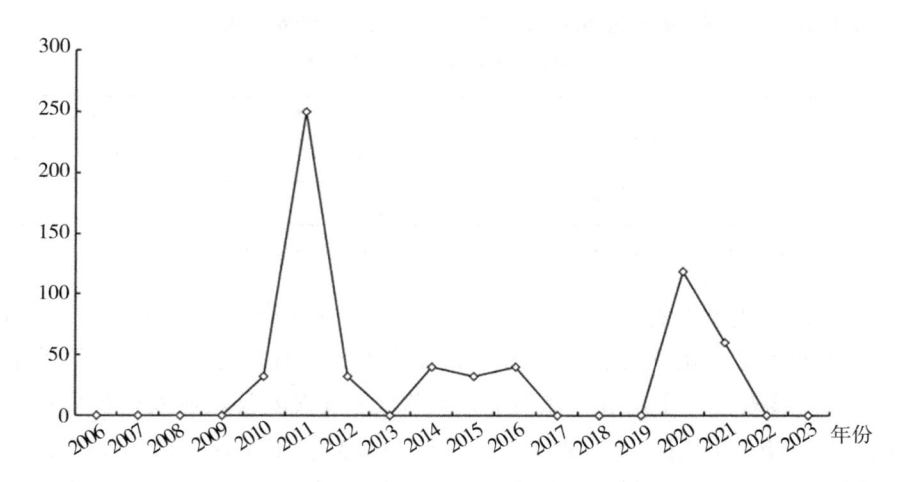

图 4-19　杭州市淳安县 2006—2023 年整体政策效力演变

资料来源：根据本书整理得到浙江省山区 26 县乡村文旅产业政策库。

但根据表 4-13 和图 4-19，杭州市淳安县除了 2011 年和 2020 年两个政策效力高峰期以外，其余时间段政策效力较低，政策数量较少。整体上看，杭州市淳安县有关乡村文旅产业的政策多为规划性政策，缺少一些聚焦性更强的政策，在支撑当地未来文旅扎实发展方面还存在一定问题。

表 4-13　杭州市淳安县 2006—2023 年总政策效力值及政策数量汇总

市	县	总政策效力值	政策数量（份）
杭州市	淳安县	354	18

资料来源：根据本书整理得到浙江省山区 26 县乡村文旅产业政策库。

---

① 淳安县人民政府.关于加快旅游风情小镇培育建设的实施意见［EB/OL］（2023-06-03）. https://www.qdh.gov.cn/art/2012/11/20/art_ 1229266645_ 1708383.html.
② 淳安县人民政府.淳安县人民政府关于印发淳安县新时代美丽乡村升级版三年行动方案（2020—2022年）的通知.

2. 金华市

金华市磐安县和武义县均属于浙江省山区 26 县范畴，由表 4-14 可知，磐安县 2006—2023 年所发布的乡村文旅产业政策的总政策效力值较高，是武义县的 1.75 倍，政策数量是武义县的 1.5 倍。从数量和效力上来看，磐安县对乡村文旅产业政策更加重视。

表 4-14　浙江省山区 26 县金华市辖区内各区县 2006—2023 年
总政策效力值及政策数量汇总

市	县（区）	累加政策效力值	政策数量（份）
金华市	磐安县	368	12
	武义县	210	8

资料来源：根据本书整理得到浙江省山区 26 县乡村文旅产业政策库。

从政策类型上看，在磐安县所发布的乡村文旅产业政策中，多为规划类、意见类的政策文件，如《磐安县促进农家乐休闲旅游业发展的若干意见》《磐安县"十二五"旅游业发展规划》《磐安县农业农村现代化发展"十四五"规划》等，故而其政策效力较高，正是这些政策文件在宏观层面上对磐安县乡村文旅的发展作出规划指导，指明发展方向，提供发展保障。武义县所发布的乡村文旅产业政策多为意见、办法类，如《关于加快推进全域旅游发展的政策意见》《武义县推动发展乡村民宿的十条政策意见》《武义县人民政府关于全面推进旅游业高质量发展的若干意见》等。由于意见和办法类的政策文件相较于规划类的政策文件政策效力更低，所以武义县累加政策效力值较低。

从政策数量上看，武义县在 2014 年才开始有乡村文旅政策的发文行为，而在此之前，磐安县在乡村文旅产业方面已经发布了不少政策文件，为其乡村文旅产业发展奠定了坚实基础。虽然武义县在乡村文旅产业政策发布方面起步较晚，但是 2014 年之后发文数量快速增加，隐隐有超过磐安县的趋势，与此同时，其所发布的年政策效力均值较低（如图 4-20 所示），仅在 2016 年有一个小高峰，其他时间段基本上在较低水平波动，在明确和量化政策目标、合理使用政策工具、细化政策实施措施等方面武义县尚有不小的提升空间。

3. 丽水市

丽水市全部辖区均属于浙江省山区 26 县的范畴。由表 4-15 可知，在

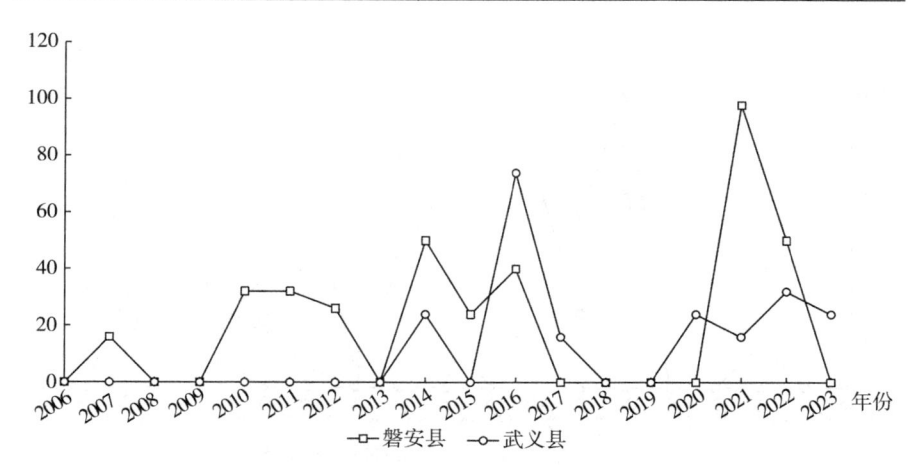

图 4-20　浙江省山区 26 县金华市辖区内各区县 2006—2023 年年整体政策效力演进

资料来源：根据本书整理得到浙江省山区 26 县乡村文旅产业政策库。

丽水市所属的九个县（区）中，在 2006—2023 年，龙泉市的总政策效力值最高（为 580），发文数量也最高（为 23 份）。整体来看，丽水市辖区内的浙江省山区 26 县乡村文旅产业政策发布基本上以 2010 年为界，2010 年之前鲜有相关政策发布，2010 年后发布数量开始有不同程度的上升。综合发文数量和总政策效力，结合年整体政策效力演进情况（图 4-21、图 4-22）将丽水市辖区内的 9 个县（区）分为三种类型。

表 4-15　浙江省山区 26 县丽水市辖区内各区县 2006—2023 年总政策效力值及政策数量汇总

市	县（区）	累加政策效力值	政策数量（份）
丽水市	缙云县	150	6
	景宁畲族自治县	532	23
	莲都区	162	7
	龙泉市	580	23
	青田县	150	6
	庆元县	168	5
	松阳县	330	12
	遂昌县	340	13
	云和县	442	16

资料来源：根据本书整理得到浙江省山区 26 县乡村文旅产业政策库。

类型一（政策数量<10，累加政策效力值<200）：缙云县、莲都区、

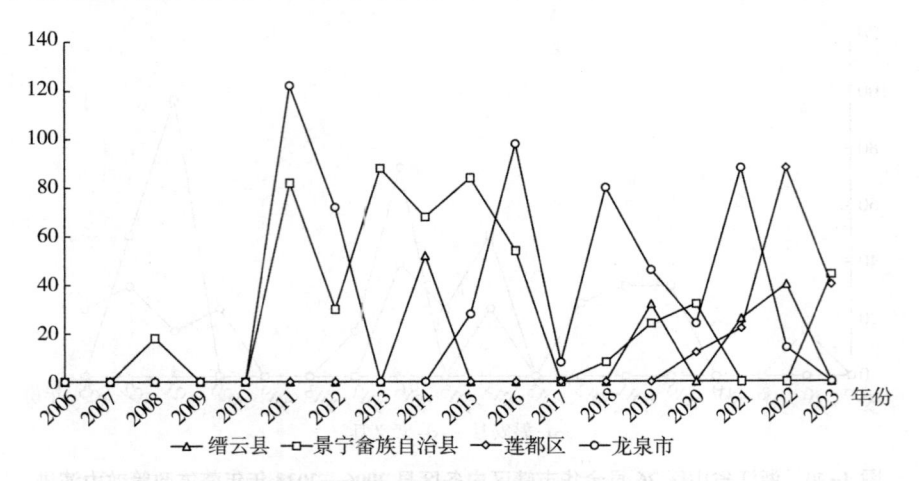

图 4-21 浙江省山区 26 县丽水市辖区内各区县 2006—2023 年年整体政策效力演进图（1）

资料来源：根据本书整理得到浙江省山区 26 县乡村文旅产业政策库。

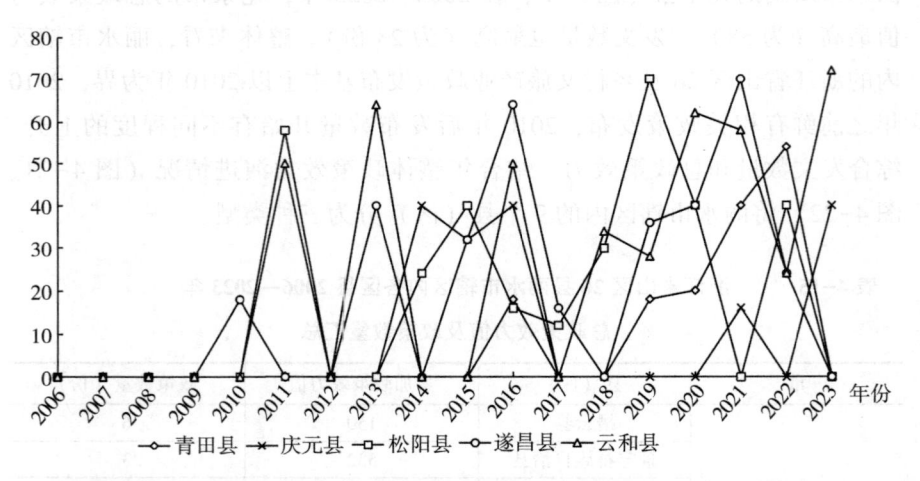

图 4-22 浙江省山区 26 县丽水市辖区内各区县 2006—2023 年年整体政策效力演进图（2）

资料来源：根据本书整理得到浙江省山区 26 县乡村文旅产业政策库。

青田县、庆元县，特点为：乡村文旅产业政策发布数量少、累加政策效力值较低，所发布的政策文件多为方案、办法、指南、通知等较为微观的政策类型。类型二（10<政策数量<20，200<累加政策效力值<500）：松阳县、遂昌县、云和县，特点为发文数量和总政策效力在丽水市辖区九个县（区）中处在中游水平，其中，松阳县、云和县单个政策效力均值较高，分别为 27.5 和 27.6，仅次于庆元县的 33.6，处于上游水平。类型三（政

策数量>20，累加政策效力值>500）：景宁畲族自治县、龙泉市，这一类型所发布的政策数量较多，累加政策效力值也较高，政策效力波动都比较大，其中又以龙泉市的年政策效力波动最大，峰值高达122。综上所述，丽水市各区县需要更加重视政策文件的连续性，同时还要注重对政策工具的综合使用，关注政策目标的可行性和可量化程度，以提高整体政策效力，更好地促进地方乡村文旅产业高质量发展。

4. 衢州市

衢州市下辖2个区、3个县，代管1个县级市，均属于浙江省山区26县范畴。由表4-16可知，总政策效力值最高的为开化县，数值为452，政策数量达到18份；衢江区的总政策效力值最低，仅为20，政策数量为2份。这与衢州的旅游资源分布有一定的关联，根宫佛国文化旅游区（国家5A级旅游景区）位于开化县，江郎山—廿八都旅游区（国家5A级旅游景区）位于江山市，龙游县也拥有被誉为"千古之谜"的龙游石窟（国家4A级旅游区）和龙游民居苑、浙西大竹海以及石佛三门源等文旅资源，而衢江区、柯城区和常山区相对而言，文旅产业并未形成其关键支柱产业，因此在乡村文旅产业政策上也会有一定的体现。根据图4-23，2018年前，衢州市有关乡村文旅产业的政策较少，开化县是最早发布有关政策的，在2008—2017年陆续发布了《开化国家公园创建国家4A级旅游景区实施方案》《关于印发开化县国家全域旅游示范区创建工作实施方案的通知》《关于加快国家5A级旅游景区发展提升的扶持政策》等政策，为开化县的乡村文旅产业发展奠定坚实的政策基础。2018年后，衢州市各区县的乡村文旅产业政策开始呈现百花齐放的状态，龙游县的政策文件呈现爆发式增长，2022年的年整体政策效力高达168，其文件主要关注文旅产业在共同富裕和高质量发展中的作用，发布了《龙游县共同富裕示范试点三年行动计划（2021—2023年）》《关于促进龙游县文旅融合高质量发展的若干政策意见》等政策；开化县也在2022年达到年整体政策效力高峰期，除了2019年和2020年外，每年都有相关政策的发布；江山市乡村文旅产业政策的效力基本呈上升趋势，较为稳定；而常山县、柯城区、衢江区波动起伏不大，每年发布的相关政策不多，使得年整体效力偏低。

总体来看，衢州市各区县的政策发布不均匀，呈现明显的两极分化，且发布时间多集中在2018年以后，前期的政策基础不够扎实，还需要多样化的政策出台来更有效地促进衢州市各区县的乡村文旅产业发展。

表 4-16　衢州市各区县 2006—2023 年总政策效力值及政策数量汇总

市	县	累加政策效力值	政策数量（份）
衢州市	龙游县	354	15
	常山县	96	3
	江山市	268	11
	开化县	452	18
	柯城区	112	3
	衢江区	20	2

资料来源：根据本书整理得到浙江省山区 26 县乡村文旅产业政策库。

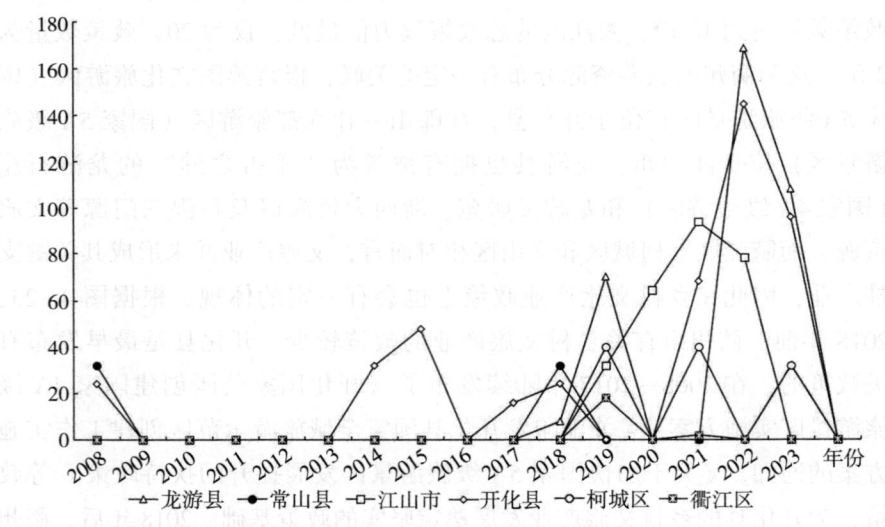

图 4-23　衢州市各区县 2006—2023 年年整体政策效力演进

资料来源：根据本书整理得到浙江省山区 26 县乡村文旅产业政策库。

5. 台州市

浙江省山区 26 县中，行政区属在台州市的分别是天台县、仙居县和三门县。在三个县中，以天台县发布的政策数量为最高，三门县发布的政策数量最少（如表 4-17 所示）。但是，仙居县的单个政策效力均值居三县之首，回溯到政策库中发现，在天台县所发布的政策文件中，通知占二分之一，政策之间的效力水平波动大，故而单个政策效力均值相较于仙居县要低。从图 4-24 中发现，2017 年是天台县、仙居县和三门县的乡村文旅产业政策"元年"，在这一年，三门县人民政府发布了《关于印发三门县建设"六美三门"乡村行动实施方案的通知》，天台县文化和广电旅游体育局印发了《创建国家全域旅游示范区工作考核办法》的通知，仙居县人民政府发布了《关于印发仙居县全域旅游发展资金使用管理办法的通知》。自此，开启了地方政策推动乡村文旅发展的新阶段。

表4-17　浙江省山区26县台州市辖区内各区县2006—2023年总政策效力值及政策数量汇总

市	县（区）	总政策效力值	政策数量（份）
台州市	三门县	74	3
	天台县	276	10
	仙居县	224	7

资料来源：根据本书整理得到浙江省山区26县乡村文旅产业政策库。

从政策所关注的领域来看，天台县、仙居县和三门县的乡村文旅产业相关政策中主要关注领域有资金（如《关于印发仙居县全域旅游发展资金使用管理办法的通知》）、人才（如《天台县文化和广电旅游体育局关于公布天台县文化示范户和乡村文化能人名单的通知》）、行业发展（如《关于印发三门县建设"六美三门"乡村行动实施方案的通知》）等，关注领域广泛。但是其中较为缺乏资本引进方面的政策文件，在后续的政策制定过程中可以在资本引进、人才引进等维度多发力，以更好地促进乡村文旅产业高质量发展。

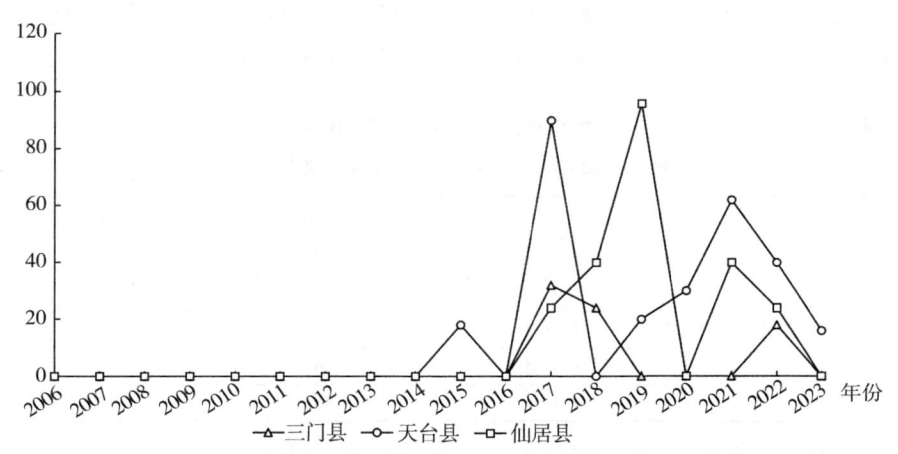

图4-24　浙江省山区26县台州市辖区内各区县2006—2023年年整体政策效力演进

资料来源：根据本书整理得到浙江省山区26县乡村文旅产业政策库。

6. 温州市

温州市由 4 个市辖区、5 个县和 3 个县级市组成，其中苍南县、平阳县、泰顺县、文成县和永嘉县属于浙江省山区 26 县的范畴。根据表 4-18 和图 4-25 所示，泰顺县市发布的政策最多，总政策效力值也最高，主要集中在 2017 年、2020 年和 2022 年，特点在于发布的乡村文旅产业政策文本细节性强，能够落实到各类项目当中，例如发布的《南浦溪景区创建国家 AAAA 级旅游景区工作实施方案》《泰顺县"最美乡愁村"建设工作实施方案》《泰顺县文化精品项目创作生产扶持奖励办法》等政策，都具备很强的实施目标，因此提出的措施落地的可能性就越高。平阳县和文成县的政策数量均为 20 份，但是总政策效力值并不高，平阳县的数值仅有 482，主要原因为发布的乡村文旅产业政策的目标清晰度较低，并未将政策目标定量化，多为宏观性的政策目标。而苍南县和永嘉县则相对来说发布的乡村文旅产业政策数量较少，各为 16 份，总政策效力值也较低，政策文件主要集中在 2017—2023 年，其特点为：苍南县的政策目标显著较低，例如《苍南县人民政府关于进一步加快现代服务业高质量发展的若干政策意见》中的政策目标为"推动生产性服务业向专业化和价值链高端延伸、生活性服务业向精细化和高品质转变，进一步加快我县现代服务业发展，促进经济提质增效、转型升级"[①]，缺少定量化政策目标，可操作性较差，并且政府在实施政策之后，容易在管理、评价方面出现问题；永嘉县也存在同样的政策目标不清晰的问题，同时存在政策类型中通知类较多的情况，导致一部分政策文件的效力值明显偏低。

表 4-18　　　　　　　温州市辖区内浙江省山区 26 县
2006—2023 年总政策效力值及政策数量汇总

市	县	总政策效力值	政策数量（份）
温州市	苍南县	372	16
	平阳县	482	20
	泰顺县	682	22
	文成县	560	20
	永嘉县	362	16

资料来源：根据本书整理得到浙江省山区 26 县乡村文旅产业政策库。

---

① 苍南县人民政府. 苍南县人民政府关于进一步加快现代服务业高质量发展的若干政策意见 [EB/OL]．（2023-06-03）. https：//www.cncn.gov.cn/art/2023/2/27/art_ 1229416648_ 2020916.html.

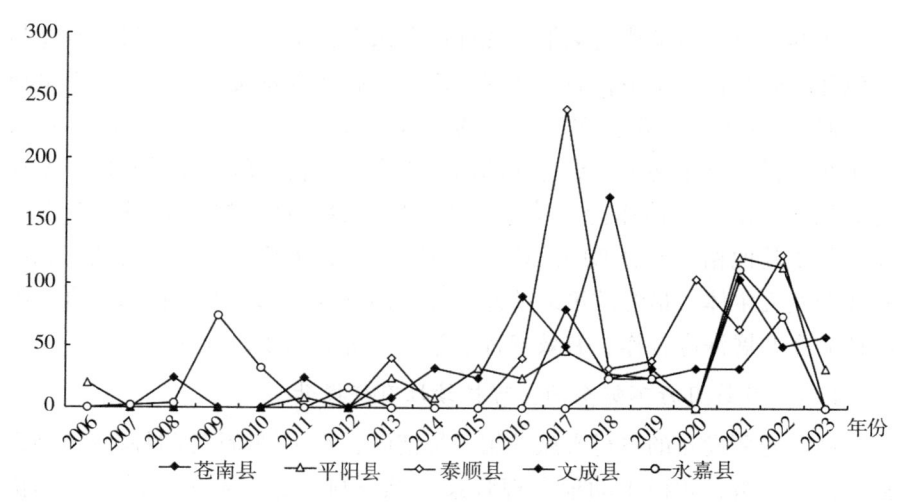

图 4-25　浙江省山区 26 县温州市辖区内各区县
2006—2023 年年整体政策效力演进

资料来源：根据本书整理得到浙江省山区 26 县乡村文旅产业政策库。

整体上看，温州市各区县的乡村文旅产业政策发布还是较为平均，每个区县都发布了较多的乡村文旅产业政策。但是通过对政策效力值的深入分析，本章发现温州市多个区县存在政策目标不清晰、缺少定量化的问题，可能会导致相关政策在指导实际操作过程中的引领性较差。

第四节　浙江省乡村文旅政策的问题凝练

本章收集、整理了 2006—2023 年浙江省省级和浙江省山区 26 县县级乡村文旅产业的政策文本，利用内容分析法和政策文本计量法对 59 份省级文件和 315 份县级文件进行深度数据处理、分析与总结，并对其中发现的问题进行凝练，主要有以下几点。

一　基于宏观视角的问题凝练——以浙江省为例

（一）牵头发文主体不多，政策合力有待强化

浙江省乡村文旅政策文件从 2018 年以来呈现爆发式增长，政策内容丰富度也在不断提升。通过对政策发布主体的深入分析发现，浙江省乡村文旅产业相关政策的发布得到了诸多政府部门的参与，各部门之间已经在乡村文旅产业政策发布上形成了联合发文网络，大大促进了浙江省乡村文

旅产业的发展。但是从发文单位统计情况来看，多集中于浙江省发改委与其他部门的联合发文中，而其他部门之间少有联合发文行为，整体上呈现"单独发文为主，联合发文为辅"的趋势，且联合发文以两个部门居多，说明在乡村文旅发展中牵头主导的部门不多。乡村文旅产业虽归口于浙江省文化和旅游厅，但作为一个涉及人、财、物、地、技术的强综合性产业，需要其他相关政府部门的积极介入与协同，无论是谁主导发文、无论有几个发文主体，最终政策的落地实施都离不开各部门的支持与配合，因而还需在开展深度合作、有效发挥政策合力等方面予以强化。

（二）政策目标不够全面，可持续性有待提升

浙江省所发布的乡村文旅政策目标清晰，在不同阶段因时制宜地制定乡村文旅政策，积极主动地发挥政策引领乡村文旅产业发展的功能和优势，强调产业振兴对乡村文旅发展的重要性，大大促进了浙江省乡村文旅产业的高质量发展。但浙江省乡村文旅政策在各目标维度分布差异较大。产业兴盛类政策目标占比最高，生态文明类政策目标的比重最低。可能的原因在于当前我国政策的制定与发布归属于不同的政府主管部门，体现不同部门的工作任务与工作重点。乡村文旅政策以推动产业发展作为主要目标，而对归口其他部门的乡风文明、生态宜居和生活富裕等目标关注不多，相关政策目标在文旅政策内容中较少提及。需要注意的是，乡村文旅作为乡村振兴的重要手段和途径，仅关注产业发展显然无法实现全面振兴，在乡村建设与共同富裕宏观政策的引领下，政府应当重视产业兴盛和社会和谐等政策目标之间的协同和均衡，发挥乡村文旅的多元社会效应。在政策连续性和持续性方面，浙江省发布的乡村文旅政策在多种政策时限结合、政策结果追踪、政策调整等方面还需要加强，对于长期、中期、短期的政策文件还需要强化统筹，以提高政策的持续性，进而确保政策执行的可持续性。

（三）政策工具结构不均，瓶颈要素有待改善

浙江省在制定乡村文旅产业相关政策时，综合应用多种政策工具，从环境、供给和需求三大维度协同促进乡村文旅产业的发展，同时积极培育乡村文旅市场，从供给端推动、从需求端拉动乡村文旅产业发展。但在实际应用中，政策工具的使用存在明显偏好。其中环境型政策工具使用较多，间接通过制定产业发展规划等政策来培育乡村文旅产业业态。环境型政策工具内部以策略性措施和目标规划为主，法规监管和金

融支持方面的政策工具不多，难以直接对产业进行规范和指导。供给类政策工具的内部分布较为均衡，但侧重于基础设施与数字技术，对于促进资金、人才等要素进入乡村文旅产业的拉力相对不足。需求型政策工具使用欠缺，且内部结构不均衡，在培育乡村文旅市场、促进各社会主体参与等方面的推力比较缺乏，导致政策不能有效激发市场和产业活力，说明目前浙江省乡村文旅政策在工具使用的均衡性和协调性方面还有待提升，政策的执行方式还需要充分发挥供给、环境和需求三种工具的协同作用。乡村文旅产业发展过程中涉及诸多要素的投入，合理利用土地资源、吸引资本投入和培养人力资源等措施都对推动乡村文旅产业发展起到重要作用。均衡发展这些要素，并综合考虑当地特色和可持续性，可以为乡村文旅产业创造良好的发展环境，实现经济繁荣和社会共享。在浙江省发布的乡村文旅相关政策中，对于引导和推动乡村土地的有效利用和规划、加大对乡村文旅产业的资金投入和支持力度、加强乡村文旅人才培养和引进工作等方面的政策还比较局限，解决乡村文旅发展要素瓶颈的关键性政策需完善。

二　基于微观视角的问题凝练——以浙江省山区 26 县为例

（一）政策效力结构不够均衡，政策执行效果受到影响

2006—2023 年，浙江省山区 26 县发布的乡村文旅产业政策数量逐年增加，其展现出的主要特点是跟随国家政策、省级政策的指引不断完善自身政策，如发布与文旅发展有关的"十二五"规划、"十三五"规划、"十四五"规划等。近年来，在乡村文旅复苏和蓬勃发展的重要时期，浙江省山区 26 县把握机遇，以政策大力促进当地乡村文旅发展。但根据对浙江省山区 26 县政策效力的深入分析，本书发现政府对政策文件本身的内容效力重视不够，政策发布的全面性和均衡性尚需改进。根据数据可知，浙江省山区 26 县当中，构成政策效力的三个维度之间存在不均衡的情况，虽然政策措施的得分情况较好，但由于发文主体单一、政策目标缺乏量化，政策力度、政策目标得分均较低，导致长期以来浙江省山区 26 县政策的年平均效力难以有显著提升。另外，就政策工具而言，自愿参与型政策工具的平均政策效力最低，其使用频次也最低，而信息引导型政策工具的使用频次在四种工具中远远高于其他三种。本书还发现不同政策工具的使用也会对政策效力产生影响，例如，使用经济激励型政策工具的政

策文件年平均效力最高,是自愿参与型政策的年平均政策效力的1.55倍。在四种政策工具中,以命令控制型和信息引导型的政策效力波动最大,经济激励型和自愿参与型政策工具的政策效力虽然波动不大,但是曲线拟合效果差,变化趋势不明显。

本书认为浙江省山区26县政策效力结构不均衡不利于政策的执行落实和调整优化,因此,政府在制定政策过程中需要关注政策文件的综合效力,加强政策力度与政策目标平均效力的提升,进而促进乡村文旅政策平均效力水平的提高。另外,政府也需要优化对四种工具的系统使用,关注不同政策工具的使用情况,充分发挥政策工具之间的协同作用,更好地促进乡村文旅产业相关政策文件整体政策效力的提升。

(二) 区域间政策效力水平不一,区域内政策有待完善强化

在市域层面上,浙江省山区26县中涉及的6个市高度重视乡村文旅发展,各市均出台了大量符合当地乡村文旅特色的政策文件,做到因地制宜、有的放矢。但各市政策发展差异大,在整体效力、平均效力、发布时间、政策趋势等方面都呈现显著区别。从整体效力看,丽水市的整体政策效力最高,为2814,台州市的整体政策效力最低,为574,两者差异显著;从平均效力看,杭州市的政策平均效力最高,为33.6,衢州市的政策平均效力最低,为25,说明杭州市出台的乡村文旅产业相关政策的政策力度、政策目标和政策措施的组合性较好;从发布时间看,温州市最早颁布乡村文旅相关政策,台州市则直到2015年才发布第一份相关政策,而杭州市、金华市、衢州市存在较多政策空白的年份;从政策趋势看,丽水市和温州市相关政策呈现显著爆发式增长,说明该地对乡村文旅重视程度逐年提高。

在县域层面上,同一个市范围内的各个区县在政策效力分布上也存在差异,各自面临相应的政策问题与挑战。杭州市淳安县政策文件以规划性政策为主,能够为当地文旅发展提供思路,但聚焦性政策文件的缺失,可能会导致当地政策文件的落地性降低,金华市武义县也存在类似问题,仍需增强政策目标的量化性和政策工具的全面性。丽水市和衢州市涉及的区县较多,呈现的差异性更为显著。另外,台州市各区县都存在缺少资本引进政策文件的问题,而温州市的政策发布较为平均,各区县之间在总政策效力值和政策数量方面相差不大。

总而言之,6个市区域之间存在显著的差异,区域内部的县市之间政

策效力也有高低之分，政策的表现形式、目标和内容方面均存在自身优劣势，发展水平不一致。因此，各县市可以通过政策效力的整体和分解分析，明晰欠缺之处，同时与其他县市共同搭建相互学习借鉴平台，开展深度合作，齐力推进乡村文旅产业政策的质量提升。

本章小结

本章共收集了 59 份浙江省省级乡村文旅产业政策文本和 315 份浙江省山区 26 县县级乡村文旅产业政策文本，分别采用内容分析法和政策文本计量法，对政策文本进行深入分析。

通过对浙江省省级乡村文旅产业政策文本的梳理与研究，本章将浙江省乡村文旅产业政策文本划分为 2006—2013 年、2014—2018 年以及 2019 年至今三个阶段，并对这三个阶段的政策主体、政策目标和政策工具进行演进分析，得出以下结论：第一，浙江省乡村文旅产业政策文本的政策主体逐渐呈现多样化，联合发文次数在增加，但整体上还是集中在少数主体中，且多为单独发文；第二，浙江省乡村文旅产业政策的四类政策目标分布逐渐均匀，社会和谐类、文化繁荣类和生态文明类政策目标的数量均在稳步提升；第三，浙江省乡村文旅产业政策措施的丰富度在提升，环境型政策工具占据主体地位。

通过对浙江省山区 26 县县级乡村文旅产业政策文本的整理与分析，本章构建了相应的政策效力的量化评估维度与标准，对政策文本的政策效力进行整体和分解计算，得出以下结论：第一，浙江省山区 26 县乡村文旅产业政策数量和政策效力的变化幅度大体上趋于一致，也存在一定的波动，均能从政策文本具体内容中得到解释；第二，浙江省山区 26 县乡村文旅产业的政策力度、政策目标和政策措施之间存在紧密的联系，其波动幅度之间具备关联性；第三，浙江省山区 26 县乡村文旅产业政策工具的使用较为全面，整体效力呈现上升趋势，波动起伏较大，存在阶段性特征；第四，浙江省山区 26 县乡村文旅产业政策效力空间分布不均，存在显著的地域差异。

最后，本章根据以上政策文本分析结论，对浙江省乡村文旅产业政策进行问题凝练，以期能够对浙江省省本级和浙江省山区 26 县县级部门的乡村文旅产业政策文件制定和发布产生借鉴意义，也为后续章节的研究打下坚实的政策基础。

参考文献

Cools M，Brijs K，Tormans H，et al. Optimizing the implementation of policy measures through social acceptance segmentation. *Transport Policy*，2012，22（3）：80-88.

Harmelink M，Nilsson L，Harmsen R. Theory-based policy evaluation of 20 energy efficiency instruments. *Energy Efficiency*，2008，1（2）：131-148.

ROTHWELL R，ZEGVELD W. *Reindusdalization and Technology* London：Logman Group Limited，1985：83-104.

邓爱民、卢俊阳：《文旅融合中的乡村旅游可持续发展研究》，中国财政经济出版社2020年版。

黄锐、谢朝武、李勇泉：《中国文化旅游产业政策演进及有效性分析——基于2009—2018年政策样本的实证研究》，《旅游学刊》2021年第1期。

孟凡丽、芦雲峰、高霞霞：《政策工具视角下我国乡村旅游政策研究——基于国家政策文本的量化分析》，《贵州民族研究》2023年第1期。

彭纪生、仲为国、孙文祥：《政策测量、政策协同演变与经济绩效：基于创新政策的实证研究》，《管理世界》2008年第9期。

石培华、翟燕霞：《改革开放以来的中国旅游业：演进历程、伟大成就及经验模式——基于WSR系统方法论视角》，《西南民族大学学报（人文社会科学版）》2022年第1期。

辛本禄、刘莉莉：《乡村旅游赋能乡村振兴的作用机制研究》，《学习与探索》2022年第1期。

银元、李晓琴：《乡村振兴战略背景下乡村旅游的发展逻辑与路径选择》，《国家行政学院学报》2018年第5期。

张素敏：《地方政府在促进科技成果转化过程中的注意力配置——基于15个省域政策文本的NVivo分析》，《河南师范大学学报（自然科学版）》2022年第3期。

赵媛、胡怡婷：《面向〈公共图书馆服务规范〉修订的中英公共图书馆服务标准比较研究》，《国家图书馆学刊》2021年第1期。

第五章

乡村文旅促进共同富裕的案例透视

在乡村振兴战略的推动下，浙江积极践行"绿水青山就是金山银山"的发展理念，探索"两山转化"的"解题思路"，走出了从乡村观光到乡村休闲再到乡村旅居的发展之路，实现了从美丽生态到美好经济再到美满生活的精彩蝶变，勾勒出从先行先富到带动后富再到共享共富的致富图景，浙江乡村已经成为向世界展示中国乡村旅游的"重要窗口"。自2003年实施"千村示范、万村整治"工程以来，浙江始终坚持因地制宜、科学规划，根据各个乡村的资源禀赋，确定发展道路，绘就现如今浙江"一村一品""一村一韵"的美丽乡村生动画卷。首先，本章节对目前乡村文旅促共富的案例类型划分作了系统的文献梳理，在参考已有分类标准的基础上，结合对浙江省山区26县部分乡村的实地考察，以乡村文旅资源形态、乡村文旅资源开发利用主体这两个维度为划分标准，将乡村文旅促共富的案例类型划分为6种。其次，分别从浙江省山区26县中选取对应的典型案例，剖析其文旅促共富的发展之路，梳理总结它们在文旅促共富过程中的经验启示，以期为全国其他以文旅促共富的乡村提供参考。

第一节 乡村文旅促进共同富裕的案例类型划分

一 乡村文旅产业发展类型划分的文献回顾

乡村旅游一直是国内外学术界研究的重点领域，当前研究内容主要聚焦乡村旅游可持续发展（李玉新等，2010；王立国和魏琦，2006；唐孝中，2011；唐永芳，2018）[1][2][3][4]、乡村居民影响感知、乡村社区参与及旅游支持度（尹立杰等，2012；贾衍菊和王德刚，2015；汪德根等，2011）[5][6][7]、乡村旅游消费模式（Kim 和 Lee，2019）[8]等方面，对我国乡村文旅发展具有重要的指导意义。然而，当前对乡村文旅发展的类型划分研究较少，尚未形成统一的划分标准。中国不同地区的乡村在发展旅游过程中所拥有的资源禀赋、配套服务、要素增量各不相同。科学划分不同乡村文旅产业发展类型是乡村文旅促共富研究的基础。因此，本书系统回顾了国内外学者对于乡村文旅发展模式的分类研究（见表5-1）。

表 5-1　　　　相关学者提出的有关乡村旅游发展模式分类

作者	分类标准	划分类型
陈佳	乡村资源和管理模式	农家乐休闲型、民俗体验型和景区资源依托型
DELLER S	乡村旅游产业核心项目	景区带动型、休闲农业型和特色乡村型
王淑佳	乡村初始核心资源赋存特征	景区依附型、文化遗产型和新型三农型
宋昌耀	乡村区位条件和产业基础	资源主导型、区位辐射型和综合治理型
骆高远	乡村旅游开发项目、游客旅游动机	休闲观光型、务农参与型和综合型
	各国乡村旅游成长的协调机制	政府推动型、市场驱动型和混合成长型
	乡村旅游的性质、定位、经营特色	传统观光型、都市科技型和休闲度假型

---

[1] 李玉新、徐福英、刘俊：《度假区开发利益相关者合作模式研究》，《商业研究》2010年第8期。

[2] 王立国、魏琦：《江西省生态旅游SWOT分析及其战略选择》，《江西农业大学学报（社会科学版）》2006年第2期。

[3] 唐孝中：《我国乡村旅游可持续发展评价研究》，硕士学位论文，沈阳工业大学，2011年。

[4] 唐永芳：《湖南省乡村旅游空间布局及生态环境安全评价》，《中国农业资源与区划》2018年第5期。

[5] 尹立杰、张捷、韩国圣等：《基于地方感视角的乡村居民旅游影响感知研究——以安徽省天堂寨为例》，《地理研究》2012年第10期。

[6] 贾衍菊、王德刚：《社区居民旅游影响感知和态度的动态变化》，《旅游学刊》2015年第5期。

[7] 汪德根、王金莲、陈田等：《乡村居民旅游支持度影响模型及机理——基于不同生命周期阶段的苏州乡村旅游地比较》，《地理学报》2011年第10期。

[8] Kim S, Lee S K, Lee D, et al. The effect of agritourism experience on consumers' future food purchase patterns. *Tourism Management*, 2019, 70: 144-152.

针对不同类型的乡村选择何种旅游发展路径这一问题，张骁鸣和保继刚（2009）提出乡村旅游发展路径的"起点—动力"假说，解释特定乡村为何选择和长期延续特定的旅游发展道路。[①] 决定乡村选择何种旅游发展道路的"起点"包括历史赋存与促使旅游发展的偶然事件，广义的历史赋存包含自身所拥有的自然资源、文化遗产、社会经济状况等，因此"起点"决定乡村在旅游发展初期选择的道路；延续旅游发展道路取决于特定"动力"，即各种自然环境、社会、经济、文化等要素之间的相互影响与作用，因此"动力"决定乡村在随着时间演变的过程中根据自身所处环境变化而不断探索适合自身情况的发展道路。不同地区的乡村由于所依托的地理环境、资源禀赋、历史文化等存在差异性，其乡村旅游发展道路具有多样性（张捷等，2014）[②]。目前，通过参考借鉴乡村旅游发展"起点—动力"假说这一理论依据，已有学者依据资源和管理模式分为农家乐休闲、民俗体验和景区资源依托型（陈佳等，2017）[③]，也有学者基于乡村旅游产业核心项目将乡村旅游发展路径分为景区带动型、休闲农业型及特色乡村型（Deller，2010），[④] 还有学者以乡村发展旅游的"起点"，即初始核心资源赋存特征为依据，将乡村旅游发展路径分为景区依附型、文化遗产型和新型三农型（王淑佳和孙九霞，2022）[⑤]。此外，亦有学者针对乡村产业振兴类型进行划分，分为资源主导型、区位辐射型和综合治理型三种主要类型（宋昌耀等，2023）。[⑥]

除以上国内学者提出的对于我国乡村旅游发展模式的一个基本分类情况外，本书通过文献阅读对国外乡村旅游发展类型进行梳理与总结，了解到国外乡村旅游发展模式分类，其中，骆高远等学者将国外乡村旅游发展模式主要分为三大类（骆高远，2021），一是以乡村旅游开发项目、游客

[①] 张骁鸣、保继刚：《旅游发展与乡村变迁："起点—动力"假说》，《旅游学刊》2009年第6期。

[②] 张捷、钟士恩、卢韶婧：《旅游规划中的共性与多样性博弈——乡村旅游规划规范及示范的若干思考》，《旅游学刊》2014年第6期。

[③] 陈佳、张丽琼、杨新军等：《乡村旅游开发对农户生计和社区旅游效应的影响——旅游开发模式视角的案例实证》，《地理研究》2017年第9期。

[④] Deller S. Rural poverty, tourism and spatial heterogeneity. *Annals of Tourism Research*, 2010, 37（1）：180-205.

[⑤] 王淑佳、孙九霞：《普适道路还是隐形门槛？不同类型乡村旅游发展路径的外源因素》，《自然资源学报》2022年第3期。

[⑥] 宋昌耀、殷婷婷、厉新建等：《企业视角下的乡村产业振兴测度及其驱动机制——以前3批全国乡村旅游重点村为例》，《地理科学进展》2023年第8期。

旅游动机为分类标准,将乡村旅游分为休闲观光型、务农参与型、综合型三种类型;二是按各国乡村旅游成长的协调机制差异,将乡村旅游划分为政府推动型、市场驱动型和混合成长型三种类型;三是依据乡村旅游的性质、定位、经营特色差异,将乡村旅游分为传统观光型、都市科技型和休闲度假型三种类型。[1]

上述理论研究和实践进展为本书奠定了较好的基础,但已有分类成果理论性和实践应用性尚显不足,未能明确划分出不同乡村所采取的何种乡村旅游发展模式,有必要聚焦特定类型乡村,引入适用理论开展问题导向式的细分类研究。鉴于此,本章节在对浙江省山区26县乡村旅游重点村文旅产业发展状况进行实地考察的基础上,以资源基础理论为指引,认为乡村文旅产业发展的核心要素是其所拥有的资源,故以乡村文旅资源的形态、乡村文旅资源的开发利用主体这两个维度作为划分标准,力图通过最简明的方式,构建一个统一的乡村文旅产业发展类型框架,以期为乡村文旅产业发展类型细分提供思路和方法借鉴。

二 基于资源基础理论的乡村文旅促进共同富裕案例类型划分

(一)乡村文旅资源的定义与分类

1. 乡村文旅资源的概念界定

关于乡村文化旅游资源的概念,目前尚未有统一定论。本书通过阅读相关文献,梳理出当前学者们对文化旅游资源的定义。由于学者们研究选题与研究内容的不同,对文化旅游资源的定义会有所差异,其主要定义如表5-2所示。从该表可以看出,目前学术界对文化旅游资源的定义尚未形成统一的界定标准。

表5-2 文化旅游资源定义

作者	年份	文化旅游资源定义
章怡芳	2003	文化旅游资源是指文化中能够被旅游活动所利用的部分,即能够对旅游者产生吸引力并能为旅游业开发利用而产生经济效益和社会效益的文化资源[2]

---

[1] 骆高远:《国外乡村旅游发展的类型》,《乡村振兴》2021年第1期。
[2] 章怡芳:《文化旅游开发中的资源整合策略》,《思想战线》2003年第6期。

续表

作者	年份	文化旅游资源定义
Chhabra 等	2003	文化旅游资源包括古遗址、古建筑、历史博物馆、地方风俗及民间利益等①
任冠文	2009	凡能被旅游业所利用来开展旅游活动，能够吸引旅游者产生旅游动机，并能满足旅游者对文化需求的各种自然、人文客体或其他因素，都可以称为文化旅游资源②
周晓倩	2017	文化旅游资源内容丰富，大类上包含了历史文化资源、现代文化资源、艺术文化资源、民俗文化资源、道德伦理文化资源等。例如，遗址遗迹、文物古迹可归入历史文化；现代文学和建筑艺术可归入现代文化资源；歌舞器乐、戏曲表演可归入艺术文化资源；民风习俗、民族服饰、民间工艺、传统节庆可归为民俗文化；人际交往则可归为道德伦理文化③
许春晓和胡婷	2017	文化旅游资源属于旅游资源的一种类型。狭义上看，文化旅游资源是文化和旅游相互结合有机融合为一体的一类旅游资源；广义上看，凡是能为旅游者提供某种文化体验的旅游资源都属于文化旅游资源的范畴，包括历史文物、文化建筑、遗址遗迹、表演艺术、语言文字、生产生活场景、风俗习惯、交往礼仪、节庆活动、民间传说、实践经验与知识、手工技艺等④

由当前国内外学者对文化旅游资源的定义可知，乡村文旅资源不仅要体现乡村旅游资源的功能，还要满足游客文化体验的需求。故本书在此前提下对乡村文旅资源作出界定：乡村文旅资源是指乡村地区能够对外来旅游者产生吸引力的、具有经济、文化和生态效益的资源总和，它既有物质的和非物质的，也有有形和无形的范畴。

2. 乡村文旅资源分类

按照不同的分类标准，乡村旅游资源的分类有很多种，国内外学者对资源的组成要素或指标做了大量的研究工作。从表5-3可以看出，当前学术界对乡村文旅资源的划分并没有达成一致公认的分类框架，并且目前分类标准并不能普遍适应我国乡村文旅资源的实际分类情况。关于乡村文旅资源分类的主要观点如表5-3所示。

---

① Chhabra D, Healy R, Sills E. Staged Authenticity and Heritage Tourism. *Annals of Tourism Research*, 2003.
② 任冠文：《文化旅游相关概念辨析》，《旅游论坛》2009年第2期。
③ 周晓倩：《区域文化旅游资源的价值评价与协同开发研究——以长江三角洲地区为例》，硕士学位论文，扬州大学，2016年。
④ 许春晓、胡婷：《文化旅游资源分类赋权价值评估模型与实测》，《旅游科学》2017年第1期。

表 5-3　　　　　　　　　　　乡村文旅资源分类

作者	年份	乡村文旅资源分类
邹宏霞等	2009	按照资源特性来分类的话，乡村文旅资源可参照前人研究直接分为自然资源和人文资源两大类①
杨岳刚和郑国全	2014	基于"生态—生产—生活"理论将乡村旅游资源分为农业生产资源、农民生活资源和农村生态资源②
李祥等	2016	基于《旅游资源分类、调查与评价（GB/T 18972—2003）》的国标法将乡村文旅资源分为地文景观、水域风光、生物景观、遗址遗迹、建筑与设施、旅游商品和人文活动七大类③
张广海和孟禹	2017	基于自然和人文属性将乡村文旅资源分为自然与人文这两大类④
梁江川等	2020	基于资源丰富和市场吸引力将广东省乡村文旅资源分为乡村自然生态类、乡村生产基地类、乡村聚落建筑类和乡村民俗文化类四大类⑤

（二）乡村文旅促共富的案例分类框架

在战略资源理论中，乡村文旅资源是其形成文旅产业竞争优势的重要根基，故文旅资源是其研究的自变量，因变量是乡村文旅产业竞争优势。因此，资源定义与分类应该服务于自变量的确定，以及自变量与因变量关系的确定。除此之外，企业在一定资源的基础上获得竞争优势的过程离不开"人"这个调节变量对资源的计划、组织、控制、调配，物质资源能够发挥多大的效用完全取决于使用它的人，资源异质性的背后是人的异质性。同样，乡村的发展也离不开背后"人"这一关键因素的支持，不论是由村集体等内部力量主导乡村文旅产业振兴，还是由乡村运营团队等外部力量主导乡村文旅产业发展，关键都在于开发利用主体的能动效用。

据此，本书认为乡村文旅促共富的案例类型可以从乡村文旅资源的角度切入，结合乡村文旅资源形态与开发利用主体两个维度进行划分，为乡

---

① 邹宏霞、于吉京、苑伟娟：《湖南乡村旅游资源整合与竞争力提升探析》，《经济地理》2009 年第 4 期。

② 杨岳刚、郑国全：《基于"三生"理念的乡村休闲旅游资源分类研究——以浙江省苍南县为例》，《中国城市林业》2014 年第 4 期。

③ 李祥、孙巧云、冯露：《现代都市休闲农业与乡村旅游资源整合开发研究——以长沙望城区为例》，《四川旅游学院学报》2016 年第 3 期。

④ 张广海、孟禹：《基于 AHP 的乡村旅游资源评价——以山东省临沂市为例》，《曲阜师范大学学报（自然科学版）》2017 年第 2 期。

⑤ 梁江川、潘玲、吴雅骊等：《广东省乡村旅游资源分类、丰度和吸引力分析》，《资源开发与市场》2020 年第 10 期。

村文旅促共富的发展类型提供一个统一的分析框架，具体如图 5-1 所示。

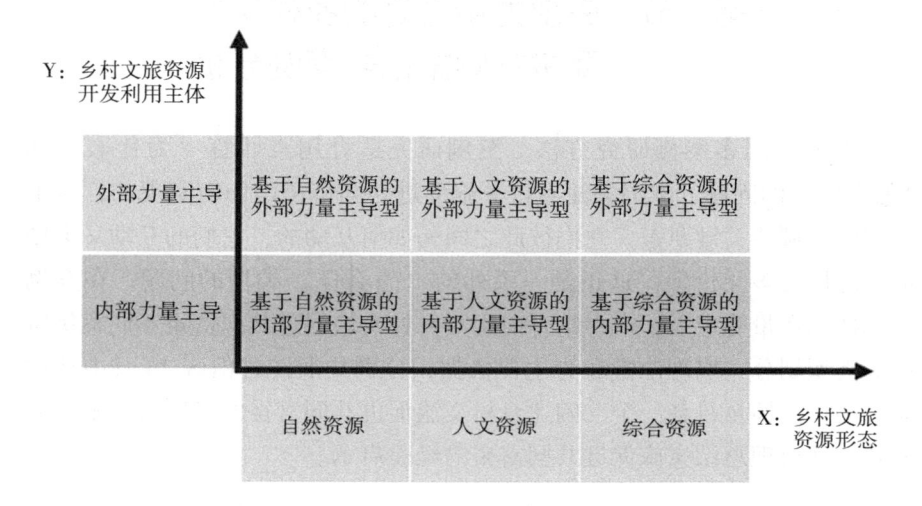

```
Y：乡村文旅资源
   开发利用主体

外部力量主导   | 基于自然资源的 | 基于人文资源的 | 基于综合资源的
              | 外部力量主导型 | 外部力量主导型 | 外部力量主导型

内部力量主导   | 基于自然资源的 | 基于人文资源的 | 基于综合资源的
              | 内部力量主导型 | 内部力量主导型 | 内部力量主导型

                自然资源         人文资源         综合资源      X：乡村文旅
                                                              资源形态
```

图 5-1　乡村文旅促进共同富裕的案例分类框架

该分类框架内部各组成部分之间的关系包含以下两方面内容。

其一，从最直观的核心文旅资源形态视角出发，将乡村文旅资源依据属性分为自然资源、人文资源和综合资源，对它们的定义主要是乡村先天所拥有的资源禀赋基础，比如某些乡村先天便拥有良好的生态环境，即拥有良好的自然资源基础，而某些乡村具有丰富的历史遗存和深厚的文化内涵，即具备独到的人文资源基础，还有一些乡村则是综合利用自然、人文、资金、政治等资源，发展乡村文旅产业。

其二，从乡村文旅资源的开发利用主体这一角度出发划分为外部力量主导与内部力量主导这两大类。具体而言，外部力量主导模式是指由外部力量推动乡村文旅产业发展，遵循"能力本位"逻辑，强调从外部帮扶到内生发展的历时性转变；内部力量主导模式则强调由村庄内部主体行动推动乡村文旅产业发展，遵循"乡村为本"逻辑，强调以乡村为基本单元，以村民为行动主体，以乡村资源为发展基础。

由此，本书将乡村文旅促共富的发展类型划分为基于自然资源的外部力量主导型、基于人文资源的外部力量主导型、基于综合资源的外部力量主导型、基于自然资源的内部力量主导型、基于人文资源的内部力量主导型和基于综合资源的内部力量主导型这六大类，并从浙江省山区 26 县中分别选取对应的典型案例进行深度剖析。

第二节 外部力量主导的乡村文旅促进共同富裕多案例分析

本书选用多案例研究方法，案例研究适合用来回答"为什么"和"怎么样"的问题，本书关注乡村文旅促进共同富裕是如何实现的，这个过程中有哪些关键要素，它们彼此之间是如何互动的，它们的互动又会创造出怎样的多元价值，这正是一系列的"怎么样"类型的问题。在案例地选择和数量确定上，本书结合前文对乡村文旅促进共同富裕不同案例所作的类型划分，以理论饱和为主要依据，分别从浙江省山区26县中选取对应的代表性乡村各一个，阐述乡村文旅促进共同富裕的发展历程及发展成效，并梳理总结文旅促进共同富裕的经验启示。

一 基于自然资源的外部力量主导型：东坪村

（一）东坪村简介与发展历程

东坪村隶属于衢州市衢江区峡川镇，距市区38千米，位于衢北千里岗山脉，海拔518米，是衢北大山里一个神奇的古村落，这里有唐朝古道、千年古树群、山崖巨石、茂林修竹，山明水秀。东坪村素以"古道、古树、古民居、红枫、红柿、红辣椒"闻名。2010年5月，原东坪村、杨源山村、下坑头村合并成新的"东坪村"，全村309户1007人，土地总面积6.9平方千米。经过开发建设，该村先后荣获省级旅游特色村、省级农家乐精品村、浙江省林业观光园区、模范乡村旅游示范点、十大魅力农家乐等多项荣誉，并于2020年6月上榜浙江省第二批全国乡村旅游重点村推荐名单。

1. 市政工程建设推动乡村旅游初步发展

（1）乡村旅游发展为古老村落找到产业发展道路。东坪是一座拥有深厚文化底蕴古村落，曾经是唐朝王族李烨为躲避武则天迫害的隐居之地，至今已有1300多年的历史。古道上那1000多级台阶和参天的枫香树、柿子树，是历史的见证、活生生的化石。东坪以其深厚的历史文化底蕴和优越的自然生态条件为依托，开始发展乡村旅游。政府先后投入大量资金，对东坪村进行环境整治和配套设施建设，目前已经建成村农家乐接待中心、古民居展示中心和东坪山脚入口景观。"2007年，'康庄工程'

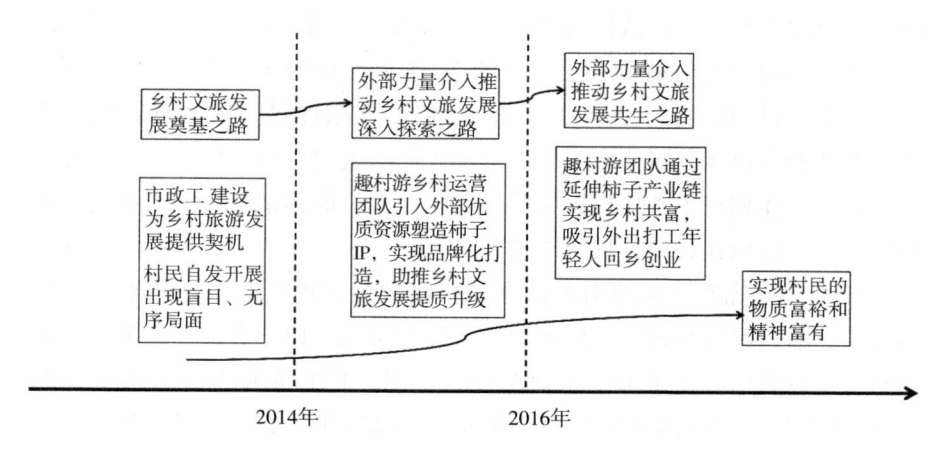

图 5-2 东坪村乡村文旅发展历程

把水泥马路直接修到了村口，打通了我们村与外界的联系，吸引来了一批自驾游客。"（访谈对象：村党支部书记）

（2）村民自发开展的乡村旅游呈现"盲目""无序"的局面。东坪村凭借自身优良的自然生态环境为乡村找到了旅游发展之路，但凭借柿子发展的东坪旅游业呈现明显的季节性，一年四季只有秋季能够招引游客流量，同时，村民赖以生存的红柿农业通过自己摆摊贩卖的形式导致经济收入有限，柿子在深山且季节性明显是东坪村发展的一大困局。其次，仅限于依赖政府的短线投资和村民"自认为""无序"的农家乐房屋装修，不能够满足游客所期待的满意服务。"当时村民们对待农家乐的通常做法就是把自有的自建房一楼作为餐饮区，二楼房间简单地装修为住宿区，并共用卫生间，在卫生、审美、服务等条件上远达不到游客的多样化和高质量需求，这样一来不仅留不住游客，还给村庄带来了很多负面的影响，引致了游客众多的差评及投诉。"（访谈对象：村民）此阶段乡村旅游发展主要源于市政工程的建设为其提供了契机，相继投入资金帮助乡村进行环境整治和基础设施建设，村民也纷纷自发组织开展农家乐招揽游客，希冀乡村旅游能为村庄带来丰厚的红利，但因早期在经验和对市场需求的把控上都有所欠缺，乡村旅游发展乱象丛生。

2. 外部资本介入推动乡村旅游创新发展

（1）外部资本力量介入助力东坪村深入探索乡村旅游发展道路。乡村旅游初级发展阶段引发了村庄内部矛盾，而仅仅凭借在地村民自发组织开展使得乡村陷入了无序发展的局面，乡村旅游发展出现停滞。在此阶段,专业的乡村运营团队作为新生力量嵌入到乡村,助力乡村旅游发展。由小颜领衔的"趣村游衢州运营团队"被东坪村的美景和文化所吸引,接下了东坪村的招商引资项目,正式开启了在东坪村乡村运营管理的进程。专业的乡村运营团队成为解决村民矛盾、重塑乡村发展方向的重要力量,这一群体相较于本地村民接受过高等教育,能够精准地洞察市场需求信息,可更好地在村内开展组织动员工作。

(2) 外部优质资源的引入助推乡村旅游发展提质升级。外来的乡村运营团队通过深耕乡村背后的底蕴和丰厚的文化,以出彩的创意策划塑造属于东坪村的核心柿子IP,并趁势向外推出"隐柿东坪"的品牌,指向"隐市在东坪,逍遥做柿民"的品牌定位,同时开展了一系列品牌形象设计工作,应用延展到东坪旅游商品,对柿子、柿干、柿饼等产品进行统一包装设计,围绕柿子IP塑造地域品牌,推动乡村旅游的高质量发展和旅游产品的转型升级。"我当时与村支部书记做了两个约定:一是帮助村民把柿子卖出去;二是把村子推出去,让更多的人知道,吸引更多的人过来。考虑到柿子作为东坪村振民兴村的优势资源和支柱产业,以及村庄本身具有的红柿景观强烈的记忆点,当即决定把柿子作为东坪村的核心文旅IP来塑造地域品牌。"(访谈对象:乡村运营师小颜)此后,东坪村进入品牌化发展阶段,柿子也更受游客欢迎。

(3) 整合事件营销引爆流量赋能柿子IP。如果仅仅是塑造柿子IP这一品牌还远不能让外界知道东坪,需要对此做出有效的品牌营销策略。"要想能够大刀阔斧地把东坪村推出来,必须炒热柿子IP的热度,需要在柿子IP营销上下苦功夫。"(访谈对象:乡村运营师小颜)2015年10月22日,运营团队策划的第一届柿子节在东坪村拉开帷幕,当日人流量已破一万人次,活动内容包括露营、寻宝、村跑等趣味活动。其中,将9棵树龄达300年以上的古柿树通过竞价拍卖形式的"古树拍卖会"更是引爆了气氛,由政府和竞得企业达成约定,竞得者可获得该柿树的所有年产出,拍卖款项则全部用于村庄公益项目如修缮宗祠等。最终有500余年的柿树王"百柿大吉"以13.8万元高价拍卖,"一颗柿子卖20元"的故事引起热烈反响,得到了浙江新闻客户端、浙江在线等省级以上媒体的报道,柿子IP的品牌向浙江乃至全国范围进行传播。柿子的品牌故事取得了初步成效,第一届柿子文化节快速地促进了东坪村旅游业的发展,2016年东坪旅游接待总人次较上一年增长36%,旅游总收入较上一年增长41.2%。

3. 产业链延伸推动乡村旅游升华发展

（1）延伸柿子产业链实现乡村共富。东坪村赖以生存的红柿一年一产，有限的农作物生产空间和自产自销的方式所带来的经济效益并不显著。如何通过乡村文旅产业的发展带动村民的共同富裕？这既是地方政府最迫切关注的实际问题，也是小颜团队的运营目标。"东坪村目前的单一农业经济并不活跃且受限严重，只有实现一、二、三产业协调发展，有利于改变现有的农业产业结构，带动延伸农业产业链，催生农村新业态，提升农业附加值，加快实现农业现代化。"（访谈对象：乡村运营师小颜）团队以这种思路开始了东坪柿子的农产品衍生之路，引进台湾凤梨酥工艺委托外地糕点厂把红柿加工成村庄特产东坪柿酥礼盒，找到当地酿酒师酿制纯正东坪特色的柿子酒，通过传统古法技艺和现代绿色科技的创新利用制成包装精美的柿饼、柿子酒、柿子茶、柿干等多种形态的农产品。挖掘柿子IP文化内涵，对外合作开发多样式的文创产品，如与景德镇共创的汝窑手绘过滤泡茶壶，与设计师合作的柿子主题挂件、香薰等物，并通过市集这种线下新业态将产品和品牌内涵面对面传递给消费者。在2018年的中国农民丰收节上，东坪农户不只是卖柿子，还借助柿子文化产品获取更多收益，这种多元化的产品方式受到了游客和官方的一致称赞，增加了东坪村可看性、可玩性的IP内容。

（2）"东坪模式"通过外部引入外部力量提升乡村知名度，吸引更多年轻人回乡就业创业。在外部专业乡村运营团队的深入探索实践下，东坪村乡村经济逐渐发展起来，也吸引了更多年轻人回巢发展。深度挖掘柿子IP文化内涵延长产业链这一独特做法已经成为一种带领全村村民共同致富的新模式。据数据统计，即使是在COVID-19影响下的2020年，东坪村游客接待量达7.56万人次，景区农家乐营业收入达700余万元，精品民宿经营收入超过230万元。村集体经济收入的提升也吸引了一部分外出打工者的回乡创业。"柿子产品加上农家乐吃饭等收入，超过在外打工赚的钱，所以现在选择回家乡。"（访谈对象：返乡村民）从大量年轻人的离村出走到现在没有一间空置的村舍恰恰证明了乡村旅游发展所带来的良好社会效应。

（二）东坪村文旅促共富的经验启示

1. 资源开发方面：盘点"家底"，激活乡村文旅资源当代价值

要充分保护和挖掘乡村丰富的文旅资源，激活乡村文旅资源的当代价

值。东坪村注重保护千年古柿树群，并依托专业部门和机构，鉴定出东坪红柿品种优良，柿果香甜可口，营养价值较高，富含维生素、核黄素、胡萝卜素及微量元素，科学论证了 2800 多棵东坪柿树的当代价值。围绕乡村振兴战略，东坪村充分利用当地红柿等特色品种资源，积极将资源优势转变为产业优势，激活了乡村文旅资源的当代价值。

2. 配套服务方面：净化环境底色，持续完善文旅配套设施建设

文旅配套设施建设是为游客提供全方位、多层次文旅体验的基础。因此，要积极争取政府政策支持，持续完善文旅配套设施建设。东坪村村两委积极争取政府政策资金支持，进行环境整治和配套设施建设，积极建设村农家乐接待中心、古民居展示中心、东坪山脚入口景观，游步道、停车场等基础设施。此外，还改造农房外立面、整治庭院、修复李氏宗祠、流转农房改建民宿……全方位扮靓了东坪村的外在形象，优化了文旅配套设施。

3. 要素增量方面：引入运营公司，打造当地特色优势文旅品牌

注重供给侧改革，引入专业运营团队打造特色优势品牌，才能在同质化竞争中拨得头筹。东坪村引进专业文化公司进行品牌策划，借"红柿+古道+民宿"打造特色乡旅品牌，通过举办东坪柿子节扩大柿子 IP 的影响力。此外，为持久"出圈"，东坪村在更大范围内整合乡村资源，以东坪为核心，联动高岭、乌石坂等多个山区村，打造东坪古道、高岭古道、叶文禅寺连片旅游带，"组团"发展乡村农旅融合新业态，以风光民俗、美食文化、农产品种植为主线，以柿子文化 IP 为核心，发展"文旅+"产业。

4. 制度变量方面：延长产业链条，村企合作带动村民增收致富

村集体要想突破产业发展瓶颈，实现百姓共富，要善于借助村企合作，延长文旅产业链，推动产业集群化发展，有序做大并分享市场蛋糕。东坪村成立强村公司，引入杭州趣村游文旅公司在村里开办第一家高端民宿——忆宿隐柿，合作开发"柿子"深加工产品。村集体将村民的柿树统一流转，公司统一收购、加工、包装、销售，收益按一定比例分成。将农户制作的柿干统一包装，注册商标；利用古法工艺，将柿蒂加工成具有保健作用的柿子芽茶；开发出柿子酥、柿子醋、柿子酒等产品；推出"柿柿如意"主题茶具、手机挂件、洗发水等伴手礼，有效延长了文旅产业链，带动了村民增收致富。2022 年 10 月至 2023 年 1 月，全村旅游收入

达 420 余万元；2021 年，全村民宿经营户户主人均增收 5 万元。

二 基于人文资源的外部力量主导型：浦山村

（一）浦山村简介与发展历程

浦山村位于龙游县城西郊 3 千米处，系詹家镇政府所在地，衢龙公路穿村而过，是一个交通方便，环境优美的村庄。区域面积 2.74 平方千米，辖 10 个村民小组，8 个自然村（浦山、凉亭、九里桥、西庄、虎塔嘴、泉井垄、小山边、荷花形），455 户 1148 人，其中畲族 302 户 701 人，占 65% 以上，为全市少数民族重点村。近年来，浦山村坚持效益为先，通过返租倒包，整合 600 余亩闲散土地转租，每年为集体经济增加收入 5 万多元。依托基地内就业岗位多的优势，积极引导农民本地就业，有 300 多名村民实现就近就业，年带动农民增收 300 多万元。兴办农业经营、生态养殖、休闲观光为主的家庭农场，鼓励业主评星晋级，带动全村第三产业发展。浦山村以美丽乡村建设为目标，村两委与时俱进、开拓创新，通过创建美丽乡村，打造生态和谐浦山，取得了明显成效，先后被授予全国民族团结先进村、省民族团结小康村、衢州市全面小康建设示范村、衢州市森林村庄、县级卫生村、县级文明村等荣誉称号，是龙游县首批市级美丽乡村之一。

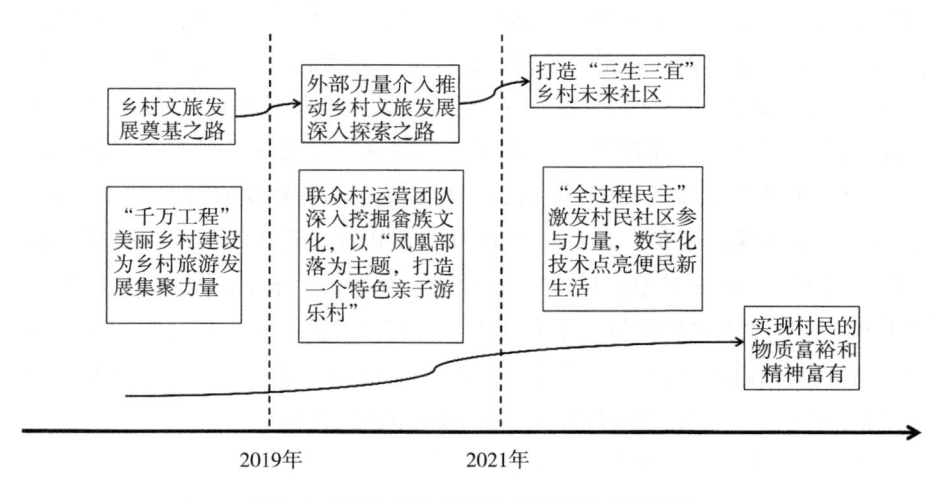

图 5-3 浦山村文旅促进共同富裕发展历程

1. "千万工程"美丽乡村建设推动乡村旅游初步发展

（1）建设美丽环境为特色村落找到生态良好的文明发展道路。龙游县詹家镇浦山村，其隶属浙江省衢州市，地处浙江省西部。浦山村是龙游县为数不多的少数民族村之一，畲族占全村总人口的65%。由于早些年该村以生猪养殖为重点产业，村庄曾经遭到很大破坏，污水横流、臭气熏天，再加之交通不便，一直相对比较落后，是被世人遗忘的"无名村落"。随着浙江省"千万工程"美丽乡村的实施，村庄以环境整治为起点，通过关停大型生猪养殖场、拆除农村违建、改造农房墙体立面，让浦山村走上发展新路。"以前完全就是脏乱差了，那个道路也很窄，那现在环境好了。以前晚上出去走路，看不见的，不敢出去的，现在我们晚上出去散散步，锻炼身体都很好的。"（访谈对象：村民）随着环境的好转，浦山村开始发展乡村旅游，希冀乡村旅游能为村庄带来丰厚的红利。美丽环境的整治为浦山村找到了一条绿色生态的文明发展道路——乡村旅游，但同时也引发了村民纷纷模仿开办农家乐而产生的同质化和单一化问题，对游客的吸引力十分有限，乡村开始面临新的挑战。

（2）市场经济下乡村旅游面临单一化与同质化问题。浦山村借助"千万工程"美丽乡村建设所提供的契机，找到了一条绿色生态乡村旅游发展之路，乡村旅游为乡村的发展注入了新的活力，但是在发展乡村旅游的过程中，浦山村事先没有根据村庄自身的实际情况做好战略规划，而是一味地模仿那些已经有一定名气的乡村经营模式，以至于缺乏创新性，难以满足游客对新鲜旅游景点的需求，失去了对游客的吸引力。"前几年，江西有一个'七彩部落'挺有名，我去考察了一番，回来后决定也做一个'浦山版的七彩部落'，破旧的村庄得到了一些修缮，外墙涂上了五颜六色的彩绘，每次坐高铁经过，人们都会看到一片彩色的村庄镶嵌在绿色的田野中，倒也有一番风味。但是，总有一些原因，这里的旅游发展得不是很好，游客并不多。"（访谈对象：村党支部书记）此阶段乡村旅游发展主要源于"千万工程"美丽乡村建设带来的契机，政府相继投入资金帮助村庄进行环境整治和基础设施建设，但村民在发展乡村旅游的过程中，因为缺少合理的规划与定位，陷入了乡村旅游发展同质化的困境之中。

2. 外部资本介入推动乡村旅游创新发展

（1）外部资本力量介入助力浦山村深入探索乡村旅游发展道路。乡村旅游初级发展阶段在经验和市场需求的把控上有所欠缺，致使浦山村没有对游客形成持续吸引力，乡村旅游发展出现停滞局面。在此阶段，专业的乡村运营团队作为新生力量嵌入乡村旅游的发展中。浙江联众集团瞅准浦山村浓浓的畲乡味和美丽的村庄环境，与村集体合作，导入亲子游乐项目，将村庄内的 12 幢农房经过"微改造"，变成了会下"金蛋"的主题民宿，真正打通了"两山转化"的通道。专业的乡村运营团队成为解决村民矛盾、重塑乡村发展方向的重要力量，这一群体相较于本地村民接受过高等教育，能够精准地洞察市场需求信息，可更好地在村内开展组织动员工作。

（2）外部优质资源的引入助推乡村旅游发展提质升级。相较于乡村旅游发展的萌芽阶段，联众乡村运营团队通过深入挖掘畲族文化，重新对村庄做统一规划和定位，以"凤凰部落"为主题，瞄准周边衢州、龙游、杭州的亲子研学旅游人群，打造一个特色亲子游乐村。以凤凰为名，是因为凤凰作为畲族人的保护神，是百鸟之王、女性的象征。畲族传说中，其对族人有再生之德、翼护之恩。"火凤凰"的畲族元素贯穿整个村庄，带来浓厚民族风情。"当时我们找到联众的余学兵余总，他给到浦山村的定位就是场景化，重点要把业态搬进来。只有当吃的、玩的、学的、住的，整个链条都有了，才能真正吸引城里人过来消费。"（访谈对象：村党支部书记）联众便正式开启了在浦山村开发运营管理的进程。首先，利用村内空地建设无动力乐园、植物迷宫、萌宠乐园、巨木乐园、谷堆乐园、儿童剧场、旱喷戏水池、岩下小屋等儿童游乐设施，打造真正意义上以乡村为核心的"亲子研学游乐第一村"；其次，利用闲置民房建设亲子主题系列民宿、VR 体验馆、儿童摄影工作室、烘焙工坊、亲子餐厅、巧手坊手工 DIY、虫虫之家、玩偶之家等亲子产业业态，赋予每一栋建筑不同的主题；最后，利用村内集体建设用地按研学教育实践基地标准建设一处研学场地，设置以"农耕体验"为核心，以户外、陶艺、木工、剪纸、酿酒、竹编、花艺等为辅助的一系列亲子自然研学课程，打造完整乡村亲子研学游乐产业链闭环。

3. 打造"三生三宜"乡村未来社区推动乡村旅游升华发展

（1）"全过程民主"激发村民社区参与力量。"社区参与"并非只是利益共享，还应当考虑乡村建设的"人情味"。联众集团在建设浦山村的时候，真正做到了"尊重村民意愿"，不论是农房管控、拆、改，还是项目建设和村庄发展，都坚持"全过程民主"。"我们原本都不愿意拆围墙，是村干部一次次上门做思想工作，用心记下了我们的意见，我们才同意的，没想到现在村庄能这么美。"（访谈对象：村民）浦山村将继续发挥民主选举、民主协商、民主决策、民主管理、民主监督"五大民主",努力让每一个决策充分体现老百姓的想法,符合老百姓的共富需求,让村民成为村庄的管理者、决策者、受益者,真正让富裕的成果惠及每位村民。

（2）数字化技术点亮便民新生活。联众在村庄内安装了智慧养老系统,村里老人如果超过三天不出门可自动报警;引进了智慧路灯、智能垃圾箱等设施,村庄摇身一变成了"智慧社区"。为了方便村民办事和查询服务网点,余学兵和他的团队设计了村民自治平台。考虑到村民权益可能受到侵犯但无处维权,联众为村民们建设了法律服务一体机,通过智能AI法务24小时应答与人工法务5分钟内响应双渠道为村民提供及时的法律援助,同时还额外设置了社会救助功能,为经济困难的外来人口提供援助。在游客服务方面,实行全程扫码自助游,同时开设文旅AR平台,为游客导览提供便利。针对停车难题,联众的团队又开发了"智慧停车系统",打通周边停车场的数据,进行一站式服务。

（二）浦山村文旅促共富的经验启示

1. 资源开发方面：基于畲族文化,保护传承民族特色手艺风俗

以少数民族特色文化为载体,深入挖掘少数民族的神话传说、民间故事、保护传统手工艺、婚丧习俗等。浦山村作为一个畲族聚居村,以畲族文化为载体,充分挖掘丰富多彩的畲族神话传说、民间故事,保护传承有风情浓郁的各种畲族手工艺及竹竿舞、祭祖舞、编织舞、做糍粑、捣石鼓等畲族民俗,生动重现了畲族人民生产生活的场景,促进了乡村休闲旅游发展。先后创建成为浙江省3A级景区村庄、浙江省级美丽乡村特色精品村等。

2. 配套服务方面：实施节点改造,打造少数民族文化主题公园

围绕特色文化主题,实施景观节点改造,将乡村打造成为文化主题公园。浦山村以美丽乡村建设为契机,通过"无违法用地、无违章建筑、无生猪养殖污染"的"三无村"创建,大力实施清塘美河行动,打造浙江省美丽乡村特色精品村。2017年,浦山村重点实施景观节点改造、村庄绿化、庭院美化等项目,积极建设步行道、文化长廊、停车场等基础设施;2018年,村里对泉井垄自然村的农房进行了墙体立面改造,在长达六七百米长的特色文化墙上绘出畲族风情的缩影,将浦山村打造成为"畲族文化主题公园"。

3. 要素增量方面：借助外部力量,共建乡村文旅产业发展联盟

联合企业、院校、政府等外部力量,丰富、优化乡村文旅业态,促进

乡村文旅产业发展。浦山村与企业、院校、研学单位组成浦山未来乡村产业联盟，充分发挥亲子研学、生态旅游等多业态优势，激发村民创业就业热情。依托龙游花海与姑蔑城景区，建成观赏藕基地20余亩、观赏桃基地30余亩、红豆杉基地40余亩、薄壳山核桃基地130余亩，成为龙游花海田园综合体项目核心区；联动"龙游花海景区""姑蔑城景区"，建设"凤凰部落"亲子游乐村项目，建成七彩滑道、户外攀岩墙、植物迷宫等网红儿童游乐设施，设置以"农耕体验"为核心，以陶艺、木工、酿酒等为辅助的一系列研学课程，配套住宿、餐饮服务；联合中国美术学院，设计畲族文化特色民宿，全方位打造吃、住、游、乐、赏服务。

4. 制度变量方面：创新合作模式，带动村民就业创业、增收致富

创新合作模式，在壮大村集体经济的同时，为村民提供就业创业的平台和机会。创新"政府+村集体+社会资本"模式，引进浙江联众集团，集体流转12幢闲置农房打造"凤凰部落"亲子研学游乐村，每年可为浦山村带来保底分红20万元和净利润20%的合作收益。同时，不仅为当地村民提供就业岗位，也为村民提供创业机会。因为主题民宿、畲族特色餐饮的生意红火，全村经营性收入实现了连年翻番，从2021年的20多万元增长到2022年的近50万元，截至2023年5月，已突破了100万元。

三 基于综合资源的外部力量主导型：胡家坪村

（一）胡家坪村简介与发展历程

淳安县王阜乡胡家坪村，地处平均海拔800多米的偏远山区，风景独特，环境优美，自然气候得天独厚。由于山高路窄，交通闭塞，经济发展滞后，青壮年都外出务工，仅有不到200人留在村里，人均收入处于淳安县最低水平。2014年，浙江省开启山海协作工程，对口帮扶区县进行环境整治和配套设施建设，胡家坪村开启蝶变之路。2021年9月，在省乡村振兴局"新型帮共体"项目的推动下，滨江集团与胡家坪村结成"帮共体"，打造集观光、露营、高山农业体验等为一体的农文旅综合项目，推动胡家坪村的村容村貌、基础设施和配套设施等持续改善提升，为强村富民注入持续动能。

1. "山海协作"工程推动乡村旅游初步发展

王阜乡胡家坪村坐落于淳安县西北山区，与安徽交界，距县城千岛湖80余千米，平均海拔900多米，从千岛湖镇出发要开3个多小时的车才

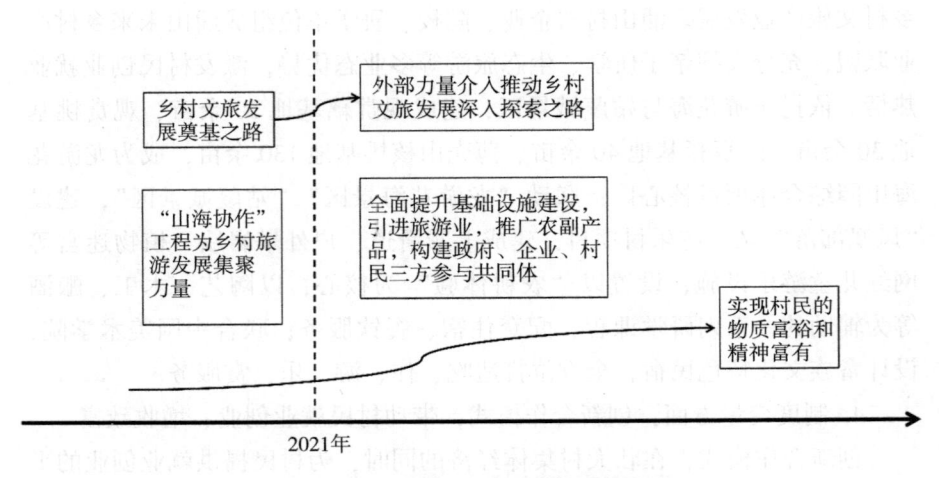

图 5-4　胡家坪村文旅促共富发展历程

能到达，是淳安最为偏远的贫困村。恰逢 2014 年，浙江省启动了山海协作工程，该工程旨在通过引导发达地区的产业向欠发达地区转移，以推动这些地区的经济发展。胡家坪搭上了这列振兴的"列车"，对口帮扶区县来到这里修起路、建起文化广场，搭起高山蔬菜基地，让小村庄渐渐开始改变。在山海协作团队牵线搭桥下，胡家坪村建起了首个高山蔬菜基地、3 个蓄水池和 420 余米的生产便道，同时考虑到蔬菜基地的蔬菜和有些中药材为时鲜品，又联系了浙江兴发制冷设备有限公司等企业为其建设了一座 100 立方米冷库，解决当地蔬菜和中药材的储存问题。在山海协作团队努力下，一项又一项的"造血"式帮扶举措落地，胡家坪村在产业发展、项目招引、企业扶持、乡村振兴、消薄增收等方面都取得了丰硕成果，"山海协作曲"也在两地之间越奏越响亮。

2. 滨江集团介入推动乡村旅游创新发展

（1）外部优质资源的引入助推乡村提质升级。如果说浙江省山海协作工程点亮了胡家坪的乡村振兴梦，那么 2021 年滨江集团的到访、则让这个梦想加速照进现实。"我第一次来胡家坪村是 2021 年，当时是完全的空心村，看不到年轻人，种地的基本上是老弱病残。周围的房子都是土墙，门都是弯的。很多另一半去世的老人，每天晚上都是孤独的一个人，做一顿饭要吃三四天，看到村子的这些问题，我觉得这个公益项目一定要做，哪怕企业没有公益实力，我个人都非常愿意做。"（访谈对象：滨江集团董事长）作为浙企代表，滨江集团积极响应号召，与胡家坪村结成"帮共体"，计划投资 5 亿元，分三年、四期对胡家坪村进行公益改造。首先，滨江集团将所有村民的房屋框架以新农村建设的要求，重新建设了一遍，配套设施也做到全部完善。未来，这里还将有个三个班规模的幼儿园，年轻人有健身娱乐地方，老年人有活动中心，食堂、医疗站、休闲场所通通备齐。其次，发展旅游业，为村民回乡就业和创业创造平台。"年轻人都在外面，所以要为他们创造更多创业和就业的机会。"（访谈对象：滨江集团董事长）目前，滨江集团投资建设的胡家坪村三期精品民宿均已开业，配套如会务中心、餐饮中心、游步道等也已建成。村民可以根据自身情况经营民宿和农家乐，或在酒店里从事各类服务工作，也可以在流转土地上从事熟悉的农耕和劳作。最后，推广宣传胡家坪农副产品，打响招牌。胡家坪村有"三优"——山核桃、山茶油和高山茶叶；"三特"——小花猪、高山飞鸡和高山蔬菜。这些农副产品因为远离人群和污染，具有得天独厚的品质优势，过去"养在深闺人未识"，如今滨江集团将通过旗下的几百个小区、近一百万户客户，解决这些高山农副产品的销路问题，同时让滨江的业主也间接参与到"乡村振兴、共同富裕"的行动中来。

（2）构建政府、企业、村民"命运共同体"。作为企业参与乡村振兴的探索，滨江集团在胡家坪打造的"帮共体"，处处带着企业特有的"经营"理念，以企业自有的品牌、市场和客户群体作为支撑，让乡村振兴为农民而兴，乡村建设为农民而建，改变了传统"只建设不经营，只投入不收益"的状况，让"输血"真正变为"造血"。滨江集团本着"项目建设吸纳一批、劳务输出安置一批、返乡创业带动一批"的思路，保障了村民充分就业，全力夯实共富基石。接下来，在"新型帮共体"里，将更加突出党建引领，更加注重农民主体作用的发挥，更加强化联农带农机制，并引入社会组织，形成更强大、更紧密的协同力量，同时也将把这种探索向全县扩面，结合"乡村振兴联合体""产销共同体"，形成一套可复制推广的社会力量参与帮扶、先富带后富、实现共同富裕的机制。

（二）胡家坪村文旅促共富的经验启示

1. 资源开发方面：立足生态文化资源，吸引资金、技术、人才等综合资源

山区 26 县的乡村要充分发挥自身生态文化资源优势，吸引外部资金、技术、人才等综合资源注入，助力乡村文旅产业发展。首先，胡家坪村自身具备"三优三特"良好生态文化资源。"三优"分别是山茶油、山核桃

和高山老树茶,"三特"是小花猪、高山飞鸡、高山蔬菜。其次,在浙江省乡村振兴局启动"新型帮共体"建设的背景下,滨江集团积极响应号召,与淳安县签订乡村振兴战略合作框架协议,与胡家坪村结成"帮共体",计划投资5亿元,分三年、四期对胡家坪村进行公益改造,为胡家坪村的发展带来了资金、技术、人才等综合资源。

2. 配套服务方面:完善配套设施,打造宜居宜业宜游的多功能乡村空间

通过"财政补一点、集体担一点、联盟助一点",不断完善配套设施,打造宜居宜业宜游的多功能乡村空间。首先,修建了文化礼堂、村民食堂、医疗站、幼儿园、邻里中心、托老所等配套设施,改善村民们的居住条件;其次,修建了一个水深40米、蓄水量13万立方米的水库,解决大山里居民用水难的问题;再次,从发展文旅产业角度,滨江集团出资在当地建设民宿,并修建一条1000米长的登山游览步道,吸引游客到此度假,让胡家坪的景观资源得到充分开发利用。配套设施的完善极大促进胡家坪村文旅产业发展,有效吸引年轻人返乡创业。

3. 要素增量方面:撬动外部投资,做好山水增值、农产品增价和房地增收

强化组织保障,解决外部主体的后顾之忧,吸引其投资乡村建设,做好山水增值、农产品增价和房地增收"三篇文章"。以胡家坪村为例,一是山水增值,做大、做强胡家坪的农旅资源。通过打造登山游步道、云海、花海等"网红景点"和欢乐农场等特色项目,吸引游客、留住游客;二是房地增收,在收取租金、分红等基础上,以滨江集团打造的云顶酒店为主抓手,鼓励村民将闲置房源改造为家庭旅馆、小型商超等服务型用房,提升村民收入;三是农产品增价,通过打造高山有机特色,对山茶油、山核桃、茶叶等农产品进行统一管理和包装,借助滨江的企业渠道打开社会销路,提升农民收入。

4. 制度变量方面:构建新型帮共体,构建多元共享的利益平衡机制

在利益设置上,形成多元共同参与、利益共享的发展共同体。突出党建引领,更加注重农民主体作用的发挥,更加强化联农带农机制,并引入社会组织,形成更强大、更紧密的协同力量,结合"乡村振兴联合体""产销共同体",形成一套可复制推广的社会力量参与帮扶、先富带后富、实现共同富裕的机制。在滨江集团的帮扶下,胡家坪村两委着力壮大村集

体经济。一边组织闲余劳动力就业增收,一边组织农产品生产,并提供初加工、分级、包装等服务,与滨江集团形成产销对接,不断提高村集体经营性收入。

第三节　内部力量主导的乡村文旅促进共同富裕多案例分析

一　基于自然资源的内部力量主导型:笕川村

(一) 笕川村简介与发展历程

笕川村位于浙江省丽水市缙云县西乡,是新建镇的东大门,至今已有1400多年历史。村庄距离缙云县城12000米,距金丽温高速公路缙云出入口3000米、距高铁西站7500千米,交通便利地理位置优越。全村现有耕地面积2139亩,山林面积4774亩,水域面积5平方千米。近年来,依托省级重点培育示范中心村、宜居乡村建设,大力发展以香菇种植和茭白种植为主的农业,以及以花海为依托集农业观光于一体的休闲旅游产业,是全国第三批历史文化古村落、国家AAA级景区、省级休闲农业与乡村旅游示范点、省级美丽宜居示范村优秀村庄。

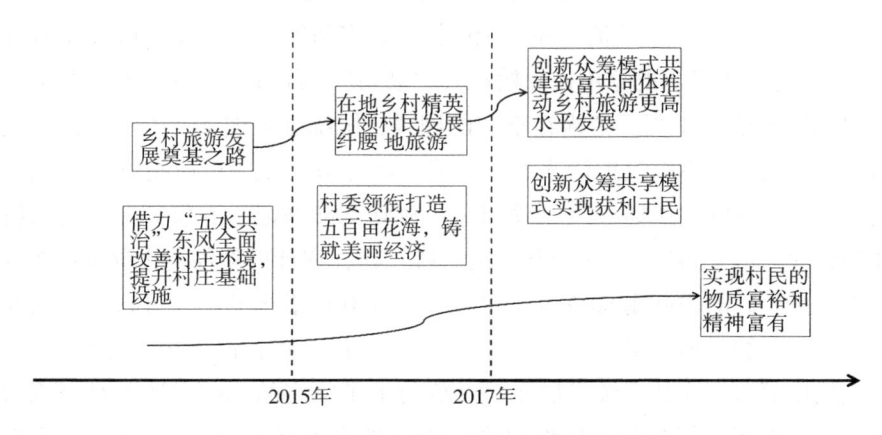

图 5-5　笕川村文旅促进共同富裕发展历程

1. "五水共治"推动乡村旅游初步发展

(1) 村书记立下"军令状"改善村庄水源。笕川村位于缙云县新建镇,是一座有着1400多年历史的古村落。自改革开放以来,村民们纷纷开始从事养殖业，以养鸡鸭为主，但由于村民没有环保意识，养殖业多产生的污水没有经过任何处理就直接排放，造成土壤和溪水严重污染，水质逐渐变差。当时任职笕川村党支部书记的施颂勤认为建设乡村首先要从环境整治起步。"干部带领村民致富的目的就是为了大家能过好生活，但如果环境不行了，连干净的水都喝不上，还谈什么好生活呢？因此，在带领大家致富的同时，必须对村里的环境和水源进行保护。"（访谈对象：村党支部书记）虽然早在2006年，笕川村就建了生活污水处理系统，但并没有产生实质作用。直至2013年底，浙江省委、省政府做出了"五水共治"的重大决策部署。这一重大战略部署为笕川村重获新生带来了转机。"在当年浙江两会期间，我作为浙江省人大代表向浙江省委书记夏宝龙'诉苦'，村里资金不足，尚未把村里的生活污水全部纳入管网……于是便拨款100万元的治水资金，我也立马保证用一年的时间把这个事情做好。"（访谈对象：村支部书记）笕川村就此开启了轰轰烈烈的全面治水之路。以"小河清清大河净"为目标，笕川村集中开展了"清三河""剿灭劣Ⅴ类水"等专项行动，对村庄内的水坑、池塘、道路、卫生死角及沿线河道进行全面清理，清淤疏浚河道约2万平方米，完成河岸河床综合整治、3000平方米亲水平台建设和活水进村项目，全面消除了村内的"黑河、臭河、垃圾河"，打造出了笕川溪滨绿化休闲风景带。

（2）借力"五水共治"东风全面提升村庄基础设施。从2014年7月开始，"梳洗"干净后的笕川村开始精心"装扮"，启动了"活水进村"工程及"六线入地"工程，把横在空中的网线，统统埋入地下。"水不仅要变清，还要变美。不应只把治水简单看成一次完成约定，更应把其作为深化美丽乡村建设的主战场。"（访谈对象：村党支部书记）不仅如此，笕川村还结合"三改一拆""六边三化三美"等工作，累计拆除各类违章建筑7万多平方米，破旧香菇棚60多个，还对村里150栋沿街的房子进行外立面改造，村容村貌焕然一新。此阶段笕川村发展主要源于浙江省"五水共治"重大战略部署，为其后续发展乡村文旅打下了坚实的基础。然而对于笕川村而言，美丽乡村建设不能仅仅满足于"外表光鲜"，还要做到"兜里有钱"，如何通过这美丽的环境将外面的人吸引过来度假、休闲、消费，从而带动村民们致富增收，这才是村政府迫切需要解决的问题。

2. 在地乡村精英引推动乡村旅游创新发展

打造五百亩花海铸就美丽经济。在实现"水清、水美"的同时，怎样把"绿水青山"转变为"金山银山",是摆在村干部面前的另一个棘手问题。经过广泛、充分的调查研究,他积极寻求新的变化,以"党员带头致富,带动群众致富"为目标,努力打通"最后一公里"。恰逢2015年丽水高铁的开通为笕川村再迎发展机遇。"发展旅游需要巨大的前期投资,但在高铁开通前,谁能保证会有足够多的游客登门?"(访谈对象:村党支部书记)高铁的开通更加坚定了村支书发展乡村旅游的想法。他积极引导村民将高铁和高速公路旁的五百多亩进行集中流转,并在这里种植上各类品种花草,还聘请了知名的设计师对此精心设计与改造,共新增了八千万盏彩灯,使整个夜晚的花海都成了一个耀眼的"灯海"。截止到2016年年底,笕川花海已经吸引了超过200万的游客,实现了门票收入650余万元,餐饮和农产品的销售总额达350余万元。

3. 创新众筹模式共建致富共同体推动乡村旅游升华发展

创新众筹共享模式实现获利于民。花海项目圆满完成了"开门红"的目标,然而项目的大获成功却不代表着全体村民的共同富裕,怎么才能让更多村民享受项目成功所带来的"红利"?基于此,笕川村首创了"股权众筹"模式,实现风险共担、利益共享的新机制。"花海"以股份制形式运作,统一由缙云笕川花海产业有限公司经营管理,其中村集体占53%、村民占47%,"花海"以3000万元的价格,由村集体出资1600万元,剩余的1400万元以7000元的价格向村民们认购。"村集体和农户都成为股东,人人参与,大家风险共担,有福同享,既便于花海的管理,也有利于各项美丽事业的推进和发展。"(访谈对象:村委会主任)笕川村除了以股权众筹的方式来共享收入外,还通过"筑巢引凤"的形式积极引入社会资本参与,发展多种文旅产业,如婚纱摄影基地、跑马场、中药材种植基地等,丰富景区内涵。此外,笕川村也在深入开发地方民俗风情,发展特色餐饮,完善产业链条,使之成为一个集休闲观光、餐饮住宿、农事体验和科技示范为一体的生态观光基地。

(二)笕川村文旅促共富的经验启示

1. 资源开发方面:立足生态优势,促进农旅深度融合发展

充分发挥乡村农业资源和生态优势,通过特色化、专业化经营,合理配置生产要素,促进乡村农旅深度融合发展。笕川村引导村民对高铁和高速公路旁的五百多亩进行集中流转,同时聘请海外知名设计师打造花海,还引入全省首条环花海观光休闲小火车。首期投资600多万元的笕川

"花海",叩开了笕川村乡村旅游发展的大门。笕川村也由市级绿化示范村升级为省级森林村庄。

2. 配套服务方面:巧思文旅布局,不断完善文旅配套服务

要从网络布局、旅游导览、游客服务点等方面完善文旅配套服务。首先,笕川村着力提升乡村环境底色,陆续开展"五水共治""三改一拆""六边三化三美"等一系列行动,重新修整乱搭建的菇棚、鸭场,使乡村水变清,环境变干净。其次,笕川村积极改造、完善文旅配套设施,花费40万元修建位于花海畔的"景区厕所",还铺设了热水管道和淋浴系统,向前来露营的游客免费开放。同时,积极申报"笕川专线",开设从缙云高铁站到笕川村的专线。不断完善文旅配套服务,助推乡村文旅提档升级。

3. 要素增量方面:吸引社会资本,打造多元生态旅游基地

积极吸引社会资本,不断丰富乡村文旅业态,着力做大共富蛋糕。笕川村除了以股权众筹的方式来共享收入外,还通过"筑巢引凤"的形式积极引入社会资本参与,发展多种文旅产业,如婚纱摄影基地、跑马场、中药材种植基地等,丰富景区内涵。此外,笕川村也在深入开发地方民俗风情,发展特色餐饮,完善产业链条,使之成为一个集休闲观光、餐饮住宿、农事体验和科技示范为一体的生态观光基地。此外,近两年,村里鼓励大学生回乡发展电子商务,目前全村已吸引 60 多名大学生返乡,培育 260 多家农村电商,2018 年实现年销售额 1.1 亿元。同时,村里还大力推进光伏助困入户项目,让低收入家庭年增收 1500 多元。

4. 制度变量方面:利用众筹合力,帮助周边农户增收致富

通过集体股份制改造筹资,带动周边农户积极参与文旅产业的管理服务工作。花海项目大获成功后,采用"股份制"的模式,即以村民入股的方式,花海统一由缙云笕川花海产业有限公司经营管理,其中村集体占 53%、村民占 47%。花海以 3000 万元的价格,由村集体出资 1600 万元,剩余的 1400 万元以 7000 元的价格向村民们认购。

二 基于人文资源的内部力量主导型:余东村

(一)余东村简介与发展历程

余东村位于浙江省衢州市柯城区沟溪乡境内,现有人口 800 余人,距乡政府所在地约 1.5 千米,距衢州市区约 18 千米,县道横贯全村,交通

便捷。余东村地处优越的地理位置,拥有适宜的气候和优良的自然环境,为当地开发乡村旅游业提供了得天独厚的条件。余东村利用特色农民画为产业基础发展乡村文旅产业,被誉为"中国第一农民画村",获评浙江省重点历史文化传统村落、第四批全国乡村旅游重点村等荣誉。

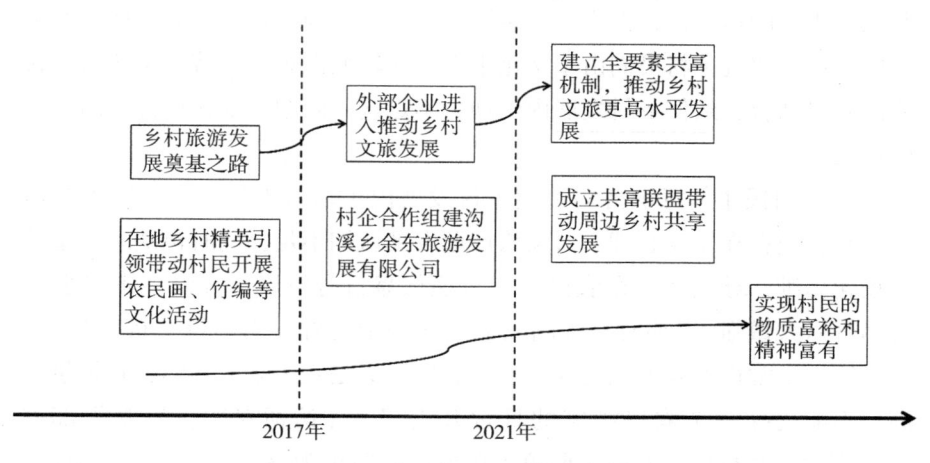

图 5-6 余东村文旅促进共同富裕发展历程

1. 在地乡村精英引领开展乡村特色文化活动推动乡村旅游初步发展

(1) 在地乡村精英为偏远山村找到产业发展道路。在乡村振兴过程中,人才是一个不可或缺的要素,但乡村"空心化"问题日益严重,造成了大量优秀人才的流失,本土的留守精英在乡村的建设和发展过程中扮演着举足轻重的角色(杜姣,2022)。① 余东村原是浙江西南部一个普通的小山村,村民们靠种地为生,收入仅够维持温饱。文化员郑利民被人民群众视为当地的乡村精英,当仁不让地挑起带领全村百姓共同致富的大梁。"农民画是余东的一大特色,大多数农民画家的技术都是祖上流传下来的,非常珍贵,政府也非常支持。我就在想能不能基于余东村农民画的特色,围绕农民画进行产业布局,从而带动村民致富。于是,我便决定组织创建'余东农民画'协会,进一步释放农民们的绘画创作热情。在余东农民画协会成立后,越来越多的村民开始画画,村里搓麻将、赌博等不良风气渐渐消失了。农闲时节、节日期间,村里都会开展书画交流、比赛,乡村风貌也在潜移默化的熏陶中慢慢发生了转变。此外,其他村会请

---

① 杜姣:《乡村振兴背景下乡村留守精英及组织化的公共参与路径》,《中国农村观察》2022 年第 5 期。

我们过去画墙画，村民们也因此增加了收入。"（访谈对象：村民）余东村凭借其独特的农民画文化资源为当地找到文旅差异化发展之路。在此期间，当地乡村精英们独到的见解起到了关键性的作用，利用乡村自身特色优势发展农民画产业，改变乡村面貌的同时还为整个乡村带来日益丰厚的收入。当地的精英们，作为乡村旅游的先行者，为乡村产业的发展指明了方向，但也忽视了村民们由于文化水平程度较低而难以将特色文化与乡村旅游有机结合，致使乡村发展内生动力不足这一问题。乡村也开始面临新的挑战。

（2）村民主体意识薄弱致使乡村发展内生动力不足。乡村居民对新兴事物普遍存在排斥心理，对文旅产业发展认知不足，同时也缺乏一定的市场化思维，导致"余东农民画"只能依靠自身发展，难以"走出去"，将品牌做大做强。"那时，画画只能当作一个爱好，当不得'饭碗'，农民画家们常常得不到家人的支持。而农民画又是卖一幅少一幅，且销量不高，不能支撑一个农民画家的日常开支。"（访谈对象：村党支部书记）现阶段乡村旅游发展主要源于在地乡村精英为该村找寻了发展方向，但村民们对外面世界发展不够了解，信息相对闭塞，并不知如何实现农民画这一特色产业的市场化发展。

2. 外部力量介入联合村集体共同推动乡村旅游创新发展

（1）村集体与外部专业运营团队共同探索乡村文旅发展道路。在地乡村精英通过梳理分析资源，为余东村找到了差异化特色产业发展道路，但忽视了当地村民文旅发展意识薄弱而致使乡村发展内生动力不足这一问题。在此阶段，余东村内部也意识到了仅凭村集体主导乡村发展的局限性，于是积极引进社会资本，寻求外部力量帮助。2017年，在村集体、专业运营团队、农民画家等的多方努力和组建下，衢州余东农民画发展有限公司诞生，将余东村推向了以"文化+旅游"为发展核心的乡村振兴之路。"旅游公司完全是村民的企业，能够更好统筹全村旅游资源，服务业态业主，对接村外企业，监督和保护余东旅游品牌，增加村集体收入。"（访谈对象：余东旅游公司负责人）

由于2020年新冠肺炎疫情突然暴发，余东景区的发展受到了一定的影响，部分利益相关方对余东村的未来发展产生了不同意见，这也是余东村可持续发展面临的一大隐患。新冠疫情的突袭致使整个旅游行业停滞，公司旅游业务订单锐减，村内面临主要利益相关者退出的风险。"这次疫情对我们的影响很大,以前不是周末的时候,游客也很多,现在明显减少了。再这么下去,我也可能不干这个了。"(访谈对象:村民)因此,如何在疫情冲击下,不断提高余东村的外部吸引力,成为余东旅游公司在兼顾多方意见并坚持自我的过程中首要关注考虑的问题。

(2)外部优质资源的引入助推乡村旅游发展提质升级。相较于由村民自发组织的乡村文旅产业发展的初级阶段,余东旅游公司通过整合全村资源,打造新型旅游业态,提高对外游客吸引力。余东旅游公司推动了"一米菜园+农民画景墙"的十里画廊的建设,在农产品品牌建设和包装设计中引入农民画元素,提升农产品价值,用文化赋能农业。同时,公司引导村内的旅游组织将农民画元素融入乡村文旅产业中,利用乡村风景的建设,拓展露营、研学、农民画技艺培训等旅游业态,提升了游客的文化体验,实现了对旅游的文化赋能。"研学活动包括参观体验和产品售卖两种,一方面能够助力余东农民画品牌建设,另一方面能够带动村内产业发展。未来,希望给予农民画家专业培训,拓宽农民画元素应用场景。"(访谈对象:村民)余东旅游公司与华为、万事利、衢州好梦来集团等外部企业合作,共同创作茶具、围巾背包等文化创意衍生品,打造独具余东文化的农民画产业,实现衍生产品的文化升级。

3. 建立全村共富机制推动乡村旅游升华发展

(1)成立共富联盟带动周边乡村共享发展。余东旅游公司成立的短短几年内便取得了显著成绩,2021年余东村吸引了近50万游客,相关农民画产业产值达到了3000多万元,村集体经营性收入也突破了100万元。柯城以余东村为引领,联合余西村、碗窑村、碗东村、五十都村、斗目垅村、洞头村、后坞村、沟溪村这8个具有文化特色的村庄,共同建立了"未来乡村九村共富联盟"。沟溪乡通过党建联盟、文化联姻、产业联动的方式,以"强村带弱村"和"特色+特色"的模式,对文化的优势进行了深度挖掘,突出了各个村的特色文化,将农民画、陶瓷等特色文化产业进行了持续的扩展。2021年余东农民画相关产业产值达到了3000万元,相比2020年增长了100%。这不仅带动了余东村及周边村庄的经济发展,还推动了共同富裕的进程。9个联盟村的经营性收入均达到了30万元,同比增长了205%。这些数据都彰显了余东农民画相关产业的发展取得的显著成果。

(2)强化当地村民集体认同感推动乡村精神富有,和谐共生。实现共同富裕的目标除了提高人民物质收入这一层面外，丰富人民群众精神生活实现精神富有也是不可或缺的。然而，近年来乡村社会的情感联系面临弱化和流失的风险（苏毅清等，2020），[①] 因此，余东旅游公司通过开展形式多样的公共活动、供给公共服务，促进乡村精神富有。首先，公司带领村民们自发地开展特色化公共活动，如乡村音乐会、羌族篝火晚会、非洲腰鼓等，为当地村庄创造欢乐的群体氛围。同时，公司以乡村美术馆为平台向外发展，为村外企业举办各类活动，并招募村民作为现场员工参与进来。此外，公司还邀请村内画家进行授课，并且以他们的作品为基础，组织一些专题展览来增加村民的参与度。公司还与乡政府合作，为不同村民群体提供公共文化服务，如为"新乡人"举办授牌仪式，为"原乡人"提供娱乐培训，为"返乡人"开展唤醒乡愁的活动等，唤起村民对家乡的热爱，增强他们对家乡的归属感。公司与村集体一起，积极推动清廉乡村展示馆、乡贤议事厅等公共空间的建设，定期开展与乡风建设有关的活动，提高村民的认同感、归属感。"我来自四川，刚来的时候觉得很不习惯，但是现在感觉很幸福。村子里的人都很朴实，很好相处。节假日的时候，公司会把村里空闲的妇女和新人都召集起来跳舞，非常热情，让我感到很温馨，所以我也想继续在这里做生意。"（访谈对象：外来创业者）

（二）余东村文旅促进共同富裕的经验启示

1. 资源开发方面：注重文化传承，形成浓厚的艺术文化氛围

以人文资源作为主要文旅吸引物的乡村，要格外注重乡土文化的传承发展，丰富农民的精神生活，形成浓厚的文化氛围，为文旅产业的发展奠定文化基础。余东农民画起源于20世纪60年代国家特殊时代背景下轰轰烈烈的文化运动，已有50余年发展历史。为更好地传承和发展农民画艺术，首先，余东村成立农民业余书画创作协会，在各级政府的帮助下建成580平方米的农民文化大楼。其次，依靠协会组织农民画创作、展示、交流、研究等有关活动，一方面，将专业美术工作者"请进来"，建立个人研学工作站，开展美术研学活动；另一方面，鼓励农民画家"走出去"，积极参与各类全国性赛事、展览，不断提升创作水平，同时开办线上艺术学院，邀请农民画家线上授课，不断扩大余东农民画的影响力。截至

[①] 苏毅清、秦明、王亚华：《劳动力外流背景下土地流转对农村集体行动能力的影响——基于社会生态系统（SES）框架的研究》，《管理世界》2020年第7期。

2023年8月，全村共有村民800人，其中会画画的农民有326人，形成了良好的文化艺术氛围，有效促进了百姓的精神共富。

2. 配套服务方面：保留文化肌理，营造精致闲适的文化意境

有文化遗产记忆的精致闲适美丽乡村是乡村发展主基调。因此，要注重乡村的文化意境营造，打造精致闲适未来乡村集群，最大限度保留乡村特色风貌和原有建筑的文化肌理，在文化意境营造中实现绿色低碳发展，促进生态环境和生活环境明显改善提升，建设精致闲适未来乡村集群。余东村用农民画装点村庄，使多姿多彩的农民画与美丽的山水田园相映生辉，既保留了乡村建筑文化肌理，也促进了文化艺术与生态环境的有机融合。此外，村里还新建了乡村美术馆，以展示农民画作品为特色，进一步带动农民画创作，成为余东农民画乃至中国农民画的创作、展示、研究和交流中心，成为农民画高质量发展的新引擎。

3. 要素增量方面：做强文化品牌，推动形成新型文化产业链

乡村文旅产业在发展过程中，要注重供给侧改革，做强乡村文化品牌，以核心文化推动新型文化产业链发展。在做强乡村文化品牌的基础上，余东村以农民画为核心，推动形成"农民画+文创+旅游+研学"的新型文化产业链，实现了农民画从卖画到卖文创、卖版权、卖风景、卖旅游的"四个转变"。目前，余东村积极拓展农民画销路，开发农民画陶瓷、丝巾、抱枕等文创衍生产品，同时，开辟线上交易平台，培育本土直播网红，线上线下销售农民画及版权，不断提高农民画的附加值，延长农民画产业链。

4. 制度变量方面：成立强村公司，构建文旅促共富的发展平台

村集体要想突破产业发展瓶颈，实现百姓共富，要善于构建平台，更好地与市场接轨。2019年，余东村成立了余东旅游公司，由村委会全资持股。公司的运营团队包括职业经理人、执行董事、监事以及若干第三方技术人。公司由村集体出资经营，对村中现存的资源进行整合开发，并引入一支专业的乡村运营队伍实现对市场的有效运作。这既可以推动农民画等与地方特色元素相结合的文创产品的开发，又可以将农民画元素加入当地产品的包装中，提高农产品附加值。此外，公司还通过入股分红、提供工作岗位等方式，使村民的收入得到提高，该公司已经成为支撑乡村业态发展，对接大型旅游资源，监督和保护余东旅游品牌的一个重要平台。

三 基于综合资源的内部力量主导型：下姜村

（一）下姜村简介与发展历程

淳安县枫树岭镇下姜村，村域面积10.76平方千米，辖4个自然村、8个村民小组，共有222户788人，其中党员50名。下姜村是习近平总书记在浙江工作时的基层联系点，也是浙江省六任省委书记的基层联系点。多年来，下姜村始终牢记习近平总书记的殷殷嘱托，坚定践行"绿水青山就是金山银山"的发展理念，村庄发生了翻天覆地的变化，村集体经济总收入由2001年的0.86万元增长到2020年的151.33万元，村民人均可支配收入由2001年的2154元增长到2020年的42433元。村庄先后入选全国乡村旅游重点村、全国乡村治理示范村、国家森林乡村、全国示范性老年友好型社区、浙江省电子商务示范村等，被农业农村部评为全国村级"乡风文明建设"优秀典型案例。该村党总支还荣膺"全国先进基层党组织"称号。

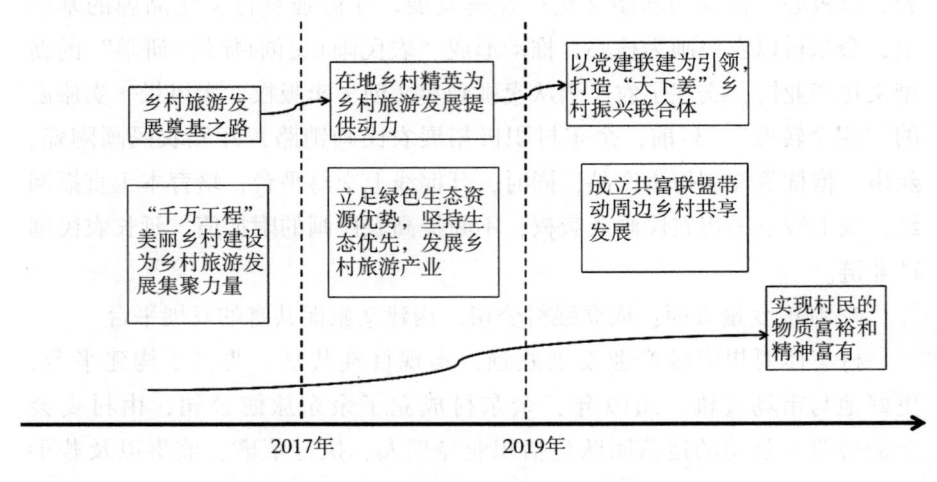

图5-7 下姜村文旅促进共同富裕发展历程

1. "千万工程"美丽乡村建设推动乡村旅游初步发展

（1）全面整治村庄环境为发展乡村特色产业积聚力量。下姜村位于杭州市淳安县枫树岭镇，地势偏远、交通不便。在20世纪八九十年代，下姜村经济发展一直处于相对落后的状态。为了生存，家家户户都靠养猪赚钱，村子里到处都是露天厕所、猪圈和羊圈，污水横流，臭气熏天。2003年4月24日,时任浙江省委书记习近平第一次来到下姜村,见到散乱的山村模样,就指出要开展布局优化、道路硬化、村庄绿化、路灯亮化、卫生洁化、河道净化的"六化"建设。下姜村在习近平同志手把手的指导下,在实施"千万工程"建设美丽乡村过程中率先垂范,勇打头阵。通过实施沼气生态示范村建设、生活污水纳管工程、河道清理工程、农房改造工程、畜禽养殖污染治理、垃圾分类固废处理,全力推进村庄美化、村道硬化、路灯亮化等一系列农村人居环境综合整治,使下姜村家家户户的"盆景"汇聚成全村的美丽风景。村容越来越亮丽,人居环境实现重塑,治理效能飞速提升。"记得那是2003年4月,村里正在筹建沼气池,当时村民都不太愿意,如果没有习总书记的支持和帮助,村里沼气建设肯定还是会像以前那样半途而废的。"(访谈对象:村党支部书记)同时,下姜村委还推行了垃圾分类积分制等环保措施,提高了村民的环保意识。"村里已经全面推行生活垃圾分类了,所有的垃圾都有规定去处,我不仅是垃圾分类员,更是管理员,负责管理垃圾分类积分兑换等事情,管理好了大家才有参与积极性。"(访谈对象:村民)

(2)村民参与乡村发展的意愿不强致使乡村发展内生动力不足。下姜村大部分年轻人都外出务工,现阶段村内人口以留守儿童和老人为主,受教育程度普遍低下,思想观念难以跟上现代发展的步伐,缺乏致富能力和发展门路,抵御风险和发展能力相对脆弱。"政府动员我们开民宿,但又没客源,房间都闲着,这民宿怎么经营?"(访谈对象:村民)此阶段下姜村发展主要源于"千万工程"的美丽乡村建设提供了发展契机,相继投入资金帮助乡村进行环境整治和基础设施建设,为其后续发展乡村文旅产业打下了坚实的基础,但也忽视了村民们由于文化程度较低而主动参与乡村发展的意愿较弱,从而导致乡村发展内生动力不足。

2. 在地乡村精英挖掘内在发展潜力,推动乡村旅游创新发展

(1)村党支部书记临危受命肩负带动乡村发展重任。乡村振兴能否取得实效,归根到底取决于乡村有没有一个有胆识、善谋略、作风优良、发挥"领头雁"作用的好书记。2017年,枫树岭镇党委委员姜浩强被镇党委派到下姜担任村党总支书记。"怎么经营?那段日子姜浩强经常睡不着觉,脑子里一遍遍地想着村子该怎么发展。不光是民宿要有充足的客源,村集体也要有'造血'功能,不能总等着上面来'输血'。作为镇里

下派的书记,他是全村的'领头雁',这身上的担子不轻呀。"(访谈对象:村党支部书记)乡村振兴不是一时振兴,离不开发展理念的提升;共同富裕不是短时富裕,离不开绿色可持续发展。于是,姜浩强始终坚信"绿水青山就是金山银山"的发展理念,坚持生态优先、绿色发展,要充分利用好下姜村得天独厚的生态资源优势促进其价值转化。首先,下姜村依托当地生态环境,发展绿色农业。村庄引进社会资本,规模化地种植葡萄、草莓、桃子等经济作物,并举办观赏、采摘、休闲等活动,吸引游客前来消费。其次,利用当地文化资源,开展文化旅游。下姜村将当地的民俗文化活动与旅游相结合,推出摄影展、红高粱文化旅游节等活动,为游客提供更加丰富的旅游体验。最后,盘活闲置资源,发展特色民宿和餐饮。下姜村将闲置农房改造成精品民宿,提供舒适的住宿环境;同时将猪栏改造成餐厅,提供特色美食,为游客提供全方位的服务。

(2)创新经营模式,提升产业层次。为了增强自身造血功能,进一步激发村集体发展活力,姜浩强带领村两委把目光投向更广阔的市场,成立下姜实业发展有限公司。公司开创性地面向社会招聘职业经理人负责公司日常运作,彻底将"市场经营"从村干部职能中分离出来,形成村干部负责村庄管理、职业经理人负责市场经营的"双脚走"格局,职能分工明确,为下姜实业发展有限公司的实体化、专业化、高效化奠定了基础。同时,下姜村积极探索入股联营机制,鼓励村民以人口股、现金股和资源股三种方式入股,年底保底分红,将公司发展与广大村民密切关联,打造利益共同体。"共同富裕的关键是'提低',在村里,我们一直有先富帮后富的传统,村干部、相对富裕的村民会固定联系、帮扶低收入农户,可以是帮助他们致富,可以是帮助他们解决生活困难,也可以送知识送政策到家等,通过这种形式向所有人灌输'我们是一家人'的理念。"(访谈对象:村党支部书记)目前,下姜实业有限公司现有两大主营业务,一是集培训、餐饮于一体的"下姜人家",预计村民每年每人将获得500元人口分红,股东将获得500—3000元不等的现金分红;二是"下姜红"旅游纪念品商店。

3. 打造"大下姜"乡村振兴联合体,推动乡村旅游升华发展

(1)打造乡村振兴联合体实现区域共富。2019年,为充分发挥下姜村的示范引领效应,淳安县按照"跳出下姜、发展下姜"的思路,在不打破行政区划的前提下,以下姜村为核心,与周边24个村庄共同成立了

"大下姜"乡村振兴联合体。让村民和社会力量共同参与,通过平台共建、资源共享、产业共兴、品牌共塑,探索新时代"先富帮后富、区域共同富"共同富裕新路径。通过成立大下姜振兴发展有限公司,对"大下姜"品牌矩阵进行统一管理;着力建设"强村带弱村""先富带后富""区域融合带动"的帮扶体系,鼓励条件较好的农户与低收入农户结对帮扶、抱团发展;加强与周边乡镇在培训、旅游、产品推介、文化宣传等方面的合作,推动医疗卫生、社会治理、应急救援等服务的发展,为文旅融合提供先决条件,形成区域联动、城乡融合的发展格局。"我们通过党建联建,建立民宿加盟、游客分流等机制,联合体成立以来,累计向周边村庄分流住宿游客 2.3 万人次。联合注册下姜、下姜红、下姜甜等商标,举办'书记进城卖山货'等活动,抱团开拓市场。实施'我们一起富'行动,与集体经济薄弱村开展帮扶合作,分享土地加盟、分种包销、入股联营等'带富十法'。2022 年,'大下姜'地区村集体经营性收入同比增长38.7%,老百姓日子越过越红火。"(访谈对象:村党支部书记)当下,这里"先富帮后富,区域共同富"的故事仍在书写。在此前三年的探索基础上,"大下姜"乡村振兴联合体目前已完成扩容,覆盖范围从 25 个村调整为 63 个村,辐射力进一步加强。淳安也参照"大下姜"经验,将乡村联合体模式推广至淳北、淳西南片区,并在全县实施"先富带后富""乡贤帮老乡"等行动,92 个"强村"与 82 个"弱村"联动发展,6500余名先富群体与 1.1 万户低收入农户结对帮扶。下姜村的探路实践,正为一方水土带来更大的共享红利。

(二)下姜村文旅促共富的经验启示

1. 资源开发方面:整合乡村资源,发展现代化休闲生态产业集群

综合利用乡村红色资源、生态资源和人文资源等,促进现代化休闲产业发展,产生集聚效益。下姜村坚持生态优先、绿色发展的理念,发展以乡村旅游产业为支柱的生态产业集群。村庄依托丰富的红色旅游资源,开发旅游景点和农事体验活动,吸引了大量的游客。此外,农民还种植茶叶、蚕桑、中药材等,为村庄的经济发展增加了多样性和可持续性,形成现代化休闲农业产业园区。与此同时,下姜村在发展文旅产业的过程中,还将戏曲、茶文化等乡村特色传统文化融入文旅产品中,不仅为游客提供了独特的体验,也使得传统文化得到了保护和传承。

2. 配套服务方面：改善生态环境，积极开展人居环境综合整治

全面改善生态环境，积极开展人居环境综合整治。下姜村积极开展"六化"建设，通过实施沼气生态示范村建设、生活污水纳管工程、河道清理工程、农房改造工程、畜禽养殖污染治理、垃圾分类固废处理，全力推进村庄美化、村道硬化、路灯亮化等一系列农村人居环境综合整治举措，使该村生态环境、村容村貌得到了显著改善。原先脏乱差的旧农村形象，变成了一个青山环绕、绿水相伴的江南小山村，为其文旅产业的发展奠定了基础。

3. 要素增量方面：联合多方力量，以多元业态主动接轨文旅市场

联合多方力量，创新多元业态，主动接轨文旅市场。首先，下姜村引入社会资本，规模化种植经济作物，通过举办观赏、采摘、休闲等活动吸引游客；其次，延长农旅产业链，生产"下姜"牌农家酱、水果干、山茶油等系列农特产品作为伴手礼，将用于售卖的黄栀子从单纯的中药材变成可观赏的栀子花海，将闲置农房改造成精品民宿、猪栏餐厅，举办下姜摄影展、红高粱文化旅游节等民俗文化活动。再次，通过平台搭建，积极鼓励村民自主创业、就业，培育新凯旋烧烤、石头画坊、竹编坊、麻糍铺等文旅消费业态。

4. 制度变量方面：创新发展模式，协同周边村庄走区域共富之路

首先，积极成立强村公司，以市场需求为导向，针对当地农文旅产品，进行品牌系统塑造。下姜村通过成立大下姜振兴发展有限公司、杭州千岛湖下姜缘梦文化旅游发展有限公司等文旅运营公司，进行品牌系统塑造，不断延伸农文旅产品的附加值，进一步提升下姜旅游品牌影响力。其次，坚持"合作共赢"的理念，联合周边村庄协同发展，打造乡村振兴联合体，通过党建联建推动区域内平台共建、资源共享、产业共兴、品牌共塑。淳安县按照"跳出下姜，发展下姜"的思路，以下姜村为核心，联合周边63个村社协同发展，打造"大下姜"乡村振兴联合体，逐步走出"先富带后富、区域共同富"的可持续发展之路，为发展条件有限的众多乡村提供可复制、可推广的中国样本。

本章小结

本章节首先在对浙江省山区26县部分乡村实地考察的基础上，以资

源基础理论为指引,认为乡村文旅产业发展的核心要素是其所拥有的资源,故以乡村文旅资源基础形态、乡村文旅资源开发利用主体这两个维度作为划分标准,将乡村文旅产业发展促进共同富裕的案例划分为6种类别,分别从浙江省山区26县中选取对应的典型案例,剖析其文旅促共富过程,梳理总结经验启示,并提炼出乡村文旅促共富的共性规律:一要从资源层面推动乡村资源流动,盘活乡村闲置资源。在自然资源、人文资源等禀赋资源的基础上,挖掘乡村本土资源优势,打破资源开发的时空壁垒,根据乡村文旅产业实际发展需要联结外部资源,实现城乡间、乡村间资源的流动。二要完善乡村文旅配套设施"硬环境",打造优质文旅服务"软环境"。加强乡村旅游公路建设,实现交通干线与乡村的衔接,加大面向游客的公共服务力度。开展乡村环境综合整治,科学规划建设停车场、便民设施、标识标牌等,合理配置厕所、垃圾桶等公共服务设施。三要多维度扩大乡村的要素增量,多主体赋能乡村文旅产业振兴。通过提升村民个人效能感、幸福感和主体性,鼓励村民参与到乡村文旅产业发展过程中来;通过优化治理和配套服务,吸引企业投入资金、技术、人才、信息等要素;通过响应国家政策,争取政府支持,以乡村为媒介搭建社会网络,发挥社会资源的正向功能。多主体在联结、互嵌的过程中,实现内外部资源的整合,要素增量的扩大,共同推动乡村文旅产业振兴。四要不断优化制度变量,从多重复杂的关系中抓取平衡点。重建"本土"与"外部"、"内生"与"外源"、"乡村"与"个人"、"主观"与"客观"、"行动"与"结构"等多重关系,通过改善制度变量以达到相对公平,为乡村发展构建支持性的制度环境,实现本土资源与外部资源的整合、内生与外生力量的联结、乡村发展与个人发展的统一、主观能动与客观现实的结合、行动主体与结构力量的互嵌,最终通过乡村文旅产业振兴实现乡村共富。希望以上四点共性的经验启示能够为全国其他以文旅产业发展促进共同富裕的乡村提供参考。

参考文献

Chhabra D, Healy R, Sills E. Staged Authenticity and Heritage Tourism. *Annals of Tourism Research*, 2003.

Deller S. Rural poverty, tourism and spatial heterogeneity. *Annals of*

Tourism Research, 2010, 37 (1): 180-205.

Kim S, Lee S K, Lee D, et al. The effect of agritourism experience on consumers' future food purchase patterns. Tourism Management, 2019, 70: 144-152.

陈佳、张丽琼、杨新军等：《乡村旅游开发对农户生计和社区旅游效应的影响——旅游开发模式视角的案例实证》，《地理研究》2017年第9期。

陈裕鑫：《三亚市崖州区乡村文化旅游资源及产品开发研究》，硕士学位论文，海南热带海洋学院，2019年。

韩燕平、刘建平：《关于农业遗产几个密切相关概念的辨析——兼论农业遗产的概念》，《古今农业》2007年第3期。

侯满平、杨君：《新三农内涵探析》，《高科技与产业化》2014年第4期。

贾衍菊、王德刚：《社区居民旅游影响感知和态度的动态变化》，《旅游学刊》2015年第5期。

孔月：《大理白族自治州文化旅游发展研究》，硕士学位论文，大理大学，2018年。

李祥、孙巧云、冯露：《现代都市休闲农业与乡村旅游资源整合开发研究——以长沙望城区为例》，《四川旅游学院学报》2016年第3期。

梁江川、潘玲、吴雅骊等：《广东省乡村旅游资源分类、丰度和吸引力分析》，《资源开发与市场》2020年第10期。

龙茂兴、罗进：《景区边缘型乡村旅游发展理论探究》，《商业研究》2008年第7期。

骆高远：《国外乡村旅游发展的类型》，《乡村振兴》2021年第1期。

《马克思恩格斯文集》（第1卷），人民出版社2009年版。

任冠文：《文化旅游相关概念辨析》，《旅游论坛》2009年第2期。

施国铃：《景区依托型旅游接待村规划设计研究——以宝山风景区上湖旅游村为例》，《福建建筑》2014年第6期。

宋昌耀、殷婷婷、厉新建等：《企业视角下的乡村产业振兴测度及其驱动机制——以前3批全国乡村旅游重点村为例》，《地理科学进展》2023年第8期。

孙华：《传统村落保护的学科与方法——中国乡村文化景观保护与利

用刍议之二》,《中国文化遗产》2015 年第 5 期。

佟玉权:《农村文化遗产的整体属性及其保护策略》,《江西财经大学学报》2010 年第 3 期。

汪德根、王金莲、陈田等:《乡村居民旅游支持度影响模型及机理——基于不同生命周期阶段的苏州乡村旅游地比较》,《地理学报》2011 年第 10 期。

王淑佳、孙九霞:《普适道路还是隐形门槛?不同类型乡村旅游发展路径的外源因素》,《自然资源学报》2022 年第 3 期。

王淑娟、李剑波、杨鹏:《习近平关于"三农"工作重要论述的理论来源、内涵要义与实践指向》,《西北农林科技大学学报(社会科学版)》2023 年第 4 期。

王云才、郭焕成、徐辉林:《乡村旅游规划原理与方法》,科学出版社 2006 年版。

肖佑兴、明庆忠、李松志:《论乡村旅游的概念和类型》,《旅游科学》2001 年第 3 期。

许春晓、胡婷:《文化旅游资源分类赋权价值评估模型与实测》,《旅游科学》2017 年第 1 期。

杨效忠、叶舒娟、冯立新:《景区依托型旅游村与核心景区耦合发展研究》,《云南地理环境研究》2011 年第 2 期。

杨岳刚、郑国全:《基于"三生"理念的乡村休闲旅游资源分类研究——以浙江省苍南县为例》,《中国城市林业》2014 年第 4 期。

尹立杰、张捷、韩国圣等:《基于地方感视角的乡村居民旅游影响感知研究——以安徽省天堂寨为例》,《地理研究》2012 年第 10 期。

曾天雄、马昌华:《论乡村旅游资源的开发》,《邵阳学院学报》2006 年第 5 期。

张广海、孟禹:《基于 AHP 的乡村旅游资源评价——以山东省临沂市为例》,《曲阜师范大学学报(自然科学版)》2017 年第 2 期。

张捷、钟士恩、卢韶婧:《旅游规划中的共性与多样性博弈——乡村旅游规划规范及示范的若干思考》,《旅游学刊》2014 年第 6 期。

张骁鸣、保继刚:《旅游发展与乡村变迁:"起点—动力"假说》,《旅游学刊》2009 年第 6 期。

章怡芳:《文化旅游开发中的资源整合策略》,《思想战线》2003 年第 6 期。

周晓倩:《区域文化旅游资源的价值评价与协同开发研究——以长江三角洲地区为例》,硕士学位论文,扬州大学,2016 年。

朱琳:《我国乡村旅游资源开发研究现状分析》,《农村实用技术》2021 年第 10 期。

《资本论》(第 3 卷),郭大力、王亚南译,上海三联书店 2009 年版。

第六章

乡村文旅促进共同富裕的实证研究

实现共同富裕是中国人民群众长久以来的美好愿景，是中国共产党百年不断奋进发展的强大动力，同时也是中国特色社会主义现代化的重要目标。而实现共同富裕最艰难与最繁重的任务是如何在乡村扎实推进农民和农村共同富裕，这也是学界与业界不断探索的热点与焦点。乡村有别于城市，乡村能够依靠其具有的独特资源，包括自然条件、乡土产品和民俗文化等打造乡村文旅产业，因此振兴乡村文旅产业继而推动共同富裕是现阶段乡村振兴的重要路径之一。壮大乡村旅游产业，可以夯实共同富裕的物质基础，是引领乡村实现共同富裕的重要途径；繁荣乡村文化产业，可以打牢共同富裕的文化根基，实现乡村共同富裕的首要并不是摆脱物质贫困，而是摆脱思想意识的贫困，文化产业的振兴是实现乡村共同富裕的内在条件。本章计划从多维度来构建乡村文旅产业发展指标体系与乡村共同富裕水平指标体系，并针对乡村文旅产业发展对共同富裕水平的影响进行测度，为乡村文旅促进共同富裕提供实证依据。

第一节 研究方法的选择

一 研究方法

(一) 熵权法和层次分析法

熵权法主要用于多标准决策，例如选取最佳方案或评估多个因素的重要性。熵权法基于信息熵理论，通过计算每个因素的信息熵和权重来确定各因素的重要性。信息熵用于衡量不确定性和信息的混乱程度，较高的信息熵意味着更多的不确定性。因此，熵权法的核心思想是使权重分配在不同因素之间达到最大熵值，以获得最佳的决策结果。通常，该方法适用于问题相对简单、因素之间相互独立的情况。

层次分析法（AHP）用于复杂决策问题，其中多个因素之间存在不同的层次结构，例如项目选择、供应链管理、城市规划等。AHP是一种多准则决策方法，它将问题分解成层次结构，包括目标层、准则层和方案层。在AHP中，决策者需要对每个因素进行两两比较，以确定它们之间的相对重要性，得到一个权重向量。然后，这些权重用于计算不同方案的综合得分，以便做出最终决策。AHP可以处理复杂的、多层次的决策问题，允许决策者在不同层次上进行定性和定量的比较，以更全面地评估各因素的影响。

（二）面板回归模型

面板回归模型（Panel Data Regression Model）是一种广泛用于经济学、社会科学和其他领域的统计模型，用于分析同时包含横截面（cross-section）和时间序列（time-series）数据的数据集。这种数据集常见于追踪多个单位或观测对象（例如公司、个人、国家等）在不同时间点上的变化。面板回归模型可以包含固定效应和随机效应。固定效应模型假定不同单位有固定的不可观测特征，而随机效应模型假定这些特征是随机的。这些效应允许考虑单位间的差异。一旦面板回归模型被拟合，可以进行统计推断，例如参数估计的显著性检验。同时，还可以使用模型来解释自变量对因变量的影响以及不同单位和时间点之间的变化趋势。面板回归模型在经济学、社会科学和公共政策分析中被广泛使用，因为它们可以更全面地考虑单位和时间效应，提供更丰富的信息，帮助研究人员更好地理解数据背后的关系和动态。

（三）QCA方法及其特征

定性比较分析方法（Qualitative Comparative Analysis，QCA，后文统称QCA）是由美国学者查尔斯·拉金（Charles C. Ragin）于1987年提出的。它是基于布尔代数和集合论的组态分析方法，其主要目的是用于处理多个前因条件共同对结果产生影响的关系问题（Rihoux和Ragin，2008）。[①] 现阶段，国内学者们多把QCA研究方法运用到企业管理领域，但在与文旅有关方面却使用较少。QCA这一研究方法为因果关系较为复杂的系统之

---

① Rihoux B, Ragin C C. Configurational comparative methods: Qualitative comparative analysis (QCA) and related techniques. *Sage Publications*, 2008.

间提供全新的研究思路与路径（杜运周和贾定良，2017）[①]。QCA方法从整体的角度出发，开展案例层面的分析，每个案例被视为条件变量的"组态"（Rihoux和Ragin，2008）[②]，而QCA方法区别于传统的回归研究，回归研究更加关注单个变量或者指标对于结果的影响，QCA则是对多因素如何共同影响结果展开研究。QCA适用于大中小样本书，且在小样本书上优势特别明显，适合用于那些较难获得大量连续的统计数据进行时间序列和面板数据计量分析的案例。当前定性比较分析QCA方法根据变量类型主要可以分为三种：csQCA（清晰集定性比较分析），mvQCA（多值定性比较分析）以及fsQCA（模糊集定性比较分析）。本书计划采取的是模糊集定性比较分析（fsQCA）来进行研究。fsQCA可以取[0，1]之间的任何值，一般模糊集的赋值有三值模糊集（1=完全隶属；0.5=既非完全隶属，也非完全不隶属；0=完全不隶属），四值模糊集（1=完全隶属，0.67=偏隶属，0.33=偏不隶属，0=完全不隶属），六值模糊集（1=完全隶属，0.9=非常隶属，0.6=有些隶属，0.4=有些不隶属，0.1=非常不隶属，0=完全不隶属），连续模糊集（1=完全隶属，0.5—1=偏隶属，0.5=交叉点既非隶属也非不隶属，0—0.5=偏不隶属，0=完全不隶属）（杜运周和李永发，2017）[③]。在运用QCA方法的分析中，学者们使用了不同的软件，但大多数经济管理领域的学者使用fsQCA软件，本书将借助fsQCA 3.0软件进行实证分析。

二 选择原因

本书计划利用上述方法针对浙江省山区26县文旅产业发展对乡村实现共同富裕的影响因素研究。首先，利用熵权法和层次分析法针对浙江省山区26县10年内的共同富裕发展水平进行测量。根据指标权重的确定手段，多指标综合评价方法大体可以划分为主观赋权法和客观赋权法两大种。主观赋权法与客观赋权法中的几种主要研究方法各有优劣。其中，主观赋权法中的层次分析法可以把研究对象作为一个系统，继而按照分解、

[①] 杜运周、贾良定：《组态视角与定性比较分析（QCA）：管理学研究的一条新道路》，《管理世界》2017年第6期。

[②] Rihoux B, Ragin C C. Configurational comparative methods: Qualitative comparative analysis (QCA) and related techniques. *Sage Publications*, 2008.

[③] ［比］伯努瓦·里豪克斯、［美］查尔斯 C. 拉金编著：《QCA设计原理与应用：超越定性与定量研究的新方法》，杜运周、李永发译，机械工业出版社2017年版。

比较、判断、综合的思维方式进行决策。而客观赋权法中的熵权法能深刻反应指标的区分能力，确定较好的权重，赋权更加客观，有理论依据，可信度也更加高。因此本报告将结合主观赋权法与客观赋权法，选取层次分析法（AHP）与熵权法二者相结合进而得到相关指标的权重。

其次，在对文旅产业相关指标进行筛选得出浙江省山区 26 县的共同富裕水平后，利用面板回归模型识别所筛选文旅产业影响因素。面板回归模型能够同时考虑不同单位（横截面）和不同时间点（时间序列）之间的差异。这有助于控制个体间的异质性和时间趋势，使得模型更具解释力。面板数据集通常包含多个单位和多个时间点，因此具有相对较大的样本量，这可以提高统计分析的效力和准确性。相比纯横截面或纯时间序列数据，面板数据能提供更多信息。通过固定效应或随机效应模型，面板数据可以帮助处理内生性问题。这些模型允许控制不可观测的个体特征，降低内生性引起的偏误。由于包含时间序列数据，面板回归模型非常适用于分析变量之间的动态关系、趋势和因果效应，它能够捕捉变量随时间变化的影响。面板数据模型可以用于变量选择，帮助确定哪些解释变量对因变量具有显著影响，这有助于简化模型并提高模型的解释性。总体来说面板回归模型非常适用于研究长期趋势、政策效应、经济增长和其他涉及时间和空间维度的问题，可以提供更全面的研究视角。

最后，运用 QCA 法针对乡村文旅产业振兴促进共同富裕的组态路径展开研究，QCA 包括模糊集定性比较（fsQCA）、多值定性比较分析（mvQCA）和清晰集定性比较分析（csQCA）。根据杜运周和李永发（2017）[1] 的观点，清晰集定性比较分析（csQCA）是将变量转化为 0 或 1 的二分变量，简单理解可以认为这一研究方法所得出的结论呈现非黑即白的观点，而乡村文旅产业和共同富裕之间的关系较为复杂，显然利用 csQCA 难以得出合理的结论。而多值定性比较分析（mvQCA）则可以理解为 csQCA 的延伸版本，同样存在和 csQCA 相似的问题。相较于前两种方法，fsQCA 则可以呈现所有的案例并且拥有更高的一致性，此外 fsQCA 不会加剧有限多样性的问题。mvQCA 和 csQCA 适合处理结果和条件为分类变量的情况，而本书的前置因素和结果变量为连续变量，采用 fsQCA 能更好地避免数据转换过程中的信息流失，提高数据的精确度，从而更充

---

[1] ［比］伯努瓦·里豪克斯、［美］查尔斯 C. 拉金编著：《QCA 设计原理与应用：超越定性与定量研究的新方法》，杜运周、李永发译，机械工业出版社 2017 年版。

分地捕捉到前因条件在不同水平或者程度上的变化带来的影响。Berg-Schlosser 等（2009）[①] 建议，小样本的 QCA 研究（10—40 个案例）应将模型限制在 10 个前因条件以内。Marx 和 Dusa（2011）[②] 基于不同样本大小和条件数量的模拟，为 QCA 找到一致解提供了概率分类。其中，包含 4 个条件的模型应至少包含 12 个案例数量，5 条件模型至少包含 15 个案例，依次类推。本书所选取的对象总数为 26 个，属于小样本，适用于 fsQCA 方法进行样本分析，因此本章选取该方法进行研究。

第二节 相关指标与变量设计

文旅产业是现代服务业的重要组成部分，发展乡村文旅产业是实现城乡资源再整合的渠道。对于乡村而言，文旅产业的繁荣可以使其他地区的社会财富流入当地，是一种经济的"注入"，能够有效促进乡村经济富裕，同时文旅产业是一个具有强带动效应的产业，文旅及其相关产业的发展能够为当地创造更多的就业和收入机会，因此发展乡村文旅产业对乡村更快实现共同富裕具有强有力的推动作用。文旅产业作为乡村发展并实现共同富裕的有力抓手，涉及多个产业业态，包括餐饮业、住宿业等第三产业，同时文旅产业是一个包括空间、功能、业态、服务、价值等的融合共享的环境—经济—社会复合系统。

一 条件变量

通过对相关文献的检索，发现使用指标评价文旅产业发展情况的研究始于 2010 年，2014 年之后相关研究开始增多。以"文旅产业评价""文旅产业发展情况评价""文旅产业融合发展评价""文化与旅游产业评价""文化与旅游产业发展情况评价""文化和旅游产业融合发展评价"为关键词在中国知网进行检索，检索时间从 2000 年 1 月 1 日至 2023 年 7 月 1 日为止，初步检索到目标文献 970 篇，在后续对目标文献进行阅读筛选后发现，直接对文旅产业发展情况进行多维度指标体系构建的高水平文献有 4 篇，这些文献均对已有

[①] Berg-Schlosser D, De Meur G, Ragin C, et al. *Qualitativecomparative analysis（QCA）as an approach*. 2009.

[②] Marx A, Dusa A. Crisp-set qualitative comparative analysis（csQCA），conTFAdictions and consistency benchmarks for model specification. *Methodological innovations online*，2011，6（2）：103-148.

研究进行了梳理，并在结合其他学者的评价指标之外，提出了具有创新性的指标，从不同的维度对文旅产业开展了研究。本章在对这 4 篇文献进行归纳整理后，梳理出文旅产业发展评价范围的一级指标 40 余项，二级指标共计 100 多项。如李丽和徐佳以投入产出视角分别对文化产业和旅游产业发展水平进行了衡量；侯兵和周晓倩从要素水平和绩效水平对长三角地区的文旅产业发展态势开展了研究；张琰飞和朱海英则是构建了产业收入、产业经营收益、产业机构、产业从业人员这四个维度对文化和旅游产业进行探究；翁钢民站在产业总量、产业机构、产业从业人员、产业经营情况、产业资源情况的视角对中国文化和旅游产业发展情况进行探讨；刘安乐等通过构建产业基础、人力资本、产业效应三个维度对文化和旅游产业进行研究。

基于文献总结与梳理，本章采用专家咨询与意见反馈法，先后邀请旅游、文化、农业、经济、地理、思想政治等学科领域专家对乡村文旅产业发展水平的指标要素进行筛选与增减。综合各位专家的意见，结合诺贝尔经济学奖获得者沃西里·里昂惕夫所提出的投入产出理论即均衡理论，本书计划从资源禀赋、配套水平、要素增量、政策变量四个维度出发，选取 7 个变量作为乡村文旅产业影响乡村共同富裕水平的要素，包括旅游资源、文化资源、交通设施、接待设施、信息化水平、外部资本和政策效力。本章基于组态视角，整合 7 个关键条件变量，以浙江省山区 26 县为研究区域，深入挖掘乡村文旅产业影响共同富裕的机制和各要素之间的互动关系。理论模型如图 6-1 所示。

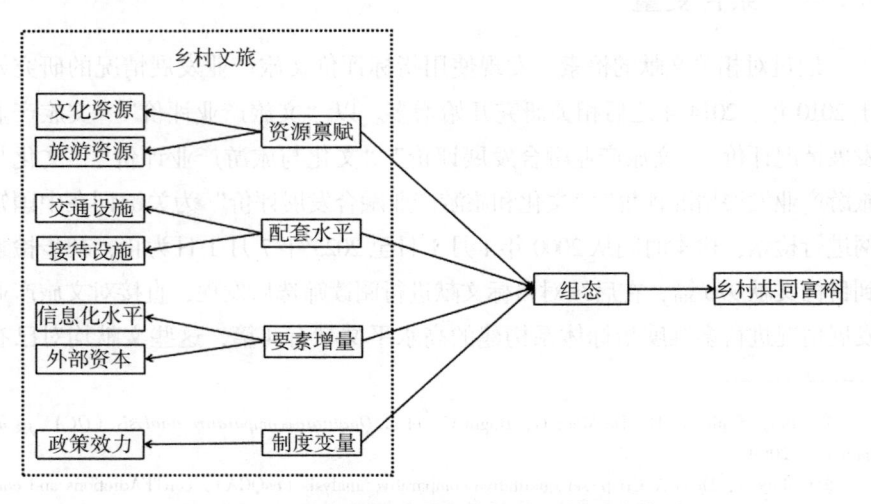

图 6-1 文旅产业影响共同富裕水平的理论模型

二 结果变量

本章的研究目的是判断乡村文旅产业发展过程中对共同富裕的影响因素与组态路径,因而采用乡村地区共同富裕水平作为结果变量。

三 条件变量设计

本书选取资源禀赋、配套水平、要素增量和制度变量四个维度,以旅游资源、文化资源、交通设施、接待设施、信息化水平、外部资本、政策效力共计七项指标作为条件变量。条件变量定义及描述见表6-1。

表6-1　　　　　　　　　　条件变量说明

	条件变量	变量说明
资源禀赋	旅游资源	以地区3A级及以上景区数量用以衡量地区旅游资源
	文化资源	乡镇艺术表演场次反映了乡村地区文化资源普及度,场次越多,表明当地文化产业发展越繁荣
配套水平	交通设施	乡村地区的公路里程在一定程度上可以较好衡量地区交通情况
	接待设施	乡村餐饮业与住宿业企业数量个数大体上能够反映乡村接待设施情况,这可以为游客提供便利,同时为当地创收
要素增量	信息化水平	以地区互联网接入数量作为衡量乡村信息化水平的指标,信息化水平越高,越有助于乡村文旅产业营销等,继而促进共同富裕
	外部资本	以地区招商局所统计的数据为准,以海外资本以及国内地区资本投入乡村的总和加以表征
制度变量	政策效力	以前文所测度的乡村地区政策效力值加以表征

四 结果变量设计

(一)共同富裕水平评价体系构建原则

共同富裕是一个根植于中国语境的独特命题,其独特而丰富的内涵,以及实现方式、具体指向、表现形态、制度保障的系统性要求,意味着共同富裕的测度需要准确、系统、科学的构建与评估,从而能够全面地反映当前中国人民群众的共同富裕程度,推动全体人民共同富裕的发展,实现中国共产党领导和我国社会主义制度的本质要求。

1. 准确性原则（Accuracy）

所谓"准确性"原则，是指共同富裕的测度指标应该可以准确地体现"共同富裕"的内涵和本质，反映我国推进共同富裕的基本进程，避免平均主义和两极分化的影响。因此，本书在设置测度共同富裕的指标时，采用定量与定性指标相结合的方法，力求指标设置的代表性和准确性。为避免指标间的含义重复，本书选取了相互关系较弱，且能独立揭示说明问题的准确指标。

2. 层次性原则（Hierarchy）

所谓"层次性"原则，是指共同富裕的测度需要满足两方面的要求：一方面，共同富裕指标要能从整体出发考察共同富裕的总体情况；另一方面，各分级指标可以代表共同富裕含义指向的多个领域。

3. 可操作性原则（Exercisable）

所谓"可操作性"原则，是指在构建共同富裕指标体系时，需要充分考虑相关指标数据的可获得性与便捷性，利用充足、准确的数据来评价共同富裕的程度。共同富裕是一个具有中国特色的新课题，这就要求在评价的过程中要从定性和定量多维度出发，在实现共同富裕内涵特征和实际统计数据来源平衡的基础上，形成操作性强、数据充足的指标体系和测度方案，确保共同富裕的测度能够切实有效开展。

（二）共同富裕水平评价体系内容

共同富裕是社会主义的本质要求，是我们党坚持全心全意为人民服务根本宗旨的重要体现。因此，准确有效地衡量共同富裕水平在理论与实践上均具有重要的意义。本章在中国知网中，以"共同富裕测度""共同富裕指标""共同富裕评价"等三个关键词进行检索。检索时间从2000年1月1日至2023年7月1日为止，初步检索到目标文献995篇。经过对相关文献的检索可以发现，2021年以前关于共同富裕的评价测度和指标体系较少，大多是关于中等收入群体、贫困人群等相关人群的测度体系。在2021年后，关于共同富裕评价测度和指标体系的文章数量显著增多，涉及的方向也逐渐发散，包括对地区共同富裕水平的测度、对共同富裕影响因素的测度等。在对文献进行分类、整理、筛选之后，本书筛选出14篇具有参考价值的文章，从中提取其指标体系，获得一级指标47项，二级指标171项，具体如表6-2所示：

表6-2　　　　　　　　　共同富裕发展水平相关指标

序号	作者	一级指标	二级指标
1	刘培林、钱滔、黄先海、董雪兵①	总体富裕程度	人均国民收入水平、相对于发达国家水平、人均财富水平、人均物质财富保有量、全员劳动生产率
		发展成果共享程度	人群差距、区域差距、城乡差距
2	邹克、倪青山②	收入	人均GDP、人均城镇居民可支配收入、人均农村居民可支配收入
		平等	城乡收入比、区域收入差距、收入基尼系数、行业收入差距基尼系数、农村贫困发生率、失业率
3	孙豪、曹肖烨③	富裕程度	经济高质量发展、居民可支配收入、消费水平、恩格尔系数、城镇化率、耐用品密度、受教育程度、基本公共服务、社会保障水平、人均财政收入
		共享程度	城乡收入差距、区域收入差距、城乡消费差距、区域公共服务差距、教育不平等程度、居民收入增长弹性、劳动者报酬增长弹性、民生性财政支出比重
4	解安、侯启缘④	就业与收入	人均可支配收入、就业稳定性、家庭收入来源、财产性收入占比
		社会福利	医疗保障、教育保障、社会排斥、养老保障、生育保障
		生活质量	耐用消费品、家庭基础设施、居住面积、家庭装潢、生态宜居
		健康情况	人均寿命、身体素质
		人力资本	成年劳动力教育水平、适龄儿童入学情况、再就业培训机制
		精神生活	文教娱乐活动、政治获得感、法治参与、社会信息获得

---

① 刘培林、钱滔、黄先海、董雪兵：《共同富裕的内涵、实现路径与测度方法》，《管理世界》2021年第8期。
② 邹克、倪青山：《普惠金融促进共同富裕：理论、测度与实证》，《金融经济学研究》2021年第5期。
③ 孙豪、曹肖烨：《中国省域共同富裕的测度与评价》，《浙江社会科学》2022年第6期。
④ 解安、侯启缘：《新发展阶段下的共同富裕探析——理论内涵、指标测度及三大逻辑关系》，《河北学刊》2022年第1期。

续表

序号	作者	一级指标	二级指标
5	吕新博、赵伟①	教育	受教育年限
		健康	健康状况、医疗保险
		生活水平	照明、卫生设施、清洁饮用、做饭燃料、耐用品、住房
		生活环境	通信设施、医疗设施、文化设施
6	钟晓华②	富裕度	农村居民收入水平、农村居民消费水平、农村教育水平、农村医疗水平、农村精神文化
		共同度	农民生活保障、城乡收入差距、城乡消费差距、区域收入差距、农民市民化
7	郭卫军、张衔春③	生产效率	劳动生产率、资本生产率、全要素生产率
		总体富裕	人均GDP、人均可支配收入、人均消费支出、城镇居民恩格尔系数、农村居民恩格尔系数
		协调发展	居民收入差距、地区发展差距、城乡发展差距
		成果共享	人均教育支出、人均公园绿地面积、每千人拥有卫生技术人员数、每千人拥有公共汽车辆数、每百万人拥有博物馆机构数
		生态福利	空气质量、单位GDP能耗、生活垃圾无害化处理率
8	刘亦文、谭慧中④	发展特性	平衡性、协调性、包容性
		中等收入群体规模	重要群体、创业致富
		公共服务均等化	基础性、普惠性
		高收入规范与调节	税收、收入调节
		精神	文化需求、文化事业
		农村	农村收入、城乡融合、生活保障

---

① 吕新博、赵伟:《基于多维测度的共同富裕评价指标体系研究》,《科学决策》2021年第12期。

② 钟晓华:《乡村产业高质量发展与共同富裕的耦合协调测度与时空特征分析》,《统计与决策》2023年第7期。

③ 郭卫军、张衔春:《中国共同富裕水平的测度与区域时空差异研究》,《经济问题探索》2023年第4期。

④ 刘亦文、谭慧中:《中国共同富裕水平测度、区域差异分解及动态演进》,《湖南大学学报(社会科学版)》2023年第2期。

续表

序号	作者	一级指标	二级指标
9	傅东平、苏晓、李海霞①	总体富裕程度	经济发展成效、社会财富积累、精神文明建设
		富裕共享程度	区域富裕共享、人群富裕共享
10	和军、张依、张勇之②	富裕度	经济发展、创新驱动、文化发展、民生福祉、绿色发展
		共享度	城乡协调、区域协调
11	杨宜勇、王明姬③	富裕差异性	人群差异、城下差异、地区差异
		富裕共享性	普惠性群体、特殊困难性群体
		物质生活富裕	收入消费、经济发展
		精神生活富足	文化建设、法治建设
		生活环境宜居	公共服务普惠均等、基础设施完善、生态环境良好
12	申云、尹业兴、钟鑫④	共同	共建、共富、共享
		富裕	物质生活富裕、生活环境宜居、精神生活富足
13	谭燕芝、王超、陈铭仕、海霞、姚海琼⑤	富裕度	农民收入水平、农民消费水平、农民消费结构、农民财产性收入水平
		共同度	农民生活最低保障、农民收入差距、城乡收入差距、农民市民化
		共享度	农民受教育程度、农村医疗水平、农村社会保障、农村基础设施、农村精神文化
		可持续性	农村生态环境、农村产业发展、农村产业收入、财政支农、数字化和金融发展水平
14	徐菁⑥	总体富裕	财富收入、公共服务
		均衡水平	人群均衡、区域均衡、城乡均衡
		弱势保障	低收入保障、农村保障

---

① 傅东平、苏晓、李海霞：《共同富裕的内涵、测度与推动因素研究》，《经济体制改革》2023年第2期。

② 和军、张依、张勇之：《我国共同富裕水平测度与时空演化特征》，《当代经济研究》2023年第3期。

③ 杨宜勇、王明姬：《共同富裕：演进历程、阶段目标与评价体系》，《江海学刊》2021年第5期。

④ 申云、尹业兴、钟鑫：《共同富裕视域下我国农村居民生活质量测度及其时空演变》，《西南民族大学学报（人文社会科学版）》2022年第2期。

⑤ 谭燕芝、王超、陈铭仕、海霞、姚海琼：《中国农民共同富裕水平测度及时空分异演变》，《经济地理》2022年第8期。

⑥ 徐菁：《共同富裕的指标体系构建与应用》，《西南民族大学学报（人文社会科学版）》2022年第11期。

综上所述，目前学者对于共同富裕指标体系构建的维度各不相同，一部分学者设置如总体富裕程度和发展成果共享程度、收入和平等、富裕程度和共享程度等维度，总体而言都是从"共同"和"富裕"两个维度出发，构建共同富裕指标体系；另一部分学者从共同富裕的含义和性质出发，设置了如富裕度、共同度、共享性、可持续性等维度，试图构建理论与实际结合更为紧密的共同富裕指标体系。本书将总体富裕程度与发展成果共享程度作为一级指标，试图从不同维度探究乡村共同富裕的发展水平。具体如表 6-3 所示：

表 6-3 共同富裕发展水平指标体系

一级指标	二级指标	三级指标	指标方向
乡村共同富裕水平指标测度体系	总体富裕程度	GDP 数值（亿元）	正
		人均 GDP（元）	正
		第三产业产值（亿元）	正
		图书馆藏书数量（万本）	正
		养老福利机构数量（个）	正
		学校数量（个）	正
		医疗卫生机构数量（个）	正
		农村常住居民人均可支配收入（元）	正
		农村常住居民人均生活消费支出（元）	正
		失业率（%）	负
		年平均 $PM_{2.5}$ 浓度（微克/立方米）	负
		享受最低生活水平人数（个）	负
	发展成果共享程度	恩格尔系数（%）	负
		城乡人均居民收入之比（%）	负
		城乡人均居民消费支出之比（%）	负

五 变量说明

为方便后续开展实证研究，现将结果变量与条件变量使用英文进行替代，见表 6-4。

表 6-4 变量说明

变量名称	变量代码
共同富裕发展水平	*Level*

续表

变量名称	变量代码
旅游资源	TR
文化资源	CR
交通情况	TFA
接待设施	TRF
政策效力	PE
外资投入	FI
信息化水平	IL

第三节 案例的选取和数据的收集

一 案例的选取

2021年6月10日,国务院正式发布《关于支持浙江高质量发展建设共同富裕示范区的意见》,支持并鼓励浙江省率先建设共同富裕示范区。在浙江省的90个县(市、区)中,山区26县的发展相对滞后。浙江省在建设共同富裕示范区的过程中,工作的重点、难点、突破点主要在山区26县。如何加快山区26县高质量高水平发展,是浙江实现共同富裕目标的关键所在。山区26县由于其独特的地理位置,坐拥优质的文旅资源,发展文旅产业是促进当地实现共同富裕的有利抓手。本书旨在使用fsQCA方法探索文旅产业发展过程中影响因素的相互作用对共同富裕的影响路径,并分析条件变量与结果变量之间的繁杂关系,从而探索出浙江省山区26县文旅产业对当地共富效应的核心影响路径。

二 数据来源与变量说明

本书相关数据采用2013—2022年10年间浙江省山区26县的平衡面板数据,数据来源于《中国统计年鉴》《中国第三产业统计年鉴》《浙江省统计年鉴》,以及浙江省各市县统计年鉴和Wind数据库,部分缺失数据通过移动平均法或插值法进行补充。

第四节 共同富裕水平评价

一 评价方法

本书采取多指标综合评价方法对浙江省山区 26 县的共同富裕水平进行测度。

层次分析法（AHP）思路大体可分为五个步骤：

第一步，确定问题，建立层次结构模型。应用 AHP 分析社会经济以及科学管理领域的问题时，首先要对研究问题有清晰的认知，辨明问题的界限，通晓问题中所包含的要素，确定要素之间的相关关系和隶属关系，在此基础上建立递阶层次结构。

第二步，相对于上一层次中某一准则的重要性，将同一层次的各元素逐一比较，运用 1-9 标度法构造两两比较判断矩阵。

第三步，对判断矩阵进行一致性检验。一个杂乱的、经不起推理的判断矩阵有可能引致错误的结论，因此，应该对判断矩阵进行逻辑上的一致性检验。

第四步，由判断矩阵计算被比较因素对于该准则的相对权重。

第五步，计算各层次元素对系统目标的合成权重，并进行排序。

在获取层次分析法的结果后，熵权法可以分为以下几步：

第一步，对所获取的数据进行消除维度、幅度以及正向和负向影响。

对于正向指标：
$$P_{ij} = \frac{X_{ij} - \min\limits_{1 \leqslant j \leqslant n} X_{ij}}{\max\limits_{1 \leqslant j \leqslant n} X_{ij} - \min\limits_{1 \leqslant j \leqslant n} X_{ij}} \tag{1}$$

对于负向指标：
$$P_{ij} = \frac{\min\limits_{1 \leqslant j \leqslant n} X_{ij} - X_{ij}}{\max\limits_{1 \leqslant j \leqslant n} X_{ij} - \min\limits_{1 \leqslant j \leqslant n} X_{ij}} \tag{2}$$

其中 X_{ij} 是第 i 年指数 j 的标准化值，$\max\limits_{1 \leqslant j \leqslant n} X_{ij}$ 和 $\min\limits_{1 \leqslant j \leqslant n} X_{ij}$ 是指标 j 在所有年份中的最大值和最小值。

第二步，主成分指标的标准化。对于 n 个测量对象和 m 个主成分因子（指标），基于测量对象的每个主成分得分建立的标准化矩阵为：

$$R = (P_{ij})_{n \times m} \quad (i = 1, 2, 3, \cdots\cdots, n; j = 1, 2, 3, \cdots\cdots, n) \tag{3}$$

第三步，第 j 项指标的第 i 个评价对象 P_{ij} 比重 Y_{ij} 为：

$$y_{ij} = \frac{P_{ij}}{\sum_{i=1}^{m} P_{ij}} \tag{4}$$

第四步，根据熵的定义，第 j 个主成分因子的熵值 e_j 为：

$$ej = 1 - ej \sum_{i=1}^{m} y_{ij} \ln y_{ij} \tag{5}$$

其中 k 是玻尔兹曼常数（1/ln m），它保证 $0 \leq ej \leq 1$。

第五步，由标准 j 的替代评估值提供的信息的多样化程度 B 定义为

$$\overline{ej} = 1 - ej \tag{6}$$

第六步，求权值，确定各指标权重：

$$r_i = \frac{\overline{e_j}}{\sum_{j}^{n} e_j} \tag{7}$$

采用熵权法与层次分析法（AHP）对相关数据进行处理后会分别得到两个权重值，其中利用熵权法所得权重为 r_i，利用层次分析法（AHP）所得权重为 r_j。由于熵权法较为客观而层次分析法（AHP）有一定主观因素存在，因此在计算最后权重 R 过程中二者所占比例应有一定偏向性。据此，最终确定指标权重：

$$R = 0.4r_j \times 0.6r_i \tag{8}$$

第七步，计算发展水平综合得分：

$$\alpha = \sum_{j=1}^{m} \tag{9}$$

二 评价结果

本书运用层次分析法与熵权法对浙江省山区 26 县 2013—2022 年 10 年间共同富裕水平与各三级指标权重进行了测度，测度结果见表 6-5 与表 6-6。

表 6-5　　　　　　浙江省山区 26 县共同富裕水平指标权重

二级指标	权重	三级指标	权重
总体富裕程度	0.9002	GDP 数值（亿元）	0.113753885
		人均 GDP（元）	0.096333287
		第三产业产值（亿元）	0.123823897
		图书数量（个）	0.117113993
		养老福利机构数量（个）	0.108235295

续表

二级指标	权重	三级指标	权重
总体富裕程度	0.9002	学校数量（个）	0.116137071
		医疗卫生机构数量（个）	0.108724456
		常住居民人均可支配收入（万元）	0.064911038
		常住居民人均生活消费支出（万元）	0.051211062
		失业率（%）	0.012600321
		PM$_{2.5}$平均浓度（μg/m³）	0.028443302
发展成果共享程度	0.0998	享受最低生活水平人数（个）	0.008978642
		城乡人均居民收入之比（%）	0.018674908
		城乡人均居民消费支出之比（%）	0.01210971
		恩格尔系数（%）	0.018949135

表6-6　　　　　　　浙江省山区26县共同富裕水平

县（市、区）	2013—2022年共同富裕水平平均值	县（市、区）	2013—2022年共同富裕水平平均值	县（市、区）	2013—2022年共同富裕水平平均值	县（市、区）	2013—2022年共同富裕水平平均值
淳安县	0.367	武义县	0.291	开化县	0.224	青田县	0.257
永嘉县	0.539	磐安县	0.197	龙游市	0.293	龙泉市	0.308
平阳县	0.532	柯城区	0.342	三门县	0.347	云和县	0.212
文成县	0.212	衢江区	0.242	天台县	0.324	庆元县	0.169
苍南县	0.548	江山市	0.364	仙居县	0.297	缙云县	0.327
泰顺县	0.212	常山县	0.254	莲都区	0.361	遂昌县	0.192
松阳县	0.267	景宁县	0.163				

通过指标权数计算得出的2013—2022年浙江省山区26县共同富裕发展水平均值（见表6-6）可以看出，山区26县中最大均值为0.548，最小均值为0.163。平均水平为最优水平的55.04%，处于中等水平。有15个县（市、区）（占比为51.72%）共同富裕发展水平低于地区均值，存在发展不均衡的状况。通过表6-6可知，一些文旅资源禀赋好、综合实力较强的县（市、区）共同富裕发展水平（均值）却偏低。如温州市的泰顺县、文成县（均值）分别为最优水平的38.72%和38.70%，在26

个县（市、区）中排名较为靠后。与之相反，一些经济实力较弱且旅游资源条件相对一般的县（市、区），如永嘉县、平阳县和苍南县等共同富裕发展水平却接近最优水平。可见，在推动乡村文旅产业振兴的过程中，如何实现文旅资源的有效利用，推动乡村共同富裕水平还面临着较大挑战。从地域层面上看，位居共同富裕水平前五名的县（市、区）中，前三位都是温州市的下辖县；而后五名中有四位都是丽水市的下辖县；从地级市的角度进行排名可见，温州市、台州市和衢州市分别位居市级的前三位，第一名温州市与最后一位金华市之间差距较大。可见在山区26县当中，同样存在共同富裕水平的显著区域差异。

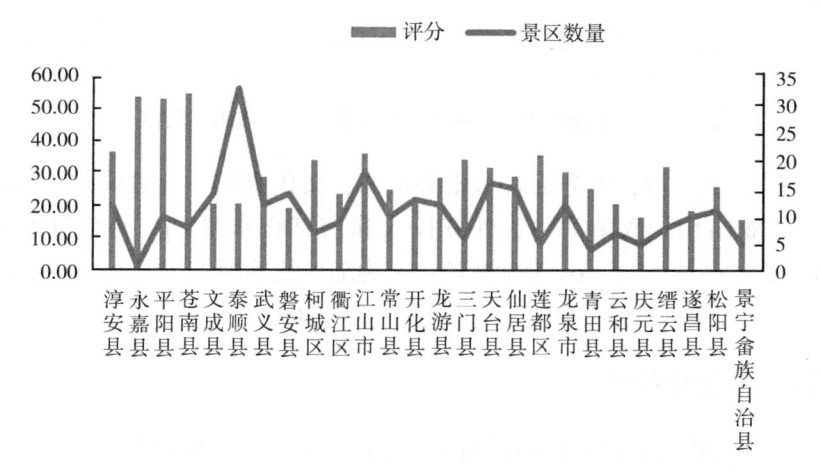

图 6-2 浙江省山区 26 县景区数量及共同富裕水平

第五节 浙江省山区 26 县共同富裕的影响因素识别

根据评价结果可知，浙江省山区 26 县的共同富裕水平存在一定差异性，为此本节进一步运用面板回归模型实证测度浙江省山区 26 县主要影响因素的实际影响效力。

一 模型设定

模型设定如下：

$Level_{it} = \alpha_0 + \beta_1 TR_{it} + \beta_2 CR_{it} + \beta_3 TFA_{it} + \beta_4 TRF_{it} + \beta_5 PE_{it} + \beta_6 FI_{it} + \beta_7 IL_{it} \varepsilon_{it}$

其中，$Level_{it}$ 表示浙江省山区 26 县共同富裕水平；TR、CR、TRF、

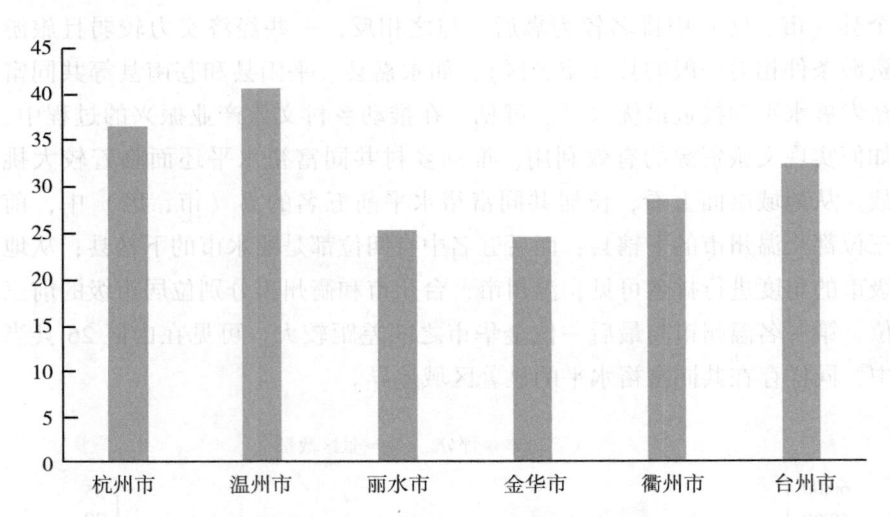

图 6-3 浙江省山区 26 县所属地级市共同富裕水平均值

TFA、ISO、PE、FI、IL 分别表示旅游资源、文化资源、交通情况、接待设施、产业结构、政策效力、外资投入和信息化水平；β_k 为估计系数（k=1，2，3……，7）；α_0 为常数项；ε_{it} 为随机扰动项；i 为县，i=1，2，3，……26；t 为年份，t=2013，2013，……，2022。

二　单位根检验

在运用面板回归模型识别影响因素之前，首要应该检验是否存在多重共线性问题，具体情况见表 6-7。

表 6-7　　　　　　方差膨胀系数 VIF 检验结果

变量	VIF
TR	1.35
CR	1.74
TRF	1.39
TFA	1.44
IL	1.41
FI	1.40
PE	1.17
Mean VIF	1.44

检验结果表明方差膨胀系数 VIF 值介于 1.17—1.74 之间，均小于可接受的最低标准 10，不存在多重共线性问题，不会影响估计结果的有效性。

本章将建立面板数据模型，为避免可能出现虚假回归的问题，第一步对于实证研究所需数据进行单位根检验。进一步采用 LLC 检验与 ADF 检验对浙江省山区 26 县的共同富裕水平与文旅产业相关影响因素的数据进行单位根检验。若通过检验，则表明数据具有平稳性，可以较好地避免虚假回归或伪回归现象出现。检验结果显示，LLC 检验在 1% 水平上通过显著性检验，表明本书所用数据具有平稳性，能够保证面板回归结果的有效性。再对原序列进行单位根检验，显示其均不平稳。因此需要对所有序列进行一阶检验，结果表明变量的一阶差分 ADF 检验在 1% 显著性水平上显著，各个变量的一阶差分是平稳的，拒绝原假设，变量不存在单位根，变量为一阶单整，可以进行回归。

三 协整检验结果

进一步采用 Kao 检验方法对浙江省山区 26 县的共同富裕水平与文旅产业相关影响因素的数据进行协整检验，考察它们之间是否存在均衡关系。若 Kao 检验通过，则表明数据之间存在均衡关系，可以进行面板数据回归分析。如表 6-8 所示，ADF 统计值基本通过 1% 的显著性水平检验，即可以拒绝"不存在协整关系"的原假设，表明变量之间具有长期协整关系，可以排除面板回归模型可能存在虚假回归的问题。

表 6-8　　　　　　　　　　协整检验结果

ADF 统计值	P
−2.7703***	0.0028

注：***、**、* 分别表示在 1%、5%、10% 的水平上显著。

四 面板回归结果分析

本书以 *TS*、*CR*、*TRF*、*TFA*、*ISO*、*IL*、*FI*、*PE* 作为解释变量，以 *Level* 作为被解释变量进行面板模型构建。面板模型涉及 3 个模型分别是混合 POOL 模型、固定效应 FE 模型和随机效应 RE 模型，为保证面板数据回归结果更加准确，在单位根检验与协整检验均通过的基础上，进一步运用F检验、BP检验与Hausman检验判断固定效应模型、随机效应模型或混合效应模型。

从表6-9可知：根据F检验，P值为0.000，水平上呈现显著性，拒绝原假设，选择FE模型。根据Breusch-Pagan检验，P值为0.000，水平上呈现显著性，拒绝原假设，选择RE模型。根据Hausman检验，P值为0.000，水平上呈现显著性，拒绝原假设，选择FE模型。综合上述分析，以固定效应FE模型作为最终结果。

表6-9　　　　　　　　　　　　检验结果

检验类型	统计量	P	结论
F检验	19.18***	0.000	FE模型>OLS模型
BP检验	169.33***	0.000	RE模型>OLS模型
Hausman检验	58.39***	0.000	FE模型>RE模型

注：***、**、*分别表示在1%、5%、10%的水平上显著。

从表6-10可知，FE固定效应模型的F检验和Hausman检验结果显示，P值为0.000，水平上呈现显著性，拒绝原假设，因此模型是有效的。对于浙江省山区26县的共同富裕水平而言在前文所提到的八项文旅产业影响因素中，旅游资源（TR）、文化资源（CR）、交通情况（TFA）、接待设施（TRF）、政策效力（PE）、外资投入（FI）以及信息化水平（IL）七项估计系数均为正，且有五项至少通过10%的显著性水平检验。表明这五项文旅产业影响因素对浙江省山区26县的共同富裕水平具有促进作用。

表6-10　　　　　　　　　　　面板数据回归结果

变量	固定效应（FE）
TR	0.005*** (5.72)
CR	0.002*** (8.38)
TRF	0.001* (1.74)
TFA	0.000 (0.32)

续表

变量	固定效应（FE）
IL	0.006*** (13.57)
FI	0.000 (0.26)
PE	0.000** (2.19)
样本量	260
R^2	0.834

注：***、**、* 分别表示在1%、5%、10%的水平上显著。

究其缘由，在21世纪初国家针对文化产业与旅游产业的融合出台了一系列政策，为文旅促共富打下了坚实的基础。浙江省在此基础上作出了一系列反应，先后发布《关于加快培育旅游业成为万亿产业的实施意见》《关于印发浙江省旅游风情小镇创建工作实施办法的通知》《浙江省慢生活休闲旅游示范村创建工作实施办法》《浙江省农业农村厅关于保障农村一二三产业融合发展用地促进乡村振兴的指导意见》等文件，多次强调乡村文旅产业的直接经济作用和间接带动作用，以及要实现共同富裕的终极目标需要大力发展乡村文旅，在政策上将乡村文旅提升到一个新的高度。而后相继出台的《浙江省人民政府关于推进乡村产业高质量发展的若干意见》《浙江省乡村旅游促进办法》等办法意见也着重强调乡村文旅在促进共同富裕中起到的重要作用，乡村文旅获得的政策支持力度达到历史新高。系列政策的出台，一方面使得投资者在政策支持下更愿意也更敢于对乡村文旅产业的相关设施进行投资运营，建设资金的流入为营造良好的产业发展环境提供了物质保障。另一方面，优质的文旅环境也会增强对游客的吸引力，游客涌入带来的文旅消费增加了乡村居民的收入，提高了其生活质量。此外，供需互动及政策加持促进了乡村地区的资源优化配置，对现有乡村产业结构优化和产业运作效率的提升具有重要作用。作为乡村文旅产业发展的前提条件，地区的可进入性是打通游客与目的地之间联系的重要桥梁和纽带，可以说交通的便捷性对地区共同富裕的实现至关重要。

第六节 乡村文旅促进共同富裕组态路径分析

上节利用面板回归模型识别了对浙江省山区 26 县共同富裕水平具有重要影响的乡村文旅产业因素,但未考虑这些因素交互作用下所产生的差异化组态结果。为此,本节基于组态视角,进一步运用 fsQCA 方法探讨各因素交互作用下的不同组态对浙江省山区 26 县共同富裕水平的"联合效应",从而揭示浙江省山区 26 县文旅产业的相关因素是如何影响地区共同富裕水平的。

一 fsQCA 具体分析过程

使用模糊集定性比较分析方法分析时,一般分为以下几个步骤:

(一) 确定前因条件与结果变量

在 QCA 研究方法中,首先根据所研究主题,需要确定适合的条件变量和结果变量。学者可以通过对当前相关研究的参照以及理论和经验知识来确定本书所需要的条件变量和结果变量。在选取变量的同时,由于 QCA 研究方法对于变量和样本量有着一定要求,还需要考虑条件变量的数量以及样本数量,过多的条件可能会出现案例的"有限多样性"问题(Rihoux 和 Ragin,2008)[1]。

(二) 必要性分析和变量校准

在选取条件变量和结果变量后,应对二者进行校准,需要将原始数据校准成为 0 到 1 之间的隶属分数后,才能进行下一步必要性与充分性分析。在本书中将使用 fsQCA3.0 软件对原始数据校准。在校准完成后对单个条件变量进行充分性分析,观察其一致性是否大于 0.9,若大于 0.9,则该条件变量为必要条件,需要在构建真值表时进行剔除 (Fiss,2011)[2]。

(三) 构建真值表

fsQCA 本质是通过对条件变量的条件组合进而得出对结果变量产生影

---

[1] Rihoux B, Ragin C C. Configurational comparative methods: Qualitative comparative analysis (QCA) and related techniques. *Sage Publications*, 2008.

[2] Fiss, P. C. Building Better Casual Theories: A Fuzzy Set Approach to Typologies in Organizational Research. *Academy of Management Journal*, 2011, 54 (2): 393-420.

响的组态。而在构建真值表时，fsQCA 软件会列出所有可能产生影响的组合，此时研究人员需要通过对一致性临界值和阈值设定，并进行组合筛选，从而得到一个符合要求的真值表。

（四）真值表分析

在构建真值表之后，需要对真值表进行标准分析，运用 fsQCA 3.0 软件会输出三种类型的解：复杂解、简单解和中间解。复杂解（complex）中包含较多的组态和前因条件，不经过任何反事实分析；简单解（parsimonious）中所包含的组态和前因条件数量最少，进行了简单和困难反事实分析；中间解（intermediate）只考虑了简单的反事实分析（Rihoux 和 Ragin，2008）。QCA 研究中通常选择中间解进行分析（张明和杜运周，2019）①。

（五）实证结果分析

对 fsQCA 3.0 软件运算出的结果进行分析，比较分析每一个构型的一致性和覆盖度，找出符合目标条件组合的案例，对构型背后的机理和意义进行分析。具体操作流程见图 6-4。

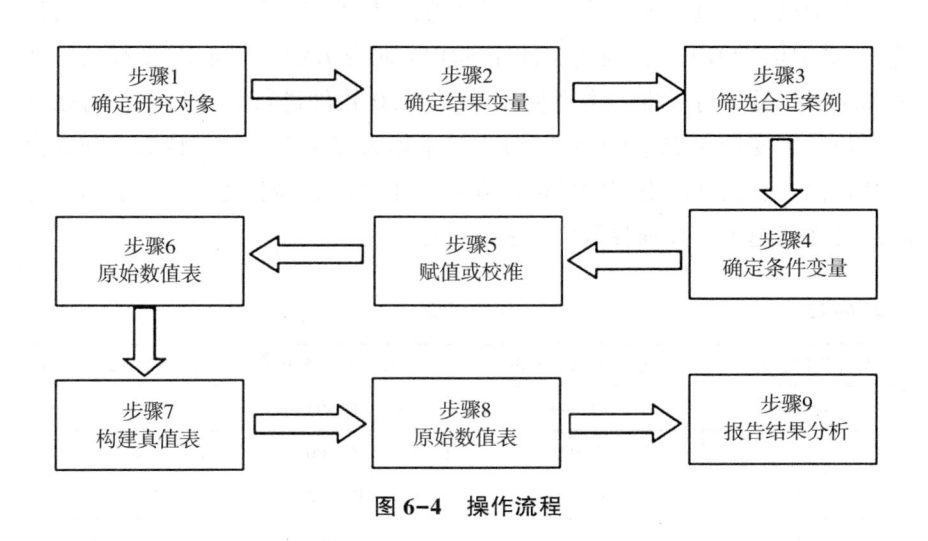

图 6-4 操作流程

---

① 张明、杜运周：《组织与管理研究中 QCA 方法的应用：定位、策略和方向》，《管理学报》2019 年第 9 期。

二 数据校准

本书使用浙江省山区26县2013—2022年10年面板数据的平均值作为结果与条件变量，指标描述性统计如表6-11所示：

表6-11　　　　　　　　　　　指标描述性统计

变量	样本量	平均值	标准差	最小值	最大值
Level	260	0.301	0.124	0.0884	0.6628
TR	260	7.146	5.429	0.088	33
CR	260	55.296	29.194	15	154
TRF	260	14.069	14.868	1	89
TFA	260	1585.012	550.359	234.3	3010
IL	260	12.636	9.5736	2.18	51.25
FI	260	3937.463	9051.131	0	71223
PE	260	162.159	391.778	0	1596

由于没有经过处理和校准的数据只能反映不同比较对象之间的相对位置（宋祎玮，2019）[①]，因此在使用fsQCA研究方法分析前需要对条件变量和结果变量进行校准。本章使用fsQCA3.0软件进行数据校准，将条件变量与结果变量的75、50和25分点分别作为完全隶属度、转折点和完全非隶属锚点。校准后隶属度的取值在0和1之间，越接近于1，隶属度越高，反之就越小。校准参数详见表6-12。

表6-12　　　　　　　　　　　校准参数

结果和条件变量	完全隶属（75th）	转折点（50th）	完全非隶属（25th）
Level	0.345	0.291	0.215
TR	8.925	6.500	4.00
CR	63.900	47.350	39.450
TRF	16.150	10.050	6.575
TFA	1894.788	1519.976	1247.325

[①] 宋祎玮：《乡村振兴战略实施进程中地方政府在农村电商产业发展中的作用——基于浙江省案例的fsQCA实证分析》，硕士学位论文，浙江大学，2019年。

续表

结果和条件变量	完全隶属（75th）	转折点（50th）	完全非隶属（25th）
IL	14.173	10.162	6.940
FI	3695.625	2017.100	630.850
PE	37.900	26.400	15.000

三 单个条件变量必要性分析

根据 fsQCA 研究的分析步骤，在对原始数据进行校准后需要对条件变量进行必要性检验。必要条件是指组态中一定存在某一条件会导致结果的发生，即研究单个前因条件和逻辑"非"的情况下，某一条件是否是影响共同富裕水平提升的必要条件。必要条件一般用变量的一致性指标衡量，当某个条件的一致性大于 0.9 时，则认为该条件变量是结果的必要条件（Rihoux 和 Ragin，2008[①]；Schneider 和 Wagemann，2012[②]）。表 6-13 为通过在 fsQCA 3.0 软件中运行的条件变量以及逻辑"非"的一致性得分。

表 6-13　　　　　　　单独变量对结果变量的一致性得分

条件变量	一致性	覆盖率
TR	0.4794	0.4696
~TR	0.6555	0.6581
CR	0.5252	0.5473
~CR	0.5981	0.5657
TRF	0.6206	0.6525
~TRF	0.5136	0.4818
TFA	0.5455	0.5557
~TFA	0.5732	0.5535
IL	0.8751	0.8840
~IL	0.2560	0.2492

[①] Rihoux B, Ragin C C. Configurational comparative methods: Qualitative comparative analysis (QCA) and related techniques. *Sage Publications*, 2008.

[②] Schneider, C. Q. and C. Wagemann. *Set-Theoretic Methods for the Social Sciences: A Guide to Qualitative Comparative Analysis*. Cambridge: Cambridge University Press, 2012.

续表

条件变量	一致性	覆盖率
FI	0.8573	0.8519
~FI	0.2824	0.2793
PE	0.4049	0.3991
~PE	0.6897	0.6881

由表6-13可知，在促进浙江省山区26县共同富裕水平的分析中，各条件变量的一致性均未超过0.9，不构成必要条件。前因条件的覆盖度在0.2492—0.8840之间，表明其对实现共同富裕均具有一定的解释力，与前文的面板回归结果相呼应。浙江山区26县的共同富裕水平高低虽然受到条件变量影响，但并不是由单一条件变量所决定的，而是由多个条件变量相互作用所导致的，具有"多重并发"的特点。

四 真值表构建

根据fsQCA研究方法，本阶段需要构建真值表，形成条件变量与结果变量的路径组合。真值表是一个动态表格，在这一过程中需要对数据设置阈值，主要包括两方面：样本的频次阈值和一致性阈值。频次阈值是指运算出结果后，每条路径组合对应的实际样本案例数，对于fsQCA方法，样本频次通常设为1。在此基础上，本书利用fsQCA3.0软件，将频数设为1，对浙江省山区26个县（市、区）的数据进行分析。一致性阈值的范围在0—1，用来解释软件运算出来的路径组合对结果变量的解释程度，数值越高，则表明该条路径组合对结果变量的解释程度越大。

fsQCA软件运算出来的一致性有三个：raw consis（t原始一致性）、PRI consist（PRI一致性）和SYM consist（SYM一致性）。已有研究多使用原始一致性指标进行分析，一致性阈值的设置一般不低于0.75，若设置的一致性阈值低于0.75，则表示所得出的路径组合对结果变量的解释度较小，可靠性不高（Rihoux和Ragin，2008）[①]。本书共选取26个地区作为研究案例样本，属于中等规模样本数，案例频数阈值的设置原则为至少保留案例总数的75%，为增强结果解释力度与客观性，删除部分覆盖

---

① Rihoux B, Ragin C C. Configurational comparative methods: Qualitative comparative analysis (QCA) and related techniques. *Sage Publications*, 2008.

度过低或解释度过低的路径，提高一致性门槛与案例频数门槛值至 0.8—0.7，以此筛选出较高解释力度与代表性路径组合，真值表如表 6-14 所示。

表 6-14　　　　　　　　　　真值表

TR	CR	TRF	TFA	IL	FI	PE	raw consist	PRI consist
0	1	1	0	1	1	1	1	1
0	0	1	0	1	1	0	1	1
0	1	1	1	1	1	0	1	1
0	0	0	0	1	1	0	0.990338	0.984252
1	0	0	1	1	1	1	0.990291	0.976744
0	0	0	1	1	1	0	0.987261	0.961539
0	1	0	0	1	1	0	0.986842	0.971831
1	0	0	1	1	1	1	0.976654	0.94958
0	0	1	0	1	0	0	0.913979	0.878788
1	1	1	1	1	1	1	0.877551	0.753425

五　基于 QCA 的影响要素分析

（一）利用 fsQCA 得出的两类解

根据 fsQCA 软件运算结果，得到复杂解、中间解与简单解。其中，复杂解是对所有案例情况都经过严格考虑，不会做出任何与事实相反的更改，包含最多符合要求的条件，即包含最多的组态以及条件变量，不利于构型分析；简单解纳入了反事实分析，经过了简单的和复杂的反事实分析，并且简化了很多重要的变量，包含的组态和条件数量最少，用简单解难以找到正确的所需构型；中间解仅限于将符合理论和实际知识的"逻辑余项"纳入解，既不违背案例事实，也不严格按照变量的设置输出，对所研究的问题解释性最好并且不允许消除必要条件。一般而言，中间解优于另外 2 种解，因此本书选择中间解进行解读。按照 fsQCA 的一般做法，根据简单解和中间解来判断组态的核心条件和边缘条件：如果一个前因条件同时出现于简单解和中间解，则为核心条件，发挥主导和推动作用；若此条件仅出现在中间解，则将其记为边缘条件（辅助条件），起辅助贡献的条件。同时，参考已有研究，本书首先将 PRI 的临界值设定为 0.7，后续提升至 0.85 以对比检验分析稳健性。

表 6-15 正向实证结果-中间解

组态构型	原始覆盖度	唯一覆盖度	一致性
$\sim TR * CR * TRF * \sim TFA * IL * \sim PE$	0.148	0.102	0.959
$\sim TR * \sim TRF * \sim TFA * IL * FI * \sim PE$	0.185	0.026	0.991
$TR * \sim CR * \sim TRF * TFA * IL * FI$	0.226	0.017	0.979
$\sim TR * CR * \sim TRF * TFA * IL * FI * \sim PE$	0.093	0.056	1
$\sim TR * CR * TRF * \sim TFA * IL * FI * PE$	0.134	0.111	1
$TR * CR * TRF * TFA * \sim IL * FI * PE$	0.100	0.043	0.877
$\sim TR * \sim CR * \sim TRF * IL * FI * \sim PE$	0.205	0	0.992
$\sim CR * \sim TRF * TFA * IL * FI * \sim PE$	0.243	0	0.981
解的一致率：0.966			
解的覆盖率：0.712			

由表 6-15 可知，有两个组态的唯一覆盖度为 0，原因在于组态之间有交叉覆盖的案例，一种案例既可以被组态 A 解释又可以被组态 B 解释，所以在计算组态 A 与 B 的原始覆盖度时，他们包含的案例可能有重叠的部分，说明没有单独的案例支撑这个组态，但是有案例同时支撑它和其他组态。

表 6-16 负向实证结果-中间解

组态构型	原始覆盖度	唯一覆盖度	一致性
$CR * \sim TRF * TFA * \sim IL * \sim FI * PE$	0.146	0.086	0.989
$\sim TR * CR * \sim TRF * \sim TFA * \sim IL * \sim FI * \sim PE$	0.085	0.042	0.847
$\sim TR * \sim CR * \sim TRF * TFA * \sim IL * \sim FI * \sim PE$	0.148	0.096	0.975
$\sim TR * \sim CR * \sim TRF * \sim TFA * \sim IL * \sim FI * \sim PE$	0.139	0.071	1
$TR * CR * TRF * \sim TFA * \sim IL * \sim FI * PE$	0.195	0.158	0.992
$TR * \sim CR * TRF * TFA * \sim IL * \sim FI * PE$	0.119	0.047	0.987
解的一致率：0.973			
解的覆盖率：0.610			

（二）稳健性检验

在 fsQCA 研究方法中，对结果的稳健性进行检查分析是不可或缺的。fsQCA 的稳健性检验采用多种方法，其中学者们广泛使用的一种是通过合理调整相关参数，如校准依据、案例频数和一致性阈值等（张明和杜运周，2019）[1]。随后，重新分析调整后的数据，通过比较组态的变化来评估结果的可靠性（Leppänen 等，2019）[2]。若参数调整未导致组态数量、组成部分、一致性和覆盖度实质性变化，则可认为分析结果是可靠的（Greckhamer 等，2018）[3]。此外，还可通过调整收集数据的时间段（Kim，2013）[4]、改变变量测量方法（Schneider 和 Wagemann，2012）[5]、删减案例数（阚艳秋，2020）[6] 等方式进行稳定性检验。

本书参考 Raign 和 Fiss（2008）的建议，采取调整一致性阈值的方法进行稳定性检验。在 QCA 研究中，一致性阈值的最低设置通常为"0.75"，而"较好"和"很好"的情况分别对应一致性阈值的"0.8"和"0.85"。本书将一致性阈值由"0.85"提高到"0.88"，频数仍为1，随后对调整阈值后的要素条件组合进行重新分析。结果显示，调整后的结果没有发生任何变化，表明在未调整阈值之前得出的结果具有良好的稳定性。

（三）影响结果变量的条件组合

条件组合是指由多个前因条件所构成的不同组合。在这一过程中，需要查找每条路径组合的核心条件与辅助条件，借助核心条件与辅助条件区分路径组合，并按其核心条件将不同的路径组合归为一类，进行深度分

---

[1] 张明、杜运周：《组织与管理研究中 QCA 方法的应用：定位、策略和方向》，《管理学报》2019 年第 9 期。

[2] Leppänen M, Pasanen K, Clarsen B, et al. Overuse injuries are prevalent in competitive football: a prospective study using the OSTRC Overuse Injury Questionnaire. *British journal of sports medicine*, 2019, 53 (3): 165-171.

[3] Greckhamer T, Furnari S, Fiss P C, et al. Studying configurations with qualitative comparative analysis: Best practices in sTFAtegy and organization research. *STFAtegic Organization*, 2018, 16 (4): 482-495.

[4] Kim K. Many Roads Lead to Rome: Implication of Geographic Scope as a Source ofIsolating Mechanisms. *Journal of International Business Studies*, 2013, 44 (9): 898-921.

[5] Schneider, C. Q. and C. Wagemann. *Set-Theoretic Methods for the Social Sciences: A Guide to Qualitative Comparative Analysis*. Cambridge: Cambridge University Press, 2012.

[6] 阚艳秋：《基于定性比较分析的我国智慧城市建设成效影响因素研究》，硕士学位论文，电子科技大学，2020 年。

析。最终得到 8 条正向影响共同富裕的要素条件组合与 6 条负向影响共同富裕的要素条件组合（表 6-17、表 6-18）。本书用大实心圆（"●"）表示核心条件存在；用大空心圆（"⊗"）表示条件变量不出现的核心条件存在，用小实心圆（"•"）表示辅助条件存在，用小空心圆（"⊗"）表示条件变量缺乏。用空格表示条件变量存在与否没有影响。

表 6-17　　　　　促进共同富裕水平影响因素的组态结果

组态构型	促进共同富裕的组态							
	A1	A2	A3	A4	A5	A6	A7	A8
TR	⊗	⊗	•	⊗	⊗	•	⊗	⊗
CR	⊗		⊗	●	●	●	⊗	⊗
TRF	•	⊗	⊗	●	•	●	⊗	⊗
TFA	⊗		●	●	⊗			●
IL	●	●	●	●		⊗	●	●
FI		●	●	●	●			
PE	⊗	⊗		⊗	●	●	⊗	⊗
原始覆盖度	0.148	0.185	0.226	0.093	0.134	0.100	0.205	0.243
唯一覆盖度	0.102	0.026	0.017	0.056	0.111	0.043	0	0
一致性	0.959	0.991	0.979	1	1	0.877	0.992	0.981
解的一致率	0.966							
解的覆盖度	0.712							

表 6-18　　　　　阻碍共同富裕水平影响因素的组态结果

组态构型	阻碍共同富裕的组态					
	NA1	NA2	NA3	NA4	NA5	NA6
TR		⊗	•	•		
CR	•	•	⊗	⊗	•	•
TRF	⊗	⊗	⊗	⊗	•	•
TFA	•	⊗		⊗	⊗	⊗
IL	⊗	⊗	⊗	⊗	⊗	⊗
FI	⊗	⊗	⊗	⊗	⊗	⊗
PE	•	⊗			•	•
原始覆盖度	0.146	0.085	0.148	0.139	0.195	0.119

续表

组态构型	阻碍共同富裕的组态					
	NA1	NA2	NA3	NA4	NA5	NA6
唯一覆盖度	0.086	0.042	0.096	0.071	0.158	0.047
一致性	0.989	0.847	0.975	1	0.992	0.987
解的一致率	0.973					
解的覆盖度	0.610					

（四）实证结果分析

1. 促进共同富裕组态结果分析

由表6-18可知，促进共同富裕的组态共有8种，分别是，组态A1：$\sim TR * \sim CR * TRF * \sim TFA * IL * \sim PE$；组态A2：$\sim TR * TRF * \sim TFA * IL * FI * \sim PE$；组态A3：$TR * \sim CR * \sim TRF * TFA * IL * FI$；组态A4：$\sim TR * CR * \sim TRF * TFA * IL * FI * \sim PE$；组态A5：$\sim TR * CR * TRF * \sim TFA * IL * FI * PE$；组态A6：$TR * CR * TRF * TFA * \sim IL * FI * PE$；组态A7：$\sim TR * \sim CR * \sim TRF * IL * FI * \sim PE$；组态A8：$\sim CR * \sim TRF * TFA * IL * FI * \sim PE$。解的一致率为0.966，各个组态的一致性也均超过0.8，解有意义，且8种组态均有核心变量存在，因此上述8个组态是促进共同富裕的充要条件。同时，总体覆盖度达到0.712，表明上述8个条件组态对文旅产业相关因素促进乡村共同富裕水平具有较高的解释程度。

从单项前因条件（横向）来分析，外资投入（FI）和信息化水平（IL）在提升共同富裕水平中发挥的作用最为显著，二者均在有意义的8个组态中的7个发挥了核心条件的作用。外部资本注入可为乡村文旅产业提供大量的资金支持，有助乡村于改善基础设施、提升服务水平、扩大产业规模，促进乡村旅游业的发展。资金的投入可以用于修缮古村落、建设旅游设施、培训从业人员等，提高乡村文旅的吸引力。同时，伴随着外部资本流入的通常还有先进的管理经验和技术，包括数字化、信息化、市场营销等方面的专业知识，有助于提升乡村文旅产业的竞争力，使其更好地适应现代化的市场需求。此外，外部资本的投入意味着项目的扩大和产业链的延伸，这将为当地创造更多的就业机会，提高当地居民的收入水平，从而促进共同富裕。总体而言，外部资本投入有助于激发乡村文旅产业的活力，提高其经济效益，同时也可以实现共同富裕的目标，促使更多居民共享到产业发展的红利。

信息化水平对于改善乡村旅游服务质量具有重要作用。通过在线预订、导览系统、智能导游等信息技术工具，游客能够更方便地获取信息、规划行程。信息技术推动数字化产品的创新，如虚拟现实（VR）、增强现实（AR）等技术的应用，有助于提升整体旅游体验，进而提高游客重游率和口碑传播。同时，高水平的信息化有助于更好地进行市场营销和推广，通过社交媒体、在线广告、电子邮件等营销渠道，乡村可以更广泛地宣传自己的特色和吸引力。搭建在线销售和电子商务平台，乡村产品、手工艺品、农产品等可以更便捷地销售给全国甚至全球的消费者，提高产品的附加值，以及当地农民和手工艺者的收入水平。信息技术的应用还可以提高乡村文旅产业的管理效率。例如，智能化的预订系统、库存管理系统等工具有助于提高运营效率，降低成本，使乡村产业更具竞争力。总体来说，高水平的信息化有助于提升乡村文旅产业的竞争力和经济效益，从而为当地居民提供更多的就业机会和经济收益，促进共同富裕。

根据组态来分析，从核心条件、边缘条件和代表案例视角进行归类整理，如表 6-19 所示。组态 A2 和组态 A7、组态 A3 和组态 A8 路径相似，其中组态 A2 和组态 A7 的核心条件均是信息化水平和外资投入，缺失的核心条件旅游资源和接待设施，二者的区别是缺失的边缘条件不同，组态 A2 缺失的交通情况和政策效力，组态 A7 缺失文化资源和政策效力，这表明交通情况和文化资源在这两条组态中互为替代关系。而与之情况类似的是组态 A3 和组态 A8，二者存在的核心条件与缺失的核心条件完全相同，但组态 A3 存在边缘条件旅游资源，而组态 A8 缺失边缘条件政策效力。

表 6-19　　　　　　　促进共同富裕组态结果案例分类

组态	条件因素作为核心条件存在	条件因素作为核心条件缺失	代表案例
A1	信息化水平（IL）	旅游资源（TR） 文化资源（CR）	莲都区 柯城区
A2	信息化水平（IL） 外资投入（FI）	旅游资源（TR） 接待设施（TRF）	缙云县 三门县
A3	交通情况（TFA） 信息化水平（IL） 外资投入（FI）	文化资源（CR） 接待设施（TRF）	江山县 天台县 仙居县

续表

组态	条件因素作为核心条件存在	条件因素作为核心条件缺失	代表案例
A4	文化资源（CR） 接待设施（TRF） 交通情况（TFA） 信息化水平（IL） 外资投入（FI）	旅游资源（TR）	永嘉县
A5	文化资源（CR） 信息化水平（IL） 外资投入（FI） 政策效力（PE）	旅游资源（TR）	平阳县 苍南县
A6	文化资源（CR） 接待设施（TRF） 交通情况（TFA） 外资投入（FI）	/	淳安县
A7	信息化水平（IL） 外资投入（FI）	旅游资源（TR） 接待设施（TRF）	青田县 缙云县
A8	交通情况（TFA） 信息化水平（IL） 外资投入（FI）	文化资源（CR） 接待设施（TRF）	青田县 仙居县

2. 阻碍共同富裕组态的结果分析

由表 6-18 可知，阻碍浙江省山区 26 县共同富裕水平提升的组态包括组态 NA1：$CR * \sim TRF * TFA * \sim IL * \sim FI * PE$；组态 NA2：$\sim TR * CR * \sim TRF * \sim TFA * \sim IL * \sim FI * \sim PE$；组态 NA3：$\sim TR * \sim CR * \sim TRF * TFA * \sim IL * \sim FI * PE$；组态 NA4：$\sim TR * \sim CR * \sim TRF * TFA * \sim IL * \sim FI * \sim PE$；组态 NA5：$TR * CR * TRF * \sim TFA * \sim IL * \sim FI * PE$；组态 NA6：$TR * \sim CR * TRF * TFA * \sim IL * \sim FI * PE$。解的一致性为 0.973，各个组态的一致性也均超过 0.8，解有意义。同时，总体覆盖度达到 0.619，表明各条件组态对文旅产业相关因素阻碍乡村共同富裕水平具有较高的解释程度。每一组态中均有核心条件出现，说明所有组态都是解释阻碍共同富裕的充要条件。

从单项前因条件（横向）来分析，在阻碍共同富裕的组态中，信息化水平（IL）和外资投入（FI）作为核心条件缺失出现的频率最高，在每条组态中均作为核心条件出现。这表明缺少要素增量会严重影响乡村文旅产业促共富效应的发挥。

从核心条件、边缘条件和代表案例视角进行归类整理，如表6-20所示：

表6-20　　　　　　　　阻碍共同富裕组态结果案例分类

组态	条件因素作为核心条件存在	条件因素作为核心条件缺失	代表案例
NA1	/	信息化水平（IL） 外资投入（FI）	开化县 景宁县
NA2	/	信息化水平（IL） 外资投入（FI）	常山县
NA3	/	信息化水平（IL） 外资投入（FI）	衢江区 庆元县
NA4	/	信息化水平（IL） 外资投入（FI）	云和县
NA5	/	信息化水平（IL） 外资投入（FI）	文成县 泰顺县 磐安县
NA6	/	信息化水平（IL） 外资投入（FI）	遂昌县 松阳县

在上述6个组态中信息化水平和外资投入均作为核心条件缺失，这6个组态所不同的是存在的边缘条件和缺失的边缘条件有所区别。因此这些边缘条件可以互相替代。信息化水平低意味着乡村文旅产业在市场开拓和推广方面的能力受限，缺乏有效的数字化渠道和工具，乡村难以迅速传播自己的特色和吸引力，从而无法吸引更多游客，限制了产业规模的扩大。例如，缺乏在线预订系统、导览应用和数字化的互动体验，会降低游客满意度。同时，缺乏先进的管理系统和工具，会导致产业运营与管理效率不高、成本不低，影响了乡村文旅产业的盈利能力。信息化水平低使得乡村文旅产业难以参与在线销售和电子商务，导致乡村产品和手工艺品难以触及更广泛的市场，限制了销售渠道，降低了产品的附加值，制约了当地居民收入的提高。总体来说，信息化水平较低可能阻碍了乡村文旅产业在市场、服务、管理等多个方面的发展，从而影响了共同富裕的实现。

外资投入较少，乡村文旅产业缺乏足够的资金进行必要的投资，限制了产业的发展能力，导致乡村文旅产业缺乏现代化的管理和运营方式，降低产业发展的效率和竞争力，进而无法充分发挥产业的就业带动效应，影响共同富裕的实现。

（五）促进共同富裕组态归类

1. 资源禀赋主导型

组态 A6：文化资源（CR）作为核心条件存在，旅游资源（TR）作为边缘条件存在，该类型的路径是以地区文化资源和旅游资源作为基础，以地区的人、物、事作为载体，承载当地的特有文化，并以此吸引游客，继而获取可观的文旅产业经济效益，达到共同富裕的目的。当前的旅游业已不能局限于单一的观赏性，越来越多的游客开始追求旅游地背后的文化内涵，这就需要具有一定文化内涵的资源来支撑文旅产业的高质量发展。依托充满地域特色的历史文化资源，将文化内涵贯穿到旅游全过程，实现旅游形式和文化内容的统一，用独特的文化品格和文化魅力诠释旅游，有利于凸显文化旅游产品特色，提升竞争力和吸引力，加快地区产业结构转型升级，继而以文化赋能文旅产业的发展，再以文旅产业的繁荣推动地区共同富裕目标的实现。此路径的典型案例是淳安县。淳安县是中国浙江省杭州市下辖的一个县，被誉为"杭州的后花园"。淳安县文旅资源丰富，除了拥有美丽的湖泊景色和众多岛屿外，还坐拥道教文化名山——大明山，以及临安大曲、河阳木雕、淳安风筝等传统文化与戏曲戏剧。丰富的文旅资源对游客产生了巨大的吸引力，大量客流创造了可观的经济收益，提升了当地共富水平。

2. 配套水平主导型

组态 A4：交通情况（TFA）、接待设施（TRF）作为核心条件存在。乡村配套设施对于乡村文旅产业的发展有着积极影响，因为这些设施可以提供更好的游客体验，提高游客满意度，从而为产业发展带来强劲动力，为共同富裕创造条件。以永嘉县为例，永嘉县拥有一定的旅游资源，包括自然风光、历史文化遗产和乡村风光。为了促进当地文旅产业的发展，永嘉县政府致力于加强旅游配套设施建设，兴建景区、度假村、酒店、农家乐、景区导览和旅游信息中心，改善道路交通条件，如打通县城与温州市区的公路交通连接，建成开放温州南高铁站等，大大提高了游客的可进入性。总之，提高乡村配套设施水平是增强乡村文旅产业发展的关键因素之一。通过提供更好的游客体验，吸引更多游客，并促进经济增长，可以更显著地提升地区共同富裕水平。

3. 要素增量主导型

组态 A1、A2、A3、A7 和 A8，均以信息化水平（IL）和外资投入（FI）作为核心条件。以要素增量主导型的乡村利用外资投入主导的机会，积极吸引外部资本进驻产业发展。可以通过与国际投资机构、企业建立合作关系，引进资金和技术，推动乡村产业的转型升级和创新发展。符合此类型的案例是天台县。天台县推动实施旅游业"微改造、精提升"工程，积极探索旅游业高质量发展新路，围绕全力打造诗画浙江引领区、世界级旅游景区的目标，把握长三角一体化发展走深走实之势、"重要窗口"加快建设之势、全域旅游深入推进之势，以项目建设为抓手、以品牌创建为核心、以文旅带富为方向，全力抓重点、补短板、促改革，各项工作稳步推进。同时为了满足游客对于体验感的需求，天台县积极推进科技兴旅，利用声光电等技术，在始丰溪国家湿地公园建成投用神秀天台水幕光影夜游项目。完成天台山智慧旅游工程，整合全县文旅基础资源数据、优质文旅产品，建立全域旅游信息化体系，依托"天台山旅游网"，并在浙里办上架"诗路驿站"，打造天台旅游一站式公共服务平台，实现"吃住行游购娱"一机搞定。天台县连续四年入选全国县域旅游竞争力百强县，天台山上榜 5A 级景区品牌 100 强，易筋经被列入第五批国家级非遗代表性项目名录。此外天台县积极通过招商来促共富，依托"万亩千亿"五大产业平台，梳理出项目 520 个、总投资超 3000 亿元，大力实施重大项目、招大引强、要素保障"三大突破"行动。

4. 制度变量主导型

组态 A5 以政策效力（PE）作为核心条件，以文旅产业带动（DB）作为边缘条件存在。制定并实施有利于文旅产业发展的政策，包括财政补贴、税收优惠、土地利用政策等，可以对乡村地区的发展产生积极的影响。政府通过激励措施，鼓励企业和投资者投身于乡村文旅产业。而有关加强基建的政策可以有效改善乡村基础设施建设，包括道路、水电、通信等。制定合理的土地利用政策，确保文旅产业与农业、自然环境相协调，打造文旅产业园区或集聚区，通过空间规划和资源整合，形成文旅产业的集群效应，提高产业竞争力，创造更多的就业机会。数字化转型相关政策可以有效推动乡村文旅产业的数字化转型，提高产业的效率与效益。关于加强从业人员专业技能和服务水平的培训政策，则直接提升了当地居民的人力资本水平和就业创业竞争力。总而言之,通过合理的政策引导和制度建设,乡村文旅产业可以更好地发挥经济增长的引擎作用,促进共同富裕目标的实现。政府、企业、居民等多方合作是推动这一过程的关键。

本章小结

本章首先运用熵权法和层次分析法对浙江省山区 26 县的共同富裕水平进行了测度,后续利用面板回归模型对文旅产业中可能影响乡村共同富裕水平的影响因素进行判定,最后运用模糊集定性比较分析(fsQCA)方法,选取 2013—2022 年共 10 年的文旅产业和共同富裕相关指标的统计数据,以 4 大类 7 个影响因素为条件变量,以浙江省山区 26 县的共同富裕水平作为结果变量,对文旅产业发展与共同富裕水平的多元复杂组态进行实证研究。本章主要结论如下:

首先,浙江省山区 26 县的共同富裕水平存在显著的区域差异。共富水平最大均值为 0.548,最小均值为 0.163,平均水平为最优水平的 55.04%,处于中等水平。有 15 个县(市、区)(占比为 51.72%)共同富裕发展水平低于地区均值。一些文旅资源禀赋好、综合实力较强的县(市、区)共同富裕发展水平(均值)偏低。与之相反,一些经济实力较弱且旅游资源条件相对一般的县(市、区),其共同富裕发展水平却接近最优水平。可见,以乡村文旅促进共同富裕的过程中,如何实现文旅资源的有效利用,是推动乡村共同富裕的关键。

其次,共有 7 项文旅产业因素对共同富裕水平产生影响。本书通过面板回归模型得出,旅游资源(TR)、文化资源(CR)、交通情况(TFA)、接待设施(TRF)、政策效力(PE)、外资投入(FI)以及信息化水平(IL)7 项估计系数均为正,且至少通过 10% 的显著性水平检验。表明这七项文旅产业因素对浙江省山区 26 县的共同富裕水平存在显著影响。

最后,浙江省山区 26 县文旅产业发展对共同富裕的组态影响结果不依赖于单个条件,而是取决于数个不同的前因条件组合所产生的结果。由本章分析可知,文旅产业对浙江省山区 26 县共同富裕的影响来自 4 大类别 7 个因素的交互作用。根据组态中的核心条件,浙江省山区 26 县文旅产业发展对共同富裕的 8 条组态可分为资源禀赋主导型、配套水平主导型、要素增量主导型以及制度变量主导型四种影响路径模式。QCA 方法具有非对称性的特点,即某个结果出现或不出现的前因条件组态并不是完全相反的。为全面深入地探究文旅产业振兴对共同富裕的促进效应,本书还进一步识别出 6 条阻碍共富水平提升的组态路径。不同乡村在发挥自身优势的同时,可以借鉴其他地区通过文旅产业促进共同富裕的路径来弥补自身的不足,以文旅产业高质量发展继而提升共同富裕水平。

参考文献

Berg-Schlosser D, De Meur G, Ragin C, et al. *Qualitativecomparative analysis (QCA) as an approach*. 2009.

Fiss, P. C. Building Better Casual Theories: A Fuzzy Set Approach to Typologies inOrganizational Research. *Academy of Management Journal*, 2011, 54 (2): 393-420.

Greckhamer T, Furnari S, Fiss P C, et al. Studying configurations with qualitative comparative analysis: Best practices in STFAtegy and organization research. *STFAtegic Organization*, 2018, 16 (4): 482-495.

Kim K. Many Roads Lead to Rome: Implication of Geographic Scope as a Source ofIsolating Mechanisms. *Journal of International Business Studies*, 2013, 44 (9): 898-921.

Leppänen M, Pasanen K, Clarsen B, et al. Overuse injuries are prevalent in children's competitive football: a prospective study using the OSTRC Overuse Injury Questionnaire. *British Journal of Sports Medicine*, 2019, 53 (3): 165-171.

Marx A, Dusa A. Crisp-set qualitative comparative analysis (csQCA), conTFAdictions and consistency benchmarks for model specification. *Methodological innovations online*, 2011, 6 (2): 103-148.

Rihoux B, Ragin C C. *Configurational Comparative Methods: Qualitative Comparativeanalysis (QCA) and Related Techniques*. Sage Publications, 2008.

Schneider, C. Q. and C. Wagemann. *Set-Theoretic Methods for the Social Sciences: A Guide to Qualitative Comparative Analysis*. Cambridge: Cambridge University Press, 2012.

保继刚、楚义芳:《旅游地理学》,高等教育出版社 2012 年版。

［比］伯努瓦·里豪克斯、［美］查尔斯 C. 拉金编著：《QCA 设计原理与应用：超越定性与定量研究的新方法》，杜运周、李永发译，机械工业出版社 2017 年版。

陈丽君、郁建兴、徐铱娜：《共同富裕指数模型的构建》，《治理研究》2021 年第 4 期。

程承坪、孙佩雯：《共同富裕的涵义与测度方法》，《江汉论坛》2023 年第 1 期。

杜运周、贾良定：《组态视角与定性比较分析（QCA）：管理学研究的一条新道路》，《管理世界》2017 年第 6 期。

冯斐：《长江经济带文旅融合产业资源评价、利用效率及影响因素研究》，博士学位论文，华东师范大学，2020 年。

傅才武、高为：《精神生活共同富裕的基本内涵与指标体系》，《山东大学学报（哲学社会科学版）》2022 年第 3 期。

侯兵、周晓倩：《长三角地区文化产业与旅游产业融合态势测度与评价》，《经济地理》2015 年第 11 期。

阚艳秋：《基于定性比较分析的我国智慧城市建设成效影响因素研究》，硕士学位论文，电子科技大学，2020 年。

李丽、徐佳：《中国文旅产业融合发展水平测度及其驱动因素分析》，《统计与决策》2020 年第 20 期。

李培林、崔岩：《从乡村入手分阶段推进共同富裕的目标和路径》，《学海》2022 年第 1 期。

李实：《共同富裕的目标和实现路径选择》，《经济研究》2021 年第 11 期。

李实、朱梦冰：《推进收入分配制度改革 促进共同富裕实现》，《管理世界》2022 年第 1 期。

刘安乐、杨承玥、明庆忠等：《中国文化产业与旅游产业协调态势及其驱动力》，《经济地理》2020 年第 6 期。

刘培林、钱滔、黄先海、董雪兵：《共同富裕的内涵、实现路径与测度方法》，《管理世界》2021 年第 8 期。

吕新博、赵伟：《基于多维测度的共同富裕评价指标体系研究》，《科学决策》2021 年第 12 期。

牛刚艳、张艳荣：《甘肃省共同富裕水平测度与差异分析》，《中国物价》2023年第6期。

申云、尹业兴、钟鑫：《共同富裕视域下我国农村居民生活质量测度及其时空演变》，《西南民族大学学报（人文社会科学版）》2022年第2期。

宋娜：《中国共同富裕发展水平测度及创新发展研究》，《技术经济与管理研究》2022年第8期。

宋祎玮：《乡村振兴战略实施进程中地方政府在农村电商产业发展中的作用——基于浙江省案例的fsQCA实证分析》，硕士学位论文，浙江大学，2019年。

孙豪、曹肖烨：《中国省域共同富裕的测度与评价》，《浙江社会科学》2022年第6期。

谭燕芝、王超、陈铭仕、海霞、姚海琼：《中国农民共同富裕水平测度及时空分异演变》，《经济地理》2022年第8期。

王军、朱杰、罗茜：《中国共同富裕发展水平测度及时空演变特征研究》，《当代经济管理》2023年第6期。

王秀伟：《大运河文化带文旅融合水平测度与发展态势分析》，《深圳大学学报（人文社会科学版）》2020年第3期。

尉一龙：《共享经济下交通出行领域商业模式的要素联动机理研究——基于QCA的分析》，硕士学位论文，西安电子科技大学，2019年。

魏后凯、崔凯、王瑜：《共同富裕视域下乡村振兴的目标演进与推进战略》，*China Economist* 2022年第4期。

翁钢民、李凌雁：《中国旅游与文化产业融合发展的耦合协调度及空间相关分析》，《经济地理》2016年第1期。

解安、侯启缘：《新发展阶段下的共同富裕探析——理论内涵、指标测度及三大逻辑关系》，《河北学刊》2022年第1期。

徐菁：《共同富裕的指标体系构建与应用》，《西南民族大学学报（人文社会科学版）》2022年第11期。

杨宜勇、王明姬：《共同富裕：演进历程、阶段目标与评价体系》，《江海学刊》2021年第5期。

张邦辉、杨雅青：《以乡村振兴促进共同富裕：重要意义、现实困境和路径指引》，《重庆社会科学》2022年第9期。

张明、杜运周：《组织与管理研究中QCA方法的应用：定位、策略和方向》,《管理学报》2019年第9期。

张琰飞、朱海英:《西南地区文化产业与旅游产业耦合协调度实证研究》,《地域研究与开发》2013年第2期。

张玥:《数字经济化与共同富裕的协调发展测度研究——基于熵值CRITIC-TOPSIS法和耦合协调系数》,《中国市场》2023年第12期。

钟晓华:《乡村产业高质量发展与共同富裕的耦合协调测度与时空特征分析》,《统计与决策》2023年第7期。

邹克、倪青山:《普惠金融促进共同富裕:理论、测度与实证》,《金融经济学研究》2021年第5期。

第七章

乡村文旅促进共同富裕的机制提炼

产业振兴是促进共同富裕的重要命题之一，于乡村而言，文旅产业融合发展对村民增收致富有着举足轻重的作用。在乡村文旅产业融合中，文化代表乡村的记忆与符号，是乡村文旅产业振兴的灵魂，而旅游作为服务业，拓宽了共同富裕的渠道，是乡村文旅产业振兴的载体。然而我国疆域辽阔，各地乡村的自然资源与文化资源的储量不同，乡村配套水平、外源要素导入和政策制度等情况也有所差异，亟待提炼出具有实践性、推广性、普适性的乡村文旅产业振兴促进共同富裕机制，以激发乡村发展的内生动力，促进共同富裕。

以往学者多是从区域、主体、资源、要素等单一维度研究乡村文旅产业促进共同富裕的机制，考虑到浙江省山区26县文旅产业实际情况复杂，本章将区别于以往研究，把多元主体、内生性资源、外源性要素三个维度结合起来分析，通过剖析三者的内在联系以提炼出乡村文旅产业振兴促进共同富裕的机制。

乡村文旅产业振兴促进共同富裕机制共分为两部分，即形塑机制和转化机制，如图7-1所示。形塑机制解决如何振兴乡村文旅产业这一问题，其揭示了乡村文旅产业振兴的内在机理，即外部力量与内部力量是如何巧妙利用内生性资源与外源性要素，共同推动乡村文旅产业振兴。转化机制是在乡村文旅产业振兴的基础上，从共同度与富裕度两方面解决如何利用文旅产业振兴成果促进共同富裕。乡村文旅产业促进共同富裕的形塑机制与转化机制间具有前后逻辑，产业振兴是成果转化的必要前提，成果转化是产业振兴后的价值共享。

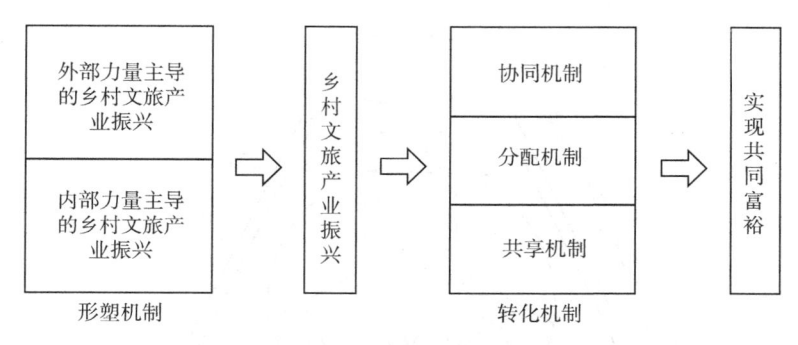

图 7-1　乡村文旅产业促进共同富裕机制

第一节　乡村文旅产业振兴机制构建的基础

在深入讨论机制之前，必须明晰乡村文旅产业振兴机制构建的基础（如图7-2所示），即多元主体、内生性资源与外源性要素，厘清三者与乡村文旅产业发展的内在逻辑关系。其中，多元主体是乡村文旅产业发展的主导力量，其通过各种方式将外源性要素注入至乡土社会，使得乡村内生性资源向文旅产业靠拢，并在其中发挥独特优势。内生性资源是乡村文旅产业发展的基本前提，也是多元主体所驱动的对象。袁宇阳和张文明，(2020)[①] 的研究指出，在乡村文旅产业发展过程中，把握好、利用好内生性资源是产业发展得以成功的关键条件之一，能够激发乡村文旅市场、资本的崛起。外源性要素是乡村文旅产业发展的驱动因素，此处特指一系列能够促进内生性资源高效利用的配套设施，其起到盘活、优化内生性资源的作用。

一　多元主体

乡村内外部主体协同行动、共生共赢是乡村文旅产业振兴促进共同富裕的重要方式。在第五章的案例中，乡村多元主体主要涉及地方政府、村集体、村民、乡村运营团队等。他们各自在乡村文旅产业中扮演着重要的角色，通过沟通与协作共同为乡土社会创造最大化的地方价值。基于此，

[①] 袁宇阳、张文明：《乡村内生发展视角下资源的内涵及其应用》，《世界农业》2020年第6期。

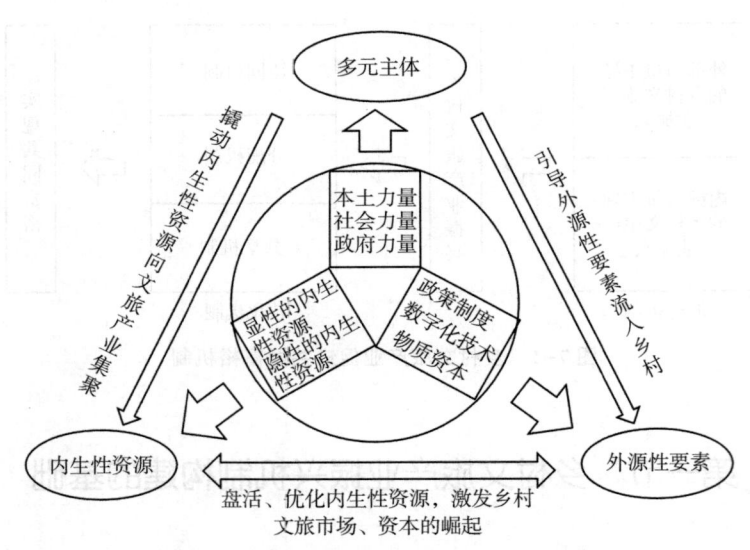

图7-2 乡村文旅产业振兴机制构建的基础

本书将第五章案例中涉及的行动主体归纳总结为本土力量、社会力量与政府力量，其中，本土力量包括乡村成员和村级组织两大类。这三股力量通过各司其职与密切协作，共同推动乡村文旅产业振兴。

（一）本土力量

以乡村成员和村级组织为代表的本土力量是乡村文旅产业发展过程中的立足点，也是推动乡村文旅产业振兴的内生动力。结合乡村实际情况，乡村成员可分为乡村能人与普通村民。其中，乡村能人通常具有高质量人脉资源、市场经营理念和一定的资本积累。在返乡之后，乡村能人承担起"桥梁"和"润滑剂"的职责，协助乡村引入那些有助于乡村文旅产业振兴的社会力量，促进乡村成员与社会力量的良性互动。与此同时，以乡村内生性资源为基础，培育个体村民对发展乡村文旅产业的信心，鼓舞村民共同参与到乡村建设之中，共享文旅产业发展所带来的诸多成果，以此促进乡村文旅产业的可持续发展（岳晓文旭等，2020）[1]。而普通村民也具备一定的优势，这类人所拥有的物质资源和知晓的当地特色文化是其宝贵的财富，能凭借此在乡村文旅发展中占得一席之地。一方面，个体村民或

---

[1] 岳晓文旭、王晓飞、韩旭东等：《赋权实践如何促进乡村新内源发展——基于财权理论的多案例分析》，《中国农业经济》2022年第5期。

合理利用自家房屋进行创业，为乡村文旅发展提供一些基础的文旅供给，或出租闲置房屋获取一定租金，充分借助物质资源参与乡村运营；另一方面，个体村民创造性转化自身已传承的优秀乡土文化，采用技艺展示等方式吸引外来游客的注意力，为乡村文旅产业发展贡献属于自己的一份力量。然而，乡村能人和个体村民的力量是较为薄弱且分散的，需要依托村两委、村集体经济组织等村级基层组织将个体力量聚集起来，从而对文旅产业发展形成一个正向的合力。在此过程中，村级基层组织承担了枢纽作用，其立足于集体利益，团结村民意志，盘活主体能动性，通过资源整合撬动内生发展力量，通过对接外源性要素实现文旅产业发展。换言之，以个体村民和村级组织为代表的本土力量是持续推动乡村文旅产业振兴的直接动力。

（二）社会力量

考虑到大量乡村人口涌向城市，村级组织内部人才缺乏，容易导致乡村文旅产业发展面临动力不足的情况。在政策引导和获利动机的双重驱动下，以"运营者"为代表的文旅企业、非营利性组织等团体逐渐崛起，并成为促进乡村文旅产业振兴的新兴力量，本章将其统称为社会力量。在乡村运营中，运营者对激发乡村文旅产业的发展动力起到重要作用：第一，运营者拥有较为成熟的技术和一定的资本积累，能够在乡村文旅产业振兴舞台上"大展拳脚"，并为乡村提供必要的信息与机会，有助于推动各类要素在城乡间的流动。第二，运营者深入乡村，扎根基层，挖掘乡村特色资源，培育壮大文旅市场，能够吸引青年返乡就业创业。第三，通过培育村民主体性，助推乡村社区组织化，激发乡村文旅产业发展的内生动力（吴茂英等，2003）[①]。社会力量经历了由"外在嵌入"到"内在融合"这两个既有相互联系又有梯度差异的阶段过程，成为推进乡村文旅产业发展的关键"在地化中介"。

（三）政府力量

以地方政府为代表的政府力量在推动乡村文旅产业发展的过程中起到重要作用，通过政策制定与推行有效促进乡村文旅资源的规划与开发。在乡村文旅产业发展之初，政府发挥主导性作用，采用"输血式"帮扶方

[①] 吴茂英、张镁琦、王龙杰：《共生视角下乡村新内生式发展的路径与机制——以杭州临安区乡村运营为例》，《自然资源学报》2023年第8期。

式，将"专项资金"投入乡村。通过发布文旅项目招标文件，激励地方政府投资发展文旅产业。其中，政府以"直接干预者"的身份提供环境型政策工具和供给型政策工具，具体举措包括制定政策目标和具体方案，为文旅企业提供资金、人才、技术等各方面的支持。但始终遵循这种发展思路使得乡村逐步丧失了经济和文化主体性，也忽视了本土力量的主观能动性。为了解决这类弊端，业界开始倡导"以社区为本"的乡村文旅产业振兴发展思路。其中，政府扮演了重要的"引导者"和"协调者"角色。具体而言，在乡村运营中，政府主要职责是厘清文旅产业发展的内在逻辑与机理，便于其做好顶层指导工作；采用"造血式"协作的方式，为本土力量和社会力量提供良好的营商环境和必要的要素支持，保持与两者的密切协作关系。

二 内生性资源

内生性资源指的是立足乡村本土的资源，包括自然资源、文化资源、人力资本、社会资本等。根据 Ray（2001）[①] 对内生性资源的分类，本章将其分为显性与隐性两大类。

（一）显性的内生性资源

从乡村文旅资源开发的视角看，乡村中显性的内生性资源可划分为自然资源、实体性文化资源和综合资源三部分。一是自然资源，主要涉及土地资源、水资源、生物资源、矿产资源等。其中，土地资源是乡村文旅产业发展的核心资源之一。随着城市化进程的加快，我国城市中可供开发利用的土地越来越少，逐利空间也在减少，而乡村拥有丰富的土地资源，可以为创业者提供广阔的舞台发展乡村文旅产业。二是实体性文化资源，指的是在历史演变过程中形成的古籍、古村落、古建筑等，它们凝聚了先人的思想和智慧，在历史传承中成为大至国家、民族，小至城市、个人的"血脉"和"灵魂"，成为可以感知的民族精气神、凝聚力。三是综合资源，主要包括资金、交通情况、配套设施等。综合资源是乡村文旅产业发展的基础，它的丰富程度很大程度上决定了当地的发展潜能。在相同条件下，拥有丰富综合资源的乡村，更有可能实现乡村文旅产业振兴。

---

① Ray C. Culture economies: aperspective on local rural development in Europe. England: Centre for Rural Economy, Dept of Agricultural Economics and Food Marketing, 2001.

(二) 隐性的内生性资源

隐性的内生性资源指的是以非物质形态存在的各类资本，如人力资本、文化资本和社会资本等。其中人力资本是决定乡村文旅产业振兴最重要的内生性因素，上文多元主体中的本土力量已经详细描述了，这里便不再一一赘述。

1. 文化资本。文化资本具体包括传统的手工艺技能、地方习俗、价值观、本土文化等。相较于实体性的文化资源，以非物质形态存在的文化资本对于乡村文旅产业发展至关重要，其主要作用表现在两个方面：一方面，文化资本是能够被保护、传承、利用的对象，具体而言，可以通过活态保护以延续文化资本整体的历史性与完整性，然后对其系统梳理以畅通文脉传承，最后借助文旅融合对其进行转化利用，并产生应有的社会效益与经济收益；另一方面，文化资本为当地乡村所认同，也是其价值观、伦理道德的来源。深刻理解文化资本有助于社会力量嵌入与融入乡村，实现乡村文旅产业振兴。

2. 社会资本。社会资本可以理解为个人或群体之间合作的非制度化规则。相较于其他资本，建立在人与人之间相互信任基础之上的社会资本投资成本低，回报见效快，可以减少对以"运营者"为代表的文旅企业等社会力量的依赖，推动乡村的内生性发展。除此之外，社会资本的作用还可归纳为以下两个方面：一方面，社会资本的存在能促进乡村成员之间的友好交流，有助于建立乡村内部的协商共建机制和利益联结机制，为乡村文旅产业促进共同富裕提供机制保障；另一方面，社会资本的形成与积累是培育村民主体性的基础，可以让更多的村民参与到公共事务之中，促进乡村文旅产业的稳固发展。

三 外源性要素

外源性要素主要指的是不在乡村本土产生的各类要素，涉及政策制度、数字化技术、物质资本等（Waltys 等，2001）[1]。其中，政策制度特指由中央和非本地政府颁布的对乡村文旅产业发展起到指导性与约束性作用的管理制度。数字化技术是乡村文旅产业价值提升的关键要素，推动着

---

[1] Mhlighaus S, Waltys. Endogenous development in Swiss mountain communities. *Mountain Research and Development*, 2001, 21 (3): 236-243.

文旅产业的转型升级、消费模式升级和行业外部环境迅速转变。例如，依托大数据、人工智能、云计算等数字化技术，乡村积极推出数字文博、云展览、虚拟云游等服务，激活文旅新业态。同时构建以景区（场馆）管理、游客管理、数据分析与可视化展示等方面功能为基础的文旅数字化平台，为政府、文旅企业精准对接用户需求提供针对性服务。物质资本是其他资本的物质基础，包括企业厂房、机械设备、交通运输设施等。

既有研究证明，在经济全球化的现代社会，外源性要素是乡村文旅产业发展的必备条件（袁宇阳和张文明，2020）[①]。一方面，乡村地区的发展落后于城市，数字化技术、资金补贴等外源性要素的投入可以在很大程度上改善基础设施和公共服务，从而吸引更多的运营者进入乡村，促进乡村文旅产业的振兴；另一方面，大部分乡村在发展文旅产业之初，综合资源较为薄弱，很难依靠自身力量挖掘内生性资源，如果没有外部力量的嵌入、刺激和助推，难以让文旅产业发展步入正轨。外源性要素的介入可以有效撬动本土力量的发展动力，激活乡村文旅产业的内生发展动力。

第二节 乡村文旅产业振兴的形塑机制

功以才成，业由才广。产业振兴，关键在人。现有研究中关于多元主体如何在文旅产业发展过程中发挥作用，已形成两种路径。一是外源式发展，其以政府和文旅企业作为主导力量，推动资源、资本、技术等要素的下乡，通过外部力量的开发与援助，自上而下地快速扶持乡村文旅产业的发展（叶林和雷俊华，2022）[②]。但是，外源式发展容易面临着政府力量和社会力量在下乡过程中的异化。二是内源式发展，其强调以乡村能人、乡村社区作为地方发展的驱动力量，强调培养普通村民的认同感，并让村级组织担任主要领导者，因地制宜开发乡村本土自然资源和文化资源。但是，完全不依赖外部力量实现乡村文旅产业发展显然不符合实际。

事实上，外源式发展和内源式发展在实践中并不相互排斥（朱娅和

[①] 袁宇阳、张文明：《乡村内生发展视角下资源的内涵及其应用》，《世界农业》2020年第6期。

[②] 叶林、雷俊华：《社会力量助推乡村振兴的内源性发展路径研究——基于"振兴村"试点的分析》，《理论与改革》2022年第1期。

李明，2019）[①]，乡村文旅产业振兴的实现迫切需要正确看待乡村内外部力量的关系，优化上述两种发展模式，并探索出促进乡村内外力量融合、共同赋能乡村文旅产业振兴的机制。基于此，本章结合乡村文旅产业发展的实际情况，根据多元主体主导地位的不同，提炼出两种机制，分别是外部力量主导的乡村文旅产业振兴机制和内部力量主导的乡村文旅产业振兴机制。前者旨在指导以地方政府和社会力量为代表的外部力量激发乡村本土力量的发展动力，以有效承接外部导入的要素。后者指导本土力量在乡村文旅产业发展过程中维持主体地位的同时，有选择地接纳外部力量的导入，实现乡村文旅发展的内外部融合。

一 外部力量主导的乡村文旅产业振兴

外部力量主导的乡村文旅产业振兴指的是多主体多元化行动合力振兴乡村文旅产业，在该机制中，政府力量占据主导地位，社会力量起到决定性作用，本土力量发挥主体性作用（如图7-3所示）。具体而言，地方政府通过发展理念、政策引领、制度保障、要素投入等途径激活乡村沉睡的内生性资源，支持与引导社会力量下乡。社会力量下乡后，导入了多种外源性要素，但一定程度上打破了原有的乡村秩序，再加上与乡村成员缺乏交流与沟通，容易遭受村民的怀疑和排斥。基于此，社会力量采用"组织嵌入、利益嵌入与关系嵌入"三种嵌入方式与乡土社会基于经济理性发生关联，化解资本嵌入乡村后所面临的直接阻碍，带动乡村文旅产业发展。但单纯地"嵌入"具有片面性和浅层性，其直线单向式的行动逻辑面临来自乡土社会的排异和消极应对，"落地"未必能"生根"，导致下乡的社会力量呈现"半悬浮"于乡土社会的样态。对此，社会力量培育村民主体性，助推村社组织化，充分发挥本土力量的主体作用，在更深层次地融入乡土社会的同时，激发乡村文旅产业发展的内生动力。

（一）政府力量有为，激活沉睡资源

对于一个有待发展的乡村而言，政府支持是乡村文旅产业发展的第一步。自习近平总书记提出"绿水青山就是金山银山"理论以来，浙江省山区26县发布的有关乡村文旅发展的文件逐渐增多，例如《进一步加强

[①] 朱娅、李明：《乡村振兴的新内源性发展模式探析》，《中共福建省委党校学报》2019年第6期。

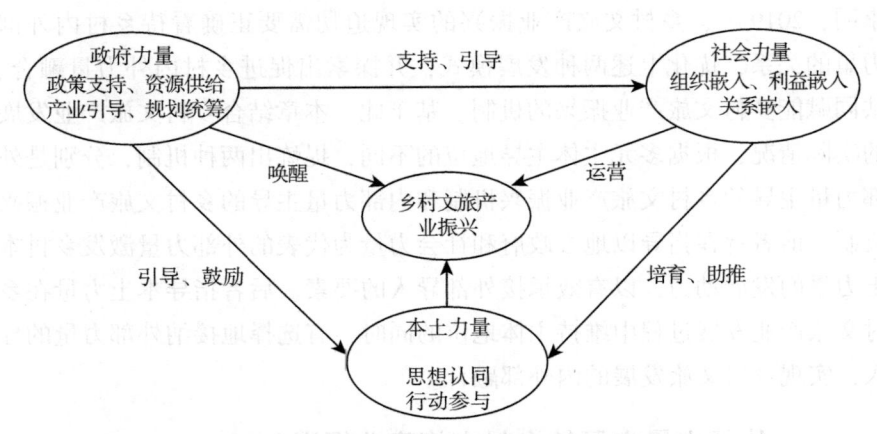

图 7-3　外部力量主导的乡村文旅产业振兴机制

乡村文化建设推动畲乡文化大发展大繁荣的实施意见》《关于加强自然资源要素保障促进经济稳进提质若干政策措施的通知》等。从整体规划到路径实施、从设施配套到产业布局，基本形成了多层次、全覆盖的政策体系，使得内生性资源禀赋的乡村更加清晰地认识到自己有什么、发展靠什么、未来干什么，便开始采取措施激活沉睡的内生性资源。

1. 唤醒乡村资源

政府力量唤醒乡村存量资源主要是通过出台环境型政策和供给型政策，以此推动资源资产化。一方面，出台环境型政策以厘清内生性资源的归属权问题，为乡村文旅产业发展奠定基础；另一方面，出台供给型政策，以专项资金下乡的方式为乡村文旅项目提供启动资金，撬动村庄内生性资源，并逐步提高乡村配套水平，为资源资产化创造有利条件。

具体而言，针对浙江省山区 26 县中自然资源禀赋的乡村，地方政府逐步确立"生态立县"发展战略，在思想上，始终坚持保护生态不动摇，保持高度的生态自觉、生态自律和生态自信。在行动上，乡村开展全面摸清绿色家底行动，将碎片化、分散化的自然资源进行系统收储、整合、优化。按照"先布棋盘再落棋子"的思路进行区域内的规划设计，有机叠入生态保护、基础设施网络、产业布局、公共服务等外源性要素，唤醒乡村沉睡资源。针对浙江省山区 26 县中文化资源禀赋的乡村，地方政府从高水平保护、高效能传承、高质量利用、高要求管理出发，对历史文化（传统）乡村的保护发展进行了较好的制度建设和顶层设计，搭建了较为完善的法规体系、政策体系和技术标准体系。同时，进一步引导乡村加深对文化资源的保护利用意识。

2. 引入社会力量

在政府力量的支持下，乡村沉睡的内生性资源得以激活。政府初期的资金援助主要目的在于打好文旅产业发展的地基，进一步发展还需依靠社会力量，促进资源资产化。地方政府引入社会力量包括两种方式：一是鼓励乡村能人回村发展。二是大力开展招商引资工作，尤其是引入以"运营者"为代表的文旅企业。

具体而言，乡村能人多年来在外拼搏，使自身素质、能力、品德得以提升，或拥有人脉资源，或精通某方面的手艺，或具有一定的资产，鼓励其返乡进行自主创业有助于文旅产业的发展。对于招商引资工作，首先应询问当地村民的意愿，避免后续产生不必要的矛盾，其次再考虑运营者的投资意愿。运营者作为乡村内生性资源对接市场的桥梁，启动的各类文旅项目能够连接乡村和游客，引进运营者有助于打通乡村文旅脉络。这时候地方政府需要承担好"引导者"的职责，将以"运营者"为代表的文旅企业引入乡村，充分利用外来资本。

（二）社会力量嵌入，发展乡村文旅

"嵌入"是一种物体在外力作用下进入另一种物体，从某种程度上说，被嵌入的物体是一种被动接受的过程，以此形容以"运营者"为代表文旅企业、非政府组织等社会力量在进入乡村社会之初与乡村成员的互动状态比较贴切。社会力量在地方政府的支持与引导下强势入内，原有的乡村秩序被打破，易遭到乡村成员的怀疑和排斥。基于此，社会力量采用"组织嵌入、利益嵌入与关系嵌入"三种层层递进的嵌入方式与乡村社会基于经济理性发生关联，化解资本嵌入乡村后所面临的直接阻碍，带动乡村文旅产业发展。考虑到乡村文旅产业振兴中的社会力量以运营者居多，下文将从运营者的视角进行详细叙述。组织嵌入是指运营者在下乡之前寻觅乡村组织载体，以获取合法开发乡村资源的机会与渠道，并吸纳乡村权威性人物，化解经营管理困境；其后，通过土地流转资金及吸纳村民就业的方式与乡村成员产生利益关联，形成利益嵌入；最后，出于降低成本、增加收益的考虑，运营者主动与乡村建立社会关系网络，乡村成员在获利的基础上与运营者保持往来，形成关系嵌入。三种嵌入方式共同确保运营者顺利开展文旅产业相关项目。

1. 通过组织嵌入获取合法地位

一般而言，乡村文旅产业中待开发的资源主要是显性的内生性资源，这类资源大部分涉及村庄的宅基地、公益性公共设施用地和集体经营性建设用地。因此，运营者下乡需要重点关注用地问题，而组织嵌入是解决这一问题以嵌入乡村社会的有效手段。

第一，借助村庄现有组织嵌入乡村场域。在乡村社会中，村级组织是治理乡村事务的主体，在村民中拥有强大的话语权，也能代表行使集体所有权。作为外部力量，内生性资源开发等各种行为受到掣肘，使其不得不依靠村级组织的社会关系和权威力量获取村庄资源和经营的合法性。因此，在进入乡村初期，与村两委建立良好的关系是十分有必要的。运营者可以依托村两委向村民传递政府政策、鼓励他们流转土地等，在村两委的组织下与乡村资源的所有者和乡村文旅的运营者对接起来，以规避潜在矛盾、解决经营难题。

第二，吸纳乡村权威性人物进入企业管理层。乡村权威性人物一般是指村干部和乡村能人，运营者吸纳其进入公司管理层进行组织嵌入主要是出于以下考虑：从纵向看，村干部和乡村能人在村庄拥有一定的权威和号召力，运营者可以借助他们的权威力量减少外部力量融入乡村社会体系的阻力。从横向看，村干部和乡村能人属于村庄熟人，较运营者更具有乡土优势，且具备"润滑剂"的作用，能够减少资本与乡土社会的互动不畅问题。

2. 通过利益嵌入强化经济关联

利益嵌入是指运营者在获得土地经营权、顺利启动文旅项目和开发景区的基础上，为乡村成员带来经济利益，常见途径是土地租金和带动周边村民就业。

运营者是乡村内生性资源对接市场的桥梁，启动的各类文旅项目是连接乡村和游客的纽带，能够助力打通乡村文旅脉络。在获得土地经营权后，运营者兼顾村民与游客的需求，导入政策制度、数字化技术、物质资本等外源性要素，深度开发乡村文旅资源。一方面，通过创新与市场化手段盘活乡村内的闲置房屋院落，并进行统一规划应用，引入满足多样化需求的文旅新业态，在增加乡村文旅产业活力的同时，提高村民的土地租金收入。另一方面，运营者按照乡村的内生性资源禀赋情况，因地制宜采用以运营前置理念为引领的 EPCO 模式，即以运营为核心，根据项目定位和市场需求明确运营端,项目规划、设计和工程建设全部围绕运营端,在撬动乡村文旅产业振兴的同时,带动周边村民就业。

3. 通过关系嵌入扩展人际网络

作为外部力量嵌入乡村社会的运营者,从事的规模化经营高度依赖乡村社会环境,因而与地方政府和乡村社会进行近距离互动以及努力建立亲密的社会关系网络是十分必要的。

第一,与地方政府的关系嵌入。对于地方政府来说,社会力量下乡能够满足政绩需求,发展良好的文旅企业还有助于带动乡村实现共同富裕,因而对此事持欢迎与接纳的态度。同时,以运营者为代表的文旅企业也渴望从地方政府获得政策帮扶项目、补贴等。因此,与地方政府的关系嵌入一方面体现在文旅产业统筹上,运营者可以依据其丰富的市场经验和当地的地域条件对乡村的文旅产业布局提出建设性意见;另一方面体现在公益事业上,运营者通过慈善捐赠等方式回馈乡村,与地方政府构建良好的信任关系。

第二,与村两委的关系嵌入。除地方政府之外,社会力量下乡与村两委的联系最为紧密,乡村文旅产业的发展需要得到村两委的支持与合作。对于村两委来说,社会力量下乡能够为乡村带来先进的数字化技术、管理理念和丰厚的资本,有助于突破乡村文旅产业发展的困境。与村委会的关系嵌入体现在:积极向村委会了解、讨论乡村文化资源的挖掘、保护、传承与发展情况;优先吸纳贫困劳动力就业;积极为乡村建设、道路亮化、环境治理、改善村民生活条件建言献策等。此外,村干部和乡村能人作为乡村发展的代表性力量,与其构建良好的关系可以在潜意识中改变着普通村民对运营者的态度,并对文旅企业及乡村发展起到积极成效。

(三)本土力量主体,激发内生动力

"嵌入"对于社会力量顺利下乡、"落地"乡村具有重要的价值,但单纯的"嵌入"具有片面性和浅层性,其直线单向式的行动逻辑面临来自乡村社会的排异和消极应对,"落地"未必能"生根",导致下乡的社会力量呈现出"半悬浮"于乡村社会的样态。结合浙江省山区26县的发展实际,充分发挥本土力量的主体作用是化解上述困境的有效手段。社会力量通过培育村民主体性,助推乡村社区组织化,激发乡村文旅产业发展的内生动力,并借此来助力自身更深层次融入乡土社会。

1. 培育村民主体性

持续时期较长的社会力量下乡也会给乡村产生部分消极作用,例如普通村民的主体意识逐渐缺失,对自身能力缺少信心,对集体行动也秉持事不关己高高挂起的态度,长此以往出现了社会力量引入的项目存在"无人接"的情况。换言之,相较于需要发挥主观能动性的"造血式"项目,村民更倾向于接受"输血式"帮扶。基于此,社会力量在嵌入乡村之后,需要逐步增强村民主体性,尤其是要激发他们自立自强的意识,以便畅通外源性要素的导入过程。培育村民主体性主要体现在以下两个方面:一方面,加强对村民的能力建设,例如自主能力、合作意识等,让村民有信心、有能力胜任文旅项目;另一方面,积极引导村民参与到公共事务中,努力培育他们的主人翁意识,也让村民在参与乡村社会、经济、政治事务过程中深刻感知社会力量下乡带来的乡村面貌变化。做到上述两点能反过来助推社会力量更好地融入乡土社会。

2. 助推乡村社区组织化

培育村民主体性是助推乡村社区组织化、规范化的重要前提,而将具有主体意识的村民聚集起来是进一步提升村民主体意识的必要条件。由于社会力量是在国家政策的支持与引导下进入乡村,并与地方政府达成互惠互利的合作关系,其种种举措更是获得本土力量的认可,因此社会力量可以在尊重乡村发展理念的基础上,推进部分平台制度化管理,从而为外源性要素的导入创造良好的条件,促进社会力量深层次融入乡土社会。例如,运营者牵头成立合作社,激发内生性资源新动能,壮大集体经济。此外,运营者也可以与党支部保持良好的联学共建关系,辅助各类活动的开展,并共同修订符合当下情境的文旅产业制度。

二 内部力量主导的乡村文旅产业振兴

内部力量主导的乡村文旅产业振兴可以被看成本土力量动员其他力量以发展文旅产业的过程,在这个过程中,本土力量作为当地人意志的体现,将各种利益团体的力量集合在一起,进而有权选择对内生性资源秉持保护性开发理念的、达到乡村集体利益最大化的机制,并最终实现乡村文旅产业振兴。村级组织主导是内部力量主导的乡村文旅产业振兴的必要条件。故下文主要从村级组织视角介绍内部力量主导的乡村文旅产业振兴机制。内部力量主导的乡村文旅产业振兴机制(如图7-4所示)包括:村级组织牵头建设承接文旅项目的组织，通过增权赋能动员普通村民，盘活主体能动性；挖掘特色的内生性资源，通过资源整合，撬动内生发展力量，实现文旅产业振兴；树立村社理性，深化村民的价值认同，并创建文旅合作社壮大集体经济，实现文旅产业可持续发展。

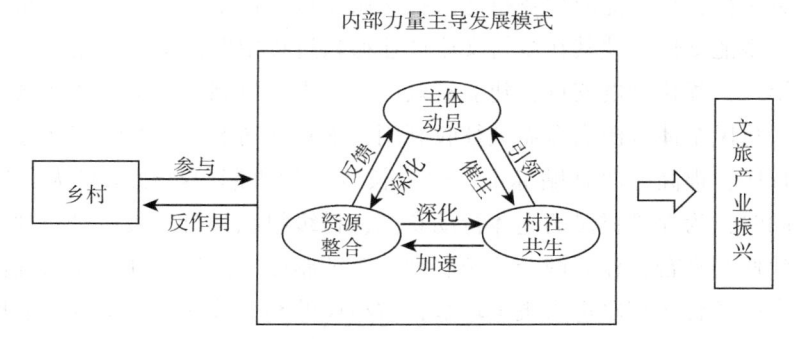

图 7-4　内部力量主导的乡村文旅产业振兴机制

（一）主体动员，盘活主体能动性

乡村文旅产业发展振兴与村民个体行为密不可分，村民主体性将直接影响到乡村文旅产业振兴的成功与否（彭小兵和彭洋，2021）[①]。因此，主体动员是激发乡村文旅产业内生发展动力的逻辑起点，具体体现在三个方面，分别是建立有效基层组织、增权赋能扩大村民行动空间和建立有效利益表达机制。

第一，建立有效基层组织，深化组织群体关联。基层组织的建立为内部力量主导的乡村文旅产业振兴机制形成奠定基础，通过将"原子化""松散化"的村民聚集到组织中，进行统一治理，提升村民在文旅产业振兴中的积极性与主动性。而后根据乡村文旅发展需要建立相应的基层管理组织，通过实施权、责、利相统一的制度激发乡村成员的活力。此外，关于文旅项目的重大决议都要进行集体商讨，促使村干部、乡村能人、普通村民对乡村文旅产业振兴集思广益，比如针对乡村未来文旅发展的方向、侧重点，踊跃发表意见。

第二，增权赋能，扩大村民行动空间。村级组织在文旅产业发展管理过程中遵循生产上松绑、政治上赋权的原则，通过放宽经营主体、要素交

[①] 彭小兵、彭洋：《"参与—反馈—响应"行动逻辑下乡村振兴内生动力发展路径研究——以陕西省礼泉县袁家村为例》，《农林经济管理学报》2021年第3期。

易、人才流动等各方面的限制，引导村民在文旅发展中贡献自身力量。乡村能人在本地拥有盘根错节的社会关系，能够运用乡村社会独特的传播渠道和传播形式，并凭借自身独特的能力与资源，在返乡后积极促进乡村文旅产业发展。因此，把握好这一类群体对村级组织而言尤为重要，通过对其充分授权能尽可能减少乡村能人在文旅项目经营中遇到的阻碍，充分发挥其主观能动性，使其在乡村文旅产业振兴过程中发挥重要作用。

第三，优化制度安排，建立有效的利益表达机制。在文旅产业振兴过程中，村民个体资源大多需被征收利用，面对此情况，村级组织通过完善征收程序，提高征收补贴标准，建立长效补偿机制等措施来扩大村民收益。同时，为保障村民的主体行动意愿，村级组织为村民表达自身利益诉求搭建便利平台，建立健全信访制度、听证制度、信息公开制度以确保村民诉求能够合法有序进入决策环节，将村民的利益放在乡村文旅产业振兴事业中的重要地位。

（二）资源整合，撬动内生发展力量

通过动员乡村主体，村民的灵活性和能动性有效提高。下一步，如何发挥村民积极性实现因地制宜发展文旅产业成为关键。具体而言，村级组织一方面加强对乡村内生性资源的整合，如自然资源、综合资源、实体性文化资源等，打造乡村特色文旅产业，另一方面充分利用闲置资源与剩余劳动力，促进资源向文旅产业的方向集聚，实现乡村文旅产业振兴。

第一，不同地区的村庄资源禀赋状况与经济发展基础各不相同，村级组织等乡村内部力量应立足乡村的自身条件，挖掘并整合乡村内生性资源，以市场需求为导向，保护性开发部分资源。资源整合、开发与利用整个过程较为复杂。具体而言，村级组织等乡村内部力量立足于乡村文旅实际情况，选择规划设计、工程技术、旅游资本等合适的外源性要素导入乡村，合理安排文旅项目的空间布局，避免出现文旅业态低端和重复建设的情况。此外，在整合全域要素与资源的基础上，时刻把握市场需求，做好引入文旅新业态的准备。

第二，重视村民培训与参与。在文旅产业发展过程，由于村民普遍存在文旅专业知识储备不足、市场经营理念缺乏等问题，使得村民的自主创业达不到预期收益。村级组织务必重视和化解这一难题，例如，积极引进文旅服务专家团队，注重对本地村民的培训教育，提高村民的经营管理能力，不断提升乡村文旅服务的职业技能水平。同时，在一定程度上也可以降低乡村旅游地村民"技术性失业"的风险,提高该群体承接与利用外源性要素的能力。

第三,建立规范化的文旅产业发展中的保护制度与措施。在文旅产业发展中,保护制度和措施是为了保护和促进乡村内生性资源的可持续利用和发展。具体而言,村级组织通过完善村民保护行动的经济激励机制和内部治理结构,制定旅游规划与管理、加强游客教育、建立监测和执法机制、平衡经济效益和文化保护等措施,实现文旅产业的健康发展。

(三)深化价值认同,促进可持续发展

乡村内部力量从主体、资源、要素三方面着手,通过群策群力、整合资源和因地制宜发展等方式极大促进了文旅产业发展,乡村内的闲置资源得到有效利用,村民主体地位得到有效发挥。然而,如何促进文旅产业可持续发展,让村民获得持续性收益?价值理念和市场是关键。基于此,以村级组织为代表的内部力量通过树立村社理性来深化村民的价值认同,在村社组织基础上建立文旅合作社以实现集约经营,从而促进乡村文旅产业的可持续发展。

第一,树立村社理性,深化价值认同。村社理性作为一种价值理性,指的是在乡村发展中,根据当地实际情况和资源特点,进行合理规划、有效管理和可持续发展的理念和方法(温铁军和董筱丹,2010)[1]。它强调在乡村发展过程中要基于客观事实和科学原则,充分考虑经济、社会、环境等方面的因素,通过合理利用资源、保护生态环境、推动产业发展、提升村民生活品质等方式,实现乡村的长期稳定和可持续发展。因此,在乡村文旅产业振兴过程中,村级组织可以牵头积极树立村社理性,深化村民关于合理利用、资源保护、持续发展的价值理念,以促进文旅产业健康可持续发展。

第二,建立文旅合作社,实现规模经营、集约经营。随着文旅消费新业态不断推陈出新,乡村文旅跃上新的台阶,以"农家乐""民宿"为代表的村民创业项目逐渐被边缘化。而文旅合作社的建立将从事文旅相关工作的村民组织起来,通过价格协调、业务宣传等途径帮助村民摆脱困境,并最终实现"开源"和"节流"。在"开源"方面,文旅合作社可以有

---

[1] 温铁军、董筱丹:《村社理性:破解"三农"与"三治"困境的一个新视角》,《中共中央党校学报》2010年第4期。

选择性地对接社会力量，不断延伸合作领域，在提升文旅产品附加值的同时扩大经营规模。在"节流"方面，通过节约文旅产品生产和流通费用，弥补了分散村民独立交易的缺陷。此外，通过建立健全监督机制和保障机制，让村民始终是乡村文旅产业振兴的最大受益主体。

第三节 乡村文旅促进共同富裕的转化机制

实现共同富裕要坚持做大做好"蛋糕"与切好分好"蛋糕"的统一，在"富裕"中体现效率，在"共同"中体现公平，让全体人民共享发展成果，而乡村文旅产业振兴促进共同富裕的转化机制对应切好分好"蛋糕"的过程。本章以乡村文旅产业振兴作为出发点，探讨其在促进共同富裕方面的独特优势。乡村文旅产业振兴促进共同富裕的转化机制主要体现在共同度与富裕度两个层面，共同度是指乡村文旅产业振兴过程中加速了城乡互通，缩小人民群众在物质生活和精神生活方面的差距，促进人民群众致富的权利平等、机会平等和规则平等方面，富裕度是指增进人民群众的物质富裕和精神富有。对此，本章在前人研究基础上提炼出三大转化机制，分别是协同机制、分配机制、共享机制。

一 促进互通，协同机制

当前要实现共同富裕最先面临的障碍就是长期存在且在部分领域根深蒂固的城乡二元结构及其带来的发展差距（汪荣有和江龙，2023）[①]。乡村文旅产业振兴作为新时代解决乡村问题、通往共同富裕的有效路径之一，更是肩负着破解顽固的城乡二元结构，缩小贫富两极分化差距，协调区域发展失衡的重大使命。具体而言，文旅融合通过加速城乡互动的方式将文旅产业功能同乡村原有的农业生产与生活功能有机结合起来，推动乡村功能的多样化与现代化发展。本章依照乡村文旅产业振兴的过程将协同机制分为三部分，分别是城乡间的互通、村企间的互动、村庄间的互联。

（一）城乡互通

城乡互通是指城乡间通过"要素→结构→功能"的运行机制，打破

[①] 汪荣有、江龙：《乡村振兴推进共同富裕的逻辑、机制与路径》，《南昌大学学报（人文社会科学版）》2023年第3期。

城乡之间要素流通、结构交融、功能互补的壁垒，促进城乡融合发展系统的稳序运行和良性循环（黄胤粼和姜洋，2023）①。换言之，城市与乡村在要素、资源上进行双向流动，在功能上实现互补，尤其是城市资源向乡村流动，城市空间多功能反哺乡村（杨小冬，2022）②。功能互补主要分为两类，即生产生活功能和社会治理功能。在生产生活功能方面，城乡互通在满足城市居民生态旅游需求的同时提高了乡村成员的生活品质，改善了文旅产品的质量和乡村的人居环境，有助于推动乡村单一的生产生活功能向休闲体验、社会保障、人才培养等多功能转型。在社会治理功能方面，城乡互通突破了两域隔阂，在丰富乡村发展主体的同时，也带来了更复杂的公共事务治理。虽有挑战，但随着乡村开始学习应用城市的组织管理模式，乡村自治效率也会得到显著提升，乡村自治体系也会进一步创新。

城乡互通主要有以下两个关键点：一是打破城乡二元分割结构，建立健全有利于城乡要素合理配置的体制，畅通城乡资源流动配置的通道，尤其是城市和乡村之间劳动力要素、资本要素、土地要素等的双向流通。例如，地方政府鼓励和引导各类外源性要素返回流动到传统型乡村。二是营造良好的营商环境，通过完善的制度设计对乡村文旅产业挤压、同质性模仿与恶性竞争等现象进行政策规制，构建健康有序的乡村文旅产业竞争环境，通过制定专门的乡村旅游技能人才激励政策，引导社会力量进入乡村社会。例如，地方政府加大招商引资工作的力度，为乡村引进文旅企业以开发乡村特色文旅资源。

（二）村企互动

村企互动指的是村级组织与以"运营者"为代表的文旅企业之间的合作模式，通过互相借力身份和资源优势，共同推动乡村文旅产业的发展。这种合作模式基于持续的内部资源共享和外部要素交互，旨在促进文旅企业成长的同时壮大乡村集体经济，从而推动实现乡村共同富裕。这种互动可分为两种形式：积极主动的村级组织中介机制和"结构—行动"借力机制，两者共同促进了"村企互动"的有效运作。

其一，有效发挥积极有为的村级组织中介机制是村企合作助力共同富

---

① 黄胤粼、姜洋：《中国式现代化进程中的城乡融合发展：生成逻辑、运行阐释与价值追求》，《当代经济管理》2024年第3期。
② 杨小冬：《文旅融合赋能乡村振兴的机制与路径》，《人民论坛》2022年第24期。

裕的关键。为了让文旅企业能够顺利在乡村开展业务并融入当地社会，村级组织积极改善乡村现状，完善配套设施和公共服务，并与村民进行密切沟通，做好土地流转等工作，全力支持文旅企业的发展。其二，"结构—行动"借力机制是实现村企互补的实践方法。随着文旅项目的不断推进，村企互动日益频繁，但同时双方身份和资源之间的矛盾也日益显现，这需要通过"结构—行动"借力机制来解决。在结构借力方面，乡村困于非市场化的身份认同，通过借力企业市场化的运营逻辑和资本注入，盘活乡村闲置资源，促进共同富裕。同时，文旅企业嵌入乡土社会得到村级组织的认同，取得合法行动权和信任，充分利用乡村内部各类资源，推动自身可持续发展。在行动借力方面，尽管乡村拥有丰富的自然和文化资源，但若要实现资源资产化，就需要注入资金、人才、技术等一系列外源性要素。因此，乡村通过与文旅企业合作开发文旅项目，实现资源的更好利用与变现。而文旅企业则依赖乡村低成本土地和劳动力等优势，通过项目开发获取可观的回报。

总之，文旅企业将优质的文旅资源更多地惠及乡村地区，让数字化技术、物质资本等外源性要素在城乡间充分流动与重组，培育文旅新业态，带动乡村剩余劳动力就业。另外，乡村借助产业的聚集整合作用，构建独具特色的文旅产业经营形态，形成"一村一业，各有特色"的乡村文旅产业发展模式。

（三）村村互联

随着乡村文旅产业的振兴，浙江省山区 26 县陆续实施"文旅融合强村富民"联建，通过打造龙头带动、产业链条、结对帮扶等多元化联建模式，积极探索乡村间先富带动后富以达到区域共同富裕的机制路径。龙头带动型是指持续放大村庄间抱团共富效应，有效连接龙头景区周边优质资源，并以"龙头"领航，推进组织资源转化为发展活力，从而推动组织联合、资源联通、产业联促、人才联育等，构建优势互补、互相促进、共同提高的共同富裕新格局。产业链条型是指不同乡村的文旅项目化干戈为玉帛，通过跨区域共建共享，促使外源性要素与游客在区域间流动，初步形成规模化文旅产业效应，为村民增收提供持续动力。例如，从地区竞争到跨区域合作、从单打独斗到组团发展、从独角戏到大合唱。结对帮扶型是指村庄间围绕文旅产业发展，联动金融、教育等其他行业成立联建机制，通过发起多元主体的互动合作，充分发挥各方优势推动文旅产业提档升级，形成从单一驱动到村村联动、从单一经济到产业联动、从单一服务到资源共享的局面，达到风貌格局初步形成、区域效益全面提升、品牌构建持续赋强的良好成效。

二 促进公平，分配机制

文旅产业振兴不仅带动了乡村整体经济水平的显著提升，同时也凸显了在乡村中产业发展利益分配不均的问题，这无疑对推动共同富裕方面造成了巨大阻碍。所谓共同富裕就是要通过补偿和矫正某些制度性因素导致的不平等，让全体人民有机会、有能力均等地参与高质量经济社会发展，并共享经济社会发展的成果（郁建兴，2021）[①]。在文旅产业振兴促进乡村共同富裕中，既要把文旅产业这块蛋糕做大，这是进行各种分配的基础与先决条件；同时也要合理分配文旅产业发展带来的利益，这是实现共同富裕的关键所在。

要实现乡村共同富裕，就要充分发挥初次分配、第二次分配与第三次分配的系统与协调作用。为了缩小不同群体之间的收入差距，既要进行经济利益分配，又要进行资源、机会、经验等非经济利益的分配；既要发挥初次分配的基础作用，又要发挥第二次分配的调节作用，还要发挥第三次分配的内生作用。市场、政府、社会三元主体依次参与到分配体系中，并发挥各自领域的比较优势，以此推动乡村共同富裕。初次分配（市场分配）涉及乡村文旅产业中的直接利益分配，包括土地使用权、劳动力投入等。村民可以通过出租土地、提供劳动力参与文旅项目并分享利润。在初次分配阶段，重点在于确保乡村居民能够合理分享他们投入产业中的劳动和资源所带来的收益。第二次分配（政府分配）涉及对财富和机会的再分配，是由政府主导建立的一系列分配制度。在文旅产业发展利益分配中，政府通过如门票分红、机会共享的方式，以及完善社会保障、公共服务等一系列措施，旨在调节和改善初次分配带来的不平等问题，调节不同群体之间的收入差距，促进乡村文旅产业持续健康发展。第三次分配（社会分配）涉及乡村内部力量的互助与合作。基于乡村内部的文化认同与道德力量，以先富带后富的理念为基础，为村民创造更多发展机会，减少收入差距，推动共同富裕的进程。

---

① 郁建兴：《接续推进从全面小康迈向共同富裕》，《中国果业信息》2021年第6期。

(一) 初次分配机制

乡村文旅产业发展利益的初次分配机制一般包括两个方面，一是创造发展机会，让村民均有机会参与到文旅产业发展与利益分配中来；二是按劳动、资本等要素的贡献公平参与分配，让村民在参与后切实从文旅产业发展中受益。

其一，创造发展机会。每位村民都渴望拥有各类发展机会，因为只有这样才能确保持续稳定的收入来源。因此为达到这一目标，乡村不断壮大内部文旅产业体量，通过市场机制优化文旅产业的机会流动，从而让村民平等地获得更多发展机会。具体包括以下三点：一是提供经营机会。乡村文旅产业的开发为一些区位优势较好（如景区沿线）的村民提供了经营机会，如民宿酒店经营、特色农产品销售、农家乐体验、手工艺品制作销售、美食餐饮业以及休闲娱乐项目等。这些机会不仅为村民创造了新的收入来源，也促进了当地经济多元发展，助力乡村的可持续繁荣。二是提供就业机会。对于那些缺少区位优势、资本、技能支持的乡村弱势群体，就业是其主要的经济来源。因此，乡村通过为这部分群体提供就业机会的方式，来促进全体村民生活、经济水平的提高。三是增加资产收入机会。文旅产业发展能够促进乡村资产增值，为村民提供了多种资产收入机会，包括土地流转和租赁、房屋民宿经营、手工艺品制作与销售等。通过将土地和房屋用于文旅开发，以及利用当地的农业资源和手工艺品制作技能，村民能够获得来自这些资产的稳定收入，同时也推动了当地的经济增长和社区的可持续发展。

其二，按劳动、资本等要素的贡献公平参与分配。在分配过程中，需要明确的是村民在文旅产业发展中可以投入的要素，主要包括房屋、土地等固定性自有资产的投入和劳务的投入等。针对自有资产的投入，村民可通过房屋建筑的出让、转让、抵押等手段，让渡承包地经营权或房屋使用权获得租金收入，或者以农业、土地等资源入股文旅企业获取股份的分红收入，从而增加自身的财产性收入。针对劳务的投入，分为自主经营管理和受雇于文旅企业两种方式。其中，自主经营管理是指一些区位优势较好的村民依赖于土地、农业等资源发展民宿、餐饮、产品销售等，从而获得经营性收入。而受雇于文旅企业的劳务投入方式是指在文旅企业就业所取得的收入。对乡村文旅产业发展收益进行初次分配时，将根据村民投入的不同要素和参与的不同模式进行分配，如图7-5所示。在图中，箭头表示的是初次分配中文旅产业的利益流向，实心方框表示利益分配的各个主体，虚心方框中的文字是对利益主体所得的利益项目的解释和说明。

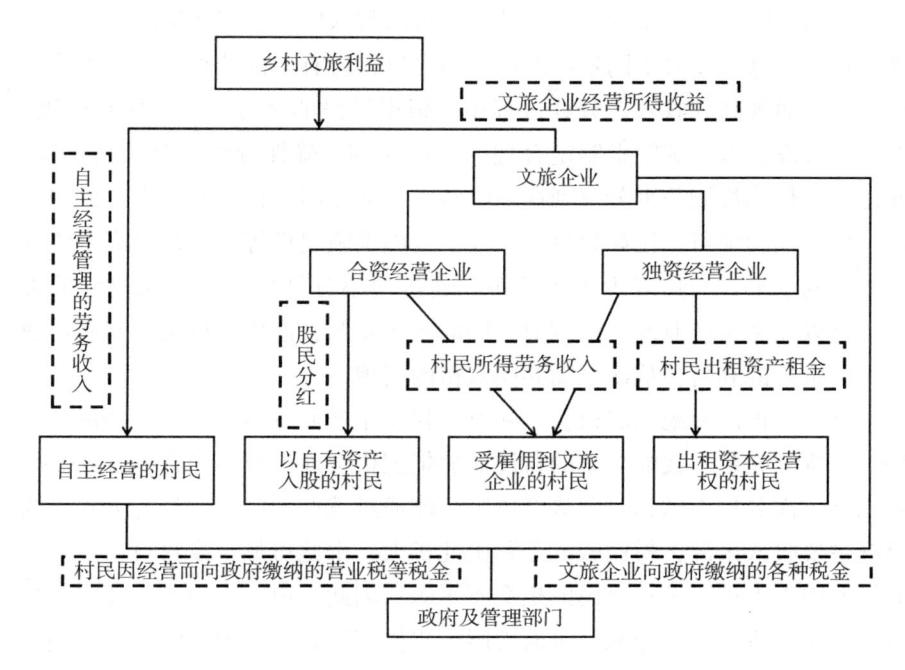

图 7-5 乡村文旅产业发展利益初次分配的流向示意图

（二）第二次分配机制

如上文所述，在初次分配过程中，文旅产业的发展能够为村民创造发展机会。一些区位优势较好的村民能够在景区沿线开展民宿经营、农家乐等创造高收入，一些拥有土地、房屋资产的村民能够通过房屋建筑的转让、出租获得收入以及资产入股的方式获得文旅企业的股份分红。但是一些缺乏区位优势、资产、技能的弱势群体，只能通过劳务投入，以受雇于文旅企业的方式，通过就业取得收入。换言之，由于起始资源的差异，村民很难在以市场机制为核心的初次分配中平等享有发展机会和利益分配。即使村民的经济水平均会有所提升，但会扩大村民间的收入差距，凸显贫富差距。因此在坚持初次分配由市场调节的基础上，还应当包括一个以调节作用为基础的第二次分配机制，旨在调节和改善初次分配带来的不平等问题，调节不同群体之间的收入差距，促进乡村文旅产业持续健康发展。第二次分配机制推动共同富裕的作用如下：

其一，通过门票分红调节收入差距。门票分红（个别地区称为文化保护金或发展基金）作为第二次分配的核心，能够在很大程度上调节村民的收入差距。从文旅景点门票销售所得的收入中，一定比例用于分红给乡村村民。这意味着不同景点的门票销售所得将有一部分直接回馈给当地村民，从而提高其收入。分红过程中，根据村民的参与度、景区贡献度、地区经济发展水平等因素制定合理的分红比例，确保分红机制的公平性，使得每位村民都能公平分享到这一收益。一部分门票销售收入也可以用于投入社会福利项目，比如教育、医疗、基础设施建设等，间接提高全体村民的福利水平，间接减少收入差距。通过门票分红作为第二次分配的方式，可以在文旅产业发展中调节村民的收入差距，使更多村民分享到产业发展所带来的利益，从而推动共同富裕的实现。

其二，再次分配发展机会。随着乡村文旅产业发展成熟，一些区位优势好、资金充足、技能丰富的村民能够把握机会通过自主经营的方式获得高收益，而乡村中的相对弱势群体则只能通过就业、门票分红等方式作为家庭主要收入来源，村民收入差距由此扩大。由此可见，乡村贫富差距凸显的原因很大程度源自村民的机会不平等。因此，第二次分配中还应包括对村民发展机会的再分配。政府着眼于提供广泛且公平的发展机会，使每位村民都有参与和从事文旅产业的平等机会。通过支持创业、提供培训、促进技能发展和提升教育水平，乡村居民得以更好地融入和从事文旅产业，享有更多的发展机会。通过均等的发展机会再分配，不同背景和条件的村民都能有机会参与到经济活动中，从而获得更多收入，推动乡村整体财富的增长。

其三，优化文旅发展空间。通过门票分红和再次分配发展机会的方式能够一定程度上调节村民收入差距，但造成村民收入差距的根本在于乡村内部的文旅发展空间的不均衡。随着乡村文旅产业的发展，一些外源性要素如资本、人才、信息、技术等会流向较好的区位（如景区沿线，景区门口）形成集聚效应，该区位的村民收入也会提高。但是一些较差的区位由于缺失这些外来资源的支持，发展速度缓慢，当地村民收入普遍较低，同时还要承担文旅产业发展带来的负面效应。因此，优化文旅发展空间是缩小村民收入差距的根本性措施。优化发展空间涉及合理规划和开发旅游景点、文化资源，以及提升基础设施建设，使得更多地区能够受益于文旅产业的发展。此举不仅仅增加了乡村的经济收入，也为当地村民创造了更多就业岗位和创业机会。通过合理整合资源，促进产业互联互通，让更多村民可以参与到产业链条中，从而平衡收入差距。优化发展空间也意味着注重不同区域和群体之间的发展均衡，让各地区都能充分发挥自身优势，实现共同繁荣。

（三）第三次分配机制

人与人之间的互惠互助，从古至今都是一种再分配方式，也是社会再生产的环节之一，在一定程度上缩小了贫富分化，起到了一定的社会保障作用（杨丽云，2003）[1]。市场经济按照利益最大化原则运作，不可能完全顾及"弱者"利益，而政府机制追求的是公民的普遍权利保证，不可能照顾到每个公民或某些特殊群体的方方面面（商文成，2004）[2]。这表明无论是以市场为主导的初次分配还是以政府为主导的第二次分配皆存在不足，甚至可能会失灵的情况，不同群体的发展差距依旧客观存在，这就需要在实践中积极探寻新的分配方式——第三次分配。

第三次分配是指在经济利益初次分配和再分配之后，社会成员在共同事业或合作中根据其劳动、能力、贡献等因素所得到的最终收益分配过程。这种分配是在个人或群体内部自主合作、互助互利的基础上进行的。第三次分配强调的是内部合作、共享和合理利用资源的分配，侧重于劳动、技能、资源等方面的贡献，通过合作共赢的方式来调节收入分配，进而实现社会成员之间的公平与共同富裕。在乡村文旅产业中，第三次分配可能体现为村民内部就业带动、合作经营、技能培训、经验共享等形式，比如村民共同开发旅游项目、合作经营民宿或农家乐、共同参与景区管理等。这种分配机制强调社区内部的合作与互助，让更多的村民共享发展带来的红利，推动整个社区的共同富裕和可持续发展。那么，依靠乡村内部力量推动共同富裕的路径有哪些？

其一，内部就业带动。要允许一部分人先富起来，同时要强调先富带后富、帮后富，重点鼓励辛勤劳动、合法经营、敢于创业的致富带头人（习近平，2021）[3]。在乡村文旅产业发展中，通过先富带后富的理念提供就业机会，是实现共同富裕的重要途径。先富带后富强调的是让先发展起来的一部分村民成为产业发展的引领者，为更多村民提供就业机会和发展

---

[1] 杨丽云：《人类学互惠理论谱系研究》，《广西民族研究》2003年第4期。
[2] 商文成：《第三次分配：一个日益凸显的课题》，《兰州学刊》2004年第4期。
[3] 习近平：《扎实推动共同富裕》，《求是》2021年第20期。

路径，如导游、客房服务、餐饮服务、手工艺制作等。先富带后富的模式鼓励那些在产业发展中凭借区位优势、资本技能支持而表现突出的村民或家庭，成为产业的引领者和推动者。这些先行者可以通过创业、技能培训和内部就业机会等方式，为其他村民提供就业岗位和发展机会。值得注意的是，在文旅产业发展中提供的就业岗位多与当地风俗文化相关，而只有长期居住在当地的村民才会熟悉本地文化并胜任岗位，这样一来不仅可以通过就业来推动物质共富，还能通过延续文化来推动精神共富。

其二，内部合作经营。在乡村文旅产业发展中，内部力量互帮互助的合作经营是促进共同富裕的重要方式之一。这种模式强调村民之间的合作，共同经营文旅项目，实现互惠互利，推动整个乡村的发展。首先，基于村民资源差异的现状，合作经营能够整合村民的资源和优势，实现资源共享。村民可以集合自己的土地、房屋等资源，共同经营民宿、农家乐等文旅项目，充分利用乡村的自然和文化资源，提升项目的品质和竞争力。此外，合作经营也可以减轻个体经营者的风险和压力。多个村民共同经营项目，风险相对分散，共同承担风险和责任，降低了经营的不确定性，增加了项目的稳定性。最重要的是，合作经营提升了村民的凝聚力和合作意识。通过共同经营，村民之间建立起更加紧密的关系，增强了合作和互助意识，形成了良好的社会氛围。总之，合作经营作为一种内部力量互帮互助的方式，鼓励村民共同参与文旅产业，实现资源整合、风险共担、经验共享，从而推动乡村共同富裕。这种模式不仅推动了产业的发展，也促进了村民之间的联系和合作，为整个乡村的发展奠定了坚实基础。

其三，技能培训与经验共享。技能培训与经验共享在乡村文旅产业发展中扮演着关键角色，对于促进共同富裕具有深远的影响。首先，技能培训是提升乡村文旅从业者竞争力的重要手段。通过举办多样化的技能培训课程，村民可以学习到服务技能、管理知识等方面的专业技能，使他们能够更好地应对市场需求，提高服务质量。其次，由于缺乏经验，很多村民无法将区位、资源等优势转化为经济优势，而经验共享是促进文旅从业者相互学习、实现转化的重要途径。在经验共享的框架下，从业者可以分享在服务、创业、管理等方面的经验和最佳实践。先富群体在分享讨论中也会对自身模式有再思考和再创新，而弱势群体在学习到关于脱贫致富的观念、知识、方法后，也更能把握机会提高收入，有助于实现共同富裕。

三 巩固民生，共享机制

共同富裕的本质是物质生活富裕和精神生活富有的同频共振。村民的精神生活富有是乡村物质生活富裕的稳定器、催化器和推进器，两者之间相通则并进，相斥则各退，推进乡村振兴就是村民精神生活富有与物质生活富裕的共同发展、共同繁荣的过程。进一步巩固民生工程，满足人民对美好生活的期待，是乡村文旅产业振兴促进共同富裕的应有之义。而随着乡村文旅产业的发展，在基础设施不断完善、服务水平不断提高的背景下，如何保障村民公平分享文旅产业发展带来的便利，促进村民精神生活的共同富裕，是本节重点解决的问题。

（一）提供优质文化产品，丰富村民精神生活

文旅产业振兴后，村民通过三次分配制度改善物质生活质量，但村民精神富有的需求尚未得到满足。因此，政府通过借力文旅企业，提高乡村文化产品的供给能力，丰富村民可选择的文化产品，从而促进村民的精神共富。

其一，政企合作。在乡村文化产品供给中，政府是主要供给主体，居于主导地位。但政府若作为单一供给主体，则会限制文化产品供给能力，甚至导致供给不足或供给过剩的失灵现象。因此，政府通常通过一系列措施借力文旅企业，以提高乡村文化产品的供给能力，从而促进村民的精神共富（杨刚，2021）[①]。在这一"政府+企业"的供给体系中，政府仍居于主导地位，要做好顶层设计，确定乡村文化产品发展方向，坚决抵制低俗文化；制定鼓励文旅企业参与乡村文化产品开发的政策，包括提供税收优惠、给予补贴和资金支持，为企业提供发展保障和激励；提供土地使用权、基础设施建设和其他资源支持，以降低文旅企业进入乡村市场的成本，鼓励其参与文化产品的开发和推广；提供项目策划的支持和指导，鼓励文旅企业与当地文化组织、艺术家、手工艺人等合作，共同开发具有本土特色的文化产品；与文旅企业合作进行市场推广和品牌建设。共同举办文化活动、展览、节庆等，提高文化产品的知名度和影响力，吸引更多游客和消费者；制定监管政策，保障文旅企业合规运营，并在政策落地过程

[①] 杨刚：《乡村振兴背景下农村文化产品供给的不均衡——基于可行能力的考察》，《贵州社会科学》2021年第10期。

中提供协调和支持，解决发展中的问题和困难。政府与文旅企业的合作，通过政策引导、资源整合、项目策划、市场推广等多方面的支持和配合，能够有效提高乡村文化产品的供给能力，丰富乡村文化内涵，推动乡村文化产业的蓬勃发展。

其二，丰富文化产品供给。提供丰富且高质量的文化产品选择是促进村民精神共富的前提。当前，许多乡村文化设施设备陈旧、落后，缺乏现代化和多样性，限制了乡村文化产品供给的水平和多样性。一些地区的文化设施如展示馆、文化中心等较少，对本土文化的展示和传承有限。虽然一些乡村有潜力和独特的文化资源，但未得到充分挖掘和利用。因此，当前乡村文化设施和产品供给的现状仍需提升，通过政府与文旅企业的合作和投入，需要加强设施设备升级，挖掘本土文化元素，培育创新的文化产品，从而丰富乡村文化供给，提高村民精神富有水平。具体措施包括：通过文旅产业发展，政府和文旅企业可以投资于升级乡村文化设施。这包括修缮历史遗迹、建立文化艺术中心、搭建展示馆等，提升设施的吸引力和功能性，为当地文化创造更多展示和体验空间；挖掘和弘扬本土文化元素。通过与文旅企业的合作，当地文化元素可以融入产品开发中，打造出更有吸引力和独特性的文化产品，从而提高文化供给的质量和吸引力，吸引更多村民前来体验、参与；提升文化产品的多样化。例如，开发民俗文化体验项目、文创产品制造等，为村民提供更丰富多样的文化产品，拓展乡村文化供给的广度和深度；引入现代技术和创新理念，如虚拟现实、互动体验等，可以提升文化产品的体验感和吸引力。这种创新使得传统文化在新的平台上焕发出活力，吸引更多参与者。通过文旅产业的发展，可以提升乡村文化设施设备的水平和文化产品的供给质量，激发村民对本土文化的认同感，进而推动村民的精神共富。

（二）健全公共服务供给，改善村民生活质量

乡村中的公共服务供给对于实现村民的全面发展、增进村民福祉具有重要性。公共服务涵盖教育、医疗、交通、水电等方面，是乡村社会发展和村民生活质量改善的基础支撑。

首先，公共服务供给能够提升乡村居民的生活品质。教育是重要的公共服务之一，它不仅能为乡村儿童提供平等的受教育机会，促进他们的个人发展，还可以提升整个乡村社区的知识水平和文化素养。医疗保健是另一个重要的公共服务领域，提供良好的医疗资源和服务设施，能够改善乡

村居民的健康状况。此外，良好的交通和基础设施建设，如道路、桥梁、水电等，可以提高乡村居民的生活便利度，加强城乡联系，推动乡村经济社会发展。

其次，公共服务供给与村民共享文旅产业发展成果之间存在紧密联系。乡村文旅产业的兴起对于乡村振兴和百姓共同富裕具有重要意义，而公共服务提供了支撑和保障这一目标实现的基础条件。例如，在乡村发展旅游产业时，良好的交通和基础设施将为游客提供便利，同时也使当地居民能够更好地参与到旅游经济中来，从中获得就业机会和收入增长。教育和培训的供给可以提升乡村居民的职业技能水平，适应产业结构调整和旅游需求的变化，拓宽他们参与文旅产业的机会和能力。医疗服务的供给保障了乡村居民在发展过程中的健康权益，使他们能够享受到健康的生活，并更好地投身到文旅产业的发展中。公共服务供给不仅直接促进了乡村居民的全面发展，也有助于营造积极向上的商业环境，推动文旅产业的繁荣发展。村民对公共服务供给感到满意并享受到更好的生活条件，会提高他们对乡村文旅产业的支持和参与度。例如，如果乡村教育完善，人才培养良好，将吸引更多的专业人才投身到文旅领域，推动产业链的提升和创新。同时，良好的医疗健康保障也能够吸引更多游客和投资者到乡村旅游，增加文旅消费和投资的需求。因此，公共服务与村民共享文旅产业发展成果之间形成了良性循环的关系。

根据供给主体差异，公共服务供给模式可以分为本土力量主导的供给模式和社会力量主导的供给模式。本土力量主导的公共服务供给模式聚焦于村级组织与村民的协作。村级组织通过组织文化活动、技能培训、健康咨询等服务，密切关注本地村民的需求，借助本地资源和社区网络提供服务。他们重视地方文化传承，培养和展示本土技能，组织社区活动以促进村民凝聚力。这一模式下，服务提供者与受益者关系亲近，能够更精准地满足村民需求，激发了村民的参与度和责任感，从而推动村民精神共富。社会力量主导的公共服务供给模式以企业和非政府组织为主导。这些机构可能提供更为专业化、资金充足的服务，例如医疗保健、教育培训等。企业能够为村民提供更多就业机会，提高村民收入，同时也会投入社区建设和公益活动中。非政府组织则在医疗、教育、环境保护等领域提供服务，弥补政府服务不足。在这个模式下，由于服务提供者与受益者之间距离较远，可能出现一定程度的信息不对称和服务匮乏，但也能带来更多专业化和多元化的服务选择，为村民提供更广泛的选择机会。

总之，公共服务供给在促进村民精神共富方面扮演着至关重要的角色。这些服务不仅满足了村民的基本需求，更重要的是促进了乡村凝聚力、共同体感和个体发展，从而推动了村民的整体精神富足。而多元主体的公共服务供给方式能够提供多样化、专业化、全面化的服务，满足村民多样化的需求。政府、企业、非政府组织和村级组织各自拥有不同的资源和专长，通过协同合作，能够整合资源，提供更加全面和优质的服务。这种多元主体的供给方式，不仅能够填补公共服务供给的空白，还能够增加服务的多样性和可及性，最终推动村民的全面发展和精神共富。

本章小结

基于前文罗列的诸多案例，本章将主体、资源、要素三个维度纳入统一的分析框架，向上提炼了浙江省山区 26 县乡村文旅产业振兴促进共同富裕的机制，分为乡村文旅产业振兴的形塑机制和转化机制。其中，形塑机制解决如何振兴乡村文旅产业这一问题，其揭示了乡村文旅产业振兴的内在机理，转化机制是在乡村文旅产业振兴的基础上，从共同度与富裕度两方面解决如何利用文旅产业振兴成果促进共同富裕。乡村文旅产业促进共同富裕的形塑机制与转化机制间具有前后逻辑，产业振兴是成果转化的必要前提，成果转化是产业振兴后的价值共享。

乡村文旅产业发展具有复杂性，它是多方面综合作用的结果。因此，在深入讨论机制之前，本章在第一节中对乡村文旅产业振兴机制构建的基础进行了详细阐述，包括多元主体、内生性资源和外源性要素。多元主体是乡村文旅产业发展的主导力量，引导外源性要素流入乡村，撬动内生性资源向文旅产业集聚；内生性资源是乡村文旅产业发展的前置条件，也是多元主体所驱动的对象；外源性要素是乡村文旅产业发展的动力，是后天形成的、促进内生性资源有效利用的衍生配套体系，起到盘活、优化内生性资源的作用。

产业振兴，关键在人。乡村文旅产业振兴的形塑机制是以多元主体为核心，融入内生性资源和外源性要素创造性提出的，分别是外部力量主导的乡村文旅产业振兴机制和内部力量主导的乡村文旅产业振兴机制。外部力量主导的乡村文旅产业振兴机制包括：地方政府多方面综合发力激活乡村沉睡的内生性资源,支持与引导社会力量下乡;社会力量采用"组织嵌入、利益嵌入与关系嵌入"三种嵌入方式与乡村社会基于经济理性发生关联,化解资本嵌入乡村后所面临的直接阻碍,带动乡村文旅产业发展;社会力量培育村民主体性,助推乡村社区组织化,充分发挥本土力量的主体作用,在更深层次地融入乡土社会的同时,激发乡村文旅产业发展的内生动力。内部力量主导的乡村文旅产业振兴机制包括:村级组织牵头建设承接文旅项目的组织,通过增权赋能动员普通村民,盘活主体能动性;挖掘特色的内生性资源,通过资源整合,撬动内生发展力量,实现文旅产业振兴;创建联合社与社会力量对接,深化价值认同,实现文旅产业可持续发展。前者旨在指导以地方政府和社会力量为代表的外部力量激发乡村本土力量的发展动力,以有效承接外部导入的要素。后者指导本土力量在乡村文旅产业发展过程中维持主体地位的同时,有选择地接纳外部力量的导入,实现乡村文旅发展的内外部融合。

与此同时,第三节以乡村文旅产业振兴作为出发点,探讨其在促进共同富裕方面的独特优势,在前人研究基础上提炼出三大转化机制,分别是协同机制、分配机制、共享机制。协同机制包括城乡间的互通、村企间的互动与村庄间的互联。在城乡互通方面,注重建立健全有利于城乡要素合理配置的体制以及营造良好的营商环境;在村企互动方面,注重构建积极有为的村级组织中介机制和村企之间有效互补的"结构—行动"借力机制;在村村互联方面,积极探索乡村间先富带动后富以达到区域共同富裕的机制。分配机制主要涉及初次分配、第二次分配与第三次分配协同作用的分配体系的构建,通过发挥不同分配主体在各自分配领域的比较优势,以此推动乡村物质生活的共同富裕。共享机制从提供优质文化产品和健全公共服务供给两方面进行阐述,为村民公平分享文旅产业发展成果提供可靠保障,促进村民精神文明的共同富裕。乡村文旅产业振兴促进共同富裕机制仅是对乡村行为模式的向上提炼,第八章将深度探讨该机制的落地。

参考文献

Chen X Y, Huang R, Hong X T, et al. The measurement of xiangchou and its resource value in traditional village tourism destinations: A case study in

Southern Jiangsu. *Journal of Natural Resources*, 2020, 35 (7): 1602-1616.

Lu Y T. Classification model and development trend of two types of rural tourist destinations. *Tourism Tribune*, 2006, 21 (4): 6-8.

陈纪：《乡村旅游产业振兴的多元主体共治模式——对河北省三个民族乡镇的民族志考察》，《西北民族研究》2022年第4期。

陈文盛、范水生、邱生荣等：《福建省乡村发展水平及主导类型划定》，《地域研究与开发》2016年第5期。

陈晓艳、黄睿、洪学婷等：《传统村落旅游地乡愁的测度及其资源价值——以苏南传统村落为例》，《自然资源学报》2020年第7期。

付宇佳、谭昌海、刘晓煌等：《自然资源定义、分类，观测监测及其在国土规划治理中的应用》，《中国地质》2022年第4期。

郭焕成、韩非：《中国乡村旅游发展综述》，《地理科学进展》2010年第12期。

韩旭东、李德阳、郑风田：《政府、市场、农民"三位一体"乡村振兴机制探究——基于浙江省安吉县鲁家村的案例剖析》，《西北农林科技大学学报（社会科学版）》2023年第3期。

韩振华、王崧：《乡村文化旅游资源的开发与整合研究》，《改革与战略》2009年第9期。

黄胤鳞、姜洋：《中国式现代化进程中的城乡融合发展：生成逻辑、运行阐释与价值追求》，《当代经济管理》2024年第3期。

黄莹莹：《社区参与视角下乡村旅游分配机制研究》，《中南林业科技大学学报（社会科学版）》2016年第5期。

姜长云：《推进乡村产业融合的主要组织形式及其带动农民增收的效果》，《经济研究参考》2017年第16期。

金铂皓、马贤磊：《生态资源禀赋型村庄何以实现富民治理——基于浙南R村的纵向案例剖析》，《农业经济问题》。

李军明、李军：《传统村落旅游推动共同富裕的三次分配机制研究》，《西南民族大学学报（人文社会科学版）》2023年第3期。

李玲燕、裴佳佳、叶杨：《"资源—要素—政策"相协调下乡村典型发展模式与可持续发展路径探析》，《中国农业资源与区划》2022年第10期。

李元元、曹聪敏：《"借力式发展"：资本下乡背景下村企互动的均衡样态及其实现机制——基于鲁西南 L 村的案例研究》,《陕西师范大学学报(哲学社会科学版)》2023 年第 3 期。

卢飞、赵闻:《村企协同与双向增能:乡村振兴的动力机制研究》,《南京农业大学学报(社会科学版)》2023 年第 4 期。

卢云亭:《两类乡村旅游地的分类模式及发展趋势》,《旅游学刊》2006 年第 4 期。

苗瑞丹:《文化发展成果共享的有效供给机制研究》,《内蒙古社会科学(汉文版)》2014 年第 2 期。

彭小兵、彭洋:《"参与—反馈—响应"行动逻辑下乡村振兴内生动力发展路径研究——以陕西省礼泉县袁家村为例》,《农林经济管理学报》2021 年第 3 期。

彭小兵、谭志恒:《组织动员、资源内生和市场对接:贫困社区内源发展路径——基于云南省 L 中心的考察》,《中国行政管理》2018 年第 6 期。

单纬东、许秋红:《剩余索取权与非物质文化资源保护的激励——广东连南、连山、乳源等地区的实证研究》,《福建论坛(人文社会科学版)》2007 年第 1 期。

孙九霞、张凌媛、罗意林:《共同富裕目标下中国乡村旅游资源开发:现状、问题与发展路径》,《自然资源学报》2023 年第 2 期。

屠爽爽、龙花楼、李婷婷等:《中国村镇建设和乡村发展的机理与模式研究》,《经济地理》2015 年第 12 期。

汪荣有、江龙:《乡村振兴推进共同富裕的逻辑、机制与路径》,《南昌大学学报(人文社会科学版)》2023 年第 3 期。

吴茂英、张镁琦、王龙杰:《共生视角下乡村新内生式发展的路径与机制——以杭州临安区乡村运营为例》,《自然资源学报》2023 年第 8 期。

吴昕昱、张文政:《河南省乡村旅游地空间分布与影响因素研究》,《中国农业资源与区划》2020 年第 8 期。

熊凤水、刘锟妹:《从嵌入到融合:资本下乡植根乡村社会的路径研究》,《社会科学研究》2023 年第 3 期。

杨刚:《乡村振兴背景下农村文化产品供给的不均衡——基于可行能力的考察》,《贵州社会科学》2021 年第 10 期。

杨小冬:《文旅融合赋能乡村振兴的机制与路径》,《人民论坛》2022

叶林、雷俊华：《社会力量助推乡村振兴的内源性发展路径研究——基于"振兴村"试点的分析》，《理论与改革》2022 年第 1 期。

于恒、汪和建：《集体产权、关系治理与过度嵌入——文旅资本下乡的实践与困境》，《河北学刊》2022 年第 2 期。

袁广达、王琪：《"生态资源—生态资产—生态资本"的演化动因与路径》，《财会月刊》2021 年第 17 期。

袁宇阳、张文明：《乡村内生发展视角下资源的内涵及其应用》，《世界农业》2020 年第 6 期。

张行发、徐虹：《新内源发展：乡村旅游驱动贫困村迈向共同富裕的"郝峪模式"》，《西北农林科技大学学报（社会科学版）》2023 年第 6 期。

张祝平：《文旅融合赋能乡村文化振兴：目标定位、逻辑理路与路径选择》，《艺术百家》2023 年第 2 期。

朱新华、李雪琳：《乡村生态产品价值实现促进共同富裕的路径选择》，《江苏社会科学》2023 年第 5 期。

朱娅、李明：《乡村振兴的新内源性发展模式探析》，《中共福建省委党校学报》2019 年第 6 期。

第八章

乡村文旅促进共同富裕的实现路径

  随着脱贫攻坚战取得重大胜利和乡村振兴战略的纵深推进，我国农村居民人均可支配收入显著增长。2022年，全国农村居民人均可支配收入为20133元，而浙江省农村居民人均可支配收入为37565元，在全国处于靠前位置[1]。然而，2022年，全国城镇居民人均可支配收入为49283元，浙江省城镇居民人均可支配收入为71268元[2]，与城市相比，农村仍是一块短板。要想实现共同富裕的目标，就要补齐农村这块短板，着力于山区26县的文旅产业振兴，构建完善的文旅产业发展体系，让所有的村民都参与到文旅产业振兴的进程中，人人都成为文旅产业振兴的受益者，逐步实现共同富裕。

  本书在"是什么"和"怎么样"的问题上，创新构建了乡村文旅产业振兴促进乡村共同富裕"融合—（Converge）—创造（Create）—升华（Consummate）"的3C理论机制，提出了资源储量、要素增量、配套质量和制度变量的四要素结构。最后，在"如何做"层面，本书将结合浙江省山区26县在政策制定、资源禀赋、配套水平、要素投入等方面的实际情况，总结问题、提取经验，从共富高度、共富深度、共富长度、共富强度、共富速度、共富温度6个向度提出乡村文旅产业振兴促进乡村共同富裕的实现路径，如图8-1所示。

---

[1] 国家统计局.中华人民共和国2022年国民经济和社会发展统计公报［EB/OL］.（2023-02-28）.https://www.gov.cn/xinwen/2023-02/28/content_5743623.html.
[2] 浙江统计局.2023年浙江统计年鉴［EB/OL］.（2023-12-16）.https://tjj.zj.gov.cn/col/col1525563/index.html.

```
乡村文旅产业振兴促进乡村共同富裕的实现路径

    3C              4要素              6向度

融合之路                              完善政策制定，提升共富高度
Converge         资源储量
                                      建强产业基础，夯实共富深度

创造之路          要素增量              加速产业融合，延伸共富长度
Create
                                      深化乡村运营，把握共富强度
升华之路          配套质量
Consummate                            加强数智赋能，提高共富速度

                  制度变量              理顺主体关系，体现共富温度
```

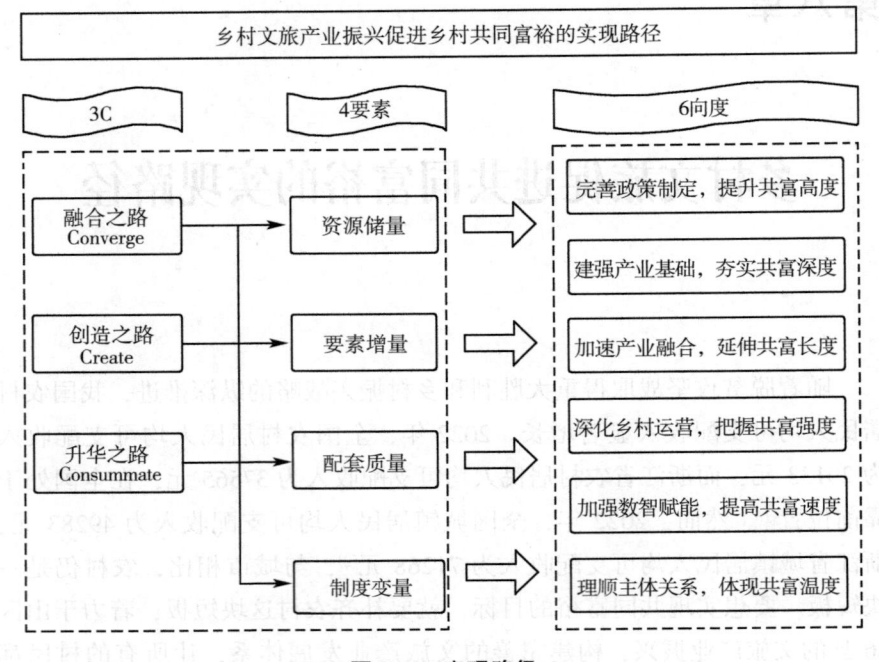

图 8-1　实现路径

第一节　完善政策制定，提升乡村共同富裕的高度

在文旅产业振兴促进共同富裕的全过程中，党委、政府起到了统筹全局、协调兼顾的重要作用，其制定的政策规划对乡村文旅产业振兴促进共同富裕的实现速度和程度起到关键性作用。然而，笔者发现当前文旅产业促进共同富裕在政策层面仍存在多重障碍。要更好地发挥文旅产业振兴促进共同富裕的有效性和持续性，首先需要从政策层面破解政府部门间协调性不足和政策效力不够等方面的障碍，提高政策执行效果，形成政策合力，加速文旅产业振兴促进共同富裕的进程。

一　加强政府部门协同参与，提高政策执行效果

乡村文旅产业的显著特征是其具有较强的综合性，政府部门协同参与政策制定，有利于发挥主体间的协同效应，提高政策的执行效果。第一，建立跨部门合作机制。设立一个领导小组或工作组，由相关政府部门的代

表组成，负责制定和执行乡村文旅产业振兴方案。确保各部门之间的沟通和协调顺畅。第二，共同制定当地文旅产业发展目标和策略。明确乡村文旅产业振兴的发展目标，并制定相应的政策、措施和具体行动计划。各部门要在目标和策略制定过程中进行广泛的讨论和协商，确保文件内容的全面性和可行性。第三，强化信息共享和统一标准。建立信息共享平台，各部门将相关数据和信息进行集中整合，形成全面的乡村文旅产业数据和信息资源。同时，在产业标准、评价指标等方面加强协调，确保各部门的政策和行动具有较高的一致性和协同性。第四，加强监督和评估机制。建立健全监督和评估机制，定期对乡村文旅产业振兴工作进行评估和监测。相关政府部门要根据评估结果及时调整政策和行动计划，确保振兴工作的有效推进。通过以上措施，政府部门可以发挥协同作用，为乡村文旅产业的发展提供明确的政策导向，促进各部门之间的合作与协调，推动乡村文旅产业的振兴与繁荣。

二　优化政策制定程序，提高政策前瞻性和预测性

政策制定后能否持续奏效，很大程度取决于政策制定是否具有前瞻性和预测性。首先，建立信息收集与分析机制。设立专门机构或团队负责收集和整理与乡村文旅产业相关的数据、趋势和市场信息。通过分析和研究这些信息，能够洞察未来的变化和趋势，为政策制定提供科学依据。其次，加强产业调研和前瞻性评估。对乡村文旅产业进行深入调研和评估，了解当前情况和发展潜力，同时关注国内外行业发展趋势。通过前瞻性研究，可以预测未来可能出现的新需求、新业态和新挑战，为政策提供远见和指引。接着，建立政策评估和反馈机制。制定完善的政策评估标准和流程，对已实施的乡村文旅产业政策进行定期评估。评估结果应该及时反馈给相关政府部门，以便调整和改进政策，确保其适应性和可持续性。再者，推动产学研合作。加强与高校、科研机构等的合作，共同进行乡村文旅产业的研究和课题攻关。通过学术界和实践界的深度合作，能够提供更为专业和前沿的分析和建议，帮助政府更好地把握产业发展趋势和政策方向。最后，提高决策透明度和公众参与度。在制定乡村文旅产业政策过程中，注重公众参与和民意调查，听取各方意见。通过公开信息、召开听证会、征求民意等方式，加强政策制定的透明度和包容性，确保政策更接近实际需求和预期效果。政府发布乡村文旅产业政策的前瞻性和预测性，使

其更符合未来发展趋势，并满足社会需求。这将有助于实现政策的可持续发展，推动乡村文旅产业健康、持续地发展。

三 发挥政策工具协同作用，形成政策合力

单一或失衡的政策工具组合对政策目标的实现能力有限，发挥多种政策工具的互动协同作用能够有效形成政策合力。第一，要加强产业规划与政策衔接。政府要制定全面的乡村文旅产业发展规划，并将规划目标与相应的政策措施相衔接。各项政策要与产业规划相一致，互相支持，形成整体推进力量。第二，要拓宽市场准入与金融支持。政府可以通过优化市场准入机制，降低文旅产业从业门槛，鼓励民间资本参与投资。同时，提供金融支持，设立专项基金或提供贷款担保，促进乡村文旅企业的发展和投资回报。第三，要释放激励政策与税收优惠。政府可以出台激励性政策，如给予土地使用权、租金补贴、奖励补贴等，鼓励乡村文旅项目的建设和运营。同时，对相关企业给予税收优惠，减轻其经营成本，增强其发展动力。第四，要重视人才培养与教育支持。政府要加大对乡村文旅产业人才的培养和引进力度。设立专门的培训机构和学校，提供相关教育培训课程，培养出更多高素质、专业化的乡村文旅人才。第五，要重视文化保护与传承。政府要重视乡村文化的保护和传承工作，制定相应的政策措施，鼓励乡村文旅项目结合本地文化特色，推动文化资源的开发和挖掘，打造有特色的乡村文旅品牌。通过以上各项政策工具的协同作用，政府能够形成政策合力，推动乡村文旅产业的振兴和发展。协同性的政策实施将有效整合各方资源，提升政策的综合效果，促进乡村文旅产业健康、可持续发展。

四 优化政策工具使用布局，提高政策实施的可行性

地方政府与上级政府治理行动保持一致的同时，注重优化政策工具的内部结构，增强政策工具间的协调性和互补性，发挥政策工具的多重制度效力。合理投放环境性政策工具。地方政府增加对农民、龙头企业等多元主体参与乡村建设的发展支持。完善法律法规体系，根据所收集的政策文本可发现，现有的政策多以通知、决定较多，少有条例、法规类型的政策，支持自治县在法定的范围内制定单行条例，使乡村振兴工作置于法律的制约和控制下，增强政策权威性和程序性。积极投放供给性政策工具，

以需求为导向，增强政策灵活性。重视人才引进，实施更加积极的人才政策，支持农民职业教育与农业高校合作，重视农业科学的发展和技术的研发，鼓励高校大学生、社会人士投身乡村建设的行列。建立意见反馈通道，减少因信息不对称引发的政策失调，充分尊重农民意愿。组织定期的数据统计和调研，同时建立数据共享平台，解决部门分割而造成数据碎片化问题，及时了解乡村振兴工作的进程，把握发展规律和趋势。重视政策的连续性。长期性规划多为指导性意见，具有概括性强的特点，难以直接规范和指导行为，可操作性较弱。重视将多种政策时限相结合，根据当前农村发展的实际情况和发展规律，对政策结果进行动态跟踪，及时调整执行效率低，目标偏离的情况，统筹规划长期、中期、短期、年度的发展方针和政策措施，细化发展的步骤和目标，增强政策措施的具体性、连续性及针对性。

五 强化部门协作，促进政策发布机构成熟化

增强部门间的协作能力，促进政策发布机构的成熟化和政策扩散的联动化。可以加强政策的整合度和一致性，提高政策的实施效果和社会影响力，实现更好地推动经济社会发展的目标。第一，建立协同工作机制。建立跨部门协作机制，确保政策发布机构与其他相关部门之间的畅通沟通和紧密合作。定期召开联席会议、工作座谈会等形式，加强信息共享和政策协调，避免政策之间的冲突和重复。第二，统一政策信息平台。建立统一的政策信息平台，集中收集、整理和发布各部门的政策文件和通知。通过建设数字化平台，提高政策信息的透明度和及时性，便于各利益相关方了解政策内容和落实要求。第三，加强政策评估与反馈。建立政策评估和监测机制，定期评估政策实施效果，并及时收集各方反馈意见和问题。根据评估和反馈结果，对政策进行调整和改进，提高政策的针对性和可行性，确保政策能够更好地推广应用。第四，推动政策扩散联动。引导政策发布机构与各级政府、行业协会、专业媒体等建立紧密联系，加强合作推广和宣传。利用现代传媒手段，包括互联网、社交媒体等平台，广泛传播政策信息，提高政策的扩散效应和影响力。第五，加强能力建设。加强政策发布机构人员的培训和能力提升，使其具备专业素养和政策沟通协调能力。建立健全政策发布机构的组织架构和工作流程，提高工作效率和规范性，确保政策的及时有效落地。

六　构建协同共治体系，重视各利益相关主体协同

通过加快构建协同共治体系，注重各利益相关主体的协同合作，可以实现各方利益最大化和乡村振兴的可持续发展。这需要政府的引导和推动，各利益相关主体的参与和支持，形成多方共建、共享的良好局面。第一，建立协同共治机制。建立跨部门、跨层级的协调机制，包括政府部门、企业、社会组织、农民等利益相关主体的代表组成的合作机构或委员会，以促进信息沟通、政策协调和资源整合，实现利益共享和共同发展。第二，加强沟通与合作。各利益相关主体之间应加强沟通与合作，包括政府与企业、企业与农民、农民与社会组织之间的合作。建立定期沟通交流的机制，促进政策落地和问题解决，促使各方在共同目标下形成一致行动。第三，强化社会参与。注重广泛征求各利益相关主体的意见和建议，特别是农民和乡村居民的参与。开展听证会、专家咨询、社区会议等形式的公众参与，使决策更加民主、科学和透明，确保各方利益得到充分考虑。第四，推动共享发展。促进资源的整合和共享，提供公平的机会和条件，推动各利益相关主体共同从事乡村产业发展。建立并完善农民合作社、农业企业与农民合作经济组织等新型合作模式，鼓励知识、技术和市场准入等资源向农民倾斜，激发农民的积极性和创造力。第五，加强法治保障。建立健全的法律法规体系，明确各利益相关主体的责任和权益保护机制。加强执法监督，防止不当行为对其他主体利益的侵害，形成公正、有序和可预期的发展环境。

七　政策设计优化，提升政策供给的差异性

优化政策设计需要关注差异性、协同性和反馈效应。通过个性化、协调一致的政策供给，及时调整和改进政策，并广泛征求各方参与，可以提高政策的针对性和可行性，更好地推动经济社会的发展。第一，体现政策差异性。针对乡村不同发展阶段的需求特点，制定差异化的政策。在政策设计中应考虑各地区的资源禀赋、经济实力和人口情况等因素，量身定制相应的政策支持措施，以满足实际需求。第二，体现政策协同性。强化政策之间的协同配合，避免政策间的矛盾和重复。政府部门应加强沟通与协调，建立跨部门、跨层级的政策协商机制，促进政策之间的衔接和互动，形成政策合力。此外，政策执行过程中，各部门之间应加强信息共享和联

动，确保政策的一致性和协同效应。第三，建立反馈机制。建立健全政策评估和反馈机制，及时了解政策实施效果和问题，并根据反馈结果进行调整和改进。政策评估可以通过定期评估报告、问卷调查、专家评审等方式进行，政府应及时收集各方意见和建议，修正不合理的政策，提高政策的针对性和实效性。第四，建立参与机制。加强社会参与，广泛征求各方意见和建议。政府可以通过召开听证会、开展专题调研、建立咨询机构等方式，让各利益相关方都能参与到政策设计中来，形成多元化的决策过程和民主决策结果，增加政策的合理性和可接受性。

第二节 建强产业基础，夯实乡村共同富裕的深度

文旅产业振兴所需的产业基础和公共服务建设，制约着文旅产业振兴的上限以及在促进共同富裕方面所能抵达的深度。笔者认为，建强产业基础需要从加强智慧基础设施建设和健全文旅产业振兴公共服务体系等方面共同出发，首先打通景区、城区、村庄、社区的微交通循环，推进一些区域旅游目的地的基础设施一体化建设。其次，构建文旅产业振兴的公共服务体系，包括公共服务机构人员配备和公共服务标准化程度。

一 优化乡村文旅产业资源配置

首先进行市场需求分析。对文旅市场进行深入研究和调查，了解游客的兴趣、喜好和消费能力，根据市场需求的变化来进行资源配置。其次，进行资源整合和共享。通过建立联盟或合作伙伴关系，促进文旅资源的整合和共享，避免资源重复浪费。例如，不同景区之间可以进行互相推荐、联合打包销售等。同时创新产品开发。根据市场需求和消费趋势，推出具有创新特色的文旅产品。通过增加产品的差异化和多样性，提高资源利用效率，吸引更多游客。接着提升管理水平。完善文旅产业的监管机制，加强资源配置的规划和管理。通过引入现代化管理方法和技术，提高服务质量和效率，实现资源的最优配置。还要促进公平竞争。建立健全的市场竞争机制，打破垄断和不正当竞争，确保资源配置的公平性和透明度。鼓励市场参与者创新和提高竞争力，推动行业的可持续发展。充分发挥科技作用。利用科技手段，如大数据分析、人工智能等，进行资源配置的优化和预测。通过精准的数据分析，可以更好地了解市场需求，合理配置资源。

总之，通过深入了解市场需求、整合共享资源、创新产品开发、提升管理水平、促进公平竞争和发挥科技作用，可以实现文旅产业资源的优化配置，推动文旅产业的健康发展。

二 开发具有地方特色的文旅产业

开发具有地域特色的文旅产业，对于地方经济发展和文化传承都具有重要意义。第一，保护和传承地方文化。地域特色的文旅产业必须紧密结合地方的历史、传统和文化特色。在开发过程中，要注重保护和传承地方独特的文化元素和传统艺术形式。可以通过设立博物馆、举办文化节、组织传统手工艺品展览等方式，向游客展示地方文化的独特魅力。第二，发展特色旅游景点。在开发地域特色文旅产业时，可以打造一些具有独特特色的旅游景点，吸引游客。根据地方的自然和人文资源，可以开发山水风光、古镇古村、民俗文化、美食等旅游景点。景点的设计要突出地方特色，注重与自然环境和周边传统文化的融合，打造独具魅力的游览体验。第三，提供富有特色的旅游服务。除了开发旅游景点，提供富有地域特色的旅游服务也非常重要。例如，可以开设特色民宿、餐饮服务和购物场所，如特色美食街、文创产品店等，为游客提供与地方文化相契合的独特体验。第四，加强旅游基础设施建设。发展具有地域特色的文旅产业还需要加强旅游基础设施建设。包括交通、住宿、通信等方面的设施，能够提供便利和舒适的游览条件。此外，要注重环境保护，保护好自然资源的同时，提高旅游环境的质量。第五，加强宣传推广。宣传推广是发展地域特色文旅产业的重要手段。可以通过各类媒体平台、社交媒体、旅游展会等渠道，积极宣传地方文化和旅游资源的独特之处，吸引更多游客的关注和参与。同时，可以邀请媒体、博主等进行实地体验和推广，提高地方文旅产业的知名度和影响力。第六，加强政策支持和合作。地方政府应加强对地域特色文旅产业的政策支持和指导。制定相应的扶持政策，例如减税、财政补贴、人才支持等，鼓励企业和个人参与文旅产业的发展。同时，可以加强与旅行社、酒店、交通等相关行业的合作，共同推动地域特色文旅产业的发展。总之，开发具有地域特色的文旅产业不仅能够带动地方经济的发展，还能够保护和传承地方的文化和传统。只有充分发挥地方独特的资源和风貌，结合现代旅游业的需求，才能够打造出与众不同的地域特色文旅产业。

三 健全乡村文旅基础公共服务产业体系

乡村的基础设施建设滞后，交通、通信、供水供电等基础设施的不完善，不仅不利于乡村旅游业的发展，而且会严重影响产业升级和服务业发展。健全乡村文旅基础公共服务产业体系，能够在一定程度上提升乡村的美丽和旅游吸引力，实现文旅产业与乡村振兴的良性互动。一方面，优化旅游基础设施，改善乡村的交通、通信、供水供电等基础设施问题，提高游客出行和游玩的便利性；建立乡村文旅信息资源库和在线预订平台，通过信息服务平台方便游客获取相关信息并进行预订，提高服务效率和用户体验；建立健全乡村旅游安全管理制度，加强对旅游景点的安全监管和风险防范，提升游客的安全感和幸福感。另一方面，在旅游公共服务体系中积极融入文化产业元素，大力挖掘乡村的历史文化、民俗风情等特色资源，开发具有地方特色的文化旅游产品，吸引游客前来体验；增设非遗文化产品创作体验、开展本土特色文化展演活动、完善文化产品交易服务体验，将文化艺术活动融入地方旅游业态中，在旅游功能的基础上加强文化服务和文化体验。此外，通过多种渠道和媒体，积极宣传乡村文旅资源和特色，提高乡村的知名度和影响力，高标准、多层次、全方位健全乡村文化和旅游基础公共服务体系，推动实现乡村成为旅游服务和文化交流融合发展的场所。

四 以乡村农业现代化助力文旅产业振兴

当前，发展不平衡不充分问题依然是我国全面建设社会主义现代化强国面临的重大难题之一。从国家战略层面来看，推进农业农村现代化是推进乡村振兴、解决发展不平衡不充分问题的必然选择和重要举措。因此，从乡村农业现代化入手也是实现乡村文旅产业振兴的路径之一。第一，加强农业技术创新，引进先进农业技术，包括智能化农机具、无人机、远程监测等，提高农业生产效率和质量。第二，加强信息技术应用，利用互联网和移动通信技术，建设农业信息服务平台，提供实时的市场信息、农业技术指导和政策支持，帮助农民科学决策。第三，坚持农业供给侧结构性改革，根据市场需求和消费趋势，调整农产品结构，培育特色农产品和绿色有机农业，提高附加值和市场竞争力。第四，加强农村金融支持，为乡村农业提供融资和信贷支持，鼓励发展农业保险、农村信用社等金融服务机构，解决农民资金难题。第五，加强专业人才培训与引进，加强对农业人才的培训和引进，提升农民的专业知识和管理能力，推动农业从传统经营向现代农业经营的转变。第六，健全农村基础设施建设，加大对农村基础设施建设的投入，包括灌溉设施、道路交通、电力供应等，提高农业生产条件和农产品流通能力。第七，强化政策支持与法规优化，出台鼓励乡村农业发展的政策和法规，减轻农业税负，优化农业补贴机制，鼓励各方参与乡村农业现代化建设。这些方法的综合应用可以促进乡村农业的现代化，提高农民收入，改善农村发展环境，推动农村经济的可持续增长。

五　加速产业之间的深度融合

乡村文旅产业振兴面临的一大阻碍是产业之间的深度融合不够，主要体现在产业结构不合理，第一、第二、第三产业发展之间缺乏协调和平衡，传统产业仍然占据主导地位，制约了乡村产业融合发展的速度和效果。此外，部分乡村地区创新能力较弱，缺乏技术创新和管理创新的支持，限制了乡村产业由传统向现代转型的能力。针对这些问题，可以制定支持农村产业融合发展的相关政策，鼓励农村企业和农民参与第二、第三产业，提供税收减免、贷款支持等政策优惠；建立乡村产业联盟或产业集群，促进农业、制造业和服务业之间的互动与协作，推动资源共享、技术创新和市场拓展；加强农村科技创新和技术培训，推广现代农业技术和管理方法，提高农产品加工和服务业的技术水平；推广信息技术在农业生产、供应链管理和市场营销方面的应用，构建数字化和智慧化的农村产业融合发展模式；鼓励农村居民积极参与创新创业，支持农业创业园区和孵化器的建设，培育新兴产业和服务业创新企业；加强对乡村产业发展所需专业人才的培训和引进，提升农民的职业技能和管理水平，满足产业融合发展的需求；促进城乡之间的商务交流和合作，搭建平台和渠道，帮助农产品进入城市市场，推动农村产品和服务向城市输出。通过以上措施的总和推进，能够促进乡村第一、第二、第三产业的深度融合，实现资源优势互补，推动农村经济的转型升级和可持续发展。

第三节　加速产业融合，延伸乡村共同富裕的长度

共同富裕的本质是物质生活富裕和精神生活富裕的同频共振，推进文

旅产业供给侧结构性改革，进一步巩固民生工程建设，满足人民对美好生活的期待，是文旅产业振兴促进共同富裕的应有之义。在供给侧结构性改革背景下，推动"文旅+康养""文旅+体育""文旅+艺术"等"文旅+"产业的有机结合和深度融合，形成协同发展模式，推出符合人民群众对美好精神文化新期待的新兴消费业态与优质旅游产品，丰富国民精神文化资源，满足人民群众多样化、多层次、多方面的文化旅游需求。

一 推进"文旅+康养"产业深度融合发展

乡村"文旅+康养"产业融合发展是全面实施乡村振兴战略的重要内容之一。通过将文化旅游和康养健身相结合，可以提升乡村发展的综合效益，进一步推动农村经济社会的发展。第一，加强政策支持。政府应制定相关政策，提供财政、税收、用地等方面的优惠政策，鼓励和引导社会资本投资乡村文旅和康养产业。同时，建立健全相关管理制度，加强对发展项目的引导和监管，确保产业融合发展可以顺利进行。第二，注重项目规划和设计。应该根据乡村的实际情况和资源禀赋，制定合理的产业发展规划，科学安排项目布局。文旅项目可以充分挖掘乡村的历史文化、民俗风情等元素，打造特色和有吸引力的旅游产品；康养项目可以依托当地的自然环境和资源，开展健身养生、农耕体验等活动，满足人们健康生活的需求。第三，加强基础设施建设。发展文旅和康养产业需要良好的基础设施支持，包括交通、通信、水电等方面的配套设施。政府应加大对基础设施建设的投入力度，提高乡村交通的便捷性，改善网络通信状况，提供可靠的水电供应，为产业发展创造良好的环境。第四，加强人才培养和技术支持。要推进乡村"文旅+康养"产业融合发展，需要高素质的人才队伍和先进的技术支持。政府可以支持乡村人才培训机构的建设，培养专门从事文旅和康养产业的人才。同时，鼓励科研机构和高校加强研发，提供先进的技术支持，推动产业的创新和升级。第五，加强宣传推广。要提升乡村"文旅+康养"产业的知名度和影响力，需要加强宣传推广工作。政府可以组织相关的宣传活动，通过各种媒体渠道进行广泛宣传，打造品牌形象，吸引更多的游客和客户。同时，要加强与旅游行业的合作，开展联合营销活动，拓展市场空间。第六，注重生态环境保护。乡村"文旅+康养"产业的发展必须与生态环境保护相结合。要坚持绿色发展理念，注重保护和修复生态环境，保持乡村的生态美景。在发展过程中，要严格控制开发强度，合理规划和使用土地资源，确保产业发展与生态保护相协调。总之，推进乡村"文旅+康养"产业融合发展需要多方面的努力和支持。政府、企业和社会各界应加强合作，形成合力，推动乡村经济社会的持续发展，实现乡村振兴战略目标的同时，提高农民的收入水平，改善农村居民的生活质量。

二 推进"文旅+农林"产业深度融合发展

共同富裕建设下的乡村振兴势必会更加具体地落到实处，浙江省山区26县可借助共富政策优势，依托乡村度假产业发展，积极组织有条件的乡村农林旅游点创建A级旅游景区。开发观光农业、休闲农业，增加互动体验活动，积极创建森林城镇、森林村庄、森林通道，打造独具特色、风格鲜明的森林休闲养生基地，研究拓展森林休闲业态及活动，打造一批森林剧场、竹林迷宫、趣味定向等新型产品；引导景区村和乡村度假业态开发特色农业体验项目，或与周边休闲农庄达成产业联盟，推动深度融合发展；加大本地区域公共品牌推广力度，做大做强品牌效应，引导开发乡村特色农林旅游商品，促进农产品转化为旅游地商品。盘活传统村落，打造"一村一品"，推进乡村振兴。浙江乡村传统古村落集聚较多、保存完好、资源丰富且依山傍水、景观万千，是浙江文旅产业中的一大亮点。在发展大景区核心吸引物的同时，依托每个村落各自独特的地理区位、产业特点和资源优势，植入差异性主题文化，形成若干个"一村一品"的发展主题，其中在山区县共同富裕示范区建设期间，选择资源集中突出、用地产权明确、基础配套较好的古村落，做好"一村一品"示范，依托用村庄租赁形式促进百姓增收致富。特别是需要发挥中国传统村落比较集中和数量多的优势，加快推进传统村落的集中连片的保护和旅游开发，连接各传统村落片区，整合片区内基础设施资源，实现资源互补共享，共同富裕。

三 推进"文旅+体育"产业深度融合发展

2016年5月，国家体育总局与国家旅游局签订了《关于推进体育旅游融合发展的合作协议》，协议中指出要积极推动"体育"产业与"旅游"产业的融合发展。推动乡村"文旅+体育"深度融合发展，能够提升乡村旅游的价值和吸引力，对体育产业与旅游产业的可持续发展具有重要意义和促进作用。挖掘乡村的自然景观和体育资源，如山地、湖泊、田园等，打造适宜开展户外体育活动的场所，并结合旅游元素，提供综合性的体育旅游体验；在乡村地区建设运动公园、健身步道、自行车道、农家乐运动设施等，鼓励居民和游客参与体育活动，推动文旅与体育的结合；组织乡村体育赛事，如足球赛、篮球赛、登山比赛等，吸引参赛选手和观众，增加乡村旅游的吸引力和知名度；将乡村文化和体育表演相结合，举办民俗篝火晚会、杂技表演、农耕舞蹈等活动，在体验、观赏的同时，传承乡村的文化遗产和体育精神；建立乡村体育俱乐部，提供多种体育训练和健身项目，为居民特别是青少年提供体育锻炼和培养人才的机会；通过线上线下宣传媒体，积极推广乡村"文旅+体育"产业深度融合的理念和成功案例，吸引更多游客和投资者关注和参与乡村产业发展。这些措施将有助于促进"文旅+体育"产业的深度融合发展，实现两者的优势互补，打造具有独特魅力和市场竞争力的产业模式。

四 推进"文旅+艺术"产业深度融合发展

在保护乡村自然资源、保护乡村传统文化的前提下，根据不同乡村的区位条件、资源禀赋、交通情况等，突出优势、发挥特色，采取相应措施推进乡村"文旅+艺术"深度融合发展，能够促使乡村传统文化得到创造性转化和创新性发展，增加乡村在游客心中的记忆点，提升乡村的文化内涵和吸引力。具体可以从以下方面作出努力，结合当地特色和历史文化，在乡村地区举办各类艺术表演、音乐会、戏剧演出等文化艺术活动，丰富游客的艺术文化体验；设立艺术品展览馆或画廊，展示本地区的传统工艺品、手工艺品、绘画作品等，同时提供销售渠道，促进文旅与艺术市场的互动；在乡村景区中融入艺术装置、雕塑、壁画等艺术元素，营造独特的艺术氛围，增加景区的美感和吸引力；开展农民画、剪纸、陶艺等艺术创作体验项目，让游客亲自参与艺术创作过程，增强互动性和参与感；邀请知名文化艺术家或学者到乡村定期驻村，开展讲座、工作坊等交流活动，传授艺术知识和技巧，推动文化艺术的传承和发展；鼓励乡村居民将传统文化与艺术元素结合，创造独特的文化创意产品，打造乡村的地方特色品牌，促进文旅与艺术产业的融合发展；加强乡村旅游、文化创意产业和艺术界的合作与联动，共同策划推广文旅与艺术的融合项目，拓展市场和资源渠道。

第四节　深化乡村运营，把握乡村共同富裕的强度

乡村振兴正从过去传统的建设时代进入运营时代。通过持续不断地迭代升级，目前乡村已经完成了将资源逐步开发，并沉淀为乡村资产的过程，已具备了很好的硬件条件。但美中仍有不足：一是同质化开发，千村一面；二是政府财政投入为主，产业缺少人才，有输血无造血；三是没有把美丽风景转化为美丽经济。而要解决上述这些问题，必须借助于乡村运营。乡村运营是指在政府宏观指导下，以整体乡村为运营对象，以市场化、集约化和社会化为运营理念，整合土地、资本、劳动、技术、信息和人才等资源，通过优化资源配置和现代科学管理，实现乡村从美起来到富起来强起来的组织形式和经营活动。

一　大力引进社会资本，促进市场化经营

实现乡村文旅产业全面振兴的关键在于政府的宏观指导下发挥市场在资源配置的基础性和决定性作用，真正做到"有为政府"和"有效市场"相结合。一直以来，我省各级政府高度重视乡村振兴战略的实施和深化，在以"生态环境治理和基础设施完善"为主的乡村建设阶段，政府投入大量的人力、物力和财力，促进了乡村建设的标准化和规范化，乡村风貌和人居环境得到了明显改善。但现在全省乡村都已实现了"美起来"目标，亟须通过乡村运营手段，实现乡村"富起来强起来"的目标。要真正实现这一目标，就必须把乡村作为市场主体，通过市场化的经营，提升乡村的自我生存和发展能力。从当前很多乡村来看，还不存在这样的市场化能力，这就需要社会资本、有识之士和大量乡贤能人加入乡村运营这一行列，拓展乡村发展空间，实现从事乡村运营的企业家、创业者、乡贤和青年人才与乡村的共创共荣。近年来，浙江临安、安吉等地通过引进社会资本，培育市场主体，已经走出了一条成功的乡村高效运营道路。临安通过举办"乡村运营师招募会"，吸引许多懂市场、会运营、有情怀的乡村运营企业和青年人才直接从事乡村运营，彻底激活了临安乡村发展的内生动力。浙江安吉余村大胆采用"国资投建+民企运营+利益链接"的市场化运营机制，创新推出"余村全球合伙人"计划来破解乡村振兴后劲不足的难题，在一段时间的运营后，当地乡村生态价值和村民收益都有了明

显提高。实践证明，社会资本更擅长用市场化的思维运营乡村，专业化、职业化和高效化的乡村运营将全面提升乡村发展的质量和水平。

二 做好"确权、赋权和活权"工作，实现可持续运营

在乡村运营中，做好"确权、赋权和活权"工作是非常重要的。这一工作旨在解决土地权属、农民权益和发展权力的问题，促进乡村产业的发展和农民收入的提高。确权工作是指对土地和其他资源进行权属认定和登记，明确土地使用权和经营权的归属，保障农民合法权益。通过确权，可以防止土地流转中出现纠纷和争议，激发农民对土地的投资积极性，提高农村产业的稳定性和发展潜力。赋权工作是指将农村发展的权力下放给基层组织和农民，让他们有更多的自主权和决策权。通过赋权，可以激发基层组织和农民的创造力和主动性，形成多元化的经营模式和发展方向。政府应当提供政策支持和服务，引导并鼓励农民参与农产品加工、农村旅游、休闲农业等多样化的乡村经济活动。活权工作是指为农民提供更多的发展机会和公平竞争的环境。这包括改善农村基础设施、提供技术培训和市场信息、加强金融支持等方面，以确保农民能够在乡村运营中获得更大的参与和发展机会。此外，还需要建立健全的法律法规体系，加强农民权益保护和纠纷解决机制，为农民提供法治保障。乡村运营需要以市场为导向，提升乡村的自组织发展能力。而要实现这一目标，就必须做到"产权清晰、权责明确、管理科学、治理有效"。乡村运营涉及政府、村集体、村民、乡村运营企业、乡贤能人、青年人才等多个主体，构建一个"清晰、明确、科学、有效"的产权体系就至关重要，把制度、规则定在前面，就能避免乡村运营成功以后的很多矛盾和冲突。事实上，这也是让乡村能够长期可持续发展的前提。很多乡村因为产权不清晰，权责不明确，运营初期红红火火，充满斗志，运营成功了反而"人心散了团队走了"，从此又走向了衰落。建议要实施乡村运营的乡村，一定要做好产权明晰工作，在制度和规则上保障乡村的可持续发展。乡村一旦运营起来，产权问题就迎面而来，在制度和机制上解决好产权问题，是乡村得以持续运营的前提和保障。首先要做好"确权"工作。对村民和农村集体资产进行登记造册，通过信息化手段进行管理，让村民资产和农村集体资产随时随地能够被市场看见，打破封闭怪圈。其次要做好"赋权"工作，通过搭建数字化产权管理平台和引进第三方评估机构对村民、集体资产和社

会资本进行全面审查，确保权属清晰。最后要完善产权流转增信机制，加大产权价值创造，做好"活权"工作。构建一套金融机构、政府、村民、乡村运营方等多主体之间的信用互认机制，加大产权结构的优化与价值创造，真正让产权改革成为激活村富民强的"金钥匙"。

三 精准选产引产，以乡村运营实现乡村产业兴旺

精准选产引产是指根据乡村的资源禀赋、市场需求和社会经济条件等因素，科学、合理地选择适合乡村发展的产业，并引导相关企业或投资者进驻乡村进行运营。通过这种方式，可以实现乡村产业的兴旺和经济的发展。近年来，越来越多的乡村在产业选择、乡村风貌、营销手法等方面出现了高度同质化现象，乡村之间陷入一种无序竞争、低效发展的局面，这样的运营格局显然是很难实现乡村全面振兴的。从国际范围来看，日本、韩国、英国、法国等发达国家在推动乡村的现代化进程中，都十分注重传承当地的历史文化和放大资源优势，把特色做到极致。事实上，乡村之所以被吸引，其魅力就在于独特的历史文化和资源禀赋。因此，在乡村运营中，因地制宜、因村制宜，根据村落特点打造差异化的乡村风貌，发展特色化的乡村产业，将乡村运营成"千村千面"而不是"千村一面"，就显得至关重要。乡村有产业才有就业、有就业才有收入，选产引产是乡村运营的重要环节。如果产业选择不准，就必然会出现资源浪费、村民积极性下降的问题。乡村运营时，要经过全局性谋划和系统性思考，立足当地乡村的历史文化、资源禀赋和治理现状，以市场需求为导向，精准选择适合乡村长久发展的特色产业。此外，在经营产业时还要根据实际情况进行动态调整，有的产业跟不上形势明显落后就要淘汰，做到"培育—壮大—优化—提升"的良性循环。当然，无论怎么选择和经营产业，绿色发展是前提，在守护绿水青山的基础上创造金山银山，真正做到经济生态化和生态经济化。

四 激活城乡双边市场，推动城乡深度融合协调发展

习近平总书记指出，充分发挥乡村作为消费市场和要素市场的重要作用，全面推进乡村振兴，推进以县城为重要载体的城镇化建设，推动城乡融合发展，增强城乡经济联系，畅通城乡经济循环。国家统计局数据显

示，2023年1—9月，乡村消费品零售额45697亿元，同比增长7.4%[①]；前三季度，农村居民人均可支配收入15705元，同比名义增长7.6%，扣除价格因素，实际增长7.3%。[②] 我国广阔的县域地区市场基础好、潜力大，在扩大内需、畅通循环方面发挥着重要作用。伴随着城镇化进程的加快，当前社会正在由"乡土中国"向"城乡中国"转型。要发展乡村，必须依托城市，走城乡互动，城乡融合的道路，最后实现城乡无差别发展。乡村运营的关键问题和落脚点是如何把乡村的生态产品销售到城里去，如何将城里人引到乡村来休闲、旅游、度假。解决乡村运营中城市与乡村相互奔赴这一难题，就必须树立城乡融合和城乡互动的思维模式，同时运营好乡村生态产品的城市大市场和城市居民休闲度假的乡村大市场。城乡融合的最美写照是实现"城"与"乡"的双向奔赴，千方百计让更多城里人到乡村来，千方百计让乡村的生态产品到城里去，这需要乡村现代化运营来实现。一是要激活乡村生态产品的城市大市场，乘着"短视频+电商直播"的东风将更多可移动的乡村生态产品送到城市居民手中；二是激活城市居民休闲度假的乡村大市场，丰富乡村网红休闲新业态和打造户外露营微度假，满足现代城市居民休闲度假需求。城市大市场和乡村大市场的壁垒一旦被打通，产品流、物质流、信息流、财富流就能在城乡之间无障碍流动，乡村生态产品的生态价值、经济价值、社会价值就能得到充分发挥，城乡一体化发展目标就会加速实现。

第五节　加强数智赋能，提高乡村共同富裕的速度

在数智化浪潮下，数字技术已经渗透到生产生活的方方面面。数字技术为乡村文旅产业的融合与发展提供了更全面和深层次的技术支持，从更多维度拓宽了乡村文旅产业振兴的实现路径。当前，乡村文旅产业振兴的数智化发展还存在着基础设施较弱、产品供给匮乏、管理机制落后等问题。解决上述问题，需要在完善乡村文旅产业的数智化基础设施建设、加快乡村文旅产业资源的数智化转换、健全乡村文旅数字产品体系和构建乡

[①] 中国政府网.2023年9月份社会消费品零售总额增长5.5%［EB/OL］.（2023-10-18）.https：//www.gov.cn/lianbo/bumen/202310/content_ 6909820.htm.

[②] 国家统计局.2023年前三季度居民收入和消费支出情况［EB/OL］.（2023-10-18）.https：//www.stats.gov.cn/sj/zxfb/202310/t20231018_ 1943659.html.

村文旅产业数智化治理机制等方面作出努力，加大数智技术赋能乡村文旅产业振兴的力度，逐步形成数字文旅产业矩阵，开创乡村经济发展，走向共同富裕的新局面。

一　完善乡村文旅产业的数智化基础设施建设

乡村文旅产业的数智化基础设施建设是实现乡村振兴战略的重要一环。通过数字化技术的全面应用，可以提高乡村文旅的管理效率、提升游客体验、推动乡村经济发展。第一，加强数字化基础设施建设。乡村文旅的数智化建设需要有坚实的数字化基础设施作为支撑。首先，要推动乡村的宽带网络覆盖，提高网络速度和质量，以满足数字化应用的需求。同时，要建设多功能智能化服务终端设备，如智能导览系统、自助服务终端等，方便游客获取信息和进行交互操作。第二，推动数据整合和共享。乡村文旅涉及多个领域和多个部门的数据，需要实现数据的整合和共享，以提高信息的准确度和实时性。要建立统一的数据标准和格式，并建立乡村文旅数据中心，集中存储和管理相关数据。同时，要鼓励各相关部门和企事业单位共享数据资源，提高数据的价值和利用效率。第三，推进数字化管理和运营。乡村文旅的数智化建设要求将传统的管理和运营模式转变为数字化模式。可以通过建立智慧旅游管理平台，集成各类应用软件和管理系统，实现对乡村文旅各个环节的全面监控和管理。例如，可以利用人工智能技术和大数据分析，进行游客流量预测和智能调度，提高游客体验和资源利用效率。第四，开展数字化宣传和推广。乡村文旅的数字化建设也需要重视宣传和推广工作。可以建设乡村文旅数字营销平台，集中发布宣传信息和推广活动，并通过各种数字化渠道进行广泛传播，吸引更多游客关注和参与。此外，还可以利用虚拟现实和增强现实技术，打造乡村文旅的数字展示和体验，吸引更多游客进行互动和参与。第五，加强人才培养和技术支持。乡村文旅的数智化建设需要专业的技术支持和人才队伍。要加强人才培养，培养一批懂得数字化技术和乡村文旅管理的专业人才。同时，要建立数字化技术支持平台，为乡村文旅提供技术咨询和支持服务，帮助解决技术难题和推动数字化应用。总之，完善乡村文旅的数智化基础设施建设是促进乡村振兴和文旅发展的必然要求。通过加强数字化基础设施建设、推动数据整合和共享、推进数字化管理和运营、开展数字化宣传和推广、加强人才培养和技术支持等方面的工作，可以实现乡村文旅的全面数智化，提升乡村文旅的创新能力和竞争力，推动乡村经济的可持续发展。

二　加快乡村文旅产业资源的数智化转换

在数智化时代下，乡村文旅产业的可持续发展离不开数字资源的运用。建立乡村文旅数据平台，收集和整理相关数据，包括游客数量、偏好、行为等，在此基础上进行数据分析，深入了解游客需求和市场趋势；利用智能设备和移动应用程序，提供个性化导览服务，包括景区地图、历史文化介绍、推荐路线等，提升游客体验和互动性；开发智能化的预订与管理系统，包括在线预订、排队管理、门票销售等功能，提高运营效率和用户满意度；利用 VR 和 AR 技术，打造虚拟的乡村体验和互动项目，让游客在虚拟环境中感受乡村文旅景点及文化艺术的魅力；利用大数据分析技术，对乡村文旅产业进行精准分析和预测，为决策者提供科学依据，优化资源配置和经营策略；建设电子商务平台，推动乡村特色产品的线上销售，同时进行数字营销，提升乡村文旅产业的曝光度和影响力；鼓励创业者和企业通过"互联网+"的方式，创新推出乡村文旅产品和服务，如在线培训、文创产品定制等，激发创新创业活力．以上措施将有助于加快乡村文旅产业资源的数智化转换，提升乡村文旅产业的运营效率和竞争力，实现数字化时代下乡村文旅的可持续发展．

三　健全乡村文旅数字产品体系

乡村文旅产品拥有着巨大的市场潜力，但却存在着消费规模小的现实问题。健全乡村文旅数字产品体系，是促进乡村产品销售规模的有效路径。建立乡村文旅数字化信息平台，整合景区、农家乐、特色产品等资源信息，提供全面的线上展示和预订服务；开发移动应用程序，提供游客导览、商品购买、互动体验等功能，方便游客获取信息和参与体验活动；利用虚拟实境技术，打造乡村文旅的虚拟体验项目，包括虚拟旅游、农作体验等，吸引更多游客参与并提升体验感；建立完善的在线预订与支付系统，使游客能够方便地预订门票、住宿、导游服务等，提高游客出行的便利性和效率；通过社交媒体、搜索引擎优化等数字营销手段，扩大乡村文旅产品的曝光度和影响力，吸引更多游客关注和参与；通过数据分析技术，了解游客的偏好和行为习惯，实现个性化推荐，让游客获得更加贴合自身需求的文旅产品推荐；建立在线互动平台和社群，鼓励游客分享体验、交流意见，并提供客户服务和互动活动，增强游客的参与感和忠诚度。综合运用以上措施，可以构建一个完善的乡村文旅数字产品体系，提升游客的体验品质和满意度。

四 构建乡村文旅产业数智化治理机制

相较于传统治理机制和方法，通过数智化手段，可以实现对乡村文旅产业的全面监测、实时管理和精细化调控，提高资源配置效率和运营管理水平，优化产业供需匹配；能够提供个性化服务、精准推荐等功能，为游客提供更好的体验和满意度，增强游客的黏性和忠诚度；能够实现数据共享和互联互通，构建起政府、企业、社会组织之间的合作平台，促进各方的协同作战，实现乡村文旅产业链条的整合和优化；能够通过大数据分析和预测模型，为政府和企业决策者提供科学依据，准确把握市场需求、优化资源配置、降低经营风险。建立健全的乡村文旅产业数智化治理机制，需要建立乡村文旅产业数智化治理的平台，整合各方资源，包括政府部门、行业协会、企业、研究机构等，形成合力推进数智化治理工作；建立文旅数据共享机制，促进数据共享和开放，鼓励各方主体共同参与数据采集、整合和应用，提高数据的综合利用效率；制定统一的数据标准和规范，确保数据的质量和可比性，便于数据交流与整合，建立共享数据的基础；建设智慧监管与服务平台，实现对乡村文旅产业相关信息的实时监测和管理，提供精准的监管手段和服务支持；加强对数据的安全保护，建立健全的数据隐私保护机制，确保游客个人信息和敏感数据的安全，提升公众对数字化治理的信任感；定期开展乡村文旅产业数智化治理效果评估，根据评估结果优化管理措施和技术应用，持续改进治理机制。

第六节 理顺主体关系，体现乡村共同富裕的温度

文旅产业融合发展涉及政府、企业、村民、上下游等多方利益主体，只有扫除多方主体在分配机制方面的障碍，共享文旅产业振兴的发展成果，共同富裕才能真正实现。本书将着眼文旅产业各利益方之间存在的诸多障碍，坚持共享发展成果的理念，进一步理顺各利益方之间的关系，优化政策制定、沟通机制、执行机制、服务模式和监督体系等，保障各利益

方的合法权益。同时,健全共建共享机制,积极引导广大村民参与到文旅产业振兴的建设中去,让文旅产业振兴成果更多地惠及人民群众,扎实体现文旅产业振兴促进共同富裕的温度。

一 厘清文旅产业中各主体定位

文旅产业振兴的成功与否,很大程度上取决于主体关系的良好理顺。在文旅产业中,主体关系包括政府、企业、社会组织和公众等各个参与方。如何理顺这些主体关系,是实现文旅产业振兴的关键之一。本书将从政府引导、企业创新、社会组织协同和公众参与等方面探讨如何理顺文旅产业振兴中的主体关系。政府引导政府在文旅产业振兴中扮演着重要的角色。首先,政府应发挥整体规划和宏观调控的作用,制定相应政策和法规,提供财税支持,引导文旅产业的发展方向。其次,政府还应加强市场监管,建立健全的监督机制,提供公共服务和投资环境,促进文旅产业的繁荣。同时,政府还可以发挥示范引领作用,推动重大项目的实施,带动整个文旅产业链的发展。企业是文旅产业振兴的核心主体,应通过创新来推动产业的发展。企业应积极引进新技术、新模式,提升产品和服务的质量和体验,提供个性化、差异化的文旅产品。此外,企业还应加强与其他相关行业的合作,实现资源共享和优势互补。例如,与科技企业合作,将科技应用于文旅产业,提升文旅产品的科技含量和创新度。同时,企业还应加强人才培养和团队建设,提高管理和服务水平,打造具有核心竞争力的文旅企业。社会组织协同社会组织在文旅产业振兴中发挥着重要的推动和协调作用。社会组织包括行业协会、行业联盟、非营利组织等,它们可以起到信息传递、资源整合、标准制定等方面的作用。政府应支持和鼓励社会组织的发展,搭建交流合作平台,引导其参与文旅产业的规划和服务,推动各类组织之间的协同与合作。同时,社会组织还可以发挥着对文旅从业者的培训和教育作用,提高从业人员的综合素质和服务水平。公众参与是文旅产业振兴中不可或缺的一环。公众是文旅产业的主要消费者和受益者,他们的参与和支持对于文旅产业的发展至关重要。政府应加强公众参与的宣传和教育,提高公众对文旅产业的认知和理解,引导公众参与文旅活动,提升公众对文旅产品的满意度和忠诚度。同时,政府还应加强公众需求的调研,及时了解公众的期望和意见,为文旅产业的发展提供依据和参考。总结起来,理顺文旅产业振兴中的主体关系,需要政府引导、企业创新、社会组织协同和公众参与共同努力。只有各主体之间相互合作、相互支持，形成良好的合力，才能够推动文旅产业的繁荣和共同富裕的实现。各主体之间的理顺关系不仅需要政府的引导和服务，也需要企业的创新和社会的支持，更需要公众的参与和认可。只有实现各方共赢，才能实现文旅产业振兴的目标。

二 明确各方主体权责利关系

文旅产业振兴过程中必然会产生政府、企业、村集体、在地村民等主体间矛盾和冲突，明确这些主体的权责利关系，能够有效避免和缓解冲突。首先，政府应负责乡村文旅产业的宏观管理、规划制定、政策支持和监管监督等职责，并确保其发展符合可持续发展的原则。政府的利益包括地方经济发展、就业增加、税收收入等方面，同时应优先考虑保护和提升村民的生活质量。在责任与义务方面，政府应积极引导和推动乡村文旅产业发展，提供优惠政策、基础设施建设、公共服务支持等，在执法监管过程中防止不当行为，维护各方权益。其次，企业有权自主经营和投资乡村文旅项目，同时需要履行社会责任，注重环境保护、文化传承和对当地村民的尊重。企业的利益包括盈利、市场竞争力的提升以及企业品牌和形象的塑造，同时应关注乡村发展的长远利益。在职责与义务方面，企业应遵守相关法律法规，积极参与乡村文旅产业振兴，与政府、村集体和在地村民合作，共同推动产业的可持续发展。再次，村集体代表村民的利益，有权决定土地使用和资源配置，应履行对乡村文旅项目的管理和监督职责，并保护村民的权益。村集体的利益包括土地收入分配、村民生活水平的提高、村庄形象的改善等，应关注全体村民的共同利益。在职责与义务方面，村集体需要积极参与产业发展规划与决策，管理好土地利用、资源开发和环境保护，确保村民在发展中得到公平分享和受益。最后，在地村民有享受良好生活环境、受教育、就业和参与决策的权利，也可以通过参与乡村文旅产业分享发展红利。在地村民的利益包括就业机会增加、收入提高、生活条件改善以及文化传承等，应得到合理保障和尊重。在职责与义务方面，在地村民应积极参与乡村文旅产业的规划与决策，支持并配合相关措施和项目的实施，保护自身权益的同时也关注环境保护和文化传承。明确上述主体之间的权责利关系，可以通过建立协商机制、推进公开透明的决策过程、加强法律法规的制定和执行、建立合作共赢的合同关系等方式来实现。明确的权责利关系有助于多方主体形成合力,共同推进文旅产业的振兴。

三 构建多主体间的利益链接

政府、企业、村集体和在地村民作为乡村文旅产业的关键参与者,在他们之间构建利益链接,能够促使各方发挥所长,协同合作,实现资源整合与互补,促进各方的共同发展、提升村民生活幸福感、增强乡村社会和谐稳定。第一,完善多方参与的决策过程。确保政府、企业、村集体和在地村民都能参与乡村文旅产业发展的决策过程。通过开展公开透明的讨论和协商,形成共识,并以合作共赢为目标制定发展规划和政策。第二,建立公平合理的利益分享机制。使政府、企业、村集体和在地村民能够合理分享乡村文旅产业的经济红利。例如,通过土地租金、分红、就业机会等方式实现利益共享。第三,加强资源整合与合作。政府、企业、村集体和在地村民可以通过资源整合和合作,实现优势互补。政府提供政策支持和公共服务,企业提供投资和专业管理,村集体提供土地和资源,而在地村民则提供劳动力和地方文化传承等。第四,注重文化传承与社区共建。重视乡村文旅产业对本地文化的传承和保护,鼓励在地村民积极参与文化的创新和展示。同时,建立社区共建机制,使乡村文旅产业发展成为实现当地村民经济、社会和文化发展的平台。第五,提供教育与培训支持。提供相关教育和培训机会,提升在地村民的专业技能和创业能力,增强他们参与乡村文旅产业的竞争力,让他们能够从中受益并共同推动产业振兴。通过以上措施,政府、企业、村集体和在地村民之间可以形成利益链接的关系,实现互利共赢的目标,促进乡村文旅产业的可持续发展和振兴。

四 完善多主体间利益分配机制

完善乡村文旅产业振兴中各主体之间的利益分配机制,能够促使各主体更好地协同合作,减少利益冲突和不平等现象,避免因利益争夺引发的社会矛盾和纠纷,实现利益的公平、合理分配,推动乡村振兴目标取得可持续、共赢的成果。第一,建立多元参与机制。政府、企业、乡村运营师和村民应建立广泛的参与机制,包括相关利益相关方的代表和专家学者。确保各方在决策过程中能够平等参与,并能充分表达他们的需求和意见。第二,坚持分配公平原则。坚持分配公平原则,避免利益过度集中或偏袒某一方。通过制定明确的规则和指导原则，确保资源和收益的分配合理，并对违反规则的行为进行纠正。第三，鼓励合作共赢。倡导各主体之间的合作和共赢思维，促进合作伙伴关系的建立。政府可以提供支持和激励措施，鼓励企业和乡村运营师与村民合作，分享风险和收益，形成良性互动。第四，提供激励机制。为各主体提供激励，使其有动力积极参与乡村振兴。政府可以提供税收优惠、奖励补贴等激励措施，鼓励企业和乡村运营师投入更多资源和精力。第五，加强监督与诚信机制。建立有效的监督与诚信机制，确保各主体遵守约定规则和诚信行事。政府应加强市场监管和执法力度，对违规行为进行惩罚，防止不公平竞争和损害利益分配的情况发生。第六，透明信息共享。建立信息共享平台，提供相关数据和信息，让各主体有更明确的了解和判断依据。政府可以公开相关政策、项目信息和预算等，增加透明度，减少信息不对称。

本章小结

乡村文旅产业振兴促进共同富裕，究其本质，是一个合规律性和合目的性相统一的历史过程，既有明确的目标导向，又有其独特的规律。要更好地发挥文旅产业振兴在促进共同富裕方面的积极作用，需要从完善政策制定、建强产业基础、加速产业融合、深化乡村运营、加强数智赋能、理顺主体关系等方面共同发力，进一步提升乡村共同富裕的高度、提高乡村共同富裕的速度、夯实乡村共同富裕的深度、延伸乡村共同富裕的长度、把握乡村共同富裕的强度、体现乡村共同富裕的温度，实现浙江省山区26县乡村居民物质生活与精神生活共同富裕，进而带动全国乡村走向共同富裕，让现代化建设成果惠泽到每一位乡村居民。

在政策规划方面，应从加强政府部门协同参与、提高政策制定的前瞻性和预测性、发挥政策工具的协同作用、优化政策工具使用布局、构建协同共治体系、政策设计优化七个方面出发，扫清文旅产业振兴促进共同富裕在政策层面的障碍，更好地发挥文旅产业振兴促进共同富裕的有效性和持续性，提升文旅产业振兴促进共同富裕的高度。在产业基础方面，主要从优化乡村文旅产业资源配置、开发具有地域特色的文旅产业、健全文旅产业振兴的公共服务体系、以乡村农业现代化助力文旅产业振兴、加速产业之间的深度融合五个方面出发，不断拔高文旅产业振兴的上限以及在促进共同富裕方面所能抵达的深度。在加速产业融合方面，推动"文旅+康养""文旅+农林""文旅+体育""文旅+艺术"等"文旅+"产业的深度融合，不断拓展文旅产业振兴促进共同富裕的宽度，推出符合人民群众对美好精神文化新期待的新兴消费业态与优质旅游产品，丰富国民精神文化资源，满足人民群众多样化、多层次、多方面的文化旅游需求。在深化乡村运营方面，大力引进社会资本，培育市场主体，做好乡村生态、人文和人力资源的"确权、赋权、活权"工作，立足乡村资源禀赋，精准选产引产，同时打开乡村生态产品的城市大市场和城市居民休闲度假的乡村大市场，促进乡村的专业化、市场化、高效化、可持续运营。在数智赋能方面，主要从完善乡村文旅产业的数智化基础设施建设、加快乡村文旅产业资源的数智化转换、健全乡村文旅数字产品体系、健全乡村文旅产业数智化治理机制四个方面出发，为乡村文旅产业振兴带来更全面和深层次的技术支持，从更多维度拓宽了乡村文旅产业振兴的实现路径，提高文旅产业振兴促进共同富裕的速度。在主体关系方面，主要从厘清文旅产业中各主体定位、明确各方主体权责利关系、构建多主体间的利益链接、完善多主体间的利益分配机制这四个方面出发，来厘清文旅产业振兴中涉及的政府、企业、村民、上下游等多方利益主体，让文旅产业振兴成果更多地惠及人民群众，扎实体现文旅产业振兴促进共同富裕的温度。

参考文献

丁赛、王国洪、丰晓旭等：《乡村振兴背景下民族地区县域文旅产业发展分析——基于 2018 年和 2020 年调查数据》，《民族研究》2023 年第 2 期。

豆岚雨、申明锐：《乡村规划之后——国企下乡运营的强制通行现象与可持续悖论》，《国际城市规划》2023 年第 4 期。

侯金豆：《文旅产业与乡村振兴有效耦合的逻辑与策略优化》，《湖北农业科学》2022 年第 13 期。

雷明、王钰晴：《交融与共生：乡村农文旅产业融合的运营机制与模式——基于三个典型村庄的田野调查》，《中国农业大学学报（社会科学版）》2022 年第 6 期。

李文婷、陈丽琴：《乡村振兴战略背景下乡村文旅产业发展的思考》，

《农业经济》2022 年第 6 期。

李雯艳：《辽宁乡村文旅融合产业外宣现状及发展路径研究》，《农业经济》2023 年第 5 期。

芦人静、余日季：《数字化助力乡村文旅产业融合创新发展的价值意蕴与实践路径》，《南京社会科学》2022 年第 5 期。

罗先菊：《以农文旅康深度融合推动民族地区乡村振兴：作用机理与推进策略》，《价格理论与实践》2022 年第 2 期。

潘斌、陈天好、黄晓雯等：《陪伴式乡村规划建设模式与路径研究》，《规划师》2022 年第 4 期。

邱峙澄：《文旅融合理念的价值维度与乡村文化振兴实践》，《社会科学家》2021 年第 9 期。

沙垚：《可沟通关系：化解乡村振兴多元主体关系的内在张力——基于 A 县的田野观察》，《新闻与传播研究》2023 年第 8 期。

王艳琼、张亚文、张小林：《我国乡村体育旅游业数字化发展机遇、挑战与路径》，《体育文化导刊》2023 年第 8 期。

韦兵、金艾彤、郑锦绣等：《乡村振兴背景下农旅产业融合发展路径分析——基于广东省汕头市南澳县后花园村的调研》，《上海城市管理》2023 年第 2 期。

吴茂英、张镁琦、王龙杰：《共生视角下乡村新内生式发展的路径与机制——以杭州临安区乡村运营为例》，《自然资源学报》2023 年第 8 期。

肖金志：《乡村振兴战略下"公共艺术+乡村旅游"发展路径研究》，《甘肃农业》2023 年第 7 期。

杨强：《体育旅游产业融合发展的动力与路径机制》，《体育学刊》2016 年第 4 期。

杨小冬：《文旅融合赋能乡村振兴的机制与路径》，《人民论坛》2022 年第 24 期。

叶云、汪发元、裴潇：《信息技术产业与农村一二三产业融合：动力、演进与水平》，《农业经济与管理》2018 年第 5 期。

银元：《乡村旅游合作社运营风险特征、防控机制与政策建议》，《农村经济》2023 年第 3 期。

张伟：《乡村振兴背景下农村产业运营新模式优化提升对策研究》，《农业经济》2022 年第 2 期。

第九章

研究结论与展望

本书以"乡村文旅促进共同富裕"为主题,重在剖析乡村文旅促进乡村共富的深层机理和实现路径。首先,本书对乡村文旅产业发展与乡村共同富裕的研究基础进行回顾与总结。从概念内涵和国内外相关研究现状展开阐述,厘清乡村文旅产业发展与共同富裕之间的关系,明晰当前该领域的研究现状与不足。其次,对乡村文旅产业振兴促进共同富裕的多种基础理论进行梳理与回顾,提出乡村文旅促进共同富裕的融合创新机理,回答"为什么"的问题,即文旅产业如何实现自身发展?文旅产业振兴后如何转化为共同富裕的目标?以期打开文旅促共富的黑箱,揭开文旅产业"做大蛋糕"和"分配好蛋糕"的内在机理。接着,结合浙江省山区26县的实际情况,从政策、案例等方面剖析文旅产业促进共同富裕的现状,并实证测度文旅产业发展对乡村共富的影响机制,回答"怎么样"的问题,即政府视角下,乡村文旅及其与乡村共同富裕之间关系的宏观调控现状如何?文旅产业发展促进乡村共同富裕的现实实践与模式到底怎样?采取何种方法技术科学测度乡村共同富裕实践过程中文旅产业的作用?以期实证测度文旅产业的实际影响力,剖析文旅促共富的现实困境。最后,总结提炼具有一定适宜性和普遍性的一般实践机制与路径,回答"如何做"的问题,即文旅产业的创新发展举措为何?何以促进乡村共同富裕?以期探求文旅促共富的可行路径与切实对策。本章通过回顾梳理,总结了乡村文旅产业振兴促进乡村共同富裕研究的相应结论,并对该领域未来的进一步研究提出了三点展望。

第一节 研究结论

为解答乡村文旅促进共同富裕研究的三个关键性问题,即"乡村文旅产业能否促进乡村共富""乡村文旅产业促进乡村共富的现实如何""乡村文旅产业如何促进乡村共富",本书进行了关键要素的选取与界定,由此构建了乡村文旅促进共同富裕的融合创新机理,明确了关键要素之间的关系,并且以浙江省山区 26 县为研究对象,通过典型案例剖析与实证研究,深化了对理论框架的理解和应用。本书得出的主要结论为:以文旅产业为共富抓手的乡村应遵循"融合(Converge)—创造(Create)—升华(Consummate)"(简称"3C")的理论机理,以此理论框架为指导,梳理总结地方政策、案例实践、数据实证等方面的困境与经验。乡村文旅产业振兴促进乡村共富的实践机制包括形塑机制和转化机制两部分,二者具有逻辑关联,在此基础上,要更好地发挥文旅产业振兴在促进共同富裕方面的积极作用,需要从政策规划、产业基础、产业融合、乡村运营、数字赋能、主体关系等方面共同发力,进一步健全文旅产业振兴的支撑体系,充分发挥各相关主体和利益方之间的协同效应,实现物质生活与精神生活共同富裕。

一 乡村文旅促进共同富裕的"3C"机理

明晰乡村文旅产业振兴促进乡村共同富裕的深层机理是指导产业发展实践的基础。通过重点剖析资源基础理论、产业融合理论、场景理论、社区主导开发理论以及马克思主义中关于文旅发展的相关理论,深入挖掘各大理论与本书之间的内部联系以及在本书中的应用关系,在明确理论与实践的相互作用基础上,揭示乡村文旅产业振兴促进共同富裕的深层机理,重在解答"为什么"乡村文旅产业能够促进共同富裕的问题。研究结论如下:

研究结论一:多元理论指导乡村文旅促进共同富裕机理的构建。本书发现马克思主义文旅发展理论关注社会公平和可持续发展,要求通过平衡利益关系、强化乡村文旅的公共属性,构建良好的社会秩序和生态环境,保障广大人民群众共享发展成果,是机理构建的思想之魂。资源基础理论强调通过对资源的整合与开发,可以提供多样化的旅游产品和服务,带动经济增长和就业机会,从而实现共同富裕,是机理构建的理论之基。产业融合理论认为将旅游业与农业、手工业等传统产业融合发展,可以实现资源共享、产业升级和效益提升,推动共同富裕的目标,是机理构建的发展之向。场景理论关注文旅产业的创新发展以及体验经济的引导,通过打造具有独特场景和文化内涵的乡村旅游景点和活动，为当地居民带来收入增长和就业机会，是机理构建的运用之方。社区主导开发理论倡导培育和发挥当地居民的主体性，使其成为文旅项目的参与者、管理者和受益者，从而实现共同富裕，是机理构建的共富之法。

研究结论二：资源储量、配套质量、要素增量、制度变量是乡村文旅促进共同富裕的核心变量，通过"融合（Converge）—创造（Create）—升华（Consummate）" 3C 线路最终实现文旅产业促进共同富裕。挖掘、展示文化和旅游资源存量，以资源吸引力引导身份认同，走向文旅资源的"融合之路"（Converge），搭建乡村空间与文旅产业相互协作、相互促进的乡村文旅融合空间，由此通过对基础要素的利用整合、现代技术的创新运用以及市场的感知探索，推动文旅融合进一步创造性升级为"创造之路"（Create），在实现创新的基础上与社会链接，发挥文旅企业承担社会责任的乘数效应，做大、延长文旅链条，完善相关配套，推进主客共享与城乡流动，实现文旅产业的"升华之路"（Consummate）。在实现乡村文旅产业振兴的基础上，引入软性制度推动实现初次分配、再分配，实现乡村治理有效、生态宜居、乡风文明，从而推动实现生活富裕，并最终实现物质富裕与精神富有。

二 乡村文旅促进共同富裕的现实样态复杂

文旅产业发展对共同富裕的现实样态既是对机理的验证，又为后文实践路径的提出提供依据，在本书中起到承上启下的作用。以"3C"理论框架为指导，聚焦于浙江省山区 26 县，采用内容分析法、政策文本计量法、多案例分析法、多元回归分析法、模糊集定性比较分析法等，梳理总结案例在政策、实践等方面的困境与经验，并探究文旅产业发展对共同富裕的多重组态效应，测量乡村文旅产业发展促进共同富裕的实际效果，重在解答乡村文旅产业振兴促进乡村共富的现实"怎么样"的问题。研究结论如下：

研究结论一：浙江省省级乡村文旅产业政策文本的演进可分为 2006—2013 年、2014—2018 年以及 2019 年至今三个阶段，在政策主体、政策目标和政策工具上呈现不同特征。政策主体多样化，联合发文次数增加，但整体上仍集中于少数文旅相关部门，且多为单独发文；政策目标分布逐渐均匀，社会和谐类、文化繁荣类和生态文明类政策目标的数量均在稳步提升；政策工具逐步提升，但环境型政策工具占据主体地位。具体到浙江省山区26县可知，26县乡村文旅产业政策数量和政策效力的变化幅度大体上趋于一致，存在一定波动；政策力度、政策目标和政策措施之间存在紧密的联系，其波动幅度之间具备关联性；政策工具的使用较为全面，整体效力呈现上升趋势，波动起伏较大，存在阶段性特征；政策效力空间分布不均，存在显著地域差异。本书认为浙江省省级层面相关政策主体部门协同待加强，政策目标均衡需提升，政策工具组合应增强；县级层面需优化政策效力内部构成，缩小区域政策差异。

研究结论二：构建一个以乡村文旅资源形态、资源开发利用主体为双维度的乡村文旅产业发展类型分类框架。根据维度变量的组合，本书将乡村文旅产业发展类型划分为6种类别，分别从浙江省山区26县中选取对应的典型案例，剖析其文旅促进共富过程中历经的初步发展、创新发展和升华发展之路，梳理总结其经验启示。从资源禀赋、配套水平、要素投入、制度创新等四个核心变量来看，本书发现乡村文旅产业振兴促进乡村共富要推动乡村资源流动，盘活乡村闲置资源；要完善乡村文旅配套设施"硬环境"，打造优质文旅服务"软环境"；要多维度扩大乡村的要素增量，多主体赋能乡村产业发展；要不断优化制度变量，从多重复杂的关系中抓取平衡点。

研究结论三：乡村文旅产业振兴对共同富裕的影响是数个不同前因条件的组合结果。浙江省山区26县文旅产业发展对共同富裕的组态影响不依赖于单个条件，而是由资源禀赋、配套水平、要素增量、制度变量等4大类共7个前因条件组合所产生。8个促进组态可划归为要素禀赋主导型、配套水平主导型、要素增量主导型、制度变量主导型四类路径，其中外资投入、信息化水平作为核心条件出现。QCA方法具有非对称性的特点，即某个结果出现或不出现的前因条件组态并不是完全相反的。为全面深入地探究文旅产业振兴对共同富裕的促进效应，本书还进一步识别出6条阻碍共富水平提升的组态路径。

三 乡村文旅促进共同富裕的实现路径多样

切实可行的实现路径与对策对于指导浙江省山区26县乃至全国其他地区的文旅产业发展及利益分配，着力实现乡村共同富裕具有重要参考和借鉴意义。本书在理论构建与案例剖析的基础上，归纳总结出乡村文旅促

进共同富裕的机制及其实施路径,重在解答乡村文旅产业"如何"促进乡村共富的问题。研究结论如下:

研究结论一:乡村文旅促进乡村共富是建立在多元主体、内生性资源与外源性要素及其三者间关系的基础上,包括形塑机制与转化机制两部分。形塑机制解决如何振兴乡村文旅产业这一问题,揭示了乡村文旅产业振兴的内在机理。本书以多元主体为核心,协调主体、资源、要素,提炼出外部力量主导的乡村文旅产业振兴机制和内部力量主导的乡村文旅产业振兴机制。前者旨在指导以地方政府和社会力量为代表的外部力量激发乡村本土力量的发展动力,以有效承接外部导入的要素。后者指导本土力量在乡村文旅产业发展过程中维持主体地位的同时,有选择地接纳外部力量的导入,实现乡村发展内外部的融合。转化机制是在乡村文旅产业振兴的基础上,从共同度与富裕度两方面解决如何利用文旅产业振兴成果促进共同富裕,共包括三大转化机制,即协同机制、分配机制、共享机制。乡村文旅产业促进共同富裕的形塑机制与转化机制间具有前后逻辑,产业振兴是成果转化的必要前提,成果转化是产业振兴后的价值共享。

研究结论二:乡村文旅促进共同富裕,需要从政策规划、产业基础、产业融合、乡村运营、数字赋能、主体关系等方面共同发力。首先,需要从政策层面破解政府部门间协调性和政策效力不够等方面的障碍,提高政策执行效果,形成政策合力,加速文旅产业振兴促进共同富裕的进程。其次,需要从产业基础层面打通景区、城区、村庄、社区的微交通循环,推进区域旅游目的地基础设施一体化建设,构建文旅产业振兴的公共服务体系,夯实文旅产业振兴促进共同富裕的深度。再次,需要从产业融合层面推进文旅产业供给侧结构性改革,进一步巩固民生工程建设,满足人民对美好生活的期待,拓展文旅产业振兴促进共同富裕的宽度。复次,从乡村运营层面以市场化、集约化和社会化的理念,整合各类要素资源,优化资源配置和科学管理,把握文旅产业振兴促进共同富裕的精度。又次,需要从技术层面完善乡村文旅产业的数智化基础设施建设、加快乡村文旅产业资源的数智化转换、健全乡村文旅数字产品体系和构建乡村文旅产业数智化治理机制,提高文旅产业振兴促进共同富裕的速度。最后,需要从发展主体层面健全沟通机制、执行机制、服务模式、监督体系、共建共享机制,积极引导广大村民参与到文旅产业振兴的建设中去,体现文旅产业振兴促进共同富裕的温度。

研究结论三:"3C"理论-4要素-6向度是乡村文旅产业振兴促进乡村共同富裕的实现路径。乡村文旅促进共同富裕需要解决"为什么""怎么样"和"如何做"三大问题。在"为什么"和"怎么样"层面,需遵循"融合——(Converge)——创造(Create)——升华(Consummate)"的"3C"理论机制,发挥资源储量、要素增量、配套质量和制度变量等4大变量在其中的核心作用。在"如何做"层面,则应在共富高度、共富深度、共富长度、共富强度、共富速度、共富温度6个向度上实现4大变量的价值转化与创造。

第二节 研究展望

本书通过对乡村文旅促进共同富裕的深层机理与实现路径的研究,丰富了共同富裕视角下乡村文旅实践的研究体系,对浙江省山区26县乃至全国其他乡村旅游地的产业发展具有重要参考和借鉴意义。在乡村振兴战略背景下,以乡村旅游实现乡村共同富裕目标已成为学界和业界公认的可行路径,但部分乡村忽略自身"家底"和所处环境盲目模仿他人、开展同质化竞争,不仅不能促进旅游业的可持续发展,更难以带动全体村民实现共同富裕,因此需要科学、系统的理论加以引导,切实、落地的对策可供实施,以帮助具有旅游发展条件和潜力的乡村更好地促进产业振兴,进而让全体居民共享旅游发展成果。本书虽然取得了一定成果,但仍存在一定的不足,在未来的研究中,可以从以下几方面进行深入和优化。

一 在理论研究方面:乡村文旅促进共同富裕的内在机理与成效评价研究需要进一步完善

国内外学者围绕文旅产业发展的理论与实证研究较多,但关于如何将文旅产业发展转化为共同富裕目标?如何测度文旅产业发展效果?如何评价共富成效等问题上,学术界并未提出一个具有普遍解释力的力量框架和模型,亦缺乏公认可行的统计指标和评价体系。本书针对这些问题作出了尝试,但针对乡村文旅促进共同富裕的深层机理和成效评价还需要从以下几个方面进行完善。

(一)乡村文旅促进共同富裕的内在机理有待深化

通过对重点文献、专家观点、核心理论、相关政策的梳理和解读,本书解构了乡村文旅促进共同富裕的理论研究重点，即"乡村文旅产业如何发展""产业发展如何促进共同富裕"。基于此，本书在已有研究基础之上，创新建构了乡村文旅促进共同富裕的"3C"理论机理，并通过政策解读、案例分析和效应测度，检验了该理论机理的适用性。但本书的深层理论来源于已有相关理论和文献支撑，尚需更加细致的讨论和更为扎根的验证。中国乡村数量众多，发展情况千差万别，乡村旅游存在区域、类型、基础、要素等方面的诸多差异，按照目前中国乡村旅游的发展实际，提出一个具有普适意义的一般性的理论框架具有较大难度。未来可对中国乡村旅游的发展类型进行分类梳理，以区域、资源、主体等为依据，针对不同类型尝试提出更具针对性的内在机理，对于同类型乡村的产业发展的指导可能会更有价值。

（二）乡村文旅促进共同富裕的成效评价有待完善

本书从多维度构建乡村文旅产业发展绩效评价指标与乡村共同富裕水平指标体系，并针对乡村文旅产业发展对共同富裕水平的影响进行测度，为乡村文旅促进共同富裕提供参考依据。本书首先基于对文旅产业振兴相关研究的梳理，结合专家咨询，筛选出资源禀赋、配套水平、要素增量、制度变量4个维度共计7个指标用以表征文旅产业振兴水平，并以总体富裕程度与发展成果共享程度2个二级指标、15个三级指标构建可测度乡村共同富裕水平的评价指标体系。在2013—2022年浙江省山区26县10年面板数据的基础上，综合运用熵权法、层次分析法、面板回归模型、fsQCA法测度文旅产业发展对乡村共富水平的多因素组合影响形态，但未对文旅产业在多大程度上提升共富作出实证测量和解释。同时，研究集中于文旅产业对共富的作用与影响，未给予文旅产业发展前因要素的影响以足够实证关注。此外，对于文旅产业发展水平、共同富裕水平的综合测度和评价指标体系仍需进一步完善，本书中的文旅产业绩效评价标准值得进一步商榷。

二　在实践研究方面：乡村文旅促进共同富裕的案例范围需要进一步扩大

本书主要选取浙江省山区26县为研究案例地。浙江全省90个县（市、区）中，山区26县发展相对不足，但它们又有不容忽视的生态优势和后发优势。高质量发展建设共同富裕示范区，重点在山区26县、难点在山区 26 县、突破点在山区 26 县。念好新时代"山海经",加快推进山区 26 县高质量发展,是浙江缩小地区差距、实现均衡发展的关键所在,也是巨大潜力所在。但 26 县内部各地在旅游资源禀赋、经济发展水平、区位交通条件、基础配套设施等方面存在明显差异,本书的研究结论尚不能完全覆盖所有山区 26 县,在全国范围内的代表性和普适性更值得进一步拓展。

(一)从案例罗列简介扩展到典型案例深度挖掘

本书根据乡村文旅资源基础形态、资源利用调配行动主体等双维度组合,将乡村文旅产业发展类型划分为 6 类,分别从浙江省山区 26 县中选取对应的典型案例,剖析其文旅促进共富过程中历经的初步发展、创新发展和升华发展之路。26 县所辖乡村成百上千,各村发展历史、基础、主导产业差异巨大,即使同走乡村旅游之路,在发展模式、资源禀赋、配套设施、要素投入、制度创新等方面亦各具特色,本书仅选取 6 个乡村旅游村,在代表性上属实不够。另外,囿于调研时间与范围,对所选 6 村的案例研究仅局限于发展历史与经验的罗列介绍,缺乏多源数据以开展案例的深度挖掘。

(二)从正面案例研究扩展到负面案例研究

总体而言,本书对于乡村文旅促进共同富裕的案例研究主要选取了具有代表性、典型性的正面乡村案例,主要原因在于这类乡村通常作为文旅产业促共富的榜样而大力宣传推广,不管是实地调研,还是网络资料、媒体报道,均可获得翔实、丰富的研究数据与资料。作为政府精心培育、着力打造、大力宣扬的典型,乡村自身和地方政府更愿意披露、公开积极正面的信息。相较之,对于乡村文旅促共富的反面或失败案例则较难追踪,一方面,出于"报喜不报忧"的心理,政府或乡村自身更倾向于将负面或失败事例予以隐藏,旅游发展本身存在漫长的投资回报期,短期未见明显效益是否可以界定为负面或失败案例存在争议;另一方面,各村旅游发展基础不同,影响因素众多,对共富目标的实现作用各异,从反面案例总结发展教训易陷入"个性"放大误区。未来可结合正反案例,同步总结经验与教训,正向与逆向研究相结合,相互补充、相互印证,进一步提高案例研究的价值。

三 在研究方法方面：乡村文旅促进共同富裕的研究方法需要进一步丰富

本书虽然进行了文献研究法、内容分析法、政策文本计量法、案例分析法、实地调研法、数理统计法的综合运用，但乡村文旅促进共同富裕研究是一门涉及管理学、产业经济学、旅游学、社会学、地理学等多学科交叉的研究课题，多学科理论融合、方法融合是必然趋势，跨学科研究是重要方向。对于该课题，尚有进一步研究之需：可采用 BDI Agent 模型（Belief-Desire-Intention）分别从区域和个体层面就乡村文旅产业发展促进共同富裕的过程进行模拟仿真，以探索乡村文旅产业促进共同富裕的有效路径。此外，将扶持政策作为文旅产业促进共同富裕的调节变量，基于模拟仿真结果进行政策优化。还可聚焦于共富效应的感知，从居民个人、家庭、社区三个层面就文旅促共富的成效感知进行问卷调查，在一定程度上能够弥补经济成效测度的片面性，进一步丰富课题研究的内容和角度。